AF567674

Jürg von Ins, Anina Föhn

Geschichte der Erkenntnis
von den erotischen Anfängen bis zur Gegenwart

Jürg von Ins, Anina Föhn

Geschichte der Erkenntnis

von den erotischen Anfängen bis zur Gegenwart

Impressum

Umschlag und Satz:	Stephan Cuber, diaphan gestaltung, Bern
Bild Umschlag:	Alexandre Cabanel, *«L'ange déchu»*, 1847 (Ausschnitt; vollständige Abbildung vgl. S. 125)
Lektorat:	Textgewebe Lektorat und Korrektorat
Druck und Einband:	CPI books GmbH, Ulm
Verwendete Schriften:	Corporate A, Corporate E, Corporate S

ISBN 978-3-907339-67-1
Printed in Germany

www.editionkoenigstuhl.com

Inhalt

Unser Dank

für Kritik, Inspirationen und weiterführende Hinweise geht an:

Dipl.-Psych. Eberhard Bauer
Silvia Herzig
lic. iur. Susanne Kessler-von Ins
Vreni Pulfer
lic. phil. psych. Franziska Reich
Prof. Dr. Peter Sandor
Dr. Christa Schneider-von Lehmden
Yves Schumacher
Dr. David Signer
Pfr. Didier Sperling
Irène Stumm
Prof. Dr. Samuel Vollenweider
NR Felix Wettstein für seinen Textbeitrag

Prolog im Gehirn

‹Sklaven sind nicht fähig, sich von der Vernunft leiten zu lassen, und Frauen bedürfen der Führung durch die überlegene Erkenntnisfähigkeit des Mannes›, meinte Aristoteles vor über 2000 Jahren.[1] Solche Behauptungen aus der Antike sind auch in der abendländischen Moderne noch lebendig: Bis ins 19. Jh. galt die ‹Minderbegabung der Frau› als wissenschaftlich belegtes Faktum[2], und selbst in den jüngsten 90-ern verbreiteten die Autoren Herrnstein und Murray die These, Schwarze seien ‹genetisch bedingt› weniger intelligent als Weisse[3]. Umgekehrt, heisst es heute in afroamerikanischen Künstlerkreisen[4], ‹können Weisse nicht erkennen, wie Farbige leiden›[5].

Abschätzige Aussagen über die Erkenntnisfähigkeit anderer ziehen sich durch die Geschichte der abendländischen Kultur. Dabei ging vergessen, dass neurologisch gesehen alle gesunden, der biologischen Norm entsprechenden Menschen von Geburt an mit demselben Erkenntnisvermögen begabt sind.

Neugeborene haben im Gehirn 100 Milliarden Neuronen, ebenso viele wie Erwachsene. Aber sie sind kleiner und erst schwach vernetzt, das heisst mit wenigen Verbindungen (Synapsen) bestückt. Doch deren Zahl nimmt in den drei ersten Lebensjahren schnell zu. Zweijährige haben noch gleich viele Synapsen wie Erwachsene, Dreijährige bereits doppelt so viele. Ab dem 10. Lebensjahr wird die Hälfte von ihnen wieder abgebaut.

---

1 vgl. z. B. Aristoteles, Politik 1,5
2 vgl. Daston 1989
3 *«The Bell Curve – Intelligence and Class Structure in America»*, 1994
4 so die Künstlerin und Autorin Hanna Black, vgl. unten S. 383
5 vgl. unten S. 383

> «Das Neugeborene ist praktisch für ganz unterschiedliche Kulturen und Milieus offen – für einen Indianerstamm bestehend aus Jägern und Sammlern in den Tiefen des Dschungels Brasiliens, für eine … Hirtengemeinschaft in Westafrika wie auch für eine hoch technisierte Wissensgesellschaft in Westeuropa oder Ostasien. Die Überproduktion von Synapsen in den ersten wenigen Lebensjahren ermöglicht das schnelle Erlernen ganz unterschiedlicher Verhaltensweisen, Sprachen, Lebensstile usw. Ein grosser Teil der weiteren Gehirnentwicklung bei Kindern besteht dann darin, die für ihre Lebenswelt nicht relevanten Synapsen abzubauen und die benötigten Bahnen zwischen den Neuronen zu intensivieren.»[6]

Um das undurchsichtige Nebeneinander von Ausdrücken wie 'Milieu', 'Kultur', 'Lebenswelt' und ähnlichen zu vermeiden, verwenden wir 'Kultur' in einem umfassenden Sinn:

Was ist Kultur?
Kultur hebt sich ab von Natur. Sie ist nicht angeboren, sondern anerzogen und erlernt. Kultur beschränkt sich nicht auf Kunst und Literatur. In sozialwissenschaftlichem Verständnis ist Kultur viel allgemeiner die Art und Weise, wie Menschen leben, wie sie sich Mensch und Welt vorstellen und erklären, und was sie dabei erschaffen und zerstören. Menschen wachsen in bestimmte Kulturen hinein, und die Kultur wächst in sie hinein. So entfalten sich Kulturen, werden über Generationen hinweg tradiert und blicken auf mehr oder weniger lange Traditionen zurück. Teils überformen Kulturen eine natürliche Gegebenheit, so die Ess-, Trink- und Bekleidungskulturen. Teils entfalten sich Kulturen in diesem Sinn unabhängig wie die Jagd-, Instrumentalmusik- oder Schriftkulturen.

6 Martin R. Textor, «Gehirnentwicklung bei Babys und Kleinkindern – Konsequenzen für die Familienerziehung» (ipfz.de)

Kulturen treten in Austausch miteinander (Dialog, Kolonisierung) und mit der Natur (Pflege, Ausbeutung). Sie haben fliessende Übergänge. Kulturen sind Konglomerate. Man kann von der afrikanischen und der europäischen Kultur sprechen. Bei näherem Hinsehen zerfallen diese Einheiten in immer kleinere Teilkulturen[7] bis hin zur Kultur des einzelnen Menschen. Diese heisst Identität und ist wiederum ein Konglomerat aus Elementen mit fliessenden Übergängen.

Kulturen entfalten sich und gehen wieder unter. Sie bilden verschiedene Schwerpunkte aus, so beispielsweise die naturwissenschaftlich-technische Erkenntnisweise im neuzeitlichen Europa oder den 6. Sinn bei den G/wi[8] Südafrikas. Aber Kulturen entwickeln sich nicht eine aus der andern, wie sich Wirbeltiere aus Wirbellosen und Menschen aus einfacheren Primaten entwickelt haben. Kulturgeschichte verläuft diskontinuierlich. Es gibt nicht höher und weniger hoch entwickelte Kulturen, weil diese sich in verschiedene Richtungen entfalten. Die Übertragung des Schemas biologischer Evolution auf die Kulturgeschichte ist unpassend und hat beträchtlichen Schaden angerichtet.[9]

Wir verdanken das exakte Wissen über die Gehirnentwicklung des Kindes der wissenschaftlichen Erkenntnisweise unserer Kultur. Doch der Fakt als solcher gilt seit Anbeginn der Menschheit für alle Menschen: Je vielfältiger die Welt ist, in die ein junger Mensch hineinwächst, desto we-

7 Als Subkulturen bezeichnen wir Teilkulturen, die marginalisiert werden. Das Präfix sub-, das wörtlich ‘unter‘ bedeutet, ist in diesem Zusammenhang abwertend und damit selbst ein Mittel zur Marginalisierung.

8 « / Dental. Ein dentaler oder alveolarer Reibelaut (manchmal auch Frikativ genannt). Wird durch eine saugende Bewegung mit der Zungenspitze an den Schneidezähnen erzeugt. Phonetische Schreibweise: [/ /]. Der Laut ist in allen Khoisan-Sprachen bekannt.», Barnard 1992:xix (Übers. Irène Stumm und Jürg von Ins); *G/wi* ist nach Barnard 1992 die korrekte Bezeichnung der Gruppe. Myburgh nennt sie fälschlicherweise */Gwikwe*. Wir haben das in seinen Zitaten korrigiert. Auch die Sammelbezeichnung ‘Khoisan’ ist problematisch, weil sie Gruppen zusammennimmt, die sprachlich keine Einheit bilden.

9 vgl. von Ins 2020:157f.

niger Synapsen werden abgebaut. Das volle Leben, den vollen Horizont zu haben hiesse also, rechtzeitig in alle Kulturen hineinzuwachsen. Das ist unmöglich. Aber wir können uns den Erkenntnisweisen anderer Kulturen nähern, um die Beschränkungen der eigenen zu entdecken und vielleicht sogar auszugleichen. Denn die Erkenntnisweisen jeder Kultur haben nicht nur mit blinden Flecken zu rechnen, sondern auch mit einem Ozean des Nichtwissens, der sie umgibt.

1 Erkenntnis als Prozess

Erkenntnis betrifft alle Bereiche der Rezeption, der Kognition, des Ausdrucks und des Handelns. Sie ist der Prozess, der Können und Wissen schafft. Dieser beginnt mit dem Erleben von Eindrücken und führt über deutende Verarbeitungen zu Ausdruck und Handlungen, die wiederum Erlebnisse auslösen und prägen. Erkenntnis ist damit ein spiralförmig verlaufender Prozess, der das Leben lang nie aussetzt.

Als Eindrücke können sinnliche Wahrnehmungen, aber auch etwa Erinnerungen, Trauminhalte, poetische Inspirationen und Visionen einwirken. Oft scheint die Interpretation dem Eindruck schon eingeschrieben. Beispielsweise, wenn wir nachts an den Himmel schauen und den Vollmond vorfinden, den wir direkt als solchen erkennen, und nicht erst als mildes, rundes Lichtobjekt, das wir dann als uns umkreisenden Himmelskörper deuten. In anderen Fällen sind die drei Schritte des Prozesses deutlicher auszumachen, sodass ersichtlich wird, wie die einem Eindruck zugeschriebene Bedeutung interpretationsabhängig ist, und wie konstitutiv diese Interpretation auch für Ausdruck und Handlung ist. Wer zum Beispiel ein Phänomen ohne materielle Basis als Halluzination, das heisst als Ergebnis einer neurologischen Fehlfunktion deutet, verschweigt es wohl und greift nach dem geeigneten Medikament, um derlei fortan zu verhindern. Wer es hingegen als göttliche Offenbarung deutet, versteht es als bedeutsame Vision oder Audition, die Sinn vermittelt und vielleicht eine Botschaft enthält, die den Mitmenschen verkündet werden muss.

So sind die drei Schritte des Prozesses – über biologische Determinanten hinaus – stets kulturell geprägt: Das Erleben wird durch gewohnte Regeln und Dogmen im Sinn einer systematisierten und gesellschaftlich verankerten Verarbeitungsweise gerahmt[10], womit manchmal die Deutungen schon vorweggenommen, die Handlungen schon vorgegeben sind. Über die Zeit kann der Rahmen gegenüber den gerahmten Erlebnissen sogar ganz in den Vordergrund treten, sodass lediglich noch der Rahmen erlebt wird. So begegneten viele frühe Entdecker und Handelsreisende in fernen Ländern nicht etwa unbekannten Kulturen, sondern exakt den unterlegenen, wilden Heiden, die im Rahmen ihrer Erkenntnisweise als Gegenstück zur eigenen Kultur eingebaut waren, und von denen man ihnen schon als Kinder erzählt hatte.

Erkenntnis an sich gibt es nicht. Alles, was Menschen erleben und einsehen, ist untrennbar mit ihrer Erkenntnisweise verbunden. Erkenntnisweisen wiederum sind Kulturformen der Erkenntnis. Jede Erkenntnisweise ist kulturell geprägt und unterliegt auf der aktionalen Ebene rituellen Regeln. Sie setzt eine bestimmte psychophysische Verfassung und ein bestimmtes Setting (Approach, Ambiance, Ritualgegenstände) – kurz: eine bestimmte Kultur voraus. Dabei werden Menschen mit unterschiedlichen Erkenntnisweisen angesichts desselben Phänomens zu unterschiedlichen Ergebnissen und Erkenntnissen kommen. Der Versuch, das Erleben unter der einen Erkenntnisweise aus der Perspektive einer anderen zu verstehen und zu beurteilen, erst recht zur *ver*urteilen, ist nutzlos und so absurd wie der hegemoniale Anspruch, der darin zum Ausdruck kommt.

Es gibt verschiedene Erkenntnisweisen, wobei keine alles erfasst, und man kann eine Erkenntnisweise nur erweitern, indem man andere, disparate Arten der Erkenntnis zugleich in Rechnung stellt. So entwickeln sich die Brüche leicht zu Quellen der Kreativität. Es ist bereichernd, den Zugang zu diesen alternativen Formen zu suchen – nicht denkend allein (das misslingt), sondern mit allen Sinnen erlebend. Die Vorstellung, dass Erkenntnis in umfassender Weise sinnlich ist, wird schon von Empedokles[11] überliefert:

10 Goffman 1977
11 494/482–434/420 v. Chr.

«Doch nun, wohlan, betrachte mit jedem Sinneswerkzeug, auf welchem Wege jedes Einzelne klar liegt, und halte nicht etwa den Blick mit mehr Vertrauen fest als dies dem Gehöre gemäss ist oder *schätze* das brausende Gehör höher als die deutlichen Wahrnehmungen der Zunge, und stelle auch nicht etwa die Glaubwürdigkeit der übrigen Glieder zurück, soweit es nur eben einen Pfad zum Erkennen gibt, sondern erkenne auf dem Wege, auf dem jedes Einzelne klar liegt.»[12]

Allein zuzulassen, dass es andere Erkenntnisweisen gibt (obwohl man sie vielleicht noch nicht erlebt), wirkt entkrampfend und schärft den Blick für weite Horizonte jenseits aller Rechnungen. Vor allem aber gewinnt man dadurch ein ganz neues Interesse an den Erkenntnismöglichkeiten anderer Kulturen in Geschichte und Gegenwart. Und eben darum geht es uns im Folgenden.

Unsere Betrachtungen in diesem Buch verfolgen nicht das Ziel, abschätzige Aussagen wie die eingangs erwähnten ein für alle Mal auszuräumen. Das ist ein anderer Diskurs, den wir an dieser Stelle nicht ausfechten. Doch sehen wir einen wesentlichen Wegbereiter für solche Diskurse in der Aufmerksamkeit und Sensibilisierung, zu der wir einen Beitrag leisten: Wir wollen aufmerksam machen auf die grosse Palette an Erkenntnisweisen, die dem Menschen offensteht, und damit zugleich dafür sensibilisieren, alle Arten in der Palette grundsätzlich in ihrer spezifischen Produktivität anzuerkennen. Denn gerade letzteres scheint ein Manko, das wir in der abendländischen Geschichte, auf die wir uns hier konzentrieren, entdeckt haben und aufzeigen wollen. Unser Rundgang durch die Geschichte der Erkenntnis in Europa widmet sich damit nicht allein der Vielfalt hier dokumentierter Erkenntnisweisen, sondern auch dem abendländischen Umgang mit dieser Vielfalt.

12 Empedokles, Fragmente über die Natur, in: Diels u.a. 2004, I:310–311

2 Erkenntnisweisen

Eigene und andere Erkenntnisweisen

Biografische Sequenzen

Mit dem Erkennen sind wir schon vom ersten Tag an beschäftigt, wahrscheinlich schon pränatal[13], denn das ist etwas Unvermeidliches, Alltägliches, das wir buchstäblich auch im Schlaf können – Säuglinge und Kinder auf je eigene, andere Art als Erwachsene. Denn im Laufe eines Lebens vollzieht sich ein Wandel der Erkenntnisweisen, der ohne eigenes Zutun geschieht. So konnte bereits Paulus schreiben:

> «Als ich ein Kind war, redete ich wie ein Kind, dachte wie ein Kind, überlegte wie ein Kind. Als ich aber erwachsen war, hatte ich das Wesen des Kindes abgelegt.»[14]

In vielen Fällen lässt sich der Wandel datieren. Es muss an einem Tag Ende 1963 gewesen sein, da dem Autor bewusst wurde, dass er nicht mehr erkannte wie ein Kind, und dass er diese Erkenntnisweise auch nicht mehr nachvollziehen konnte. Er fühlte sich dem eigenen Leben entfremdet, aber nun lockte das Neue. Es bestand zum Beispiel in der Erkenntnis, dass er nicht nur in einem Dorf, sondern auch auf der Erde lebte. Während er von der Kubakrise 1962 noch nichts mitbekommen

---

13 Platon hielt alle wahre Erkenntnis für ein Wiedererinnern (griechisch: *anámnēsis*) an ein vorgeburtlich geschautes Wissen. Vgl. unten S. 85

14 1. Kor. 13,11

hatte, erschütterte ihn ein Jahr danach das Attentat auf John F. Kennedy als erstes weltpolitisches Ereignis tief.

Dabei hatte der Autor nie den Eindruck, eine Erkenntnisweise aktiv abgelegt zu haben. Er verlor sie einfach. Plötzlich war sie nicht mehr da, seit einiger Zeit schon ersetzt durch eine andere, die die bessere, ja die richtige zu sein schien, was aber an der leisen Wehmut über das Verlorene nichts änderte. Paulus verrät keinerlei Sentimentalität dieser Art. Für ihn belegt die Sequenz der Erkenntnisweisen, die sich nicht zusammenfügen lassen, einzig den Fragmentcharakter menschlicher Erkenntnis[15] überhaupt: Wir sind immer an eine beschränkende Perspektive gebunden und erkennen deshalb stets nur einzelne Aspekte.

Als die Autorin fünfjährig in den Strandferien auf einer Mittelmeerinsel war, wurde sie vom Kinderbetreuer gefragt, woher sie komme. Ganz selbstverständlich gab sie den Namen ihres kleinen Bergdorfs an. Der Betreuer, dem diese Antwort keine Auskunft war, fragte nochmals, fragte weiter, und je mehr er fragte, desto verwirrter war das Kind, desto vehementer wiederholte es den Namen des Sechzig-Seelen-Dörfchens mitten in den Alpen, in dem es seit seiner Geburt lebte. Immerhin, wie konnte er diesen Ort nicht kennen? Dort war doch die Welt!? Dass er die Landesangabe 'Schweiz' gebraucht hätte, um ihn sinnvoll verorten zu können, überstieg ihren Horizont; sie war ja selbst nicht einmal gewahr, dass sie in der Schweiz lebte, geschweige denn, dass der Strand in einem anderen Land lag. Keine Ortsübersicht war der Globus, sondern ein Ball, mit dem man spielen konnte. Orte gab es nicht – es gab nur das Hier. Erst Jahre später, auf der Schwelle zur Pubertät, erkannte sie, dass es jenseits ihrer eigenen Welt noch eine Welt gab, vielmehr dass erst dort die eigentliche Welt war. Dabei machte die Autorin anhand der Weltereignisse ihrer Generation dieselbe Kontrasterfahrung wie der Autor: Als Zehnjährige bekam sie '9/11' nur am Rande mit, weder verstand noch interessierte sie die Aufregung um zwei Flugzeuge und zwei Türme. Ganz anders hingegen drei Jahre später, als das Erdbeben im Indischen Ozean verheerende Tsunamis auslöste, die tausende Menschen in ihr Schicksal rissen und die Autorin das erste Mal in ihrem Leben vor

15 1. Kor. 13,9; «Denn Stückwerk ist unser Erkennen ...»

die Nachrichtensendungen im Fernsehen bannten. Wie aus dem Nichts war die geschlossene Kinderwelt aufgebrochen und hatte einen ganzen Planeten offenbart, auf dem Menschen lebten, litten und starben in allen Facetten, die die Existenz zu bieten hat. Es war eine Horizonterweiterung im wörtlichen Sinne. Ein Zurück gab es nicht.

Jede Erkenntnisweise ist eine Blase, in der wir ganz drinstecken – eine Blase, aus deren Perspektive die anderen, die abgelegten und bevorstehenden Erkenntnisweisen in einem Jenseits liegen, das noch nicht oder nicht mehr zugänglich ist. Zu seiner Überraschung erlebte der Autor noch ein weiteres Mal, dass er die Erkenntnisweise gewechselt hatte: im Herbst 2019, ein paar Tage vor seinem 66. Geburtstag. Er sass allein zuhause. Es war Nacht und er dachte an sein bisheriges Leben zurück – bald amüsiert, bald kopfschüttelnd von einer absurden Situation zur anderen hüpfend – und er konnte nicht mehr nachvollziehen, wie er als Erwachsener erkannt hatte. Es gibt also nach den Erkenntnisweisen der Säuglinge, Kinder, Jugendlichen und Erwachsenen noch eine weitere. Aber in der steckt er jetzt schon ganz tief drin. Nahtoderlebnissen und Zeugnissen Sterbender entnehmen wir den Hinweis auf eine uns bevorstehende, letzte Erkenntnisweise in dieser irreversiblen biografischen Sequenz, die wohl alle Menschen in ihren kulturellen Varianten erleben. Die letzte Art der Erkenntnis scheint sich durch divinatorische (wahrsagerische) Qualitäten auszuzeichnen.

Überblick I: Die Vielfalt der Erkenntnisweisen

Andere Erkenntnisweisen verstehen wir bestenfalls aufgrund ihrer Spiegelungen in der eigenen, wobei hauptsächlich die Differenzen hervortreten. Manchmal meinen wir, uns einzuleben ins andersartige Erkennen. Doch nur selten und unvermittelt wechseln wir die Blase.

Der Autor hörte das Wort 'Erkenntnis' zum ersten Mal als Siebenjähriger in einer Schulstunde. Das Fach hiess *Biblische Geschichte und Sittenlehre*. Das schmale, braune Hardcover-Bändchen mit dem Titel *«Biblische Geschichte»* bot eine für Kinder bearbeitete Kurzfassung der bekanntesten alt- und neutestamentlichen Texte, von allem gesäubert, was aufregend oder spannend hätte sein können. Als junger Schüler verstand er nicht, warum Adam und Eva ausgerechnet vom Baum der

Erkenntnis von Gut und Böse nicht essen sollten, stand dies doch in direktem Gegensatz zu seinem schulischen Alltag. War dieses Verbot nicht ein unmittelbarer Widerspruch zur Wissbegier, die der Unterricht befriedigen sollte? Diente die Schule nicht insgesamt der Förderung von Erkenntnis, der Vermittlung von Wissen?

Die bittere Ironie, die dahinter hervorblitzt, geht weit über die Schule hinaus, zumal in heutiger Zeit, wo in unserer Kultur so viel Wert auf Faktenförderung gelegt wird. Doch macht gerade dieser Umstand den Widerspruch halbherzig: Eine Kultur der Faktenförderung widmet sich nur am Rande der Erkenntnis von Gut und Böse. In ihrem Fokus sieht sie vielmehr die Differenzierung von richtig und falsch, verstanden als die Unterscheidung von wahren und unwahren Tatsachen. Und erst, wenn die als wahr qualifizierten Tatsachen der Selektion von nützlich und unnütz standhalten, wird die Vermittlung der als nützlich erachteten Fakten in den Lehrplan aufgenommen. Doch in einem Schulsystem, das die Vermittlung von selektivem, gefiltertem Faktenwissen durch Auswendiglernen pflegt, verhindern auch die besten Notenschnitte nicht das Mobbing auf dem Pausenplatz.

Offenbar gibt es verschiedene Weisen, wie sich Einsicht gewinnen und vermitteln lässt, und damit verschiedene Arten der Erkenntnis. Beginnen wir damit, uns einen Überblick über die Arten der Erkenntnis zu verschaffen, die uns im weiteren Verlauf beschäftigen werden. Nicht alle diese Arten sind in Geschichte und Denken der abendländischen Kultur gleichermassen stark vertreten oder etabliert. Umgekehrt gibt es auch solche, die sich in Alltagserlebnissen eines jeden finden können, ohne bewusst als Erkenntnisweisen registriert zu werden. Die reiche Vielfalt verschiedener Erkenntnisweisen, die wir hier differenzieren, dürfte daher auf den ersten Blick überraschend wirken. Doch steigen wir zunächst ein mit den bekanntesten Arten.

Philosophische Erkenntnis ergründet methodisch Grundfragen um Mensch und Welt. Sie positioniert sich distanziert zum Gegenstand der Erkenntnis. Gefühle bestimmen den Erkenntnisprozess nur selten mit – etwa, wo es um handlungsleitende Werte, um Ethik geht. Überhaupt neigt die europäische Philosophie dazu, Erkenntnis mit Denken gleichzusetzen. Doch auch wenn sich philosophische Erkenntnis als methodischer Denkakt vollzieht, ist sie eine Lebensform, getragen von einem Lebensrhythmus und der Überzeugung, dass man am besten sitzend, kniend, oder aber im Gehen, draussen unter freiem Himmel philosophiert. In aussereuropäischen Traditionen wie der indischen Yoga-Philosophie bilden komplexe Systeme von Körperstellungen, Bewegungen und Ernährungsweisen Teil der philosophischen Erkenntnis.

Erkenntnistheorie ist eine Subdisziplin der europäischen Philosophie. Sie geht davon aus, über menschliche Erkenntnis in einem epochen- und kulturübergreifenden Sinn urteilen zu können. Diesen anmassend hegemonialen Anspruch hat Paul Feyerabend[16] entlarvt. Wir stellen hier seiner Pionierleistung, der angemessene Resonanz versagt geblieben ist, eine Ethnografie nicht-philosophischer Erkenntnisweisen an die Seite, die im Lauf der europäischen Geschichte Bedeutung erlangt haben. Sie finden, wie wir nur punktuell andeuten werden, ihre Entsprechungen in den Erkenntnisweisen anderer Kulturen und namentlich jener, die von den Europäern als ‹primitiv› oder ‹unterentwickelt› bezeichnet, kolonisiert und ausgebeutet wurden und vielfach noch immer werden.[17]

Wissenschaftlich-technische Erkenntnis hält Distanz zu ihren Gegenständen. Sie zählt auf die Methode der Quantifizierung und baut auf empirische Grundlagen wie Messbarkeit und experimentelle Reproduzierbarkeit. Dieses Verfahren ermöglicht die objektive Tradierung ihrer Ergebnisse (ungeachtet der Schwierigkeit zu erfassen, was sich numerischen Werten entzieht) und zielt auf Ergebnisse von praktischem Nutzen, etwa hinsichtlich Gesundheit, militärischer Stärke oder ökonomischer und ökologischer Optimierung von Produktion und Distribution.

Der Mainstream der **populären, modernen Erkenntnisweise** orientiert sich wesentlich an wissenschaftlich-technischen Vorgaben, die es ermöglichen, in der Flut verfügbarer Denkinhalte schnell zwischen nützlichem und unnützem Wissen zu unterscheiden. Technisch vermittelten Zugang zum Wissen zu haben ist wichtiger, als dauerhaft über

16 Feyerabend 1976

17 An dieser Stelle ist festzuhalten, dass es auch ausserhalb Europas, etwa im Kontext hinduistischer oder buddhistischer Philosophien, Erkenntnistheorien gibt, zu denen die vorliegende Arbeit in Beziehung gesetzt werden könnte.

dieses zu verfügen. Dabei nimmt die populäre moderne Erkenntnisweise nur selektiv auf vereinfachte Darstellungen naturwissenschaftlicher Forschungsergebnisse Bezug.

Diese erstgenannten drei Arten der Erkenntnis treten in Geschichte und Gegenwart unserer abendländischen Kultur am prominentesten auf. Weniger bekannt hingegen sind die Erkenntnisweisen, die sich jenseits wissenschaftlicher Empirie bewegen und nicht in reinen Denkakten aufgehen, namentlich die magische, poetische, visionäre und mediumistische Erkenntnisweise, die wir im Folgenden beschreiben:

Im Zug **magischer Erkenntnis** treten Wille und Vorstellungskraft ins Zentrum. In Anlehnung an Couliano[18] verstehen wir Magie als psychosoziale Praxis. Die psychische und die soziale Dynamik bilden zusammen den erotischen Kosmos, in dem alle Wesen zwingend, aber selten bewusst und vielfach wechselnd, Manipulatoren oder Manipulierte sind. Der Magier wirkt in diesem Kosmos geleitet von seinem Willen und seiner Vorstellungskraft, indem er

- die Sympathie überlegener Wesen anzieht, um an deren Kräften und Erkenntnissen teil zu haben, oder
- indem er (gemeinhin unbekannte) Verfahren und Gesetze anwendet, um eine bestimmte Wirkung zu erzielen.

Während die 'rituelle Magie' der Antike und des Mittelalters ins Reich göttlicher Wesen und Kräfte vordrang, nahm in der 'natürlichen Magie' der Renaissance schrittweise die wissenschaftlich-technische Erkenntnisweise Gestalt an, insofern sich die Erkenntnis von natürlichen Wechselwirkungen und kausalen Zusammenhängen abzuzeichnen begann. Damit bildete die natürliche Magie der Renaissance eine Grundlage, die der Naturwissenschaft den Weg ebnete. Doch ist sie allein deshalb nicht als deren blosse Vorstufe zu verstehen, sondern als alternative Erkenntnisweise, die aber ebenfalls auf die Ausarbeitung bestimmter Techniken fokussiert ist.

Dazu kontrastiert die **poetische Erkenntnisweise**, die ohne Affinität zu Techniken die vielfältigen Facetten eines Erlebnisses zusammennehmen kann.

---

18 Couliano 1987:102–106

Immer zielt poetische Erkenntnis darauf hin, aus mannigfaltigen Elementen eine neue Einheit zu schaffen: ein Gedicht, ein Gericht, ein Ritual oder einen Garten. Das im Rahmen der poetischen Erkenntnisweise gepflegte Vorgehen ist allerdings nicht an Rezepturen oder Techniken gebunden, sondern zeigt sich vielmehr als inspirierter Prozess. Im Bann der Muse verleiht die poetische Erkenntnis ein aufs Ganze gerichtetes Wissen, in dem es sich von selbst versteht, welcher Pinsel zu nutzen, welches Gewürz beizumischen, welches Wort zu wählen ist. Das Ergebnis ist weder über Formeln hergeleitet noch zwingend reproduzierbar. Es verdankt sich vielmehr einer Eingebung.

Über die poetische Erkenntnis hinaus ist die **visionäre**[19] **Erkenntnis** zu nennen, die sich allerdings nicht scharf von der poetischen abgrenzen lässt. Denn Poesie kann sich visionärer Erkenntnis verdanken: Bisweilen hört der Dichter das Gedicht vor der Niederschrift, und umgekehrt kann Dichtkunst visionäre Erkenntnisse auslösen. Diese visionäre Erkenntnis kann spontan zustande kommen oder auf verschiedene Arten induziert werden, etwa durch Reizentzug oder -überflutung, rhythmische Stimulation oder halluzinogene Substanzen. Visionäre Erkenntnis kann divinatorische, heilende und andere Funktionen erfüllen. Im Kontext skeptischer Kulturen wird das visionär Erkannte jedoch leicht als Sinnestäuschung, als Halluzination abgetan. Ähnlich ergeht es auch der **mediumistischen Erkenntnis**, die zum Schluss zu erwähnen ist. Oft bekommt das empfangende Medium die Erkenntnis gar nicht mit oder kann sich nach dem Erkenntnisprozess nicht daran erinnern, sodass es erst aus den Berichten von Augenzeugen erfährt, was es an Empfangenem vermittelt, gesagt und getan hat.

Nach diesem ersten Überblick über die Vielfalt verschiedener Arten der Erkenntnis zeichnet sich ab, dass die Erkenntnisweisen zwei Gruppen bilden: Philosophische und wissenschaftlich-technische Erkenntnis werden aktiv gewonnen. Sie werden erfragt und erarbeitet. Poetische, visionäre und mediumistische Erkenntnis hingegen werden vom Men-

19 'Visionär' stammt vom lateinischen Verb *vidēre*, was 'sehen' bedeutet. Wir verstehen neben visuellen Eindrücken aber auch auditive, olfaktorische, gustatorische und taktile Eindrücke als visionär.

schen passiv empfangen. Das schliesst aktive (rituelle) Vorbereitungen nicht aus, doch diese schaffen bestenfalls günstige Voraussetzungen für den Erkenntnisprozess und bieten keine Gewähr dafür, dass er einsetzt. Magische Erkenntnis hat wechselnd an beiden Gruppen Anteil.

Bereits diese skizzenhafte Differenzierung und Gegenüberstellung der Erkenntnisweisen macht deutlich, dass in der Geschichte der europäischen Kultur die erstere aktive Gruppe um einiges stärker vertreten und höher bewertet ist. Doch auch letztere passive Gruppe tritt im Verlauf der abendländischen Geschichte auf. Und obwohl diese passiven Arten im modernen Erkenntnis- und Kommunikationsbetrieb zunächst weniger bedeutungsvoll erscheinen mögen, sind sie als Formen der Erkenntnisgewinnung ernst zu nehmen, spielen sie doch in Geschichte und Gegenwart unserer Kultur eine nicht zu unterschätzende Rolle: Man denke etwa an die Massenwirksamkeit der Poesie in Populärmusik, Publikumssport und politischer Propaganda.

In diesem letzten Feld haben wir es allerdings vielfach mit bewusst komponierter Wirkung, also mit Sprachmagie zu tun. Poetische Erkenntnis hingegen wird passiv gewonnen. André Breton berichtet, der Dichter Saint-Pol-Roux habe jeweils ein Schild mit der Aufschrift «Der Dichter arbeitet» an die Tür gehängt, bevor er sich schlafen legte[20]. Denn nicht der wache, «seinen Stoff bewusst organisierende und beherrschende Autor sei der richtige Dichter, sondern der träumende. Der, der gleichsam gedichtet wird.»[21]

Überblick II: Erkenntnisweisen in der europäischen Geistesgeschichte

Die Vielfalt der oben differenzierten Erkenntnisweisen ist in der Geschichte des Abendlandes vollständig vertreten, doch nicht alle diese Arten der Erkenntnis sind gleichermassen bekannt, und kaum einmal wurde die vollständige Palette in ihrer Gesamtheit genutzt.

---

20 Breton 1977:18

21 Samuel Moser, «Unterwegs zum literarischen Olymp», in: NZZ 18.08.2011

Die in der europäischen Kultur altehrwürdigste Erkenntnisweise bildet die philosophische, die sich allerdings poetischen und magischen Vorläufern verdankt. Sie läutete die Geburtsstunde der abendländischen Kultur ein, ebnete der 'Erfindung' der Demokratie im antiken Griechenland den Weg, und im weiteren Verlauf der Geschichte bildete sie die Voraussetzung der Naturwissenschaften. Philosophische Erkenntnis blickt damit auf eine lange Geschichte zurück, die sich allerdings nicht zwingend als Entwicklung linearisieren lässt. So konnte etwa der britische Philosoph und Mathematiker Alfred North Whitehead[22] 1929 in *«Prozess und Realität»* schreiben, die philosophische Tradition Europas bestehe aus einer Reihe von Fussnoten zu Platon[23].

Die europäische Philosophie entstand unter dem Einfluss ägyptischer und orientalischer Quellen und verarbeitete in ihrer Frühzeit auch die Mythen der vorklassischen Periode der griechischen Geistesgeschichte, wie wir sie in den Werken von Homer dokumentiert finden.

> «Alle diese Vorläufer enthielten Aspekte animistischen Denkens, und so entstand die griechische Philosophie in einem panpsychistischen Umfeld. Wir sind daher nicht erstaunt, bei den frühen griechischen Philosophen relativ freimütige panpsychistische Aussagen zu finden, und bei den späteren Denkern subtilere und differenziertere Ansätze.»[24]

Panpsychismus[25] meint im weitesten Sinne, dass Materie und Geist (Psyche, Logos, *mind*) stets und von Anfang an verbunden in Erscheinung treten. Diese Auffassung zeigt sich darin, dass es den ersten europäischen Philosophen darum ging, Welt und Mensch ohne Rückgriff auf die Einwirkung der Götter zu verstehen. Die Macht der Götter hingegen wurde erst später und schrittweise für den erkennenden Menschen greifbar. Friedrich Nietzsche findet:

22 1861–1947
23 ca. 428-348 v. Chr.; Whitehead 2018:91, Übers. Irène Stumm
24 Skrbina 2017:23, vgl. unten S. 303, Anm. 660
25 aus gr. *pan* ('ganz', 'alles') und *psychē* ('Geist', 'Seele')

> «'Wille zur Wahrheit' heisst ihr's, ihr Weisen, das euch treibt und brünstig macht?
> Wille zur Denkbarkeit alles Seienden: also heisse i c h euren Willen! ... es soll sich euch fügen ...
> Das ist euer ganzer Wille, ihr Weisesten, als ein Wille zur Macht; und auch wenn ihr vom Guten und Bösen redet ...»[26]

Während die Weisesten – Nietzsche meint wohl die Philosophen – dem Willen zur Macht folgen, indem sie die Welt denkbar machen, klassifizieren und namentlich in Gut und Böse einteilen, vertrauen die Magier gewissermassen blind der wirksamen Handlung, dem bewährten Ritual, das die Materie dem Geist dienstbar macht.

Im Gegensatz zum Panpsychismus steht der von René Descartes[27] und anderen postulierte scharfe Dualismus von Geist und Materie, der wegweisend wurde für die Abwendung von der magischen Erkenntnisweise und für die Entwicklung der neuzeitlichen Naturwissenschaften – ein Prozess, der nicht vorschnell als Fortschritt gedeutet werden sollte. Durch die Trennung der Materie vom Geist liess sich letztlich auch die Natur als Apparatur verstehen, in deren Mechanismen sich nach eigenem Belieben eingreifen lässt. Damit eröffnete der Dualismus von Geist und Materie zwar dem Willen zur Macht einen enorm erweiterten Spielraum, aber er stellte zugleich den Willen zur Erkenntnis vor neue, mutmasslich unlösbare Probleme: Wenn Materie und Geist grundsätzlich separat bestehen, wie können sie sich dann – etwa im Menschen – verbinden? Und wann kommt es zu dieser Verbindung – wann in der Entwicklung der Menschheit und wann in der Entwicklung des Fötus im Mutterleib? Als Antwort konstelliert sich nach der Absage an den Panpsychismus der Emergentismus[28]. Emergenz ist aber in Hinblick auf die Beziehung zwischen Geist und Materie eine Hohlformel. Irgendwie entsteigt der geistlosen Materie ab einem bestimmten Komplexitätsgrad ihrer Organisation (d. h. bei höheren Säugetieren) der

26 in *«Also sprach Zarathustra»*, Nietzsche 1988, IV:146
27 1596–1650
28 vgl. unten S. 304ff.

Geist. Doch dieses 'irgendwie' ist nicht nur ein Rätsel, sondern ein eigentliches Wunder. Wer zieht die Grenze zwischen höheren und niedrigeren Säugern? Was ist mit den Kraken? Und wenn irgendwann im Lauf der Evolution die Einblasung des Geistes in die Materie passiert, ist Evolution kein kontinuierlicher Prozess mehr. Etwas wie Gottes Hand oder Mund kommt ins Spiel, wo doch das mechanistische Weltbild und das materialistische Verständnis des Menschen Gott eben erst von der Bühne geräumt haben.

Die Erfolglosigkeit des Emergentismus ist ein Stachel im Fleisch der Naturwissenschaft und trägt wesentlich dazu bei, dass der Panpsychismus in den letzten Jahrzehnten wieder auflebt. Dieser wird eine neue, ökologische Art der Naturwissenschaft begründen, insofern er die uns umgebende Biosphäre nicht als bloss dinghafte Materie versteht.

Diese Aussicht dürfte froh stimmen, wo sich doch die globalisierte Welt zunehmend mit ökologischen Herausforderungen konfrontiert sieht. In Anbetracht von Krisen wird in heutiger Zeit der wissenschaftlich-technisch orientierten, modernen Erkenntnisweise stetig mehr Bedeutung zugeschrieben, denn der Forschungsfortschritt gilt als wichtigster Hoffnungsträger. Dank der Entwicklung von Impfstoffen wirkt beispielsweise Covid-19 für die meisten Menschen nicht mehr bedrohlich, Therapeutika werden folgen, das Problem scheint seine wissenschaftlich-technische Lösung gefunden zu haben. Immer weisen aber – mindestens für Minderheiten – philosophisch verankerte Fragen über diese vom Fortschritt getragene Beruhigung hinaus. Sie betreffen in diesem Fall etwa ethische Grundlagen der Distribution von Vakzinen, Zusammenhänge zwischen Lebensstil und Pandemie oder das Spannungsverhältnis zwischen den Leitwerten der Gesundheitseinrichtungen und denjenigen der Wirtschaft betreffend Strategien im Umgang mit der Krankheit.

Als sich im 16. und 17. Jh. die Grundlagen der Naturwissenschaft herausbildeten, wurden deren philosophische Voraussetzungen zunehmend ausgeblendet. 1620 erschien Francis Bacons *«Das neue Organon oder die wahre Anleitung zur Interpretation der Natur»*. Darin lesen wir die Sätze, die dem geflügelten Wort 'Wissen ist Macht' zugrunde liegen:

> «Wenn auch die Wege zur Macht[29] und zur menschlichen Wissenschaft aufs engste miteinander verbunden und fast gleich sind, ist es doch infolge der eingewurzelten schädlichen Gewohnheit, sich im Abstrakten aufzuhalten, entschieden sicherer, die Wissenschaften von denjenigen Grundlagen her zu beginnen ..., welche zum Bereich des tätigen Teiles gehören. Dieser selbst bezeichnet und bestimmt wohl dann den betrachtenden Teil.»[30]

Die Wissenschaft, die Wissen als Macht versteht, wird zur Leitdisziplin. Und mit Bacon gewinnt sie methodologische Grundlagen, die als die einzig richtigen gelten sollen:

> «Es pflegen sich in die Natur (um Werke zu bilden) der Mechaniker, Mathematiker, Arzt, Alchemist und Magier einzumischen; aber alle (wie die Ergebnisse jetzt stehen) mit unzulänglichem Ansatz, mit geringem Erfolg.»[31]

Der einzig richtige Weg zum Wissen beginnt nach Bacon mit der Frage nach den Ursachen.

> «Wissen und menschliches Können[32] ergänzen sich insofern, als ja Unkenntnis der Ursache die Wirkung verfehlen lässt ... was bei der Betrachtung als Ursache erfasst ist, dient bei der Ausführung als Regel.»[33]

Einen solchen hegemonialen Anspruch kannten die Magier des Mittelalters und der Renaissance nicht. Sie gewannen ihr Wissen und Können aus verschiedenen Quellen und sammelten Erfahrungen von Neuplato-

---

29 lat. *potentia*: 'Macht', 'Stärke', 'Gewalt', auch 'Können', 'Fähig-Sein', '(geistiges) Vermögen'

30 Bacon 1990, II:283

31 ebd. I:83

32 lat. *potentia*; an anderen Stellen als 'Macht' übersetzt

33 ebd. I:81

nikern, Hermetikern, islamischen Gelehrten und jüdischen Kabbalisten gleichermassen. Für sie galt: Wirklich ist, was wirkt, und allein Können ist Macht.

Doch auch den Renaissance-Magiern war die naturalistische Sichtweise präsent. Auch sie interpretierten beobachtete Wirkungen nicht als auf Wundern basierende Ereignisse, sondern als natürliche Vorgänge. Selbst die Wirkungen ritueller Magie wie etwa die Beschwörung von Totengeistern verstanden sie als natürliche Phänomene. So schrieb der Renaissance-Denker Agrippa von Nettesheim[34]:

> «Denn im Buch der Könige lesen wir, dass ... eine wahrsagerische Frau, welche in Endor gewohnet, die Seele des Propheten Samuelis herausgefordert habe, ... [welche] vor Ablauf des ersten Jahres nach seinem Tod hat leicht können wieder gerufen werden ... Die Schwarzkünstler halten auch dafür, dass solches ja wohl natürlich könnte zugehen ...»[35]

Über Telepathie schrieb derselbe Autor:

> «Auf ganz natürliche Art, ohne allen Aberglauben und ohne die Vermittlung irgend eines Geistes ist es möglich, dass ein Mensch dem Andern auf jede noch so weite ... Entfernung in der kürzesten Zeit seine Gedanken mittheilen kann.»[36]

Agrippa betont – gleich wie die modernen Wissenschafter – die *natürliche* Erklärung hinter den Phänomenen. Trotzdem unterscheidet sich die Haltung des Magiers insofern grundlegend von derjenigen späterer Wissenschafter, als magische Erkenntnis nie als blosser Denkakt, abgespalten von Vorstellungskraft, Wille und Gefühl gelingen kann. Im mittelalterlichen *«Picatrix»*[37], einem Zauberbuch aus al-Andalus, lesen wir:

---

34 1486–1535

35 von Nettesheim 2010:113f.; vgl. unten S. 90

36 ders. 1970, I:65f.; gut vierhundert Jahre später erwog auch Sigmund Freud diese Option, vgl. unten S. 340ff.

37 vgl. unten S. 107f.

> «Der Philosoph[38], der mit Talismanen operiert, darf seine Seele, sein Herz, seinen Intellekt und seine Willenskraft mit keinem Werke ausser diesem befassen. Denn wer einen Talisman herstellt, braucht die ganze Stosskraft des Denkens und die Zielbewusstheit des [inneren] Blicks.»[39]

450 Jahre später schrieb Agrippa von Nettesheim:

> «Vieles wirkt unser Geist durch den Glauben, der ein festes Zutrauen, eine gespannte Aufmerksamkeit und eine entschiedene Hingebung des Wirkenden oder Aufnehmenden ist ... Wir müssen daher bei einem jeden Werke ... ein starkes Verlangen ausdrücken, unsere Einbildungskraft spannen, die zuversichtlichste Hoffnung und den festesten Glauben haben; denn dies trägt sehr viel zum Gelingen bei. Man hat die Erfahrung gemacht, dass ein fester Glaube, eine zuversichtliche Hoffnung und die Liebe zu dem Arzte, wie das Vertrauen zu den Heilmitteln sehr zur Wiederherstellung der Gesundheit beitragen, manchmal sogar mehr als das Heilmittel selbst; denn ausserdem, dass die Kraft des Heilmittels wirkt, wirkt auch die Geisteskraft des Arztes ... Um auf magische Weise zu wirken, ist daher ein standhafter Glaube und ein unerschütterliches Vertrauen erforderlich; man darf in den Erfolg nicht den geringsten Zweifel setzen, ja nicht einmal den Gedanken daran aufkommen lassen.»[40]

Die Aktualität dieser Sichtweise zeigt sich nicht nur in der Wirkung von Placebos, sondern auch in der ungebrochenen Neigung der modernen Menschen, einander Glück zu wünschen oder zu verfluchen.

Als der Autor 1980 zum ersten Mal einen senegalesischen Ringkampf besuchte, dauerte die Kampfphase nur wenige Sekunden, nach-

---

38 gemeint ist der Magier
39 Ritter u.a. 1962:203–204
40 von Nettesheim 1970, I:319f.; vgl. die Arbeiten von Klaus Grawe zu den Wirkfaktoren der Psychotherapie.

dem die beiden Kämpfer sich eine Stunde oder länger gegenübergestanden hatten. In dieser langen Vorbereitungsphase wurden sie von ihren Magiern gesalbt und mit Talismanen behängt – und sie bedrohten, beschimpften, verlachten und verfluchten einander. Wir wissen alle, wie sehr einen das schwächen kann. Zugleich verbessert das Fluchen die Leistungsfähigkeit des Fluchenden, vermindert seine Schmerzwahrnehmung und erhöht seine Schmerztoleranz[41].

Eine Aufgabe, die sich den Magiern über die Jahrhunderte besonders häufig stellte, war, die Liebe einer Frau zu einem Kunden zu entfachen. Die Lösung ist uns in detaillierten Rezepturen überliefert, wie sie etwa das Buch *«Picatrix»* in grosser Zahl zusammenstellt. Hier ein Beispiel:

> «... Nirendsch[42] mit Räucherung. Seine Herstellung besteht darin, dass du 1 Mitqal[43] Hyänenhorn, d. h. ihre Schamteile, 1 Mitqal Hasenglied, ½ Mitqal Pupille (Iris? ...) einer weissen Katze, je 1 Mitqal Fett eines weissen Hundes, Weihrauch und Mastix und so viel zerlassenen Schafschwanz wie alles zusammen nimmst, den Schwanz in einem Reagenzglas zerlässt und die erwähnten Ingredienzien darauf wirfst. Wenn sie sich ... vermischt haben, pulverisierst du ½ Danaq[44] Kampfer, je 2 Danaq weisses Sandelholz und unparfümiertes indisches Agallocheholz, 1 Danaq Ambra und ½ Danaq Moschus. Dann wirf dies alles auf die Mischung ... Und wenn es sich vermischt hat, so teile es in 7 Teile, nimm 7 Kohlepfannen, leg Kohlen hinein und zünde es an. Dann stell diese Kohlepfannen vor dir in einer Reihe auf und leg auf jede Pfanne einen Teil von dieser Mischung, die du zerteilt hast. Wenn du nun alles aufgelegt hast und räucherst, so sprich: 'A'juras, Jatandas, Ahjulas, Harjulas, ich errege das Herz der N.N. zu dem N.N. hin und bewege das

41 Richard Stephens et al. 2009, «Swearing as a response to pain» (journal.lww.com/neuroreport)

42 Talisman

43 1 Mitqal = 4,465 Gramm

44 1 Danaq = 0,414 Gramm

> Pneuma ihres Herzens in Liebe und verwehre ihr Schlaf, Ruhe und Wachen, Stehen und Sitzen, bis sie zu ihm kommt, hörend und gehorchend, und ich ziehe sie an und locke sie durch die Kraft dieser pneumatischen Geister'.»[45]

Da nicht das materielle Räucherwerk, sondern dessen Geist (griechisch *pneúma*) manipuliert wird, kann die Wirkung auf Distanz erzielt werden. In anderen Rezepten sieht der Autor vor, der angezielten Dame ein magisches Öl zu riechen zu geben oder sie damit zu salben.

Viele Renaissance-Magier kannten *«Picatrix»*. Agrippa von Nettesheim empfiehlt als «Räucherung für Venus» eine Mischung, die u.a. Moschus, Ambra und Aloeholz[46] enthält. Alle diese Zutaten waren im Mittelalter wie in der Renaissance teuer und schwer zu beschaffen.

Die Frage, wie man Sympathie gewinnen oder gar Liebe erregen kann, hat bis heute nichts an Aktualität eingebüsst. Die Ruhr-Universität Bochum hat 2015 als erste Hochschule der Welt ein eigenes Parfum auf den Markt gebracht. Es trägt den ambitiösen Namen *«Knowledge»*, riecht nach Zitrusfrüchten, Blumen, Holz und natürlich Moschus und «hat eine wissenschaftlich nachgewiesene Wirkung.»[47] 2015 haben die Bochumer Forscher unter Hanns Hatt den magnolienähnlichen Duft Hedion «als ersten je nachgewiesenen funktionsfähigen Bindungspartner eines menschlichen Pheromonrezeptors identifiziert.»[48] «Das bedeutet, dass die Wirkung nicht nur eine subjektive Empfindung ist, sondern wissenschaftlich nachgewiesen werden kann ...»[49] Natürlich enthält auch *Knowledge* den Duftstoff Hedion. «Im Gehirn aktiviert er, besonders bei Frauen, Regionen, die die Ausschüttung von Geschlechtshormonen kontrollieren.»[50] Ferner enthält das Parfum *«Iso E Super»*, das «zart, weich und menschlich»[51] riecht und die Anziehungskraft fördert. Den mensch-

---

45 Ritter u. a. 1962:263–264
46 von Nettesheim 1970, I:203
47 ingenieur.de, 2015:1
48 Packungsbeilage S. 3
49 ingenieur.de, 2015:2
50 Packungsbeilage S. 3
51 ebd.

lichen Rezeptor für diesen Stoff hat das Forscherteam allerdings noch nicht gefunden.

Knowledge riecht angenehm, aber die wissenschaftlich nachgewiesene Wirkung meldet sich im Selbstversuch reichlich zart, wenn überhaupt. Ein Renaissance-Magier hätte mit diesem Riechwasser bei seiner Kundschaft nicht gepunktet.

Was die Wissenschafter von den Magiern unterscheidet, ist, dass erstere gezielt nach Ursachen suchen. Es genügt ihnen nicht, aus jahrhundertealter Tradition zu wissen, dass Moschus anziehend wirkt. Sie wollen wissen, wie das vor sich geht, und haben denn auch bereits Moschusvarianten, die bestimmte Rezeptoren aktivieren, zum Patent angemeldet. Was Wissenschafter und Magier hingegen verbindet, ist der Glaube an Rezepte, an die technische Machbarkeit erotischer Dynamik. Dabei dokumentieren beide, dass es ungemein viel komplizierter ist, eine Frau in einen Mann verliebt zu machen als umgekehrt.

Das Anliegen, Sympathie zu erwecken, begleitet die europäische Kulturgeschichte schon lange, mit neuem Akzent seit der Gründung der Demokratie, was auch zur Begründung der Rhetorik als ausgefeilter Technik führte. Dabei spielt in der Rhetorik die poetische Erkenntnisweise eine tragende Rolle. Der Demagoge muss das Publikum in seiner Vielfalt erfassen, um es dann auf ein gemeinsames Ziel einschwören oder zu einer koordinierten Bewegung motivieren zu können. Einen ähnlichen Drang erlebt der Minnesänger, wenn er den Sturm der Gefühle, den er in der Angebeteten entfesselt, auf den ersten Kuss hin bündeln möchte.

Joseph von Eichendorff[52], *«Mondnacht»*

«Es war, als hätt' der Himmel
die Erde still geküsst,
dass sie im Blütenschimmer
von ihm nun träumen müsst.

Die Luft ging durch die Felder,
die Ähren wogten sacht,
es rauschten leis die Wälder,
so sternklar war die Nacht.

Und meine Seele spannte
weit ihre Flügel aus,
flog durch die stillen Lande,
als flöge sie nach Haus.»[53]

Stille. «Es war» – damals, in jener Mondnacht, und zugleich wie am Anfang. Das Bild steigt aus der Tiefe der Kulturgeschichte auf. Der Himmel küsste die Erde und die Pflanzen blühten auf. Lilien am Ufer des Euphrat, Kresse am Nil. Ein Mythos.

Nun wendet sich das Bild ins Naturalistische: Im Mondlicht flossen die Farben von Himmel und Erde ineinander. Luft und Pflanzen verbanden sich – zum Tanz, zum Rauschen. Das Licht der Sterne öffnete dafür Augen und Ohren. Die Verbindung von Himmel und Erde wurde offenbar. «So sternklar war die Nacht», dass sie auch das Verborgene, das Flüchtigste hervortreten liess: Die Seele flog «durch die... Lande», lautlos wie ein Uhu, vielleicht hinaus aus dieser Welt, am Ende in eine andere.

Himmel und Erde, Schöpfung und Selbstentgrenzung[54] – alles ist eins. Dichtung ist eine Art zu schweigen. Die Worte dienen

---

52 1788–1857

53 Paefgen 2005:318

54 Obwohl das Gedicht als poetische Dekoration von Todesanzeigen beliebt ist, haben wir hier weniger ans Sterben als an die Himmelsreise des Schamanen zu denken. Vgl. zum Seelenflug unten S. 38 und S. 117f.

nur dazu, die Stille zu beschwören, bis sich auch die Seele der Hörenden regt.

Poetische Erkenntnis ist auch in der Küche am Werk. Köchinnen und Köche fügen Geschmacksqualitäten und Konsistenzen, Düfte, Farben und Formen zu Gerichten, oft, ohne sie kosten zu müssen – mit schlafwandlerischer Sicherheit, wie man sagt, weil eben eine quasi wissenschaftliche Kontrolle sich erübrigt. Oft verschafft sich die Begeisterung dessen, der das Gericht geniesst, dann im Ausdruck Luft, das Essen sei ein Gedicht, wobei es sich keineswegs um eine Metapher handelt. Technische Hilfskonstruktionen wie Rezepte kommen erst zum Tragen, wo poetische Erkenntnis versagt.

Ähnlich verhält es sich mit der Entwicklung von Ritualen. Denn poetische Erkenntnis stützt sich ohne vorgegebenes Programm auf eine Gewissheit über zeitliche und räumliche Dimensionen, Handlungsebenen und die ganze Komposition von sprachlichen, musikalischen, tänzerischen, visuellen, kulinarischen, diätetischen und pharmakologischen Elementen. Sie macht deutlich, in welchen Gewändern die Teilnehmenden sich wie bewegen und mit welchen Gegenständen sie hantieren. Und erst, wenn die poetische Erkenntnis sich verliert, springt die schriftliche Liturgie in die Lücke und macht aus dem einmaligen, intuitiv und dialogisch sich ergebenden Geschehen ein organisiertes Ritual und damit einen immer wieder ähnlichen oder gleichen, wiederholbaren, weil vorkomponierten Ablauf von fraglicher Wirkung[55].

Poetische und visionäre Erkenntnisweisen sind, wie bereits angedeutet, nicht scharf voneinander abzugrenzen. Denn zum einen mündet auch visionäre Erkenntnis oftmals in einen poetischen Ausdruck des Erkannten, und zum anderen kann Poesie visionäre Erkenntnis auslösen.

So beschreibt Nikola Tesla in seiner Autobiografie, wie er mit seinem Freund Antal Szigety bei Sonnenuntergang durch den Varosliget Park in Budapest spazierte und dazu passende Verse aus Goethes «*Faust*» rezitierte:

55 vgl. von Ins 2020:97f.

Es ist Ostersonntag. Faust und sein dienstbarer Schüler Wagner spazieren draussen vor dem Tor. Die Sonne sinkt und Faust zieht's himmelwärts, der Sonne nach in einen ewigen Tag:

> «Sie rückt und weicht, der Tag ist überlebt,
> dort eilt sie hin und fördert neues Leben.
> O dass kein Flügel mich vom Boden hebt,
> ihr nach und immer nach zu streben!
> ...
> Ein schöner Traum, indessen sie entweicht.
> Ach! Zu des Geistes Flügeln wird so leicht
> kein körperlicher Flügel sich gesellen.»[56]

Tesla schreibt:

> «Während ich diese inspirierenden Worte äusserte, kam mir ein Gedankenblitz und plötzlich lag die Wahrheit vor mir. Mit einem Stock zeichnete ich eine Skizze [des Wechselstrommotors] in den Sand, wie sie sechs Jahre später in meiner Präsentation vor dem *«American Institute of Electrical Engineers»* gezeigt wurde; mein Begleiter begriff sie bestens. Die Bilder, die ich sah, waren wunderbar scharf ...»[57]

Im weiteren Verlauf seines Osterspaziergangs fällt Faust ein grosser schwarzer Hund auf, der immer enger um ihn und Wagner kreist:

> «FAUST: Siehst du den schwarzen Hund durch Saat und Stoppel streifen?
> WAGNER: Ich sah ihn lange schon, nicht wichtig schien er mir.
> FAUST: Betracht ihn recht! für was hältst du das Tier?
> WAGNER: Für einen Pudel[58], der auf seine Weise

---

56 Faust I, 1. Akt, 2. Szene, in: von Goethe 1965, III:36

57 Tesla 2005:51, Übers. Irène Stumm und Jürg von Ins

58 zu von Goethes Zeit noch ein grosser Jagdhund

sich auf der Spur des Herren plagt.
FAUST: Bemerkst du, wie in weitem Schneckenkreise
er um uns her und immer näher jagt?
Und irr ich nicht, so zieht ein Feuerstrudel
auf seinen Pfaden hinterdrein.
WAGNER: Ich sehe nichts als einen schwarzen Pudel;
es mag bei Euch wohl Augentäuschung sein.
FAUST: Mir scheint es, dass er magisch leise Schlingen
zu künft'gem Band um unsre Füsse zieht.
WAGNER: Ich seh ihn ungewiss und furchtsam uns umspringen,
weil er, statt seines Herrn, zwei Unbekannte sieht.
FAUST: Der Kreis wird eng, schon ist er nah!
WAGNER: Du siehst! ein Hund, und kein Gespenst ist da ...»[59]

Der weitere Verlauf der Geschichte gibt allerdings Faust recht. Er sah visionär voraus, dass der Pudel in Wirklichkeit ein dämonisches Wesen war. Kaum zuhause angekommen verwandelte er sich in Mephistopheles. Faust kommentiert mit dem Satz: «Das also war des Pudels Kern.»

Wagner vertritt den Mainstream, wenn er salopp zur Sinnestäuschung erklärt, was lediglich Faust sehen kann, während es ihm verborgen bleibt. Faust widerspricht ihm nicht, weil er selbst unsicher ist. Umgekehrt können selbstsichere Visionäre den visionär Unbegabten durchaus eine fehlerhafte Sichtweise vorhalten. Darin stehen selbstsichere Visionäre wiederum denjenigen Personen nahe, die zur mediumistischen Erkenntnisweise begabt sind, den sogenannten Medien. Während Visionäre sozusagen 'ungebundene' Visionen empfangen, können Medien die Erkenntnisse eines anderen, meist transzendenten Wesens empfangen. Das Medium kann blosses Sprachrohr des Wesens sein oder mit diesem in Dialog treten. Mediumistische Erkenntnis ist aufgrund ihres Facettenreichtums besonders schwer zu fassen. Je nach kulturellem Kontext und rituellem Rahmen greifen pathologische, diagnostische, therapeutische, ästhetische, politische, religiöse und divinatorische Aspekte ineinander. Zugleich haben die Exponenten des Mediumismus

59 Faust I, 1. Akt, 2. Szene

ihren gesellschaftlichen Ort vielfach in kaum kommunizierenden Kulturen.[60] Geht die Botschaft von einem lebenden Wesen aus, spricht man von Gedankenübertragung oder Telepathie. In Europa machte insbesondere jene Form der mediumistischen Erkenntnis Geschichte, die sich partieller Besessenheit – etwa einer Hand – verdankte. Die Botschaft wurde dann schriftlich übermittelt. Es sind auch Fälle belegt, in denen Medien gleichzeitig mit der linken und der rechten Hand Botschaften aus verschiedenen Quellen festhielten. Man nannte es 'automatisches Schreiben'[61] oder ‚automatisches Zeichnen'[62]. Überhaupt wurde mediumistische Kommunikation im Europa des 19. und 20. Jh. als Automatismus bezeichnet, weil sie ohne Mitwirkung des Mediums als Individuum vor sich zu gehen scheint. Doch manchmal zeigt sich mediumistische Erkenntnis auch mehr als intensivierte Form der Empathie. So etwa, wenn der G/wi-Mann am Druck der Riemen der Kindertrage auf den Schultern spürt, dass seine Frau heimkommt:

> «Wenn eine Frau, die weggegangen ist, zu ihrem Haus zurückkehrt, fühlt der Mann, der dort sitzt, auf seinen eigenen Schultern den Riemen, mit dem das Kind der Frau an deren Schultern festgebunden ist, ... er spürt das Gefühl dort.»[63]

Letzteres Beispiel verdeutlicht auch gleich einen häufigen Gegensatz zwischen Kulturen; dass deren Unterschiede sich nicht zuletzt darin manifestieren, dass unterschiedliche Erkenntnisweisen angewandt werden, und dass nicht überall dieselben Erkenntnisweisen die gleiche Rolle und Bedeutung haben. Denn während sich unsere Kultur vornehmlich mit der Gruppe der 'aktiven' Erkenntnisse beschäftigt, setzen manche Kulturen andere Schwerpunkte im Spektrum der Erkenntnisweisen. Und im Gegensatz zu diesen scheint sich das Abendland mit deren Vielfalt schwer zu tun.

---

60 vgl. unten S. 282ff.

61 vgl. die präzise Anleitung in Breton 1977:29–30

62 so im Vorfeld des 'Bauhauses', namentlich bei Adolf Hölzel und Johannes Itten

63 Myburgh 2013:67, Übers. Irène Stumm

Der europäische Umgang mit der Vielfalt

In den folgenden Kapiteln wagen wir einen essayistischen Rundgang durch die europäische Geistesgeschichte, geleitet von Beobachtungen dazu, wie die abendländische Kultur mit der Vielfalt der Erkenntnisweisen umgeht. Dass unser Fokus ausgerechnet auf diesen beiden Stichworten – europäische Geistesgeschichte und Umgang mit Vielfalt – liegt, hat seine Gründe in einer spezifischen Feststellung: In der Kulturgeschichte und im Vergleich der Kulturen zeichnet sich eine hegemoniale Tendenz westlicher Erkenntnistraditionen ab. Das meint zum einen, dass die westliche Kultur gegenüber anderen Kulturen immer wieder einen hegemonialen Anspruch erhebt. Immerhin steht wohl ausser Frage, dass sich je länger, desto mehr eine 'Verwestlichung' der weltweiten Kulturen beobachten lässt. Es meint zum anderen aber ebenso, dass sich auch *innerhalb* der westlichen Erkenntnistradition durchwegs hegemoniale Tendenzen zeigen. Und dieser Umstand hat die Geschichte der Erkenntnis in Europa massgeblich beeinflusst. Aktualität gewinnt das Thema, wie wir sehen werden, in den stagnierenden Diskursen um interdisziplinäre, biologische und kulturelle Vielfalt.

Diese Beobachtungen gaben den Anstoss, uns genauer mit der Geschichte der Erkenntnis in der europäischen Kultur zu beschäftigen. Wie konkretisiert sich die hegemoniale Tendenz? Oder offener gefragt: Wie ging man denn durch die europäische Geistesgeschichte mit der Vielfalt der Erkenntnisweisen um? Wir haben – plakativ verkürzt – drei Strategien identifiziert:

Exklusivität: Spätestens in der monotheistischen Reform des Judentums im 7. Jh. v. Chr.[64] entstand die Vorstellung, dass es nur eine einzige richtige Erkenntnisweise gibt. Sie entfaltete sich im Licht des einzig wahren Gottes zur ideologischen Basis hegemonialer Politik. Zu Beginn der christlichen Ära übertrug sich dieser umfassende Anspruch auf Erkenntnisart und Politik der Kirche. In der Neuzeit schliesslich erbten erst die Aufklärungsphilosophie und dann die Naturwissenschaften den exklusiven Anspruch. Erweitert um den Aspekt der Entwicklung bzw. des Fortschritts verstehen diese nun Erkenntnis als vielleicht mehr-

64 vgl. 2. Kön. 23

stimmigen, aber linearen Prozess der Annäherung an die eine wahre Wirklichkeit.

Harmonie: Als in der Renaissance der hegemoniale Anspruch der Kirche bröckelte, wurden neue Szenarien denkbar. In Pico della Mirandolas[65] Vision geht die menschliche Erkenntnis durch die Geschichte schier unendlich viele verschiedene Wege – religiöse, magische und philosophische, jüdische, islamische und christliche – doch verbinden sich alle Erkenntnisse im Schöpfungsganzen harmonisch zum universalen, humanistischen Wissen.

Pluralismus: Mit einer Vielzahl möglicher Arten der Erkenntnisgewinnung rechnete auch Picos jüngerer Zeitgenosse Agrippa von Nettesheim[66], doch hielt dieser sie für unvereinbar und durchwegs unsicher. Es galt, mehrere Arten der Erkenntnis gleichzeitig zu kultivieren, ohne sie hierarchisch zu ordnen und ohne ihre Ergebnisse zu harmonisieren. Denn alle Erkenntnisweisen sind gleichermassen weit vom klaren Blick auf die Wirklichkeit entfernt. Pate steht hier die Endzeit-Theologie des Paulus: Bis zum Anbruch des Gottesreichs ist alles Erkennen Stückwerk[67].

Wie eben bemerkbar wurde, setzen unsere Beobachtungen bereits in der Kultur des Alten Testaments ein. Schliesslich haben der darin entstandene Monotheismus und das daraus hervorgehende Christentum massgebliche Einflüsse auf das Abendland ausgeübt. Und wie allein letztere Tatsache bereits verdeutlicht: Zweifellos ist das erste Szenario, das Schema der Exklusivität, dasjenige, das den Lauf der abendländischen Geschichte bestimmte.

Trotz des Aufbruchs der kirchlichen Hegemonie ab der Renaissance erhob schon die Aufklärung wieder den Anspruch, der einzig richtige Weg der Erkenntnis zu sein. Und auch sie schloss – ganz im Wortsinn der Exklusivität[68] – wieder aus, was sich nicht fügte. Denn zur Behauptung und Verteidigung einer einzig richtigen Erkenntnisweise müssen

---

65 1463–1494; vgl. unten S. 134ff.

66 1486–1535; vgl. unten S. 148ff.

67 1. Kor. 13,9

68 'Exklusivität' kommt vom lateinischen Verb *excludere*, was wörtlich 'ausschliessen' bedeutet.

Alternativen laufend vom Diskurs ausgeschlossen werden, indem man ihre Exponenten ...

- ... als Gefahr, vielfach als Verschwörer darstellt und verfolgt; ihre Tätigkeit wird verboten und wenn nötig mit Gewalt unterdrückt
- ... für wahnsinnig erklärt; ihr Wissen wird zum blossen Glauben (Für-wahr-halten) herabgestuft
- ... lächerlich macht, oder
- ... tabuisiert; wer sie zur Sprache bringt, wird seinerseits ausgegrenzt.[69]

Die Anwendung dieser vier Strategien lässt sich durch alle Epochen bis heute beobachten. Sie reicht von der Bestrafung der Wahrsagerinnen im Alten Testament[70] bis zur Verfolgung der Hexen aufgrund ihres Wissens; sie führt über den Aufklärungsphilosophen Immanuel Kant, der den erfolgreichen Naturwissenschafter Emanuel Swedenborg aufgrund dessen religiöser Visionen für geisteskrank erklärte[71]; sie zieht sich weiter bis zur heute gängigen Verspottung alternativer Heilverfahren, die vom Mainstream der 'Schul-Medizin' weitgehend totgeschwiegen und ausgeschlossen werden. In diesen ausgewählten Beispielen zeichnet sich ein Muster der europäischen Geistesgeschichte ab: Wer von der herrschenden Erkenntnisweise abweicht, wird zur Randständigkeit verurteilt.

Die Exklusivität ging Hand in Hand mit hegemonialen Ansprüchen und konkretisierte sich nacheinander im Monotheismus, in der Kirche und in der Wissenschaft. Das Schema geht zurück auf den Entwurf jener «Gegenreligion»[72], die Echnaton im 14. Jh. v. Chr. erfand und die Moses später aufgriff. Zum ersten Mal entstand eine Religion gegen alle jene, die ihre Götter abbildeten und sie in Gestalt von Statuen und rituellen Repräsentationen[73] verehrten. Gegen sie alle bekannte sich Israel zum

---

69 vgl. Foucault 2019:11f., Hanegraaff 2005:228f.

70 vgl. unten S. 89

71 vgl. unten S. 234f. Ebenso erging es Hölderlin aufgrund seiner poetischen Erkenntnisweise, vgl. Bertaux 1981 und Horowski 2017

72 Assmann 2004:20ff., Hanegraaff 2005:231f.

73 Namentlich luden Priesterinnen zum '*Hieros Gamos*' mit der Göttin. Vgl. die kritische Sicht bei Stark 2006 und S. 58, Anm. 101

einen Gott, von dem (und von dessen Schöpfung) man kein Bild machen darf. Der Monotheismus profilierte sich gegen alle anderen Religionen, die polemisch als Idolatrie (Götzendienst) verurteilt wurden. Dennoch entstanden auch in den Städten Israels bald Tempel nach fremdkulturellem Vorbild, in denen Jahwe und seine Gemahlin Aschera durch Objekte repräsentiert und verehrt wurden. Doch im Zug der grossen Reform des 7. Jh. v. Chr. wurde schliesslich der streng bilderlose Monotheismus dauerhaft etabliert[74] und Jahwes Gemahlin Ascherah entsprechend ausgemerzt[75]. Aber Jahwe blieb nicht lange ohne Partnerin: Das Volk Israel rückte in diese Rolle nach.[76] Dabei war auch die Beziehung zwischen dem einen Gott und seinem Volk exklusiv. Diese kosmische Monogamie ging mit dem Monotheismus einher. Wenn Israel mit fremden Göttern «buhlte», war Gott als betrogener Ehemann «eifersüchtig». So kann Rilke[77] Josua sagen lassen: «Ich und mein Haus, wir bleiben ihm vermählt.»

In Mittelalter und früher Neuzeit musste sich der hegemoniale Anspruch der Kirche mit ihrer scholastischen Erkenntnistradition gegen Magie und Hexerei durchsetzen. Dabei handelt es sich um zwei reichlich diffuse Begriffe, die aber gewiss in Beziehung zur Erotik stehen.[78] Wie das Alte Testament nicht müde wird, jene zu geisseln, die mit fremden Göttinnen gehurt haben, so ist nun das Mittelalter im Bann wollüstiger Dämonen, männlicher (lat. incubi aus incubare: 'darauf liegen') und weiblicher (lat. succubi aus succubare: 'darunter liegen'), denen der Mensch im Wachen wie im Schlaf leicht zum Opfer fällt. Aber auch Magier, die Sympathie und Abstossung zu manipulieren wissen, sind gefährlich. Kurz, ein ganzes Heer unkontrollierter Kräfte verführt den Christenmenschen zur moralischen Übertretung.

Ab dem 16. Jh. übernahm schrittweise die wissenschaftliche Erkenntnisweise den hegemonialen Anspruch, der aber erst drei Jahrhun-

74 Ironischerweise wird sich genau eine solche bilderfeindliche Wende in der Reformation nochmals wiederholen, vgl. unten S. 190ff.

75 vgl. unten S. 63

76 Gottes Anwesenheit bei seinem Volk wurde später unter dem Namen *Shekina* als junge, schöne Frau symbolisiert. Vgl. unten S. 173

77 im Gedicht *«Josuas Landtag»*, Rilke 1970, I:490

78 vgl. Couliano 1987 sowie unten S. 95, 99 und 160

derte später, nach Reformation und Glaubenskriegen, Aufklärung und Revolutionen ganz durchgesetzt war. Noch im Fin de Siècle flammte eine Wissenschaftskultur auf, die zwar der Wissenschaftlichkeit verpflichtet war, aber die Grenzen dieser Erkenntnisweise, wie sie sich über die Jahrhunderte verfestigt hatte, radikal zu erweitern suchte, um dem individuellen Erleben und insbesondere paranormalen Erscheinungen auf die Spur zu kommen. Es handelte sich zunächst um Psychologen, doch bald stiessen Vertreterinnen und Vertreter anderer Fachrichtungen dazu[79]. Ihr Interesse entzündete sich an den mediumistischen Phänomenen, die sich in Europa ab 1880 häuften.

Von Anfang an steht die Bedrohung hegemonialer Ansprüche in erotischem Bezug. Vielleicht, weil sich die Erotik als (über)lebensnotwendige Kraft letztlich weder organisieren noch kontrollieren lässt. Doch das 'Andere', gegen das das Exklusive seinen hegemonialen Anspruch durchsetzen muss, sind die alternativen Erkenntnisweisen insgesamt. Immer wieder werden diese mit obigen Strategien marginalisiert. Der Ausschluss schliesst jedoch nicht aus, dass der Mainstream selektiv Errungenschaften marginalisierter Erkenntnisweisen nutzt. Diese Möglichkeit zeichnet sich beispielhaft da ab, wo die Erkenntnisweise des europäischen Mainstreams auf andere Kulturen trifft. Doch hinterlässt dieses Verfahren auch innerhalb unserer Kulturen Spuren. Man denke etwa an die Zeitungsseite mit den Todesanzeigen, wo angesichts der subjektiven Unfassbarkeit des Todes unvermittelt die – ansonsten marginalisierte – poetische Erkenntnisweise zu Wort kommt.[80]

79 Einer von ihnen, der Altphilologe Walter F. Otto, wird im weiteren Verlauf dieses Buchs zu Wort kommen.

80 vgl. oben S. 36, Anm. 54

Jenseits von Europa

Die Erkenntnisweisen der G/wi

Was der modern westlichen Erkenntnisweise fehlt, ist die Offenheit für fremdkulturelle Alternativen. Der senegalesische Kulturphilosoph Felwine Sarr ruft daher zu einer «Revolution der Erkenntnisformen» auf, «die der Hegemonie westlicher Denktraditionen ein Ende setzt ...»[81] Denn im Gegensatz zur westlichen Tradition, die eigene Erkenntnisweise als die einzig richtige zu sehen, verstehen es andere Traditionen und Kulturen als selbstverständlich, dass verschiedene Erkenntnisweisen nebeneinander bestehen. Dazu einige Beispiele:

Zu den im südlichen Afrika lebenden Khoisan gehören auch die G/wi, eine Khoisan-Gruppe in der zentralen Kalahari-Savanne. Bekannt wurden die G/wi in den 1960er-Jahren durch die Arbeiten von George B. Silberbauer, der unter britischer Kolonialverwaltung *Ghanzi District Commissioner* und *Bushman Survey Officer* war. Umgangssprachlich nannte man grosse Teile des Siedlungsgebiets der G/wi '*Silberbauers Farm*'. Silberbauer attestiert[82] den G/wi ein relativistisches Verhältnis zur eigenen Erkenntnisweise:

> «Silberbauer[83] beschreibt die G/wi als «Sozio-Ökosystem», das sowohl die wissenschaftliche als auch die G/wi-Weltanschauung umfasst. Die eigenen Naturvorstellungen werden weder als zufällig betrachtet noch als identisch mit der wissenschaftlichen Beschreibung Aussenstehender gesehen. Die westliche Wissenschaft wird wegen ihres Erklärungswerts diskutiert, sowohl dort, wo sie mit der G/wi-Weltanschauung übereinstimmt, als auch dort, wo sie mit ihr in Konflikt steht.»[84]

---

81 Sarr 2019:116; eine Konkretisierung anderer Erkenntnisweisen bleibt er schuldig.

82 im Unterschied zu den anderen Ethnologen, auf die Barnard verweist

83 Silberbauer 1981:258–304

84 Barnard 1992:115–116, Übers. Irène Stumm

Die G/wi sind sich also bewusst, dass ihre Erkenntnisweise von derjenigen der Wissenschafter abweicht, aber sie gehen davon aus, dass beide sich nicht ausschliessen. Denn dasselbe Phänomen kann auf unterschiedliche Weise erklärt werden.

> «Die Unterschiede stehen im Einklang mit der Idee eines flexiblen oder fliessenden Glaubenssystems, das bei den Khoisan im Allgemeinen sowohl auf individueller als auch auf gesellschaftlicher Ebene funktioniert.»[85]

Für die G/wi ist es sinnvoll, verschiedene Arten der Erkenntnis gerade deshalb nebeneinander bestehen zu lassen, weil sie unterschiedliche Beschreibungen liefern. Vielfach verstehen sich die Vertreter der einen und der anderen Art des Erkennens nicht auf Anhieb. Deutlich werden die Kontraste da, wo europäisch geprägte Personen auf die einheimischen Afrikaner treffen, wie der Erlebnisbericht von Paul John Myburgh zeigt.

Pfeilgifte

«Ich wurde in Afrika geboren, mit einem Wind im Kopf ... einem Wind, der in seinem Atem das Wissen über alles Leben seit Anbeginn trug.»[86] So beginnt *«The Bushman Winter has come»* von Paul John Myburgh. Der Autor ist weisser Südafrikaner und fühlte sich von früher Kindheit an als Aussenseiter. Da er stotterte, wollte er möglichst wenig reden. Er zog sich in seine Innenwelt zurück. Seine Heimat fand er später unter den G/wi, bei denen er 7 Jahre lebte.

Eines Tages wollte er mit dem alten Dzero-O auf die Suche nach Pfeilgift gehen.

> «Ich begrüsse ihn leise, als ich mich seinem Feuer nähere. ‹Tsamkwa /tge ... Sind deine Augen gut offen?› frage ich. ‹Kiri kwa /tge›, antwortet er, ‹meine Augen sind gut offen›.»

85 ebd., Übers. Irène Stumm

86 Myburgh 2013:1, Übers. Irène Stumm und Jürg von Ins

Die beiden ziehen hinaus in die Savanne. Einmal hält Dzero-O unvermittelt inne:

> «‹Siehst du ihn, siehst du den Strauss?› Er zeigt geradeaus in die Ferne, und ich sehe nichts... Und er sagt: ‹Schau, Paul, schau mit langem Blick, und du wirst einen grossen männlichen Strauss sehen, der vor der Morgensonne davonläuft, über einen Flecken offenen Sands unter einem Giraffendornbaum mit gewundenem Stamm ... schau gut hin und du wirst ihn sehen›.»

Nach drei weiteren Stunden Marsch finden sie die Spur eines grossen männlichen Strausses, der schnell weggelaufen war. Sie ist kaum drei Stunden alt und führt unter einem Giraffendornbaum mit gewundenem Stamm hindurch. Paul lernt:

> «Alles Leben ist in der Tat in dem Masse in sich verbunden, dass jede Energieverschiebung, die durch einen Gedanken, ein Wort oder eine Tat verursacht wird, rundum eine Wellenwirkung auf den Lebenskörper der Erde auslöst, und dieser Impuls wird auf die eine oder andere Weise von allen Lebewesen gespürt, entweder weniger oder mehr bewusst. Und das ist auch die Art und Weise, wie der alte Mann den Strauss sieht.»

Einige Meilen weiter sagt Dzero-O unvermittelt: «Komm Paul ..., lass uns nach Gift graben.» Er kniet vor einem Busch nieder und beginnt zu graben. Paul fragt erstaunt, weshalb er just bei diesem Busch Gift zu finden hoffe, und Dzero-O zeigt auf die kleinen Käfer im Sand. Paul versteht:

> «Nachdem er die Blätter dieses Busches gefressen hat, gräbt sich der //Ua-Käfer[87] bald nach der Regenzeit unter die Erd-

87 « // Lateral. Ein lateraler Reibelaut (manchmal auch Frikativ genannt). Wird durch Anlegen der Zungenspitze am Gaumen erzeugt (die exakte Stelle variiert), wobei man [saugt und] einseitig zwischen Zungenrand und Wange Luft aus dem Mund entweichen lässt. Einfacher gesagt ist es der schnalzende Laut, den Cowboys im Film nutzen, um ihre Pferde anzutreiben. Phonetische Schreibweise: [/ / / /].

> oberfläche, wo er einen kleinen Schlammkokon oder *Choroo* bildet, in den er ein Ei legt ... aus dem Ei schlüpft eine Larve, und in der Magenhöhle dieser Larve entwickelt sich ein Bakterium, welches das Gift ist. Der Diamphidia-Käfer frisst nur diesen Strauch, die afrikanische Myrrhe (*Commiphora africana*), ... keinen anderen Strauch ...»

Beim Gift handelt es sich um Diamphotoxin, das bei Säugetieren nur bei Injektion, nicht bei oraler Verabreichung toxisch wirkt. Das Fleisch der von den G/wi mit ihren Giftpfeilen erlegten Tiere kann also problemlos genossen werden. Myburgh will wissen, wie die G/wi das herausgefunden haben und Dzero-O sagt, sie hätten es immer schon gewusst, seit der Zeit, als die Leute die Erde noch sprechen hörten.

> «Und wenn ein Mann sagt, dass er etwas weiss, weil sein Grossvater es vor ihm wusste, dann spricht er die Wahrheit, denn er trägt die unbewusste Erinnerung der Väter seines Vaters in seinem Blut.»[88]

Stephen Muecke, der in Australien arbeitete, spricht von

> «'Künsten des Gewahrwerdens'. Diese Art von Aufmerksamkeit hat nichts zu tun mit Beziehungen zwischen dem menschlichen Gehirn und 'der Welt dort draussen'; es handelt sich vielmehr um eine Immersion in Lebensräume. Aborigines, mit denen ich gearbeitet habe, lernen das von den Älteren. Als Kinder werden sie nicht dazu ermutigt, Fragen zu stellen, sondern einfach aufmerksam zu sein ... Wenn ein ... Fährtensucher Dinge in seinem Umfeld sieht, die wir andern nicht wahrnehmen können, so beruht das nicht auf einer speziellen Art des Bewusstseins, son-

---

Der Laut ist in allen Khoisan-Sprachen bekannt.», Barnard 1992:xix, Übers. Irène Stumm und Jürg von Ins

88 Myburgh 2013:67–68, Übers. Irène Stumm

> dern auf einem generationenübergreifenden Eingestimmtsein in eine besondere Welt.»[89]

Entsprechend verdanken auch die G/wi ihr Wissen ihrem besonderen Verhältnis zu Pflanzen und Tieren:

> «Bei jeder pflanzlichen Medizin muss man die Pflanze an sich verstehen, die Natur der Kräfte in dieser Pflanze und wie diese seinem eigenen Wesen am meisten nützen können, und auch wie diese Kräfte unter verschiedenen Umständen auf einen einwirken... Und so liegt die Freude, wenn man eine der traditionellen psychotropen Pflanzen wie Kanna oder Hoodia verwendet ... in der Erkenntnis und in der respektvollen Teilhabe an den Kräften der Natur.» [90]

Pflanzenwissen

Die G/wi betreiben die körperlich sehr anstrengende Ausdauerjagd. Das Beutetier wird durch einen Giftpfeil geschwächt, kann danach aber noch zwanzig Stunden oder länger fliehen. Die Jäger laufen hinterher. Dabei essen und trinken sie oft kaum, nehmen jedoch bestimmte Pflanzen wie zum Beispiel Hoodia (*Hoodia Gordonii*) zu sich, die sie für psychoaktiv und heilig halten. Die G/wi sehen einen engen Zusammenhang zwischen ihrer ausserordentlichen Ausdauer und der Einnahme von Hoodia. Dadurch wurde das Interesse der pharmazeutischen Industrie an dieser Pflanze geweckt.

> «Die südafrikanische Regierung ließ die Pflanze, die als Appetitzügler wirkt, untersuchen und den Wirkstoff als P57 patentieren. Später wurde das Patent über ein britisches Pharmaunternehmen an den amerikanischen Pharmakonzern Pfizer verkauft, der daraus einen Appetitzügler entwickeln wollte, ohne die Khoi-San an den Erträgen zu beteiligen. Den Khoi-San gelang es in einem

89 Muecke 2020:4, Übers. Irène Stumm und Jürg von Ins

90 Myburgh 2013:107f., Übers. Irène Stumm

Hoodia gordonii ist eine sukkulente Pflanze aus der Unterfamilie der Seidenpflanzengewächse. Heute ist Hoodia eine bedrohte Pflanzenart, da sie von Pharma-Anbietern rücksichtslos abgeerntet wurde.

> Gerichtsverfahren, eine Gewinnbeteiligung an den aus der Hoodia-Pflanze entwickelten Präparaten zu sichern. Pfizer hat das Patent inzwischen wieder zurückgegeben. Die grosse Mehrzahl der Profiteure haben jedoch keinen Vertrag mit den Trägern des traditionellen Wissens abgeschlossen.»[91]

Hoodia-Produkte werden bis heute erfolgreich als Appetitzügler vermarktet. Klinische Studien scheinen inzwischen zu belegen, dass *Hoodia* die Glukose-Rezeptoren besetzt und dadurch das Gefühl der Sättigung auslöst, was vorübergehend zur Leistungssteigerung führt. Psychoaktive Wirkstoffe wurden nicht nachgewiesen. Hingegen kann die Einnahme der Pflanze nach wissenschaftlicher Erkenntnis zu Übelkeit, hohem Blutdruck und Störungen des Leberstoffwechsels führen.

91 Wikipedia *«Biopiraterie»* (abgerufen am 27.10.2020)

Kanna (*Sceletium tortuosum*) ist eine Pflanzenart aus der Gattung *Sceletium* in der Familie der Mittagsblumengewächse (*Aizoaceae*). Die fermentierten Blätter werden von den Khoisan gekaut oder geraucht. Kanna wirkt in kleinen Mengen beruhigend, in grösseren Dosen bewusstseinsverändernd. Die Euphorie weicht nach einiger Zeit einem traumartigen Zustand. Kanna wirkt schmerzlindernd und wird vor allem gegen Bauchschmerzen, Ängste und Depressionen eingesetzt.

Diese Nebenwirkungen würden die G/wi-Jäger gewiss vom Konsum abhalten. Die unterschiedliche Beurteilung der Pflanzenwirkung bei G/wi und Wissenschafter:innen dürfte damit zusammenhängen, dass die wissenschaftliche Analyse individuelle und situative Faktoren ausblendet und sich nie auf die Pflanze als Ganzes, sondern stets nur auf einzelne, zuvor isolierte Wirkstoffe bezieht. Ausser Acht gelassen wird auch, dass die Khoisan *Hoodia* in Kombination mit anderen Pflanzenprodukten einnehmen, namentlich den getrockneten und fermentierten Blättern von *Kanna* (*Sceletium tortuosum*).

Spuren lesen

Das Verhältnis zwischen Buschleuten wie den G/wi und anderen Bewohnern des südlichen Afrikas war immer prekär und tragisch. Weisse wie schwarze Siedler behandelten die kleinwüchsigen Menschen bald wie Tiere, bald wie Sklaven. Spezifischen Nutzen brachten sie im Krieg, da sie besser als Portugiesen und sesshafte Südafrikaner Spuren lesen konnten. So wurden sie, obwohl sie selbst nie Krieg geführt hatten, über drei Jahrzehnte in Kriegshandlungen hineingezogen: Erst wurden sie von den Portugiesen gegen die Angolanische Befreiungsbewegung eingesetzt, dann von der südafrikanischen Armee gegen die namibische Befreiungsbewegung *Swapo*. Nach den Kriegen im unfreiwilligen Dienst der Verlierer standen sie im eigenen Land als Feinde da. Die namibischen *Bushmen* wurden von der südafrikanischen Armee in die Schmidtdrift (*Northern Cape District*), ein ihnen ganz fremdes Gebiet, umgesiedelt[92].

Die Buschleute verloren ihr Land, ihren Lebensraum und damit ihre Kultur. Vielerorts leben sie in slumähnlichen Verhältnissen. Ihr Nutzen für die Armeen war gross, ihr Sold gering. Besonders zerstörerisch aber wirkte sich aus, dass Spurenlesen als blosse Technik gefragt war. Denn *Tracking* war traditionell mehr: «Tracking ist wie Tanzen ... du sprichst mit Gott, wenn du diese Dinge tust.»[93]

Für die Buschleute war von grosser Bedeutung, dass sie eins waren mit dem Tier, dass sie die Grundlage ihres Lebens bewusst im Tod des Tieres fanden. Sie waren das Tier und sahen auch nachts voraus, in welche Richtung es weiter fliehen würde.

Das Pflanzenwissen der Ashaninca

Der Ethnologe Jeremy Narby, der heute für die Schweizer NGO *Nouvelle Planète* arbeitet, schrieb seine Dissertation in Stanford über die Ashaninca, eine Indio-Kultur im peruanischen Amazonas. Als ihm ein Ashaninca zum ersten Mal erzählte, er habe «sein Wissen über Heilpflanzen

---

92 vgl. Weinberg 1997:7f.

93 Ein G/wi in Craig und Damon Fosters Film *«The Great Dance»*, Cape Town 2000, Übers. Irène Stumm; vgl. von Ins 2020:160

dadurch erworben, dass er ein halluzinogenes Getränk zu sich nahm»[94], hielt Narby das für einen Witz. Später wurde ihm klar, dass das weit herum im Amazonas Common Sense war. Bei Richard Evans Schultes, dem Vater der Ethnobotanik, liest er:

> «Die Medizinmänner der Kamsà und der Inga, Stämme, die im Sibundoy-Tal leben, haben ein ungewöhnlich umfangreiches Wissen über Heil- und Giftpflanzen. ... Einer der bekanntesten ist Salvador Chindoy. Er beharrt auf der Behauptung, sein Wissen von der Heilkraft der Pflanzen sei ihm von diesen Pflanzen selbst vermittelt worden, und zwar in den halluzinatorischen Erfahrungen, die er im Lauf seines langen Lebens als Medizinmann gemacht hat.»[95]

Narby probierte das halluzinogene Getränk Ayahuasca auch selber aus, was seinen Blick auf die Wirklichkeit für immer veränderte:

> «In meinen Halluzinationen hatte ich wichtige Dinge gelernt, zum Beispiel, dass ich ein Lebewesen bin und zutiefst verbunden mit anderen Lebensformen. Ich hatte auch gelernt, dass die echte, unverfälschte Wirklichkeit komplexer ist, als unsere Augen uns glauben lassen.»[96]

Im Juni 1992 flog Narby zur Weltkonferenz für Umwelt und Entwicklung nach Rio de Janeiro. Dort, auf dem sogenannten Umweltgipfel, wurde das Pflanzenwissen der Indios von Ethnologen und Pharmakologen gewürdigt. Viele wussten nicht, dass die Indios dieses Wissen unter Halluzinogen-Einfluss gewannen. Und jene, die es wussten, sagten es nicht, um von den Mainstreamern und Szientisten weiter ernst genommen und finanziert zu werden.[97]

---

94 Narby 2019:9
95 ebd. S. 52f.
96 ebd. S. 48f.9
97 vgl. ebd. S. 52f.

Für sich selbst findet Narby einen interessanten Weg:

> «Durch das Hin- und Herwandern zwischen den Bewusstseinszuständen konnte man nützliches, überprüfbares Wissen erwerben, das auf andere Weise nicht zu erlangen war. Für mich war das der Beweis, dass es möglich war, diese scheinbar disparaten Welten zu vereinen ... Du musst deinen Blick verschwimmen lassen, so dass du Wissenschaft und Indianervision gleichzeitig wahrnehmen kannst.»[98]

Auf diesem Weg kommt Narby zum überraschenden Schluss, dass die grossen, verschlungenen Schlangen, die oft in Ayahuasca-Visionen auftreten, als Abbildung der Doppelhelix der DNS zu verstehen sind. «Die Distanz zwischen der Molekularbiologie und dem Bereich der Mythen und des Schamanismus war eine optische Täuschung, hervorgerufen durch den rationalen Blickwinkel, der schon im Voraus die Dinge voneinander trennt.»[99]

G/wi und Ashanincas sind vom Aussterben bedrohte Targets der Entwicklungszusammenarbeit. Zugleich verfügen sie wohl über das ökologische Wissen und Können, das wir dringend benötigen, um den Ökokollaps zu verhindern.

98 ebd. S. 58f.9

99 ebd. S. 88; freilich bleibt die Gleichsetzung der DNS-Doppelhelix mit der kosmischen Schlange der Ashanincas Narbys Interpretation.

3 Erotik der Erkenntnis

Mythen sind wie ein endlos wachsendes Myzel. Die Hymnen, die man singen, die Epen, die man rituell aktualisieren und später aufschreiben kann, sind nur wie die Fruchtkörper, die Pilze. Der Mythos reicht immer unendlich weit über sie alle hinaus und scheint dort draussen, im Dunkel des Nichtwissens, als Ahnung auf. So fassen Mythen das volle Leben, erschliessen dessen Sinn und zeichnen vor, wie die Menschen sich und die Welt erkennen. Sie tun dies in vielfältiger Weise, geprägt von Ort und Zeit, aber zusammengehalten vom symbolischen Kern eines Lebensgefühls und einer Erkenntnisweise.

Wir verstehen Mythen auch als Anfangsgeschichten, und dies in zweierlei Sinne; Mythen beschreiben die Anfänge der Welt, wie eine Kultur sie versteht, doch spiegeln sie damit auch den Ursprung der Kultur selbst. Unsere Betrachtung der Erkenntnisgeschichte unserer Kultur setzt daher ebenfalls bei mythologischen Überlieferungen ein. Und wir stellen fest: Die Anfänge der Erkenntnis sind wesentlich erotisch konnotiert.

Solche erotische Konnotationen der Erkenntnis finden wir bei Platon, der als erster schulbegründender Philosoph der Antike am Nabel der Erkenntnisgeschichte in der abendländischen Kultur steht. Und wir enthüllen sie ebenso im Schöpfungsbericht der Genesis – der ersten Geschichte über Erkenntnis überhaupt, wie unsere Kultur sie mythologisch überliefert. Doch während sich die erotische Erkenntniskultur Platons leider kaum etabliert hat, hat sich der antierotische Zug, den wir aus der Genesis herauslesen, bedauerlicherweise umso tiefer in unser kulturelles Erbe gegraben. Doch eins nach dem anderen. Zunächst beginnen wir den Rundgang mit einem Mythos, der unmittelbar mit der Erkenntnis der Natur, und damit auch mit der Erotik der Anfänge zu tun hat.

Im Alten Orient

Ein wunderschönes Beispiel eines Ursprungsmythos, der erotisch geprägt ist, findet sich in den Überlieferungen von Inanna und Dumuzi. Die Mythen über diese beiden sumerischen Gottheiten erläutern, wie die Kräfte zu verstehen sind, die im Schöpfungsgeschehen der Urzeit und jeden Frühling aufs Neue die Kulturpflanzen wachsen lassen. Alle Menschen erkennen Wolken, Regen, Frühling und keimende Pflanzen. Die Frage, deren Beantwortung ihr Lebensgefühl bestimmt und ihr Handeln leitet, ist: *Als was* erkennen sie dies alles?

Ein wichtiges Motiv dieses Mythos beschäftigt sich mit dem Aufenthalt der beiden Gottheiten in der Unterwelt, der unter anderem mit der unfruchtbaren Zeit des Jahres assoziiert wird. Wir hingegen erzählen hier nur jenen kleinen Ausschnitt aus dem weitläufigen mythischen Geflecht, der ein Stück religionsgeschichtlichen Hintergrund zum zweiten biblischen Schöpfungsbericht[100] bildet. Insgesamt bindet der Mythos die Ungewissheit über die Erneuerung der Lebensgrundlagen im nächsten Frühling in ein zyklisches, erotisch verbundenes Beziehungsgeschehen ein, das Vertrauen in die Zukunft schafft und den Menschen die Möglichkeit gibt, rituell auf die involvierten Gottheiten, das heisst auf das Klima und die Entwicklung der Kulturpflanzen einzuwirken.

Der Mythos von Inanna entfaltete sich in verschiedenen sumerischen Städten über lange Zeit, sodass Inanna je nachdem Göttin der Liebe, der Fruchtbarkeit, des Himmels und der Erde, der Heilkunst, der Gerechtigkeit oder des Krieges ist. Sie kann sogar in männlicher Gestalt auftreten. Der Hymnus von Inanna und Dumuzi stammt in der poetischen, schriftlich überlieferten Form aus dem 3. oder frühen 2. Jahrtausend v. Chr. Er erzählt den sumerischen Schöpfungsmythos, in dem es um die Bedeutung der sexuellen Vereinigung[101] zwischen dem Vegetationsgott Dumuzi und der Himmels- und Erdgöttin Inanna geht, aus welcher die Pflanzen – namentlich die Nutzpflanzen – auf der Erde entspringen:

---

100 Gen. 2,4b-3,24

101 Der im wissenschaftlichen Jargon übliche, griechische Ausdruck '*Hieros Gamos*', gängig mit 'Heilige Hochzeit' übersetzt, ist irreführend. Geheiratet wird ja nicht.

«Inanna sprach:
‹Was ich dir sage,
lass es den Sänger in ein Lied weben.
Was ich dir sage,
lass es von Ohr zu Mund klingen,
lass es von Alt zu Jung wandern:

Ich, Inanna, frage mich:
Wer wird meine Vulva pflügen?
Wer wird mein erhabenes Feld pflügen?
Wer wird meinen feuchten Acker pflügen?

Ich, die junge Frau, frage mich:
Wer wird meine Vulva pflügen?
Wer wird den Ochsen hinführen?
Wer wird meine Vulva pflügen?›

Dumuzi antwortete:
‹Wunderbare Frau, der König wird deine Vulva pflügen,
Ich, der König Dumuzi, werde deine Vulva pflügen.›

Inanna:
‹Also pflüge meine Vulva, Mann meines Herzens!,
pflüge meine Vulva!›
Bei den Lenden des Königs erhob sich eine junge Zeder.
Pflanzen wuchsen hoch an der beiden Seite.
Getreide wuchs hoch an der beiden Seite.
Gärten erblühten verschwenderisch.»[102]

Die von der jährlichen Überflutung noch nasse Ackererde ist Inannas «Vulva», der Pflug Dumuzis «Horn». So macht der Hymnus erkennbar, was pflügen und säen bedeutet. Die Ackererde wird dadurch geheiligt, die Bestellung des Feldes zum Gottesdienst – der so denn auch zeleb-

102 Wolkstein und Kramer 1983:36–37, Übers. Irène Stumm und Anina Föhn

riert wurde: Die Vereinigung von Inanna und Dumuzi wurde in einigen Städten zwischen einer Priesterin und dem König rituell nachvollzogen. Mancherorts führte der König auch den Pflug, um die erste Furche zu ziehen. Der Pflug wurde danach im Tempel rituell gereinigt.

Dumuzi wird in einer früheren Strophe des Hymnus als Hirte eingeführt. Erst nachdem Inanna sich für ihn entschieden hat, ist von ihm als König die Rede.[103] Und wie Inanna die fruchtbare Ackererde ist, so wird Dumuzi in späteren Strophen des Hymnus zur Kulturpflanze. Inanna sagt von ihm:

> «Er ging auf, er trieb Knospen;
> er ist wie Salat, am Wasser gepflanzt,
> er ist es, den mein Schoß über alles liebt.»[104]

Die Vorstellung von einer heiligen Liebesvereinigung, die zur Entstehung des Lebens in der Urzeit und zur Wiedergeburt der Pflanzen im Frühling führt, war in allen Kulturen des fruchtbaren Halbmonds verbreitet – auch bei den Kanaanäern, mit denen die Israeliten das Land teilten. Gegen dieses tief verwurzelte Allgemeinwissen grenzten sich die Redaktoren der alttestamentlichen Texte scharf ab. Wie wir gleich sehen werden, wurde im Zug von deren Genesis-Überarbeitung das erotische Potenzial, das in der Schöpfung – und erst recht im nackten Dasein im fruchtbaren Garten Eden – besteht, zusehends ausradiert. Sexualität als solche kommt überhaupt erst nach Vollendung des Werks marginal, weil nur funktional ins Spiel – so wenigstens im zweiten, älteren Schöpfungsbericht: «Adam erkannte Eva. Sie wurde schwanger und gebar Kain und sprach: Ich habe einen Mann bekommen mit Jahwe.»[105]

Trotz der redaktionellen Zensur, die die Sexualität im Schöpfungsbericht des Alten Testament erfahren hat, bleibt die Erotik der Erkenntnis begrifflich angelegt: Das hebräische Verb für 'wissen, erkennen' lautet *jada'* und bedeutet zugleich 'sich sexuell vereinigen, Liebe machen'.

---

103 In anderen Texten erscheint Dumuzi als Hirtengott.
104 ebd. S. 38, Übers. Irène Stumm
105 Gen. 4,1

Erkenntnis spielt sich also – hier wie bei Empedokles[106] – nicht etwa nur im Denken ab, sondern kann alle Schichten des Körpers und der Seele, alle Intensitäten des Lebens miteinbeziehen. Und dies erst recht im alttestamentlichen Schöpfungsbericht – der Geschichte über den 'Baum der Erkenntnis' und damit dem ersten unserer Kultur eigenen Mythos über Erkenntnis überhaupt – der ausgerechnet im Garten Eden spielt: Denn das hebräische Wort *Eden* dient als Ortsbezeichnung, bedeutet darüber hinaus aber auch 'Ort der Wonne'.

Im Garten Eden

Adam und Eva zählen zu den berühmtesten Liebespaaren der Menschheitsgeschichte, und wie viele berühmte Paare blieben sie von tragischen Entwicklungen nicht verschont. Ihre Erzählung geht zurück auf den zweiten biblischen Schöpfungsbericht[107], der zwischen 950 und 600 v. Chr. entstand. Dieser wurde über Jahrhunderte weitererzählt, verändert und ergänzt, sodass sich der Text heute mehrschichtig und inkonsistent präsentiert. Dabei zeigt die Geschichte des ersten Menschenpaars im literarischen Rahmen einer Schöpfungsgeschichte auf, wie sich die menschliche Erkenntnis vom Kind zum Erwachsenen wandelt.

Als Jahwe Erde und Himmel machte, wuchs noch kein Gestrüpp auf der Erde und kein Kraut auf dem Feld, denn er hatte noch nicht regnen lassen und es war noch kein Mensch (hebr. *adam*) da, um das Land zu bebauen. Doch da stieg ein Dunst auf aus dem Land und bewässerte die ganze Ackererde (hebr. *adamah*). Da bildete Jahwe den Menschen aus Erde und hauchte ihm durch die Nase Leben ein.

Dann steckte Jahwe einen Garten ab in Eden und setzte den Menschen hinein. Aus der Erde wuchsen vielfältige Bäume, deren Früchte begehrenswert und wohlschmeckend waren. In der Mitte des Gartens standen der Baum des Lebens und auch der Baum der Erkenntnis. Alle Früchte dienten dem Menschen als Nahrung. Nur vom Baum der Erkenntnis, sagte Jahwe, solle er nicht essen, da er sonst sterben müsse.

106 vgl. oben S. 7

107 Gen. 2,5f. Grundlage folgender geraffter Nacherzählung ist Gen. 2,4b bis 3,24

Er sollte es gut haben, doch er fühlte sich einsam. Da schuf Jahwe für ihn aus Erde alle Arten Tiere und brachte sie zu ihm, dass er ihnen Namen gebe. Doch der Mensch war noch immer einsam. Da versetzte ihn Jahwe in Tiefschlaf, nahm etwas von seiner Seite und schuf daraus eine Frau. Sie lebt nun an der Seite des Mannes und er lebt an ihrer Seite.

Die obige Erzählung setzt nicht ganz am Anfang ein, denn Erde und Himmel sind bereits da, allein: Die Erde wartet noch auf Regen – und auf einen Menschen, der sie bebaut. Nun schaltet sich Adamah, die fruchtbare Ackererde, als Akteurin ins Geschehen ein, indem sie sich selbst befeuchtet. Dadurch wird sie fruchtbar und formbar. So schafft Jahwe den Menschen gemeinsam mit der Erde, die von diesem gepflegt wird.

Adamah ist die weibliche Form von Adam. Der männliche Gott schafft mit der weiblichen Erde den Menschen: *Adam*. Und er schafft aus Adam, der später namentlich zu *Isch* (hebr. 'Mann') wird, die Frau *Ischah* (hebr. 'Frau'). Der poetische Parallelismus betont, dass der schöpferische Impuls zirkuliert; männlich und weiblich gehen auseinander hervor und miteinander einher. So auch an der oben genannten Stelle über die Zeugung Kains: Der Mann Adam erkennt Eva, und Eva bekommt mit Jahwe einen Mann. Wiederum zirkuliert die kreative Kraft in einer merkwürdigen *ménage-à-trois*.

Dies wird zusätzlich unterstrichen, wenn man weiss, dass Jahwe nicht immer alleinstehend war: Bis ins 7. Jh. v. Chr. hatte Jahwe eine Gemahlin namens Ascherah. Sie wurde an verschiedenen Orten im Nahen Osten unter diesem und ähnlichen Namen als Göttin der Fruchtbarkeit und der Vegetation verehrt. Der früheste Beleg findet sich in einem Brief aus dem 15. Jh. v. Chr., in dem ein gewisser Guli-Adad den Herrscher von Taanach[108] dringend um einen Wahrsager der Asirat (Ascherah) bittet, der ihm Vorzeichen deuten soll. Auch in die kanonisierte Bibel hat sie Einzug gehalten, denn im Alten Testament ist an 40 Stellen von Ascherah die Rede, womit bald die Göttin, bald der gleichnamige Kultpfahl gemeint ist, an dem sie verehrt wurde. Ihre Kultpfähle stellte man vor allem draussen in den Feldern auf, aber auch in den Städten: In allen

---

108 heutiger Name *Tell Ta'annek*, ein Dorf 40 km südöstlich von Haifa auf einem Hügel am Rand der Jesreel-Ebene

Tempeln fanden sich Standbilder von Jahwe und Ascherah – bis zur monotheistischen Wende, die die göttliche Gemahlin nicht überleben sollte.

Die monotheistische Wende

Im Jahr 622 v. Chr. entdeckt man bei Renovationsarbeiten am Tempel in Jerusalem eine bis dahin unbekannte Schriftrolle, die viele religiöse Vorschriften enthält. Vermutlich handelt es sich um eine frühe Fassung des 5. Buches Mose *(Deuteronomium)*. Man bringt die Rolle zu König Joschijahu, der bei der Lektüre erschrickt und sich die Kleider zerreisst, denn viele der Vorschriften sind bis dahin nicht eingehalten worden. So ordnet er eine radikale Kultreform an. Einerseits wird die Jahwe-Verehrung in Jerusalem zentralisiert, während alle anderen Kultstätten im Land geschleift werden. Andererseits werden alle Statuen – und namentlich diejenigen von Ascherah – aus dem Tempel geräumt und zerstört.[109] Auch Objekte, die Jahwe repräsentieren, fallen der Säuberung wohl zum Opfer. Damit ist die Wende zum bilderfeindlichen Monotheismus vollzogen.

Dabei wurde das weibliche Element nicht ganz gelöscht, sondern vielmehr in den männlichen Gott hineingespiegelt und von ihm absorbiert. So heisst es in Genesis 1,27:

«Und Gott schuf den Adam nach seinem Bild, nach dem Bild Gottes schuf er ihn; männlich und weiblich schuf er sie.»

Das Nomen, auf das sich das Pronomen «sie» beziehen könnte, fehlt. Plötzlich ist Adam ein Plural! So lässt sich vom gottesebenbildlichen Menschen zurückschliessen, dass eigentlich auch Gott ein Plural, männlich und weiblich ist. Tatsächlich ist ja der hier verwendete Gottesname «Elohim» morphologisch ein Plural, der als Singular angesprochen wird (lat. *plurale tantum)*.

109 vgl. 2. Kön. 23,4-14

Das generelle Bilderverbot wurde wohl erst im 6. Jh. v. Chr. festgeschrieben. Es diente dazu, den einen Gott Jahwe von der Vielzahl der Götter der Nachbarkulturen und ihren verlockend vielfältigen Bilderwelten abzuheben. Dadurch erst gelang es, das Gesetz – anstelle von Kunst und Erotik – zu etablieren. Das Verbot, Bilder zu schaffen, und das Verbot, fremde Götter zu verehren, gehören eng zusammen, wie es verdichtet in den Zehn Geboten zum Ausdruck kommt:

«Ich bin der Herr, dein Gott, der dich herausgeführt hat aus dem Land Ägypten, aus einem Sklavenhaus.
Du sollst keine anderen Götter haben neben mir.
Du sollst dir kein Gottesbild machen noch irgendein Abbild von etwas, was oben im Himmel, was unten auf der Erde oder was im Wasser unter der Erde ist.
Du sollst dich nicht niederwerfen vor ihnen und ihnen nicht dienen, denn ich, der Herr, dein Gott, bin ein eifersüchtiger Gott, ...»[110]

Der Text geht, wie viele andere Stellen des Alten Testaments, davon aus, dass es durchaus andere Gottheiten gibt.[111] Das Gesetz verbietet lediglich, diesen zu dienen, wobei offenbar jede bildhafte Darstellung als potenzielles Gottesbild zur Übertretung verführen könnte. Den abschreckenden Hintergrund bildet Ägypten, das Land, wo man in Bildern schreibt, und wo die Israeliten als Sklaven gelebt haben sollen.

Im Klima der monotheistischen Wende werden viele Bibelpassagen – darunter auch der zweite Schöpfungsbericht – redigiert. Dabei hinterlässt die Ausmerzung der Ascherah-Verehrung eine Lücke; auch im Bericht über den Garten Eden. Warum hatte Jahwe eigentlich noch nicht regnen lassen? Das Bild des Himmelsgottes, der auf die Erdgöttin regnen lässt, war als Symbol der heiligen Liebesvereinigung schliesslich

110 Ex. 20,2-5a
111 Man spricht in diesem Fall nicht von Monotheismus, sondern von Monolatrie.

allzu bekannt. Doch Jahwe gibt sich nun nicht mehr damit zufrieden, nur Berg- und Himmelsgott zu sein. Er ist nun auch Herr über die Fruchtbarkeit, ja über alles, denn er ist der einzige. Für eine fruchtbare Erdgöttin ist da kein Platz mehr. «[D]er abstrakte, monotheistische Gott benötigte keine sakrale Weiblichkeit mehr, da er zumindest theoretisch alle ihre Funktionen selbst erfüllte.»[112]

Doch kann Adamah, die Ackererde, diese Lücke füllen. Zwar ist der weibliche Schöpfungspart in Adamah zum Ding degradiert, aber dennoch bleibt sie, die den bewässernden Dunst aus sich aufsteigen lässt, Akteurin – wenn auch nur in merkwürdig autoerotischer Rolle. Doch erklärt gerade dies wiederum, warum Jahwe sie später verflucht[113]: Der monotheistische Gott duldet keine Mitwirkenden.

Ascherah, Jahwes ursprüngliche Gemahlin, bleibt somit nicht das einzige Opfer der alttestamentlichen Redaktoren, denn Adamah, die fruchtbare Ackererde, die in deren Lücke springt, wird letztlich ein ähnliches Schicksal erfahren: Auch ihr steht eine Ausmerzung als Akteurin bevor. Inzwischen gibt es Bibelauslegungen, in denen ihr selbst der autoerotische, aktive Beitrag entzogen wird, so beispielsweise beim Wissenschafter und Theosophen Emanuel Swedenborg[114], der in seiner Version und Ausdeutung der Genesis schreibt: «Und Er [Jahwe] liess einen Dunst aufsteigen von der Erde...»[115] Freilich ist dies eine Ausnahmeversion, denn in den meisten heute verlegten Bibeln bleibt Adamah als fruchtbare Ackererde die Akteurin, die ihre eigene Feuchtigkeit aus sich selbst heraus hervorbringt.

Während also Ascherah in der monotheistischen Wende eine komplette Ausmerzung erfährt, bleibt in Adamah immerhin ein weiblicher Schöpfungspart erhalten. Doch letztlich wird auch sie im Schöpfungstext degradiert, was in unsere Kultur eingegangen ist und bis heute Bestand hat. In den Texten bestehen bleibt namentlich der perfide Versuch des Redaktors, die fruchtbare Ackererde mit Staub (hebr. *afar*) zu identifi-

112 Sanyal 2021:87
113 Gen. 3,17c
114 1688–1772
115 Swedenborg 1998, I:69

zieren. *Afar* ist die Nahrung, die Jahwe der Schlange verordnen wird. Staubig ist es im unterirdischen Totenreich, und Formeln wie «Ich bin Staub vor deinem Angesicht»[116] stehen zentral im Vokabular der frommen Selbsterniedrigung. Der Redaktor hat an verschiedenen Stellen – so auch im vorliegenden Text – das Wort *afar* einfach vor *Adamah* gestellt, ohne dabei auf syntaktische Regeln Rücksicht zu nehmen. So heisst es in Gen. 2,7 wörtlich: «Da formte Jahwe Elohim den Menschen Staub aus Ackererde ...». «... aus Staub vom Erdboden ...» harmonisiert die Zürcher Bibel, und alle Übersetzungen gehen ähnlich vor. Aber da 'aus' im Hebräischen ein Präfix ist (d. h. mit Ackererde *ein* Wort bildet), kann man zwischen *aus* und *Ackererde* nichts hineinschreiben. Streichungen waren auch nicht möglich. Da war der Redaktor frech genug, Staub einfach ganz unverbunden voranzustellen. Diese Strategie hat hässliche Spuren hinterlassen, die bis in die Gegenwart reichen. Den Autor schockiert es bei jedem Beerdigungsritual, wenn der Pfarrer oder Priester sagt:

‹Von Staub bist du genommen und zum Staub kehrst du zurück.›

Welch trostlose Perspektive – dazu noch kreuzfalsch und gegen jede christliche Hoffnung! Aus leblosem Staub wird nichts, aus fruchtbarer Ackererde wohl. In eine seelenvollere Richtung weist da der Schlusssatz des *«Ecosex Manifests»* von Elizabeth M. Stephen und Annie Sprinkle: «Ich verspreche, Dich, die Erde zu lieben, zu ehren und zu schätzen, bis dass der Tod uns einander für immer näherbringt.»[117]

Es ist Zeit, den vorliegenden Schöpfungsbericht und damit auch die fruchtbare, schöpferische Erde zu entstauben, und mehr noch, sie wieder zu heiligen. Das ist heute schon vielen Menschen mit ganz verschiedenen Hintergründen bewusst. So etwa den *Deep Ecologists* vom Schumacher College in Devon:

116 vgl. z.B. Gen. 18,27

117 Elizabeth M. Stephens und Annie M. Sprinkle 2011, «Ecosex Manifesto» (sprinklestephens.ucsc.edu), Übers. Jürg von Ins

«Das Wesentliche an Deep Ecology ... ist die Überzeugung, dass, solange Umweltschutz einen rein rationalen, technokratischen Ansatz verfolgt, er Bastelei bleiben wird. Wir müssen tiefer schürfen. Wir brauchen ein neues Verständnis unserer Welt, wir müssen sie als etwas Heiliges begreifen. ... Der Autor Charles Eisenstein sagte kürzlich bei einem Vortrag am Schumacher College: ‹Wenn wir uns selbst für die einzigen fühlenden und liebenden Wesen auf diesem Planeten halten, dann ist die Haltung des instrumentellen Utilitarismus natürlich. Es ist absurd die Erde zu lieben, wenn man denkt, sie sei nur ein Haufen chemischer Stoffe, die da herumhüpfen.› »[118]

Das Zitat zeigt anschaulich, wie zersetzend die Verdinglichung der Erde auf eine zukunftsweisende Mentalität wirkt – zumal in heutiger Zeit, in der wir auf ökologische Perspektiven mehr denn je angewiesen sind. Allein in Europa gehen zurzeit jährlich 950 Millionen Tonnen fruchtbare Ackererde durch Erosion verloren. Sie vertrocknen zu Staub und werden verweht – oder sie werden weggeschwemmt.[119]

Die Verdinglichung ist ebenso problematisch wie alt: Sie lässt sich – wie in der polemischen Gleichsetzung von fruchtbarer Ackererde mit leblosem Staub eben gesehen – bereits bei den frühen Redaktoren der Genesis nachweisen. Jahwe will alleine Schöpfer sein. Die Erde, das weibliche Fundament, ist bestenfalls noch Rohmaterial. Das widerspricht nicht nur dem ursprünglichen Text, sondern auch der menschlichen Erfahrung:

«Selbst wenn sich der Bauer sorgt und handelt,
wo die Saat in Sommer sich verwandelt,
reicht er niemals hin. Die Erde schenkt.»[120]

118 Evans 2017:189, Übers. Irène Stumm

119 *«Mutterboden: Die Erde muss leben»*, Arte Reportage, 9.8.2022

120 Rilke, Sonette an Orpheus, 1. Teil, 12. Sonett, in: Rilke 1970, I:738

Im weiteren Verlauf der Erzählung[121] ist der ausschlaggebende Akteur das listigste Tier, das Jahwe geschaffen hat. Es gleicht auf alten Darstellungen einer männlichen Schlange, wird oft mit Bart dargestellt und hat Beinchen[122]: eine Art Drache also. Dieser schlich zu den Menschen und fragte sie: ‹Hat Jahwe euch wirklich verboten, die Früchte des Gartens zu essen?›

Ischah zuckte mit den Schultern: ‹Ich habe nichts gehört.›

‹Nein›, antwortete Adam. ‹Nur die Früchte vom Baum der Erkenntnis soll ich meiden, da sie mich umbringen würden.›

‹Ach was!›, erwiderte der Drache. ‹Jahwe weiss, dass ihr nicht sterben würdet. Euch würden lediglich die Augen aufgehen, sodass ihr anders erkennen könntet.›

Das war die bare Wahrheit. Also assen die beiden Menschen vom Baum der Erkenntnis und sogleich gingen ihnen die Augen auf: Sie sahen, dass sie nackt waren.

Als Jahwe die Übertretung entdeckt, folgt die Vertreibung aus dem Paradies, womit die Geschichte planmässig endet, wo sie angefangen hat: auf dem brachliegenden Ackerland, wo Adamah auf die Adams wartet.

In Jahwes Fluch, den er daraufhin ausspricht, kulminiert die Abgrenzung vom Allgemeinwissen um die heilige, göttliche Liebesvereinigung, die alles Leben hervorbringt: Verflucht werden Frau und Ackererde, Gebären und Ackern[123], nachdem der Schöpfer zuvor die Ackererde gebraucht hat, um Leben zu schaffen, und die Frau Eva[124], um Adam glücklich zu machen. Es ist ein an Zynismus grenzender Plot-Twist, dass die Schöpfungsgeschichte darin ihren Abschluss findet: in der Verfluchung der fruchtbaren Akteure der Schöpfung insgesamt und des weib-

121 Textvorlage Gen. 3,1-7b

122 andernfalls wäre ja auch der nachfolgende Fluch in Gen.3,14e gegenstandslos: «Auf deinem Bauch wirst du kriechen ...»

123 zum Zusammenhang vgl. oben S. 59

124 'Eva' (hebr. *chava*) ist möglicherweise verwandt mit *chai* oder *chajah*, was 'Leben', 'leben' oder 'Lebendiges' bedeutet. Während im Wort 'Adam' *adamah* anklingt und damit die Herkunft des Menschen, deutet das Wort 'Eva' also die Zukunft des Menschengeschlechts an, das aus Eva hervorgehen wird.

lichen Parts im Besonderen. Schliesslich wird Ischah bzw. Eva (und damit die Frau überhaupt) der Sündenbock sein, dem über die folgenden Jahrhunderte hinweg die 'Urschuld' an der 'Erbsünde' angelastet wird.

Dieser Twist ist insofern umso zynischer, als doch im überlieferten Text die Begründung dafür misslingt, dass der Mann sich erst unter dem Einfluss weiblicher Verführung gegen Gott versündigt haben soll. Denn dieser teilt Adam das Verbot zu einem Zeitpunkt mit, da die Frau noch gar nicht geschaffen ist! Man kann daraus mit Agrippa von Nettesheim schliessen, dass das Verbot für die Frau überhaupt nicht gilt[125]. Umgekehrt steht Adam schlecht da, wenn er Eva bei Gott verpfeift: «Die Frau, die du mir zugesellt hast, hat mir vom Baum gegeben.»[126]

Ob diese Inkohärenz dem Eingriff eines Redaktors zu verdanken ist? Durchaus denkbar, denn dass ein Redaktor die Finger im Spiel hatte, ist klar. Der Text weist verschiedenste Brüche auf:

Gen. 2,9 «... und den Baum des Lebens mitten im Garten und den Baum der Erkenntnis von Gut und Böse.» Der angehängte Satzteil sieht nach Zusatz aus. Ursprünglich war wohl nur von einem Baum die Rede, vom Baum des Lebens.

Gen. 3,3: «... Nur von den Früchten des Baumes in der Mitte des Gartens hat Gott gesagt: Ihr dürft nicht davon essen, ...» Wie die weitere Erzählung schliessen lässt, steht nun der Baum der Erkenntnis allein in der Mitte. Er hat den Baum des Lebens ersetzt. Hätte dieser Text nicht die Idee der Erbsünde und damit unsägliches Leid über die Menschen gebracht, könnte man ihm wenigstens unfreiwilligen Humor zubilligen. Denn wer zwischen Erlaubtem und Verbotenem unterscheiden kann, hat die Frucht vom Baum der Erkenntnis von Gut und Böse offensichtlich bereits verdaut.

Doch der wohl schwerwiegendste Bruch im Ablauf der Geschichte folgt im Rahmen der Vertreibung und der Sicherung des Gartens.

> «Und Jahwe sprach: sieh, der Mensch ist geworden wie unsereiner, dass er Gut und Böse erkennt. Dass er nun aber nicht seine

125 vgl. unten S. 162

126 Gen. 3,12

> Hand ausstrecke und auch noch vom Baum des Lebens nehme und esse und ewig lebe.»[127]

Gott zieht die Schraube an, denn die Früchte vom Baum des Lebens zu essen hatte er ja Adam zunächst gar nicht verboten! Und nun fragen wir uns: Welche Früchte hat Adam wohl als erste gegessen: Bananen? Granatäpfel? Feigen? Birnen? Oder doch am besten gleich die Früchte vom Baum des Lebens? Wir müssten da nicht lange überlegen. Möglicherweise hat also Adam das ewige Leben, nur Jahwe weiss es noch nicht.

Eine gewisse Erfüllung findet das Versprechen des ewigen Lebens jedenfalls in der Fortpflanzung. Doch geschieht dies erst ausserhalb von Eden, was vielleicht sogar zum ironischen Programm gehört: Fortpflanzung bedingt die Vereinigung der getrennten Geschlechter, doch scheint die Trennung – die (biologische) Differenz der Geschlechter – erst nach dem Genuss der Frucht vom Baum der Erkenntnis bewusst geworden zu sein. Denn zu Beginn der Schöpfung geht es nicht um den Unterschied, sondern um die Gleichartigkeit der Geschlechter: Mann und Frau sind im Garten Eden einfach zusammen da, wie auch die vielfältigen Tiere und Bäume, der Himmel und die Erde einfach da sind. Die Gleichartigkeit wird zumal semantisch unterstrichen, wo doch Adamah und Adam wie auch Isch und Ischah einander gegenüberstehen, und selbst der schöpferische Impuls wirkt gleichrangig, da der Mann Adam der weiblichen Ackererde Adamah entnommen ist, worauf die Frau Ischah aus dem Mann Isch geschaffen wird.

Doch die Fähigkeit, diese Einheit zu erkennen, wird letztlich bedroht – nicht allein durch die Früchte vom Baum der Erkenntnis (die könnte man ja einfach hängen lassen), sondern vor allem durch das listige Tier, das zu deren Konsum verführt. Dessen Versprechen zum 'anders erkennen' wird erfüllt, kaum haben die beiden ersten Menschen von der Frucht probiert: Mit der prompten Einsicht in ihr Nackt-Sein tritt plötzlich der Geschlechterunterschied in den Vordergrund – wohl die Erkenntnis der Differenz überhaupt. Die Erkenntnis der allumfassenden Einheit hingegen ist untergegangen.

---

127 Gen. 3,22–23

Dieser Verlust der eden'schen Einheit, wie er sich hier abspielt, zeigt weitreichende Wirkung. Denn: Die ersten Menschen erkannten, dass sie nackt waren – und sie *schämten* sich dafür; sie bedeckten ihre 'Scham' mit Feigenblättern, sie versteckten sich vor Jahwe. Die erste und eine Erkenntnis überhaupt, die Adam und Ischah nach dem Kosten der Frucht kommt, ist die Erkenntnis, dass sie nackt sind – und dass Nacktheit, der nackte Körper, offenbar etwas 'Böses' ist; weshalb sonst sollten sie sich bedecken und verstecken? In dieser Reaktion steckt ein klares Statement zur Abwendung vom nackten Körper – wohl vom Körper überhaupt, spiegelt sich dies doch unmittelbar im Beginn der ganzen Schöpfungsgeschichte: Jahwe, eine körperlose Instanz, erschafft die ganze Welt einschliesslich des Menschen, allein indem er spricht, und belebt überdies des Menschen Körper, indem er ihm eine lebendige Seele (hebr. *nefesch*) einhaucht; er erschafft also mit dem, was seinem wie auch immer körperlosen Kopf entspringt. Damit greift der Verlust der eden'schen Einheit weit tiefer; er betrifft nicht allein die (biologische) Differenz der Geschlechter, sondern auch die Integrität des je eigenen Körpers, insofern er die Einheit von Körper und Geist in Frage stellt.

Wiederum scheint es naheliegend, dass diese Divergenz den weiblichen Part noch härter trifft als den männlichen, zumal, wenn wir der Kulturwissenschafterin Mithu M. Sanyal folgen, die in ihrem faszinierenden Buch *«Vulva – Die Enthüllung des unsichtbaren Geschlechts»* die Darstellungsweisen des weiblichen Genitals in unserer Kulturgeschichte betrachtet. Sie hält fest: «Da der störende Körper der Frau zugewiesen wurde, konnte der Mann den Bereich des Kopfes als Metonymie für den Geist besetzen.»[128] Ganz im Sinne des ‚Ebenbildes Gottes' wurde der Mann nach dem Vorbild Gottes zum Hoheitshalter des Hauptes – die Frau hingegen hatte nichts zu sagen; im Verlaufe der Kulturgeschichte wurde ihr Selbstbehauptung über ihr Haupt entsagt, das weibliche Geschlecht als Kollektiv wurde auf einen kopflosen Körper reduziert. Doch dahinter offenbart Sanyal eine krasse Ironie: Das, was den kopflosen Körper der (biologischen) Frau zu dem macht, was er ist – nämlich ihr Geschlechtsorgan, die Vulva – wurde zu einer blanken Leerstelle. In

128 Sanyal 2021:87

unserer Kulturgeschichte widerfuhr es der Vulva offenbar wie Ascherah und Adamah: Der weibliche Part am Schöpfungsakt wurde zusehends ausradiert.

Gibt es einen Weg zurück ins verloren geglaubte Paradies, zurück in die schöpferische, eden'sche Einheit? Wir vermuten ja, und wir finden den ersten Schritt in der Erotik: Die schöpferische Einheit liegt in der Liebesvereinigung. Die Vereinigung der Geschlechter im Liebesakt atmet den Geist von Eden. Nicht nur tritt die Fortpflanzung an die Stelle des ewigen Lebens, die Freude an der erotischen Spannung tritt auch an die Stelle des Glücks im Garten und bildet – wenn man Erkenntnis als Weg betrachtet – den ersten Schritt dorthin zurück. Die Erotik ist der Weg zur Erkenntnis der göttlichen Einheit[129], wie es im hebräischen Verb *jada'* ('erkennen', 'Liebe machen') angelegt ist.

Erotik enthält eine schöpferische Kernkraft, doch es scheint, als ob gerade diese im alttestamentlichen Schöpfungsbericht unterbunden werden soll. Schliesslich lässt sich festhalten, dass die monotheistische Wende mit einem männlichen Gott an hegemonialer Stelle zu fragwürdigen Konsequenzen geführt hat: Fragwürdig ist das Bemühen, die Entstehung des Lebens aus dem mythischen Zusammenhang der göttlichen Liebesvereinigung herauszulösen, und ebenso fragwürdig bleibt der Schatten, den dies auf die menschliche Sexualität wirft. Er verdunkelt nicht nur den einzigartigen Stellenwert der weiblichen Schöpfungskraft, sondern auch die Geschlechtervereinigung im Allgemeinen. Denn die Ironie der Geschichte, die sich im Garten Eden abspielt, bleibt unübersehbar: Das erste, was die Menschen nach Genuss der Frucht erkennen, ist der Geschlechtsunterschied. Doch das führt, wenn man zu zweit, jung und schön in einem prächtigen Garten ist, erfahrungsgemäss nicht zu Schamgefühl, sondern zu Erregung. Nicht so im Bericht der Genesis: Es wirkt, als ob mit der frisch gewonnen Erkenntnis zugleich die Erkenntniskraft der Erotik diffamiert werden soll.

Die Menschen haben Eden verlassen, der Garten liegt schon weit hinter ihnen. Sie sind keine Kinder mehr und haben den Weg hinaus in die Vielheit angetreten. Sie kommen zur Welt. Die Frucht symbolisiert

---

129 vgl. unten S. 174f.

den Punkt, da die Erkenntnisweise wechselt. Damit erst ist die Schöpfung des Menschen abgeschlossen: mit dem Erwachen einer differenzierenden Erkenntnisweise, der die Sehnsucht nach einer anderen, verlorenen Erkenntnisart nachgeht.

Die eigentliche Vertreibung aus dem Paradies ist die Beschämung der Sexualität. Denn ja, die Erotik bietet einen Weg zum Göttlichen – doch mit deren alttestamentlicher Diffamierung bleibt das göttliche Eden abgeriegelt.

Im Garten der Lüste

Die heilige Erotik der Erkenntnis wird später kultiviert und rituell ausdifferenziert, doch war dies das Werk europäischer Geheimbünde und Subkulturen, die flüchtige Marginalien der europäischen Geistesgeschichte geblieben sind. Darunter noch am prominentesten sind die sogenannten Adamiten. So bezeichneten Kritiker in Spätmittelalter und Renaissance ein ganzes Spektrum religiöser Gruppierungen, die Nacktheit und bestimmte Formen des Geschlechtslebens kultivierten, um wieder ins reine Liebesleben von Isch und Ischah und damit in den Garten Eden zurückzufinden.

Auch der niederländische Renaissance-Maler Hieronymus Bosch[130] soll Mitglied einer solchen adamitischen Gruppierung gewesen sein. So liest zumindest der Kunsthistoriker Wilhelm Fraenger[131] aus dessen Werken die Lehren und Rituale einer adamitischen Gemeinschaft, der Bosch in 's-Hertogenbosch selbst angehört haben soll. Die Selbstbezeichnung der Gruppe war *Brüder und Schwestern des freien Geistes*[132]. Eine ähnliche Gruppe tauchte in Brüssel unter dem Namen *Homines Intelligentiae*[133]

---

130 Pseudonym für Hieronymus van Aken, um 1450–1516

131 1890–1961

132 Fraenger 1975:17f.

133 ebd. Der Name unterstreicht, dass es um Erkenntnis geht. (Lat. *intelligentia* bedeutet unter anderem 'Einsicht' und 'Erkenntnis', als Ergebnis vom grundsätzlich damit bezeichneten 'Denkvermögen'; vgl. lat. *intellegere*: 'einsehen', 'erkennen'.)

auf. Eine feste organisatorische Form gaben sich diese Gruppen nicht.

Bosch malte nach Fraenger etliche Werke – darunter auch den *«Garten der Lüste»* – im Auftrag des Meisters, Jakob van Almaengien, um den sich die *Brüder und Schwestern des freien Geistes* versammelten. Almaengien soll in Boschs Bildern auch vielfach portraitiert sein. Die holländischen Adamiten, von denen Fraenger berichtet, sollen eine besondere Art des Geschlechtsverkehrs gepflegt haben, bei der der Meister anwesend war. In der Symbolsprache der Adamiten ging es um eine heilige Hochzeit. 'Geist' beziehungsweise *'Intelligentia'* (lat. 'Einsicht') deutet Fraenger als «übersinnliche Erkenntniskraft»[134].

Doch wenn es im Kern um Lehre und Ritualpraxis der vergeistigten Adamiten ging – was haben dann die unzähligen Dämonen in Boschs Bildern zu suchen? Fraenger liest vor allem aus den Höllendarstellungen Boschs beissende Gesellschaftskritik, die sich gleichermassen gegen Kleriker und Adlige richtet. Bosch stellte beide gleichermassen als von ihren Leidenschaften (Dämonen) Besessene dar. Es ist anzunehmen, dass dahinter die Verarbeitung eines adamitischen Kerngedankens steckt:

«Das adamitische Prinzip, das in der sozialen Grundanschauung des gleichen Lebensrechtes aller Adamskinder wurzelt, und das aristokratische Prinzip, das auf dem Vorrecht einer höheren Geburt beruht, sind schlechthin unvereinbar.»[135]

Fraengers These zum religiösen Kontext von Boschs Werk ist erhellend. Doch wenn sich im weiteren Verlauf seiner Ausführungen Boschs Bilderrausch Schritt für Schritt in ein angeblich auftragsgemäss konstruiertes Gedankengebäude verwandelt, schiesst er über das Ziel hinaus. Selbst wenn es die Spur adamitischer Lehrinhalte in Boschs Werk gibt, so gibt es in dieser

---

134 ebd.

135 Fraenger 1975:51

ungeheuren Bilderfülle gewiss noch andere Spuren und überdies Szenen und Gestalten, die sich allein Boschs ungezügelter Kreativität verdanken.

In der griechischen Antike

Der Begriff 'Erotik' stammt vom altgriechischen Wort *érōs*, das zum einen 'Liebe' und 'Begehren; Verlangen' bedeutet, zum anderen als Name des Gottes Eros dient, der diese Bedeutungen personifiziert.

Der altgriechische Eros geniesst heutzutage kaum mehr eine namentliche Popularität, doch unter den römischen Namen *Amor* (lat. 'Liebe') oder *Cupido* (lat. 'Begehren') ist er wohl eine der berühmtesten Gottheiten der Antike – selbst wenn dieser antike Ursprung inzwischen vielen Leuten unbekannt sein mag. Stattdessen ist Amor als geflügelter Knabe mit Pfeil und Bogen zu einem eigenständigen Symbol geworden, das uns alljährlich am Valentinstag mit seinen Liebespfeilen beschiesst. Dass sich an diesem Feiertag gerade der kindliche Amor als Symbol der Liebe bewährt hat, ist im Besonderen der Postkartenindustrie zu verdanken, die Mitte des 19. Jh. ihre kommerziellen Anfänge nahm und aus dem Valentinstag ein grosses Geschäft machte. Dabei orientierte sich die Auswahl der Sujets an der damaligen Mode[136], in der die nach dem römischen Liebesgott benannten 'Amoretten' im Trend waren: engelhafte Kleinkinder, die sich in scheinbar unschuldigem Schalk zusammentummeln – ein Motiv, das sich seit der Renaissance grosser Beliebtheit in der Kunst erfreut[137]. Dass ausgerechnet der verniedlichte Knabe zum Symbol dieses Festtags wurde, ist dennoch erstaunlich, wenn man bedenkt, dass der Valentinstag auf die saftig-erotischen *Lupercalia* der Römer zurückgeht; ein Fruchtbarkeitsfest, dem nichts Kindliches anhaftete.

Allerdings ist die Darstellung des Liebesgottes als verniedlichter Knabe tatsächlich antiken Ursprungs. Doch erinnert der kleine Bube Amor kaum mehr an den mächtigen Liebesgott Eros, als der er seine

---

136 Rachel E. Greenspan 2019, «Cherubic Cupid Is Everywhere on Valentine's Day. Here's Why That Famous Embodiment of Desire Is a Child» (time.com)

137 Lothar Freund 1935, «Amor, Amoretten» (rdklabor.de)

Karriere im archaischen Griechenland begann: ein schöner, stattlicher, junger Gott, «der Schönste unter den Unsterblichen»[138], mit dem kaum zu spassen war angesichts der fatalen Gewalt, die er auf Menschen wie Götter ausübte. Von der Urgewalt, mit welcher der Gott der Liebe und des Begehrens ausgestattet ist, zeugen denn bereits frühe Quellen der altgriechischen Literatur: Sie setzen Eros gleich an den Ursprung der Welt. So stellt ihn Hesiod[139] in seiner Theogonie «neben Tartaros und Gaia elternlos an den Beginn aller Dinge»[140], womit er «zu den ...[fünf] ... ersten nach dem anfänglichen Chaos entstandenen Gottheiten»[141] zählt. Und auch vom vorsokratischen Philosophen Parmenides[142] wird er als «erster unter den Göttern» beschrieben, welche die alles beherrschende Urgöttin, die Daimon der Geburt oder der Liebe, hervorgebracht hatte; «Zuallererst ersann sie von allen Göttern den Eros ...»[143]

Erst im Hellenismus, ab dem 4. Jh. v. Chr., kam dann jene Genealogie auf, welche Eros als Götterkind auswies. Diese etablierte sich derart, dass sie im traditionellen Mythenkomplex der Antike bis heute Bestand hat. Darin setzte sich ein ungleiches Götterpaar als Eltern des Liebesgottes durch: die Schönheitsgöttin *Aphrodite* (lat. *Venus*) und der Kriegsgott *Ares* (lat. *Mars*) [144]. Dass ausgerechnet diesem gegensätzlichen Duo die Zeugung des Eros zugeschrieben wird, ist passend: Seit jeher oszilliert dessen Allmacht zwischen liebreizenden und zerstörerischen Zügen – eine Allmacht, vor der selbst die Götter nicht gefeit sind[145]. In einem

---

138 Hesiod, Theogonie 121f., zit. n. Fauth 1979:362

139 7. Jh. v. Chr.

140 Fauth 1979:361

141 Stompe 2015:15

142 5. Jh. v. Chr.

143 Parmenides, Fragment 13, zit. n. Diels 2004, I:243

144 seit Apollonios von Rhodos (3. Jh. v. Chr.), vgl. Stompe 2015:17

145 Ein eindeutiges Beispiel hierfür bietet die Geschichte des Gottes Apollo. Der Gott, selbst ein berühmter Bogenschütze, zotete den Buben Amor damit, dass ein kleiner Knabe nicht mit Pfeil und Bogen zu schaffen haben sollte. Der provozierte Amor rächte sich an Apollo mit dessen eigener Waffe: Er versetzte diesem einen Pfeil, der eine unwiderstehliche Liebe zur Nymphe Daphne auslöste, bedachte diese hingegen mit einem Pfeil gegenteiliger Wirkung. So büsste der Gott seinen Spott mit unerwiderter Liebe. (Vgl. Ovid, Metamorphosen I, 452–567)

Michelangelo Merisi da Caravaggio, *«Amor omnia vincit»*, 1602, Öl auf Leinwand, 156 x 113 cm: Der hintergründig lächelnde Knabe mit den schwarzen Flügeln zertritt achtlos alle Zeugnisse menschlicher Wissenschaft, Kunst und Macht (vgl. unten S. 379f.).

lateinischen Sprichwort römischen Ursprungs hat sich dieser Umstand denn auch treffend formuliert: *«Omnia vincit Amor»*[146], Amor besiegt alles.

Die antike Genealogie und Darstellung bieten somit kein einheitliches Bild des Eros, doch dessen unentrinnbare Urgewalt blieb von Anfang an unbestritten. Dabei darf es wohl gerade wegen dieser Unentrinnbarkeit nicht verwundern, dass der ursprünglich jugendstrotzende junge Mann auf ein Kleinkind zurückgestuft wurde, und dass diese verniedlichende Darstellung sich schliesslich durchgesetzt hat. Denn die unüberwindbare Gewalt des Gottes steht in starkem Kontrast zur scheinbaren Unmündigkeit des Buben, und gerade dies scheint die Verkindlichung für eine künstlerische Verarbeitung reizvoll gemacht zu haben[147]. Dabei wirkt die Reduzierung des ursprünglich so gewaltigen Gottes auf den Sohn und Begleiter der Aphrodite/Venus wie der klägliche Versuch, die Übermacht seines Waltens einzuschränken. Offenbar bestand das Bedürfnis, den allmächtigen Liebesgott unter Kontrolle zu bringen und seiner Unbesiegbarkeit als «Bezwinger von Göttern und Menschen»[148] entgegenzutreten.

Mit der in der altgriechischen Literatur betonten Unbezwingbarkeit des Eros ist in einem mythischen Rahmen dokumentiert, wie gewaltig Begierde und Trieb auf die Menschen zu wirken vermögen. Doch darf der antike Eros als Inbegriff dieser Begierde nicht missverstanden werden als ein Feindbild im Rahmen einer Doktrin, wie sie beispielsweise die christliche Kirche entwickelt hat. Denn eine solche Vorstellung war den antiken Griechen fremd:

> «Den Griechen war kein Glauben vorgegeben, der beinhaltete, dass eine göttliche Macht der Menschheit einen Gesetzeskodex enthüllt habe, der das Sexualverhalten regulieren sollte – sie schufen auch keinen solchen –; sie besassen keine religiösen

146 Vergil, Ekloge 10, 69

147 «Da Eros keine vorliterarischen Mythen besitzt ... erfährt er seine Formung durch das Spiel poetischer Phantasie, die einen starken Effekt in dem Gegensatz von pueriler Unschuld und finsterer Raserei aufspürt.» (Fauth 1979:362)

148 vgl. Fauth 1979:362

> Institutionen, die mit der Autorität ausgestattet waren, sexuelle Verbote auszusprechen und ihre Befolgung zu erzwingen ...»[149]

Im antiken Griechenland gehörte Sexualität also nicht in ein doktrinäres (Minen)Feld voller Gebote und Verbote, die es zu befolgen gab, um nicht in Ungnade zu fallen; es galt nicht, den 'fleischlichen Gelüsten' zu entsagen, um sich die Gunst der Götter zu sichern. Doch stand umgekehrt auch keine orgiastisch-hedonistische Zügellosigkeit im Fokus:

> «Die Liebeskunst ... hatte nicht die Intensivierung und Stilisierung der Lüste im Blick, sondern ihre Begrenzung. Der leidenschaftlichen Gewalt des Verlangens begegnete die Forderung nach Mässigung und Selbstbeherrschung ...»[150]

Die Rolle von Sexualität war damals also vielmehr im Feld der gesunden Lebensführung zu verorten, mit den üblichen Fragen danach, wieviel wovon Leib und Seele dienlich ist. In diesem Feld ist denn auch die Unentrinnbarkeit des Liebesgottes zu verstehen; Eros ist nicht der Teufel, der zur Sünde verführt. Seine Allmacht betrifft vielmehr den schlichten Umstand, dass Begierde stark ist – so stark, dass sie Macht über einen ausüben kann. Doch besteht die Lebenskunst nicht darin, die Begierde auszulöschen, sondern darin, sie in gesundem Masse zu regulieren und Herr seiner selbst zu bleiben oder zu werden:

> «Die Frage dreht sich darum, wer dem «Tyrann» Eros, der «alles in der Seele regiert»[151], zugesteht, tyrannisch zu walten, oder wer demgegenüber Abstand zu halten vermag.»[152]

Die Schilderung des Eros als «Tyrann» stammt vom antiken Philosophen Platon[153], der sich als Schüler des Sokrates, Lehrer des Aristoteles und

149 K. J. Dover, zit. n. Schmid 2000:135
150 Schmid 2000:69
151 Platon, Politeia IX, 573d (Platon 1958, III:271)
152 Schmid 2000:65
153 427–347 v. Chr.

Akademie-Gründer im 4. Jh. v. Chr. einen grossen Namen in der Philosophiegeschichte gemacht hat. Seine Schriften zeugen von der immensen Bedeutung, die dem Liebesgott in seinem Wirken auf die Menschen zukommt – dies zumal von einer philosophischen Warte aus. So findet Eros gleich in mehreren von Platons Dialogen vielfache Erwähnung, womit bereits quantitativ unterstrichen wird, dass unter allen Göttern ausgerechnet der Gott der Liebe und des Begehrens für den Philosophen eine besondere Rolle spielt.

Worin genau diese Rolle besteht, verdeutlicht der Dialog *«Symposion»*, dessen Inhalt dem Eros gewidmet ist. Anlass zu dieser Widmung bietet die Feststellung, dass der Liebesgott im Vergleich zu anderen Gottheiten zu wenig gewürdigt werde:

> «Ist es nicht arg, ... dass auf alle Götter Lobgesänge und Anrufungen gedichtet sind von den Dichtern, dem Eros aber, einem so grossen und herrlichen Gotte, auch nicht einer jemals von so vielen Dichtern, die es gegeben, ein Lobgedicht gesungen hat?»[154]

Da diese Einschätzung unter den Gesprächsteilnehmern im *«Symposion»* allgemeine Zustimmung findet, wird dieses Manko nachgeholt. Den Höhepunkt hiervon bildet die Rede des Sokrates, des Philosophen also, der gemeinhin als der Wortführer Platons angenommen wird. Dieser gibt in seinem Monolog eine Ausführung der Diotima wieder, einer weisen Seherin aus Mantineia[155].

Damit besteht das *«Symposion»* im Wesentlichen aus einer Abfolge mehrerer Loblieder auf Eros, welche die Grösse, Schönheit und Macht des Liebesgottes herausstreichen. Umso verwunderlicher wirkt es dann, dass ausgerechnet Sokrates nicht in diesen Kanon einstimmt, sondern ihm im ersten Moment vielmehr widerspricht: Denn Eros, so erklärt Sokrates gleich vorneweg, könne gar nicht der Schönste und Beste unter den Göttern sein, wo er doch selbst das *Verlangen* nach dem Schönen

154 Platon 1958, II:210
155 vgl. ebd. S. 231

und Guten versinnbildliche. Und wenn Eros selbst erst danach verlange, werde ihm das Schöne und Gute selbst nicht zuteil, womit er also weder schön noch gut sein könne.[156]

Dieser Umstand erklärt sich nicht zuletzt aus dem Elternpaar des Eros, das Diotima dem Sokrates anzugeben weiss: kein schillerndes Götterpaar des Pantheons, sondern zwei schlichte Personifizierungen, die gegensätzlicher kaum sein könnten: Der Vater Poros (gr. 'Furt', 'Weg', 'Ausweg'), Sohn der Klugheit, personifiziert die Fähigkeit, in jeder Notlage eine Lösung zu finden, und gilt daher zugleich als der Gott der Fülle oder des Reichtums. Die Mutter hingegen ist Penia, die personifizierte Armut. So ergibt es sich, dass deren Kind Eros, «der Natur seiner Mutter gemäss immer der Dürftigkeit Genosse (ist). Und nach seinem Vater wiederum stellt er dem Guten und Schönen nach»[157].

Sokrates schreibt dem hochgelobten Gott also einen Mangel zu: Eros, als Inbegriff des Begehrens nach dem Schönen und Guten, ermangelt selbst des Schönen und Guten. Doch belässt es sein Einwand gegen die vorausgehenden Loblieder nicht dabei: Sokrates geht noch weiter und spricht dem Eros gar den Status eines Gottes ab! Denn «Wie konnte [er] also ein Gott sein, der unbegabt ist mit Schönem und Gutem?» Kein Gott sei Eros also, sondern stehe 'nur' «zwischen dem Sterblichen und Unsterblichen». Platon lässt Sokrates-Diotima den Eros somit gar nicht zum Kreis der Götter zählen. Stattdessen handle es sich bei Eros um einen Daimon: «Denn alles Dämonische ist zwischen Gott und dem Sterblichem».[158]

Damit wirkt die Degradierung komplett: Sokrates scheint den Eros auf schlichte Mittelmässigkeit herabzustufen! Dass dieses Veto gegen die zuvor hochgelobte Schönheit und Gutheit des Gottes, ja gar gegen seinen Götterstatus, ausgerechnet vom platonischen Wortführer kommt, macht stutzig: Ist Eros also gar nicht so hoch zu bewerten, wie es zu Beginn schien?

---

156 vgl. ebd.
157 ebd. S. 233
158 ebd. S. 232

Im Gegenteil: Sokrates' Einwände mögen der schillernden Erscheinung des Eros anfänglich Abbruch tun – doch genau genommen bedeutet gerade diese vermeintliche Degradierung eine eigentliche Aufwertung. Dadurch, dass Eros nicht weiterhin als Gott klassifiziert wird, wird er gewissermassen dem mythischen Rahmen enthoben; seine Wertschätzung als Daimon verleiht ihm eine lebensnahe Echtheit[159]. Dasselbe gilt denn auch für die Absage an Eros' Schönheit und Gutheit. Was auf den ersten Blick wie eine Diffamierung wirkt, erweist im Näheren eine viel tiefergreifende Bedeutung des Liebesgottes: die Bedeutung des Eros als Triebfeder der Erkenntnis.

Freilich – auf den ersten Blick mag dieser Zusammenhang schleierhaft wirken: Was soll Eros mit Erkenntnis zu tun haben? Was hat ein gemeinhin leiblicher Trieb mit einer gemeinhin mental verstandenen Angelegenheit zu schaffen? Doch gerade hierin besteht der Trug, über den Platon uns durch Sokrates aufklärt: Wirkung und Werk des Eros reichen weit über die physische Dimension hinaus, denn die 'erotische' Begierde betrifft nicht allein den Leib, sondern auch die Seele.

Diese Ausdehnung der Begierde vom Körper auf die Seele lässt sich leicht veranschaulichen anhand einer Differenzierung des Eros, wie Platon sie durch einen anderen Gesprächsteilnehmer vorschlägt: Dieser unterscheidet zwischen *Eros pandemos*[160] als sozusagen rein geschlechtliche, physische Begierde, die «nur den Vollzug des Aktes selbst ... im Sinn hat», und *Eros uranos*[161] als eine Form der Begierde, die nicht auf das leibliche Erscheinen gerichtet ist, sondern «mehr die Liebe zur Seele im Blick hat.»[162] Eros als Inbegriff der Begierde ist also nicht einfach als ein 'triebgesteuertes' Begehren des Körpers zu verstehen, wie es der *Eros pandemos* versinnbildlicht. Stattdessen betrifft er gleichermassen ein seelisches Begehren im Sinne des *Eros uranos*, des 'himmlischen Eros' also.

---

159 Man bedenke hierzu, dass für Sokrates sein persönlicher Daimon tatsächlich eine lebensechte Instanz war (vgl. unten S. 127f., 200f.)

160 gr. 'zum (ganzen) Volk gehörig'

161 gr. 'himmlisch'

162 Schmid 2000:65

Künstlerkampf um Eros

Im weiteren Verlauf der abendländischen Kulturgeschichte wird ein differenziertes Verständnis von Eros zunehmend in eine moralische Trennung und Hierarchisierung überführt. Einen ästhetischen Ausdruck und Höhepunkt erreicht dies zu Beginn des 17. Jh. in einem Gemälde von Giovanni Baglione[163] mit dem sprechenden Titel *«Der himmlische Amor besiegt den irdischen Amor»*.

Giovanni Baglione, 1602/1603, *«Der himmlische Amor besiegt den irdischen Amor»*, Öl auf Leinwand, 183.4 x 121.4 cm; eine zweite Fassung, die sich im Palazzo Barberini in Rom befindet, misst 179 x 118 cm. Dort trägt der himmlische Eros nur einen leichten Panzer; seine Beine sind nackt.

163 1566–1643

Baglione malte es bewusst als rechtgläubige Antwort auf Caravaggios Darstellung des siegreichen Amor. Zugleich imitierte er ab etwa 1600 offensichtlich dessen Stil. Caravaggio seinerseits verspottete Baglione. 1603 verklagte ihn dieser, da er ihn für den Autor der derben Schmähgedichte hielt, die über ihn zirkulierten. Caravaggio bestritt die Autorschaft vor Gericht vehement, wiederholte aber seine vernichtende Kritik am gesellschaftlich angepassteren Konkurrenten.

Mit Platons Differenzierung sind Bedeutung und Rolle des Eros bereits ausgedehnt von einer rein physischen hin zu einer seelischen Dimension. Doch geht die Ausdehnung von Eros' Bedeutung noch weiter, wenn wir seine Wirkung genauer in den Blick nehmen. Diese Wirkung besteht im Begehren, das er sät, doch lässt sich das Objekt seiner Begierde genauer ausbuchstabieren: So steht Eros im Allgemeinen für das Begehren nach dem Schönen, doch damit im Genaueren auch für das Verlangen nach dem Guten und der Weisheit. Platon lässt Sokrates erklären: Das durch Eros gesäte Begehren sei nie auf das Schlechte gerichtet, da es «nichts gibt, was die Menschen lieben, als das Gute»[164]. Und die Weisheit sei schön: «Denn die Weisheit gehört zu dem Schönsten und Eros ist Liebe zu dem Schönen; so dass Eros notwendig weisheitsliebend ist.»[165]

Spätestens hier zeigt sich eine klare Aufwertung des Eros aus dem Munde des Philosophen: Ist Eros «weisheitsliebend», «*philosophon*» also, so ist er selbst ein Philosoph. In dieser Rolle nun erweist sich der Liebesgott als Triebfeder der Erkenntnis. Denn viel wesentlicher als seine Wirkung ist das daraus resultierende Werk: «Es ist nämlich eine Geburt in dem Schönen, sowohl dem Leibe als der Seele nach.»[166] Und die «Geburt ... der Seele nach» ergibt sich aus dem, «was der Seele ziemt zu

164 Platon 1958, II:2355
165 ebd. S. 233
166 ebd. S. 235

erzeugen und erzeugen zu wollen» – und das ist nichts Geringeres als «Weisheit»; Klugheit und Einsicht[167].

Sokrates schildert hier das von Eros angetriebene Erlangen von Weisheit und damit Einsicht in Form einer Fortpflanzungsmetapher. Der altgriechische Begriff *tókos*, oben mit «Geburt» übersetzt, ist «anzusiedeln in der Sphäre des Geburtsaktes»[168]. Die Wahl dieser Metaphorik ist passend: Sie führt uns mitten hinein in die Ideenlehre Platons und damit in dessen Erkenntnistheorie. Gemäss dieser gilt es, auf der Suche nach Einsicht hinter die uns in der Realität umgebenden Schattenbilder zu blicken und damit zur Wahrheit der Dinge vorzudringen, zu dem also, was als platonische Idee bekannt ist[169]. Einsicht bedeutet im platonischen Sinne Einsicht in diese ewigen Ideen. Diesen Prozess als Fortpflanzungsprozess zu schildern, ist treffend in Anbetracht der sokratischen Technik, die Platon in seinen Dialogen vorführt: die *Maieutik*, von *maieutikḗ téchnē*, was im altgriechischen 'Hebammenkunst' bedeutet. Sie beruht auf der Annahme, dass Einsicht keine Sache ist, die einem extrinsisch beigefügt wird. Stattdessen schlummert Einsicht in einem selbst, braucht lediglich aus dem eigenen Inneren hervorgeholt zu werden, sodass es Einsichten nicht zu lehren gilt, sondern ihnen vielmehr 'Geburtshilfe' zu leisten ist – ganz im Sinne von Platons Lehre der *Anamnesis* (gr. 'Erinnerung'), die visionäre Erkenntnis schildert: Gemäss Platons *Anamnesis*-Konzept «beruht die Erkenntnis ... der Ideen auf einer vorgeburtlichen Schau; die Kunst des Gesprächs ... führt den Menschen dahin, dass er sich an das Geschaute erinnert»[170].

In diesem Konzept ist nun auch Wirkung und Werk des Eros zu verorten, wie Sokrates erklärt: Eros sät nicht einfach das Begehren nach dem Schönen, sondern damit auch das Verlangen danach, dass es einem

---

167 ebd. S. 237; Platon schrieb im Original von gr. *phrónesis* 'Denken', 'Einsicht', was gewissermassen die Denkfähigkeit und Denkkompetenz bezeichnet (vgl. das dazugehörige Verb *phronéō*: 'Verstand haben', 'seiner Sinne mächtig sein', 'klug sein').

168 Schmid 2000:97

169 Ein anschauliches Verständnis hiervon bietet Platons berühmtes Höhlengleichnis, vgl. Platon, Politeia VII, 514a-517a

170 Ricken 2010:367

«zuteil werde»[171]. Dieser Wunsch wiederum versetzt die Menschen in sogenannte «Zeugungslust»[172] – notwendigerweise wohl, denn das Verlangen, dass einem etwas «zuteil werde», muss über die Endlichkeit der eigenen physischen Grenze hinausführen. In dieser Wirkung nun entfaltet sich das Werk des Eros: «*tókos*», Erzeugung und Geburt, «(w)eil eben die Erzeugung das Ewige ist und das Unsterbliche, wie es im Sterblichen sein kann»[173].

Dabei ist das Stichwort 'Unsterblichkeit' nicht als Anliegen des physischen, sterblichen Leibes zu verstehen. Es geht im Sinne von Platons Ideenlehre vielmehr um die Endlichkeit der realen Dinge, die es zu überschreiten gilt, um zur Erreichung der wahren Ideen zu gelangen. Damit geht es auch beim Werk des Eros, bei der «Geburt in dem Schönen», nicht um einen sexuellen Akt:

> «Die Unsterblichkeit ... ist nicht mehr eine Frage der Geschlechtlichkeit, d. h. eine Frage der leiblichen Fortpflanzung und demgemäss leiblich zu vollziehende, sondern eine Frage der Hinwendung zur Idee und insofern eine ideell zu denkende.»[174]

So erklärt Sokrates weiter: Wer sich dem 'erotischen' Begehren aufrichtig hingibt, wird sich nicht mit der Schönheit nur *eines* Gegenstandes begnügen, sondern wird, angetrieben von Eros, von einem schönen Gegenstand zum nächsten schönen Ding weitergehen; er wird dann von der Schönheit der Leiber zur Schönheit der Sitten gelangen, «damit er auch die Schönheit der Erkenntnisse schaue», bis er zur Kenntnis des Schönen an sich gelangt.[175] Er wird damit nicht einfach die Schönheit der weltlichen Einzeldinge erkennen, sondern vielmehr die Idee des Schönen und damit das Schöne selbst:

171 Platon 1958, II:234
172 vgl. ebd. S. 235
173 ebd. S. 236
174 Schmid 2000:111
175 Platon 1958, II:238f.

«Wer nämlich bis hierher in der Liebe erzogen ist, das mancherlei Schöne in solcher Ordnung und richtig schauend, der wird, indem er nun der Vollendung in der Liebeskunst entgegengeht, plötzlich ein von Natur wunderbar Schönes erblicken, nämlich jenes selbst, ... welches zuerst immer ist und weder entsteht noch vergeht, weder wächst noch schwindet, ... an und für und in sich selbst ewig überall dasselbe seiend ...»[176]

«Die Idee der Schönheit ... ist nicht ein Gedanke, sondern eine Gestalt, die im Denken zu betrachten ist. Sie ist objektive Wirklichkeit, aber von ganz anderer ontischer Qualität als die Wirklichkeit der schönen Dingen, der Truggestalten: Sie ist die Wahrheit, ist das Wesen der Dinge, das wahre Sein. Die Idee des Schönen ist das Objekt, auf das sich das Verlangen und Begehren des Philosophen richtet.»[177]

Die Wirkung des Eros übersteigt somit die leibliche Begierde und wird zu einem Trieb ganz neuer Art – Eros wird zum philosophischen Trieb, der uns zum Streben nach den wahren Ideen und auf der Suche nach Erkenntnis anleitet:

«Nur der kann sich zur Erkenntnis der Ideen erheben, der einen philosophischen Trieb besitzt. Diesen nennt Platon «*Eros*». Er gibt damit diesem Wort, das ursprünglich im Griechischen die Liebe (den Zeugungstrieb) bezeichnete ..., eine vergeistigte und höhere Bedeutung. Eros ist das Streben, vom Sinnlichen zum Geistigen fortzuschreiten; der Drang des Sterblichen, sich zur Unsterblichkeit zu erheben ....»[178]

Platon verleiht dem Liebesgott damit eine Wirkmacht, die weit über sinnliches Verlangen hinausreicht, ohne dieses auszuschliessen. Der von So-

176 ebd. S. 239
177 Schmid 2000:128
178 Störig 1992:161

krates vermeintlich degradierte Eros wird letzten Endes zum Wegbegleiter des Philosophen; er wird zum Inbegriff des philosophischen Triebs auf der Suche nach Einsicht und Erkenntnis. Mag Eros' rigoroses Wirken noch so ambivalent sein – für den Philosophen steht fest, dass auf dem Weg zur Erlangung des Wahren «nicht leicht jemand der menschlichen Natur einen besseren Helfer finden könnte als den Eros.»[179]

179 Platon 1958, II:240

4 Verbotene Erkenntnisweisen

Draussen liegt Schnee.
Mir ist so kalt.
Monotheismus ist per se
ein Aufruf zur Gewalt.

Im Alten Testament

Alttestamentliche Quellen orten in der sozialen Wirklichkeit unterschiedliche Erkenntnisweisen. Erwähnenswert sind zum Beispiel die *Jidd'oni*, die Wissenden, die Seher und Medien, die eine andere, nicht-alltägliche Erkenntnisweise beherrschen. Das Wort ist als Nomen zu *jada'* (hebr. 'erkennen', 'Liebe machen') gebildet. Gemeint sind Männer und Frauen, die mehr wissen, Menschen, in denen «ein Totengeist oder ein Wahrsagegeist ist ... Man soll sie steinigen ...»[180]

Wie diese Anweisung schliessen lässt, gibt es also verbotene Erkenntnisweisen. Dabei spielt es keine Rolle, ob die Jidd'oni vom Geist besessen ist oder ob sie Herrin ist über ihn[181]. Ausschlaggebend ist, dass die Information nicht direkt von Jahwe, sondern von einem Geist stammt. Diese Doktrin des absoluten Monotheismus setzte sich in Israel ab dem 7. Jh. v. Chr. durch. Dass sie auch schon in der Geschichte von Saul, der gut 300 Jahre früher lebte, den Ton angibt, weist darauf hin, dass auch der Text über ihn im 7. Jh. redigiert wurde. Denn der Prophet Jesaja nannte im 8. Jh. v. Chr. Wahrsager, Zauberkundige und Totenbeschwörer noch in einem Atemzug mit Autoritäten wie Richtern, Ältesten, Pro-

180 Lev. 20,27
181 1. Sam. 28,7

pheten und Heerführern.[182] Ein paar Verse weiter entsteht allerdings der Eindruck, dass er diese Offenheit hinsichtlich verschiedener Erkenntnisweisen bereits gegen Widerstand durchsetzen muss: «Und wenn sie zu euch sagen: Befragt die Totengeister und die Wahrsager, die wispernden und murmelnden! Befragt ein Volk nicht seine Götter, nicht die Toten für die Lebenden?»[183] Da stehen Wahrsager und Propheten noch in einem gesunden Konkurrenzverhältnis, wenn es darum geht, den Willen Jahwes zu erkunden. Für die radikalen Monotheisten hingegen, die kurz nach Jesaja die Geschichte von Saul redigieren, ist das Befragen von Totenbeschwörerinnen bereits der sichere Nachweis einer moralischen Übertretung gegenüber Jahwe.

Saul lebte um 1000 v. Chr. und war der erste König von Israel. Durch den Schritt vom losen Verbund der Stämme zur Monarchie verstärkte und strukturierte sich deren Zusammenhalt und sie wurden zum Machtfaktor in der Region. Konflikte mit kanaanäischen Städten wie zum Beispiel Jerusalem, anderen Königreichen und nomadischen Gruppen waren programmiert. Es war eine Zeit des Umbruchs. Saul unterhielt erstmals in der Geschichte Israels ein stehendes Heer. Sein letzter Kampf war der Krieg gegen die Philister.

Die beiden Heere sammelten sich in der Jesreel-Ebene nahe beieinander. «Und Saul sah das Heerlager der Philister und fürchtete sich, und sein Herz bebte heftig. Und Saul befragte Jahwe, aber Jahwe antwortete ihm nicht, nicht durch Träume, nicht durch die *Urim*[184], nicht durch die Propheten.»[185] Und da Saul somit alle legitimen Arten der Erkenntnisgewinnung ausgeschöpft hatte, entschloss er sich zur Verzweiflungstat, nach einer Jidd'oni zu schicken. Dabei hatte er selbst die Totenbeschwörer und Wahrsager aus dem Land entfernen lassen. Doch fand man noch eine überlebende Jidd'oni in En-Dor. Saul verkleidete sich und suchte sie auf bei Nacht, damit sie den Geist des grossen Propheten Samuel aus

182 Jes. 3,2–3

183 Jes. 8,19

184 *Urim* und *Tummim* sind die beiden Los-Orakelsteine, mit denen der Priester Gottesbescheide suchte.

185 1. Sam. 28,5–6

dem Totenreich herbeirufe. Sie begann die Beschwörung und bald fragte Saul ungeduldig: «Was siehst du?»

«Ich sehe einen Gott[186] aus der Erde heraufsteigen.»

«Wie ist sein Aussehen?»

«Ein alter Mann kommt herauf, und er ist eingehüllt in einen Mantel.»

Nun weiss Saul, dass es Samuel ist und wirft sich auf sein Angesicht zur Erde nieder.

Doch Samuel, der Saul einst zum König gemacht und es später bereut hat, zeigt sich verärgert:

«Warum hast du mich aufgestört?»

«Ich habe furchtbare Angst; die Philister führen Krieg gegen mich und Gott hat mich verlassen. So habe ich denn dich gerufen, damit du mir kundtust, was ich machen soll.»

«Und warum befragst du mich, wo doch Gott dich verlassen hat und zu deinem Gegner geworden ist? ... Morgen werdet ihr, du und deine Söhne, bei mir sein.»[187]

Das Prophetenwort erfüllt sich. Die Philister schlagen die Israeliten in die Flucht und töten Sauls Söhne Jonathan, Abinadab und Malkisua. Saul selbst stürzt sich in sein Schwert, um nicht lebendig in die Hände der Feinde zu fallen.

Schlüsseln wir die Szene nach Erkenntnisweisen auf, zeigen sich gleich drei alternative Arten: Zunächst beschwört die Jidd'oni den Totengeist mithilfe ihrer magischen Fähigkeiten. Dann tritt er für sie als Vision in Erscheinung. Und schliesslich spricht er – mutmasslich durch sie als Medium. Der Text präzisiert das nicht.

Die Schilderung von Samuels Erscheinen fokussiert auf ein Grundproblem visionärer und mediumistischer Erkenntnis, ja: Hier wird augenfällig, was für Erkenntnis insgesamt gilt: Das, dessen man gewahr wird, muss interpretiert werden. Und dann müssen Äusserungen oder Handlungen erweisen, dass die Interpretation adäquat ist. Denn dass Saul den Propheten Samuel bestellt, bietet keine Gewähr, dass dieser es

186 hebr. *Elohim*, wörtlich 'Götter/Göttinnen'

187 1. Sam. 28,13–19, (gekürzt) nach Stolz 1981:171

auch ist, der sich zeigt. Beschwörungen sind eben deshalb riskant, weil die Beschworenen keine Objekte, sondern ihrerseits Akteure sind. Vieles weist darauf hin, dass sie durch Identifikation mit-konstituiert werden. Die Nekromantin von En-Dor sieht eine Gottheit emporsteigen aus der Erde. Das könnte Adamah, die Erde, sein – der Berg-, Wetter- und Himmelsgott Jahwe bestimmt nicht. Also muss Saul weitersuchen. Er verlangt nach Präzisierung zum Aussehen des Wesens. Da erkennt Saul im alten Mann mit Mantel Samuel.

Die streng monotheistische Schule verfügt, dass mediumistische Erkenntnis nur zulässig und gültig ist, wenn sie zweifelsfrei von Jahwe stammt und somit als Prophetie gilt. Regeln dieser Art setzen der mediumistischen Erkenntnisfähigkeit leicht ein Ende. Bald sollte auch Jahwe verstummen.

Wir stehen am Übergang von matriarchalen zu patriarchalen Kulturen. Mediumistische Erkenntnis war vielerorts Frauensache. Sie ist keine Leistung, sondern eine Gabe. Wer sie empfangen will, muss um die richtigen Umstände wissen, die Formen des Rituals kennen. Das Medium muss 'dieselbe Sprache sprechen' wie das transzendente Gegenüber. Der Austausch bleibt immer prekär, weil vom Gegenüber mitbestimmt.

Das Verbot der mediumistischen Erkenntnisweise verblüfft umso mehr, als es sich nicht etwa darauf stützt, dass das durch sie gewonnene Wissen falsch wäre. Gerade die Geschichte der Jidd'oni von En-Dor zeigt ja, dass die Methode der Geisterbeschwörung durchaus hält, was sie verspricht. Samuels Geist erscheint und seine Voraussage trifft auch prompt ein. Wenn eine so erfolgreiche und gewiss gut besuchte Einrichtung verboten wird, kann das nur ideologische Gründe haben: Die Frau von En-Dor steht für die kanaanäische Kultur, gegen die es sich aus der Sicht der radikalen Monotheisten scharf abzugrenzen gilt.

Fassen wir zusammen: Wir haben in dieser Erzählung um Saul und die Jidd'oni zwei Erkenntnisweisen kennengelernt: die mediumistische und die herrschende. Die mediumistische kann nie die herrschende werden, weil sie nicht Herrin ihrer selbst ist. Vielmehr hat das Medium lediglich die Fähigkeit, sich der mediumistischen Erkenntnis zu öffnen. Die herrschende Erkenntnisweise wird nicht nur von den radikalen Monotheisten, sondern auch von Saul in Szene gesetzt, indem er das Wahrsagen erst verbietet und später – in der Not – der Jidd'oni befiehlt, was sie zu tun hat.

Das Verbot führte nicht unmittelbar zum Verlust mediumistischer Erkenntnisfähigkeit, sondern zunächst zur Ausdifferenzierung der Prophetie. Selbst König Joschijahu, der die Kultreform zur monotheistischen Wende hin initiierte, liess die Prophetin Chulda nach der Bedeutung des Buches fragen[188], das im Tempel entdeckt worden war.

Im frühen Christentum wird die prophetische Gabe dann allen Gläubigen zugesprochen. Apostel Paulus sieht sich daher veranlasst, die Gemeinde in Korinth zu ermahnen, dass nicht alle gleichzeitig prophezeien sollten:

> «Von den Propheten aber mögen zwei oder drei reden, die anderen sollen es prüfen. Wenn aber ein anderer, der dasitzt, eine Offenbarung empfängt, soll der erste schweigen. Ihr könnt doch alle, einer nach dem andern, prophetisch reden, damit alle etwas lernen und alle Zuspruch erfahren.»[189]

Im Neuen Testament

Noch in Psalm 36,7f. steht der wunderbare Vers:

> «Menschen und Tieren hilfst du, Jahwe,
> wie kostbar ist deine Güte.
> Götter[190] und Menschen
> suchen Zuflucht im Schatten deiner Flügel.»

Der Geist des radikalen Monotheismus durchdrang mithilfe eines filigranen Gesetzeswerks nicht nur die kultische Praxis und die Erkenntnisweise, sondern alle Lebensbereiche, vom Recht bis zur Politik, von der Ernährung bis zur Erotik. Alles musste auf Jahwe hin orientiert und

---

188 2. Kön. 22,14
189 1. Kor. 14,29f.
190 hebr. *Elohim*, wörtlich 'Götter/Göttinnen'; Übersetzung der Zürcher Bibel

von kanaanäischen Alternativen gesäubert werden. Gebote und Verbote sicherten den Machtbereich des Gottes, der nun im Stil altorientalischer Potentaten die Alleinherrschaft beanspruchte. Das ging auch für die Gläubigen nicht ohne Gewaltanwendung – gegen andere wie gegen sich selbst. Denn es galt nicht nur, die Andersgläubigen zu besiegen und zu unterjochen, sondern auch «den Heiden in sich selbst auszurotten»[191]. Diese Jihad-Stimmung sollte in Paulus wieder aufleben:

> «Auf dem Weg kam eine Sklavin auf uns zu, die einen Wahrsagegeist hatte und mit der Wahrsagerei ihren Herren grossen Gewinn einbrachte. Die lief Paulus und uns hinterher und schrie: ‹Diese Menschen sind Knechte des höchsten Gottes, sie verkünden euch den Weg des Heils!› Das tat sie viele Tage lang. Als Paulus es satt hatte, wandte er sich um und sagte zu dem Geist: ‹Ich gebiete dir im Namen Jesu Christi, aus ihr auszufahren.› Und augenblicklich fuhr er aus.»[192]

Die Sklavin vermittelt mediumistische Erkenntnis, doch Paulus setzt dem Treiben durch magischen Eingriff ein jähes Ende. Die Frau kam dadurch wohl in arge Schwierigkeiten – Paulus allerdings auch. Er wurde von den Besitzern der Sklavin, die er um ihr Einkommen gebracht hatte, vor die Richter gezerrt und öffentlich verprügelt.

Erstaunlich ist wiederum, dass Paulus sich gegen die Wahrsagekunst wendet, obwohl der Geist sein Missionsinteresse tatkräftig unterstützt. Die Erkenntnisweise an sich ist verboten, gleichgültig, was sie an Wissen einbringt. Dieses Desinteresse am inhaltlichen Ertrag, an der Leistung anderer Erkenntnisweisen, sollte die ganze europäische Geistesgeschichte prägen. Erstaunlich ist zudem die scharfe Unterscheidung zwischen Wahrsagerei und Prophetie. Wohl dürften sich einzelne Wahrsager durch ihre Methoden der Trance-Induktion von Propheten unterschieden haben. Im Wesentlichen aber handelt es sich um dasselbe Phänomen ausserhalb und innerhalb der Machtsphäre des Monotheismus.

---

191 Assmann 2009:53
192 Apg. 16,16–18; Übersetzung der Zürcher Bibel

Zunächst erbte für gut 1000 Jahre die Kirche den hegemonialen Anspruch, verbannte die Autoritäten vorchristlichen Wissens – sie hiessen nun Magier und Hexen – in Subkulturen und richtete unter ihnen ein Blutbad an. Die allein richtige Erkenntnisweise leitete sich zum kodifizierten Auslegungsmodus der kanonischen Schriften ab, deren Inhalte ihrerseits bald durch das immer engmaschigere Netz der autorisierten Kommentare, Dogmen und liturgischen Regeln in den Hintergrund gedrängt wurden. Erkenntnis zerfiel zu Gehorsam und gemeinsamer Gehorsam verdichtete sich über die Zeit zur Gewissheit.[193] Einen Sachverhalt selbst zu erkunden, selber zu erkennen, wurde zum Wagnis. Doch gab es manche Abenteurer, die sich dieser Herausforderung stellten. Das wurde zum eigentlichen Charakteristikum der Renaissance-Gelehrten.

---

193 «Eine Weltauffassung steigt irgendwie vor Ihnen auf. Sie fragen: Ist sie wahr oder nicht? ... Sie soll für wahr gehalten werden, entscheiden Sie» (oder eben jemand anders, der das verfügt). «Und indem Sie nach dieser Überzeugung handeln, können Sie sie in gewissen besonderen Fällen schliesslich auch wahr machen.» (James 2005:213)

5 Erkenntnis als Abenteuer

Von der Spätantike zur Renaissance

Im 15. und 16. Jh., der sogenannten Renaissance, brach der enge Rahmen auf, den die Kirche zur Sicherung ihres hegemonialen Anspruchs der menschlichen Erkenntnis gesetzt hatte. Von allen Seiten wirkten Kräfte ein, die diesen Rahmen sprengten und neue Perspektiven eröffneten. Die mittelalterliche, geschlossene Weltordnung (lat. *ordo*) wich einer Vielfalt der Erkenntnisweisen.

Über die vorausgehenden Jahrhunderte hinweg tonangebend war eine scholastische Dogmatik gewesen. Scholastik ist ursprünglich eine philosophische Methode, die christliche Glaubensinhalte mit aristotelischer Philosophie untermauert. Im weiteren Sinne ist Scholastik die mittelalterliche Theologie und Philosophie insgesamt. Die Philosophie war die 'Dienerin' der Theologie. Sie sollte die katholischen Dogmen rational begründen und dadurch befestigen. Der Psychologe Steve Taylor vergleicht die Scholastik mit dem Materialismus als der herrschenden Erkenntnisweise der Moderne im Sinne einer Dogmatik, die glauben macht, sie sei evidenzbasiert:

> «Das materialistische Glaubenssystem ist so weit verbreitet und wird als so selbstverständlich betrachtet, dass wir uns nicht einmal bewusst sind, dass es dieses System gibt – so wie für die Bauern im mittelalterlichen Europa z.B. das Glaubenssystem des Christentums so tief in ihr Leben eingebettet war, dass

sie es als Realität akzeptierten und sich nicht bewusst waren, dass es irgendeine alternative Perspektive geben könnte.»[194]

Doch ab dem 15. Jh. wurde dieses eingeschränkte Bewusstsein auf die Probe gestellt, als historische Entwicklungen zu einem Aufbrechen dieses Weltbildes führten. Der Grundstein hierfür ergab sich schon im frühen 8. Jh., als im Jahre 711 n. Chr. die Eroberung Südspaniens und Südportugals durch Imazighen[195] und Araber begann. Sie nannten das von ihnen beherrschte, schnell wachsende Gebiet *al-Andalus* und besetzten es über rund 8 Jahrhunderte hinweg. Erst 1492 war die Rückeroberung der iberischen Halbinsel durch die Katholischen Könige[196] abgeschlossen. Die militärischen Sieger sahen sich mit einer inzwischen weit überlegenen, weil wesentlich vielgestaltigeren Kultur konfrontiert. Darüber hinaus kam im rückeroberten Gebiet eine gewaltige Zahl arabischer, antiker und jüdischer Werke zutage. Plötzlich wurde vermeintlich vergessenes Wissen verfügbar. Aus dem zurückeroberten al-Andalus gelangten zahlreiche arabische Übersetzungen verloren geglaubter altgriechischer Werke nach Europa, was die Nachfrage nach kompetenten Arabisten und Gräcisten steigerte[197]. Kabbalistische Schriften trieben die Entwicklung der europäischen Hebraistik voran und eröffneten der Religion ungeahnte, esoterische Dimensionen. Magische Handbücher versprachen Einblicke in die Geheimnisse chaldäischer, altpersischer und indischer Religionen. Geographisches Wissen und Navigationstechnik erweiterten den Radius der Seefahrer. Kurz: Das Wissen andalusischer Naturwissenschafter, Mediziner, Techniker, Geographen, Philosophen, Dichter und Mystiker flutete Europa und atomisierte nach und nach die mittelalterliche Erkenntnisweise.

So verstehen wir das 15. und 16. Jh. eher als *naissance* denn als Renaissance. Die gewaltigen Bibliotheken von al-Andalus (allein in derjenigen von Cordoba standen um die 500'000 Bände) waren nicht ein-

194 Taylor 2018:9, Übers. Irène Stumm
195 früher abwertend 'Berber' genannt
196 Isabella I. von Kastilien und Ferdinand II. von Aragon
197 In al-Andalus hatten sich insbesondere Juden der Übertragung arabischer Werke ins Hebräische, Kastilische und Lateinische gewidmet.

fach Lagerhallen, in denen antikes Wissen konserviert wurde, sondern Brennpunkte der Erkenntnisgewinnung. Auch die antiken Schriften selbst boten vor allem Grundlagen für weitere Forschungsarbeiten. Und so fanden sich, als die Dämme unter dem Ansturm der katholischen Heere brachen, in den Zentren der Gelehrsamkeit von al-Andalus nicht nur antike Originale, sondern vor allem auch, was in 780 Jahren spanisch-arabischen Kulturschaffens auf deren Boden gewachsen war.

Diese Ausgangslage prägte die neue Epoche auf vielfältige Weise. Neben Bemühungen um eine katholische Restauration keimten reformatorische Gedanken. Schnelle medizinische Fortschritte gingen mit dem Erstarken vorchristlicher Heiltraditionen einher. Dabei verbanden sich Magie, Astrologie, Proto-Wissenschaft und Religion in oft erstaunlicher Weise. Indes – die enorme Erweiterung der Erkenntnismöglichkeiten verunsicherte auch und schuf Orientierungsprobleme, was wohl nicht zuletzt in der Intensivierung der Hexenverfolgungen zum Ausdruck kam. Auch die grossen Abenteurer des neu entdeckten und schnell sich weiter entwickelnden Wissens mussten stets auf der Hut sein. Denn nicht nur ihre wissenschaftlichen Kenntnisse mehrten sich schnell, auch ihre Religion trieb unter kabbalistischem, astrologischem, altorientalischem und neuplatonischem Einfluss neue Blüten, die mit der katholischen Dogmatik nicht in Einklang zu bringen waren. Und konservative Kreise hatten die Hoffnung auf Rettung oder Wiederherstellung des mittelalterlichen Erkenntnisrahmens noch keineswegs aufgegeben.

So sahen sich manche Protagonisten, die wir im Folgenden näher beleuchten werden, von Inquisition und anderen institutionalisierten Gefahren bedroht. Sie waren Abenteurer der Erkenntnis, die solchen Hindernissen zum Trotz unbeirrbar ihre Wege verlegten, um verschiedene Erkenntnisweisen für sich zu erschliessen. So lässt sich beispielsweise im Werk des Abraham von Worms deutlich nachvollziehen, wie sich der Horizont öffnet, sodass neue Methoden greifbar werden, neue Arten, tradiertes Wissen zu hinterfragen und zu überprüfen. Für Abraham von Worms schlossen sich magische Erkenntnis und proto-wissenschaftliche Methodik keineswegs aus. Und für Pioniere wie Pico della Mirandola oder Agrippa von Nettesheim gingen visionäre und philosophisch-wissenschaftliche Erkenntnisweisen durchaus zusammen. Beide

Erkenntnisarten versprachen eine Befreiung von den Fesseln dogmatisch-scholastischer Erkenntnisbehinderung, die unter der Hegemonie des Aristotelismus stand. Gemeinsam ist beiden Gelehrten der Gedanke, verschiedene Erkenntnisweisen gleichzeitig zu kultivieren – wenn sie auch mit dieser Vielfalt unterschiedlich umgingen. So glaubte Pico an die Vereinbarkeit aller Erkenntnisweisen. Sein gut 20 Jahre jüngerer Zeitgenosse Agrippa hingegen ging von deren Unvereinbarkeit aus, doch bestand er gerade aufgrund dieser Unvereinbarkeit darauf, verschiedene Erkenntnisweisen ergänzend nebeneinander zu pflegen. Diesem Kontrast zum Trotz hielten beide an der Idee fest, aus der vollen Palette der Erkenntnisweisen zu schöpfen, getragen vom Gedanken, umso fruchtbarer zu ernten, wenn verschiedenartige Zugänge zum Wissen kultiviert werden.

Im dogmatischen Geist des hegemonialen Anspruchs mag dieser Ansatz befremdlich wirken, doch dafür, dass er grundsätzlich nicht abwegig ist, liegen schon weit ältere Indizien vor. Namentlich fanden wir beim römischen Autor Tacitus einen Hinweis, der uns just im rechten Moment zufiel.

Exkurs: Die Germanen nach Tacitus

Während wir dieses Kapitel schrieben, rollte die zweite Welle der Covid-19-Infektionen über die Schweiz. Nichts prägte diese Lage so tief wie der Mangel an Erkenntnis. Wir wussten weder, wie lange die Bedrohung andauern, noch, wen es treffen würde. Beschämend sind die Angst und die Egozentrik, die sich zu Wort meldeten. Wo blieb da das sokratische Überlegenheitsgefühl, dass man im Nichtwissen heimisch werden müsse, um sich im Universum realistisch zu verorten?

Der Angst trat die Hoffnung auf den medizinischen Fortschritt entgegen – berechtigt in Anbetracht der rasanten Forschungsentwicklung. Aber zum Umgang mit dem Nichtwissen leitet sie nicht an. Die wissenschaftliche Erkenntnisweise ist allein darauf aus, die Ränder des Nichtwissens selektiv in Wissen zu verwandeln. Dabei erweist sich die Welt der Erkenntnis als Augiasstall: Mit jeder Entdeckung stellen sich neue Fragen. Mit jeder Gabel Nichtwissen, die wir aus dem Fenster werfen, kommen ein paar neue durch die Türe herein.

Die Umstände warfen allgemeine Fragen auf: Gehen wir drängende Fragen vielleicht mit der falschen Art des Erkennens an? Oder nicht mit der falschen Erkenntnisweise, aber zu einseitig? Müssten wir vielleicht verschiedene Arten kombinieren? Wir finden einen Hinweis in der Antike:

Tacitus[198] war ein Schriftsteller, Redner und Historiker aus der römischen Oberschicht. Seine Schrift *«Germania»* bildet einen der ältesten erhaltenen ethnografischen Berichte. Tacitus stellt die Germanen einerseits als Wilde dar, wie die römische Leserschaft Barbaren erwartet, hebt aber kontrastierend zur spätrömischen Dekadenz auch deren urwüchsige, natürliche, gesunde Art hervor. So berichtet er einerseits mit Abscheu von den germanischen Trinkgelagen, die nicht selten in Schimpfreden und Blutvergiessen endeten. Andererseits leuchtet ihm die Art, wie Germanen Entscheide treffen, durchaus ein:

> «...(A)uch über die Aussöhnung mit Feinden, den Abschluss von Heiraten und die Wahl der Stammeshäupter, ja über Krieg und Frieden beraten sie sich vielfach bei Gelagen, als sei der Mensch zu keiner Zeit aufgeschlossener für unverstellte oder stärker entbrannt für erhabene Gedanken. Dieses Volk, ohne Falsch und Trug, offenbart noch stets bei zwanglosem Anlass die Geheimnisse des Herzens; so liegt denn aller Gesinnung unverhüllt und offen da. Am folgenden Tag verhandeln sie nochmals, und beide Zeiten erfüllen ihren Zweck; sie beraten, wenn sie sich nicht zu verstellen wissen; sie beschliessen, wenn sie sich nicht irren können.»[199]

Tatsächlich besticht dieses Verfahren, das ergänzend zwei verschiedene Settings für Erkenntnisprozesse einsetzt, um die Leistungen beider zu nutzen. Die beiden Erkenntnisweisen könnten denn auch unterschiedlicher nicht sein: Bis zur Einführung des bayerischen Reinheitsgebots, dessen Ursprünge bis ins 14. Jh. zurückreichen, wurde das Bier mit al-

198 ca. 58–120 n. Chr.
199 *«Germania»*, Kap. 22 in Fuhrmann 2007:35

lerhand Kräutern versetzt. Für die Germanen ist insbesondere die Beimischung von schwarzem Bilsenkraut (*Hyosciamus niger*) belegt. Der durch das Kraut ausgelöste Rausch dauert lange, halluzinogene und toxi-

Schwarzes Bilsenkraut *(Hyosciamus niger)* mit Blüte

sche Dosis liegen nahe beieinander. Der Bierrausch der antiken Germanen kann demnach sowohl als Tor zur visionären Erkenntnis verstanden werden als auch als Spiel mit dem Tod.

Lassen wir dahingestellt, welche Erkenntnisweise bei den Germanen effektiv zum Tragen kam – durch Tacitus eindeutig belegt ist jedenfalls die einander ergänzende Nutzung zweier verschiedener Settings. Und dieses Vorgehen, wie Tacitus es für die Germanen beschreibt, besticht auch in der Neuzeit noch. Wir finden es bespielweise in Ferdinand Eggmanns *«Geschichte des Illerthales»*[200], die 1862 in Ulm erschien und implizit auf Tacitus Bezug nimmt:

> «Auch jetzt ist es in der Hauptsache noch immer so. Über alle wichtigen Geschäfte, sei es in der Haupt- oder in einer Bezirksstadt oder in einem Dorfe, bespricht man sich vorher in geselligen Zirkeln, holt die Ansicht und Gesinnung Anderer darüber aus und vereinigt sich beim Becher ob dem Austausche der Ansichten darüber; nachher erfolgt in der Kanzlei oder im Ständesaal oder auf dem Rathause erst die feierliche und förmliche Beschlussnahme.»[201]

Eggmann, dem in seiner *«Geschichte ...»* daran lag, das Illertal in die Tradition eines geeinten Germanentums zu stellen, dürfte durchaus von Tacitus inspiriert gewesen sein, denn Tacitus' *«Germania»* trug im 19. Jh. wesentlich zur Bildung eines deutschen Nationalgefühls, ja zur Entstehung des Nationalismus bei. Man könnte sagen, Tacitus habe das deutsche Einheitsgefühl erfunden, denn in seiner Ethnografie stellt er die Germanen als Einheit dar, was sie aber keineswegs waren. Beispielsweise wohnten im genannten Illertal zur Zeit des Tacitus noch Kelten oder gar Räter, die nicht einmal Indogermanen waren. Die germanischen Alemannen stiessen erst ab dem 3. Jh. über die Donau nach Süden vor. Ab dem 5. Jh. siedelten sie

---

200 Die Iller entspringt bei Oberstdorf in den Allgäuer Hochalpen, fliesst nordwärts und mündet bei Ulm in die Donau, wobei sie diese hinsichtlich Wasserführung bei weitem übertrifft.

201 Eggmann 1862:37f.

dann auch im ganzen Schweizer Mittelland und prägten die Kultur der keltischen Helveter um. Und selbst als Eggmann seine Schrift veröffentlichte, musste er noch 9 Jahre auf die deutsche Einheit warten.

Doch ist die Korrelation zwischen Tacitus' Germanen und Eggmanns Deutschen auffällig genug, um Eggmanns Auskunft zu überprüfen. Findet das von Tacitus beschriebene Verfahren der Entscheidungsfindung heute im deutschen Sprachraum noch strukturähnliche Spätformen? Der Autor hat die Frage dem Sozialwissenschafter Felix Wettstein gestellt, der seine Wahl in den Nationalrat zum Anlass nahm, das Lobbying als wichtigen Faktor der politischen Entscheidungsfindung zu untersuchen, denn frisch gewählte Ratsherren werden von den Lobbyisten geradezu bombardiert.

Thalwil, 17. Oktober 2020

Sehr geehrter Herr Wettstein

Ich finde Ihre Arbeit über Lobbying sehr interessant und erlaube mir deshalb, mit einer Frage an Sie zu gelangen:

Ich bin Ethnologe und arbeite zusammen mit der Philosophin Anina Föhn an einem Essay über Arten der Erkenntnis. In diesem Zusammenhang bin ich in Tacitus' *«Germania»* auf die Stelle gestossen, wo er erläutert, wie bei den Germanen Entscheidungsprozesse abliefen: Sie besprachen sich erst bei einem nächtlichen Gelage und beschlossen tags darauf im Rahmen einer nüchternen Versammlung. Sie bedienten sich zweier unterschiedlicher Erkenntnisweisen: «Sie beraten, wenn sie sich nicht zu verstellen wissen; sie beschliessen, wenn sie sich nicht irren können.»

Könnte man sagen, dass politische Entscheidungsfindung bei uns heute noch strukturelle Ähnlichkeiten verrät, wenn man sich erst bei Essen und Trinken (oder den 99 Gin-Labels in der Lobby-Bar des Hotels Bellevue[202]) berät, um später in den Räten nüchtern zu beschliessen? Natürlich handelt es sich in der Beratungsphase nicht mehr um Gelage

202 Das Fünfsternehotel «Bellevue» steht gleich neben dem Bundeshaus und ist das offizielle Gästehaus der Schweizer Eidgenossenschaft.

altgermanischen Ausmasses. Aber vielleicht kann man noch von zwei unterschiedlichen, sich ergänzenden Erkenntnisweisen sprechen?

Gerne hoffe ich auf Ihre Antwort und grüsse Sie freundlich

Jürg von Ins

Die Antwort kam umgehend:

Olten, 22. Oktober 2020

Lieber Herr von Ins

Vielen Dank für Ihre Anfrage und Ihre spannende Analyse. Aktuell wären lukullische Gelage auch aus anderen Gründen nicht besonders zu empfehlen ...

Der knackige Satz aus Tacitus' *«Germania»* gibt schon mal mit seiner ersten Hälfte zu denken: Wenn Entscheidungsträger:innen es nicht schaffen, sich zu verstellen, dann beginnen sie zu beraten. Das bedeutet ja, dass eine Entscheidung ohne Beratung nur mit 'Verstellen' zustande kommt, mit Täuschung und List.

Der zweite Teil des Satzes weckt Erinnerungen an diverse Situationen – nicht nur in der Politik: Man könnte noch ein «erst» hinzufügen: Sie entscheiden erst, wenn sie glauben sicher zu sein, dass sie sich nicht mehr irren können. Vorher schieben sie die Entscheidung hinaus, und wenn diese Gewissheit der Irrtumsfreiheit nicht eintritt, dann gibt's auch keinen Entscheid.

Der Hobby-Philosoph wird ganz schön gefordert ...

Ich kann in der Aussage von Tacitus durchaus strukturelle Ähnlichkeiten mit der heutigen politischen Entscheidungsfindung erkennen. Allerdings würde ich da nicht so sehr an Lobby-Anlässe denken, denn dort laufen die Unterhaltungen nicht oder nur zum Teil unter jenen, die zu entscheiden haben, sondern mit jenen (und geprägt durch jene), die von aussen eine Erwartung ans System haben. Das gilt in aller Regel übrigens auch für die Treffen der Parlamentarischen Gruppen, von denen es ja etwa 150 gibt: Mit wenigen Ausnahmen sind es Instrumente des Lobbyings. Und auch wenn sie von Parlamentsmitgliedern präsidiert werden, ist der Inhalt der Treffen meist durch Interessenvertreter:innen geprägt. Zu Trinken gibt es immer, zu essen oft. Und sehr aussagekräftig ist der Ort des Geschehens: Sie sprechen das Bellevue an, das setzt ein klares Signal über die Potenz derer, die einladen. Aus meiner Sicht als Parlamentarier erlebe ich eine Zweiklassengesellschaft: Mit Nonprofit-Organisationen treffen wir uns in einem Sitzungsraum des Bundeshauses, weil man diesen – von Covid-19-bedingten Abweichungen abgesehen – i.d.R. kostenfrei nutzen darf. Aber es ist unbestritten: Auch NPO's lobbyieren aktiv.

Im Jahresverlauf gibt es nebst Kommissions- und Ratssitzungen sowie Lobby-Anlässen hie und da noch weitere gemeinsame Momente, und diese passen dann wohl am besten zur *«Germania»*: Eine Feier der neuen Ratspräsidentin oder der Bundespräsidentin, ein zweitägiges Kommissionsseminar mit gemeinsamem Abendessen. Dann kommt es auch dazu, dass am selben Tisch Entscheidungsträger:innen diverser Fraktionen sitzen. Solche Situationen sind nämlich im Ratsalltag relativ selten, was ich persönlich etwas bedaure.

Mit freundlichen Grüssen

Felix Wettstein.

Es gilt also im Sinne Tacitus' bis heute als dienlich, auf dem Weg zur verantworteten Entscheidung zwei Erkenntnisarten ergänzend einzusetzen. Der Wechsel des Rahmens vom Bundeshaus in die Bar oder ins Restaurant kann durchaus spezifisch zur politischen Meinungsbildung beitragen. Ihn nur unter dem Aspekt der Verschleuderung von Steuergeldern oder gar der Bestechung ins Blickfeld zu rücken, wäre nicht sachgemäss.

Der Brauch, den Tacitus als exotische Besonderheit der Germanen darstellt, dürfte in Wirklichkeit weiter verbreitet gewesen sein. Der griechische Historiker Herodot[203] berichtete schon rund 500 Jahre früher von den Persern:

> «Wein lieben sie sehr. In Gegenwart anderer sich zu erbrechen oder auszutreten[204] ist bei ihnen nicht erlaubt. Daran halten sie

---

203 484–425 v. Chr.

204 gemeint: zu urinieren

sich. Dagegen pflegen sie im Rausch die ernstesten Dinge zu verhandeln. Den Beschluss, den man so gefasst hat, trägt der Hausherr, bei dem die Beratung stattfindet, am nächsten Tag noch einmal vor, wenn alle nüchtern sind. Gefällt ihnen diese Entscheidung auch in der Nüchternheit, führt man sie aus; wenn nicht, dann lässt man es sein. Was sie nüchtern vorberaten, besprechen sie noch einmal, wenn sie trunken sind.»[205]

Neuplatonismus in al-Andalus: Das Buch «Picatrix»

Mit der Rückeroberung der iberischen Halbinsel erschloss sich dem christlichen Europa ein ganz neuer Erkenntnishorizont, wesentlich erweitert um wissenschaftliche Forschungsergebnisse, technische Entwicklungen und eine Vielfalt von Erkenntnisweisen. Der Einfluss, den al-Andalus hierdurch auf den Zeitgeist und die Denker der Renaissance nahm, geht aber zeitlich und räumlich weit über die historischen Gegebenheiten des 15. Jh. hinaus. Denn auch die Gelehrten von al-Andalus hatten ihre Vorläufer und Inspirationen; sie führten im Kern ihres Denkens Entwicklungen weiter, die bereits in der Spätantike eingesetzt hatten. Wegweisend waren die Vorstellungen der Neuplatoniker, deren Weltoffenheit sich insbesondere darin erweist, dass sie griechische, römische, jüdische, christliche und später auch islamische Gelehrte gleichermassen zu faszinieren vermochten. So wirkten neuplatonische Vorstellungen von der Entstehung der Welt und der Ordnung des Kosmos stark auf Welt- und Menschenbild der neuen Gelehrten ein. Exemplarisch zeigt sich dies im Buch *«Picatrix»*[206], das um 1050 in al-Andalus erschien.

«Picatrix» ist ein magisches Handbuch, das insbesondere zur Verfertigung von Talismanen anleitet. Bemerkenswert ist die Auffassung von 'Magie', die dort im Gegensatz zum heutigen Verständnis des Be-

205 Herodot, Historien I,133,3–4. zit. n. Herodot 1969:68; vgl. Rollinger u.a. 2011:245

206 Das arabische Original trägt den Titel *«Ghayat al-Hakim»* (*«Das Ziel des Weisen»*). Es wurde um 1256 auf Befehl des Königs Alphons von Kastilien ins Kastilische, später ins Lateinische übersetzt. In der lateinischen Version wird der Autor als Picatrix angegeben. Tatsächlich ist der Autor der Schrift aber unbekannt.

griffes steht: Magie meint weder Zaubertricks noch etwas Spektakuläres, das sich über Naturgesetze erhebt. Im Gegenteil beruht die Magie auf einer Kenntnis des Gegenstandes, die so fundiert ist, dass sich damit bestimmte Wirkungen erzielen lassen: Magie als Manipulation der Umwelt – ganz im Sinne der modernen Wissenschaft. Diese Auffassung wiederum, dass sich die Umwelt durch Magie manipulieren lässt, fusst auf einer Vorstellung des Weltganzen, in dem alles in sich verbunden ist – einem Konzept, das wir bei den spätantiken Neuplatonikern finden.

Als Begründer des spätantiken Neuplatonismus gilt Ammonios Sakkas[207] aus Alexandria, von dem kein Werk überliefert ist. Sein Schüler Plotinos[208] hingegen hinterliess 54 Schriften, die er allein für seine Schüler geschrieben hatte. Seine Lehre wurde erst nach seinem Tod einer breiteren Leserschaft bekannt, nachdem sein Schüler Porphyrios[209] dessen Schriften in 6 Bänden zu je neun Werken (*«Enneaden»*) herausgab. Das Werk kreist im Kern um die Frage nach der Beziehung zwischen Einheit und Vielheit:

Das Eine, Höchste, aus dem die Welt hervorgeht, ist unfassbar und überzeitlich. Es will nichts und tut nichts. Die Welt kann daher nicht auf einen göttlichen Schöpfungsakt zurückgeführt werden. Trotzdem kann sie entstehen, weil das Eine, Höchste in seiner Fülle überfliesst – der Kosmos ist seine Emanation, die sich in Wellen ergiesst. Dadurch entstehen hierarchisch geordnete Sphären in wachsender Distanz zum einen, höchsten Wesen: vom Geist über die Weltseele bis zur finsteren, ja bösen Materie. In der materiellen Sphäre positionieren sich die Einzelseelen, die ihren Ursprung vergessen haben. Plotinos macht es sich zur Aufgabe, sie aufzuwecken, damit sie sich erinnern, und sie zum Einen, Höchsten hinaufzuführen. Denn Plotinos lehrt, dass die Weltseele auch

---

207 175–242 n. Chr.

208 205–270 n. Chr. Plotinos wurde in Ägypten geboren und gründete nach Studien- und Wanderjahren in Rom eine Schule, die er bis zu seinem Tod leitete. Er stand in der Gunst der römischen Führungsschicht und wurde von der Bevölkerung als Weiser verehrt. Seinen Plan, in Italien eine ideale Stadt namens Platonopolis zu gründen, konnte er nicht verwirklichen. Er schloss sich einem Feldzug gegen die Perser an, um die indische und persische Philosophie besser kennenzulernen, kehrte aber nach einer verlorenen Schlacht fluchtartig zurück.

209 ca. 233–303 n. Chr.

in jeder Einzelseele enthalten ist. So trägt jeder Mensch den ganzen Kosmos in sich.

> «So bedenke denn also erstlich jede Seele dies, dass sie selbst es ist, die alle Lebewesen geschaffen hat und ihnen Leben einhauchte, welche die Erde nährt und welche das Meer, die in der Luft sind und die göttlichen Gestirne am Himmel; dass sie die Sonne und sie unsern gewaltigen Kosmos geschaffen hat, sie ihn formte, sie ihn in bestimmter Ordnung kreisen lässt; und dass sie das alles tut als eine Wesenheit, die verschieden ist von den Dingen, die sie formt, die sie bewegt und lebendig macht: dass sie notwendig wertvoller ist als diese, denn sie werden oder vergehen, je wie die Seele sie verlässt oder ihnen das Leben dargibt, sie selbst aber ist immerdar, weil sie 'sich selbst nicht verlässt'.»[210]

Der Weg zurück zum Einen, aus dem alles hervorgeht, führt den Menschen daher in sein Inneres. Philosophie leitet ihn zunächst, weist aber über sich hinaus zur visionären Schau und schliesslich zur Versenkung in das Göttliche, das in uns ist. Ziel ist das Einssein mit Gott, jenseits von allem aktiven Erkenntnisstreben.

Einer der letzten Neuplatoniker der Antike war Proklos[211]. Stärker als Plotinos betonte er die Einheit der Welt, während er zugleich die Zahl der Stufen und Wesenheiten zwischen dem Einen und der materiellen Sphäre vervielfachte.

Zu Proklos' Lebenszeit war das Christentum bereits Staatsreligion im römischen Imperium. Proklos war ein glühender Anhänger der griechischen Religion, in die sich allerdings – wie im Hellenismus üblich – zahlreiche Elemente orientalischer und ägyptischer Herkunft mischten. Die Synthese verschiedener religiöser Traditionen und philosophischer

---

210 Enneaden V,1,2, zit. n. Harder 1956:211

211 412–485 n. Chr. Proklos stammte aus einer angesehenen Familie und studierte, wie Plotinos, in Alexandria. Später leitete er die Akademie von Athen, die Platon 800 Jahre zuvor gegründet hatte.

Schulrichtungen brachte eine weltoffene, ganzheitliche Weltsicht hervor, die dem christlichen Erlösungsglauben entgegengehalten werden konnte.

Da alles mit dem Einen verbunden ist, das zugleich das höchste Gute ist, kann nichts wirklich Böses bestehen. Auch die Materie kann nicht finster und böse sein. Alles erreicht an seiner Stelle im Kosmos seinen bestmöglichen Grad an Vollkommenheit. Proklos lässt als erstes aus dem Einen die *Henaden*[212] hervorgehen, die er mit den griechischen Göttern identifiziert. Die Henaden bilden Aspekte der Überfülle des Einen. Sie bleiben im Einen, gehen aus ihm hervor und wenden sich zu ihm zurück. Dies alles ausserhalb des Seins und der Zeit, in der Ewigkeit. Triadische Strukturen wie dieses 'Bleiben-Hervorgehen-Zurückwenden' bestimmen die Struktur der Welt insgesamt. Alle Erscheinungen, auch die natürlichen Dinge, sind mit den Göttern als den sie erzeugenden Prinzipien verbunden.

> «Proklos hat dem Prinzip der Verbindung durch Ähnlichkeit oder Verwandtschaft mit seiner Lehre von den *seirai* [den sympathetischen Reihen] eine theoretische Grundlage gegeben ... Von jeder göttlichen Henade ist eine ganze 'Reihe' niederer Götter, Dämonen, Seelen usw. bis hin zu Pflanzen und Mineralien abhängig, die dadurch auch untereinander in verwandtschaftlicher Beziehung stehen. Die Ähnlichkeit, die sie miteinander verbindet, beruht darauf, dass die an der Spitze der Reihe stehende Gottheit ihre charakteristische Eigentümlichkeit allen anderen Mitgliedern mitteilt, wenn auch in abgestufter und nach unten hin immer unvollkommenerer Weise.»[213]

So ist etwa der Hahn der Sonne verwandt, weil er auf ihr Kommen am Morgen einen «Hymnus» singt. Die Vielheit der Welt besteht nur oberflächlich, weil in der Tiefe alles durch solche sympathetischen Reihen mit dem Einen verbunden bleibt.

---

212 gr. 'Vielheit', 'Einheit'; vgl. *hen*: 'eins', 'das Eine'

213 Nasemann 1991:177; griechisch geschriebene Begriffe wurden übersetzt.

Die Seelen, die dem Einfluss des Körpers unterliegen, werden durch die Philosophie an ihre Bestimmung erinnert. So können sie noch während des Lebens über die Stufenleitern der Emanationen aufsteigen, wodurch sie einer sofortigen Reinkarnation nach dem Tod entgehen. Aber um diesen Weg zu finden, braucht die Seele auch Wegmarken in der sinnlich wahrnehmbaren Welt: kraftgeladene Worte, Objekte und Rituale. Denn die Kraft der Götter oder Henaden erreicht über die sympathetischen Reihen auch die materielle Welt.

In diesem Aspekt öffnet sich eine magische Lesart des Neuplatonismus. In der Sprache der Antike heisst sie *Theurgie*[214]: Götterzwang. Sie geht aus von Lehren wie derjenigen des Proklos, die darauf bestehen, dass die göttliche Kraft – wie auch immer vermindert – über die sympathetischen Reihen auch die materiellen, natürlichen Dinge erreicht:

> «Die Kenntnis der untersten Glieder einer solchen Reihe (Tiere, Pflanzen, Steine) ermöglicht es dem Theurgen, die ihnen übergeordneten Dämonen und Götter herbeizurufen, indem er sie z.B. als Räucheropfer oder zur Herstellung von Götterbildern verwendet; durch ihre in der Zugehörigkeit zur selben Reihe begründete Ähnlichkeit mit den höheren Wesen vermögen sie diese herbeizuziehen und aufzunehmen.»[215]

Auch bei den islamischen Neuplatonikern des 10. und 11. Jh. ist, wie bei Proklos, der Raum zwischen der Weltseele und der materiellen Welt in sympathetischen Reihen geordnet. Während diese aber bei Proklos von unbestimmter Zahl sind und Erscheinungen gruppieren, die jeweils einem der griechischen Götter zugeordnet sind, treten nun die Planeten an deren Stelle. So heisst es in *«Picatrix»* beispielsweise:

> «Mars ist die Quelle der anziehenden Kraft. Ihm untersteht die Naturwissenschaft, die Tierarzneikunde, die Chirurgie, das Zahnziehen, das Schröpfen und das Beschneiden. Von den

214 von gr. *theourgía*
215 Nasemann 1991:178

Sprachen gehören ihm zu das Persische, von den Gliedern aussen am Leibe das rechte Nasenloch und im Innern die Galle und die Wirkungen, die von ihr in den Körper strömen, nämlich Entflammung und Hitze, die Zorn und Hass und Fieber erregen. Von den Religionen gehört ihm zu die Gottesleugnung und der schnelle Religionswechsel, von den Kleider(stoffe)n die Halbseide und die Felle der Hasen, Panther und Hunde, von den Künsten die Eisen- und Feuerarbeit, das Kriegswesen und der Strassenraub, von den Geschmäcken die heiss-trockene Bitterkeit, von den Landschaften die Festungen, Burgen, Schlachtfelder, Feuerstätten, Schlachtstätten, die Schlupfwinkel der wilden Tiere und die Gerichtshöfe ...»[216]

Die Reihe wird schier endlos weitergeführt. Auch Edelsteine, Pflanzen, Wohlgerüche, Tiere und nicht zuletzt die Suren des Koran werden ihren Planeten zugeordnet. Aber *«Picatrix»* ist kein systematisch aufgebautes Werk, sondern eine Collage aus Stücken vieler anderer Manuskripte. So sind die Reihen der Planeten in anderen Darstellungen auch von Geistwesen und Dämonen bevölkert und der Planet selbst kann wieder als Gottheit aufgefasst sein, die man mit Gebeten und Opfern verehrt.

Für den Magier ist die Darstellung der Reihen, die nur aus manipulierbaren Objekten und konkret vorfindlichen Landschaften besteht, besonders praktisch. Seine Kunst bleibt dabei anspruchsvoll genug. Es gilt, je spezifisch ausgewählte kosmische Kräfte herabzuziehen und in geeignete Objekte zu bannen. Doch das gelingt nur bei bestimmten Planetenkonstellationen sowie dank der Wahl der richtigen Materialien und Siegel[217]:

«Man graviere das Bild eines Skorpions auf einen Ringstein aus Bezoar[218] in der Stunde des Mondes, wenn der Mond am Anfang

216 Ritter u.a. 1962:159

217 Denn «jedes auf der Welt hergestellte [Ding], dessen Anfertigung nötig ist, [ist] in gewissem Sinne ein Talisman ...», Ritter u.a. 1962:91

218 Bezoarsteine sind von zwiebelartigen, harten Schichten überzogene Kugeln unverdauten Materials aus dem Magen von Tieren. Die Bezeichnung geht auf das

des 2. Dekans des Skorpions steht. Aszendent muss Löwe, Stier oder Wassermann sein. Den Ringstein setzt man in einen goldenen Ring und siegelt damit in gekauten Weihrauch in der angegebenen Stunde, während der Mond im Skorpion steht. Dem Gestochenen gibt man einen solchen Abdruck zu trinken; dann wird er von seinem Schmerz genesen.»[219]

Ein zweites Mal kommt das Verfahren im Zug einer Ich-Erzählung zur Sprache, wobei der Erzähler bei einem Griechen zu Gast ist, der in Ägypten wohnt:

> «Als wir eines Tages bei ihm waren, hörten wir vom Hof her einen Schrei. Als er fragte, was geschehen sei, hiess es, es sei ein Bursche, den ein Skorpion gestochen habe. Da holte er einen Lappen hervor, in dem sich Siegelabdrücke mit starkem Weihrauchgeruch befanden. Er nahm einen der Siegelabdrücke, liess ihn zerstossen und das Ganze [dem Burschen] zu trinken geben. Und als das geschah und jener das Mittel trank, hörte er sogleich auf zu schreien, und sein Schmerz legte sich. Ich sah mir die Siegelabdrücke an und fand auf jedem das Bild eines Skorpions. Als ich ihn fragte, womit die Siegelabdrücke hergestellt seien, holte er mir ein goldenes Siegel hervor mit einem Stein aus Bezoar, auf dem das Bild eines Skorpions zu sehen war; und als ich ihn weiter fragte, welches das Geheimnis des Siegels sei und wie es hergestellt würde, sagte er, es würde graviert, wenn der Mond im Skorpion, und zwar am Anfang des zweiten Dekans stünde. Daraufhin stell ich mir nun selbst ein solches Siegel her und siegelte damit für die Leute, die [von Skorpionen] gestochen waren, und zwar pflegte ich dabei den Stoff, den ich siegelte, zu wechseln, weil ich den Verdacht hat-

persische Wort für 'Gegengift' zurück. Bezoarsteine kamen durch arabische Heilkundige nach al-Andalus und spielten bald eine grosse Rolle in der europäischen Magie. Insbesondere wurden sie als Gegengift gegen Arsen sowie Stiche und Bisse giftiger Tiere eingesetzt.

219 Ritter u.a. 1962:32

te, die Wirkung sei vielleicht auf eine besondere Tugend des Weihrauchs zurückzuführen. Dabei habe ich die erstaunlichsten Wirkungen erlebt.»[220]

Hier kündigt sich eine neue Erkenntnisweise an: Der Autor stellt die materialistische Hypothese auf, die Wirkung könnte auf dem Weihrauch und nicht auf dem Siegel beruhen, und überprüft daraufhin anhand eigener Erfahrung, was die Tradition ihn lehrt. Leider ist der Text, auf den sich die deutsche Übersetzung des «*Picatrix*» bezieht, an dieser Stelle lückenhaft. Glücklicherweise hat sich aber in einer hebräischen Übersetzung des arabischen Originals der Schluss des Berichts erhalten: Die Versuche ergeben, dass die Wirkung dieselbe bleibt, gleichgültig, welcher Stoff gesiegelt wird. Daraus schliesst der Erzähler, dass sie vom Zeichen ausgeht, das dem Bezoarstein eingeprägt ist.[221]

Die rationale Überprüfung bestätigt das Offenbarungswissen. Da rücken sich Magie und Mystik, aktive und passive Erkenntnis in erstaunlicher Weise nah. Die Anekdote nimmt damit eines der zentralen Themen der arabischen Philosophie (arab. *falâsafa*)[222] auf: die Frage nach der Beziehung zwischen Wissen und Glauben. Ihre Erörterungen zu diesem Fragenkomplex wirkten weit über den islamischen Raum hinaus auf die christliche Scholastik, aber auch auf die jüdische Religionsphilosophie ein. Einer der prominentesten jüdischen Denker, Moses ben Maimon (Maimonides)[223], wurde in al-Andalus geboren und schrieb arabisch – manchmal unter Verwendung hebräischer Buchstaben, um seiner jüdischen Leserschaft die Lektüre zu erleichtern. Sein Hauptwerk *«Führer der Unschlüssigen»* zeigt die Übereinstimmung zwischen dem Offenbarungswissen der Tora und der Philosophie des Aristoteles auf. In der Schattierung nach Picatrix – als Frage nach der Rationalität von Magie – wurden die Arbeiten der Denker von al-Andalus richtungweisend für die Intellektuellen der Renaissance.

---

220 Ritter u.a. 1962:56

221 vgl. Plessner 1973

222 aus gr. *philosophía* (der Begriff wurde mit den ersten Übersetzungen griechischer Werke ins Arabische übernommen). Vgl. Hottinger 2005:238, 243

223 ca. 1135–1204

Abraham von Worms

Biografie

Abraham von Worms[224] war ein Gelehrter der Frührenaissance und einer der wenigen jüdischen[225] Mystiker unter diesen. Während die christlichen Renaissance-Denker sich begeistert in die jüdische Mystik und Magie vertieften, war für die Kabbala als jüdische Tradition die Zeit zwischen dem 14. und dem 16. Jh. keine besonders produktive Epoche. Es war vielmehr die Blütezeit ihrer christlichen Interpretationen. Denn die jüdischen Gelehrten selbst liessen sich im Umbruch der Renaissance zwar von arabischen und christlichen Quellen für die freie Forschung begeistern, setzten aber vielfach weiterhin alttestamentliche Referenzen anstelle der neuen, spätantik inspirierten Ideen.

In Abraham von Worms vermischen sich die beiden Typen des jüdischen und des christlichen Gelehrten. Ob es sich bei ihm tatsächlich um eine historische Persönlichkeit handelt, ist allerdings umstritten. In jüngster Zeit hat Rick-Arne Kollatsch Abraham von Worms als jüdische Fiktion bezeichnet:

> «Weder war der Verfasser ein Jude, noch entstand der Text ... im frühen 15. Jahrhundert. Die Zitate aus der Lutherbibel ... sind dafür nur der augenscheinlichste Beleg.»[226]

Die Grenze zwischen Geschichtsschreibung und Mythos verschwimmt, denn die Lebensdaten sind unsicher und vielleicht ist das Abraham zugeschriebene Werk, für dessen Fertigstellung etwa das Jahr 1380 vermutet wird, auch jüngeren Datums:

> *«Des Juden Abraham von Worms Buch der wahren Praktik in der uralten göttlichen Magie und in erstaunlichen Dingen, wie sie durch die heilige Kabbala und durch Elohym mitgeteilt worden*

224 geboren um 1362

225 zur Debatte, ob er Jude oder Christ war, vgl. von Ins 1988:37ff.

226 Kollatsch 2021:XVI

samt der Geister- und Wunder-Herrschaft, welche Moses in der Wüste aus dem feurigen Busch erlernet, alle Verborgenheiten der Kabbala umfassend.»[227]

So jedenfalls ist die Druckausgabe von 1725 betitelt. Vieles weist darauf hin, dass die Schrift später aus christlich-neuplatonischer Sicht überarbeitet wurde – vielleicht von einem Hebraisten aus dem Kreis um Pico della Mirandola.

Das Werk berichtet ausführlich von Abrahams weitläufigen Reisen. Nachdem er, wohl in der zweiten Hälfte des 14. Jh. in Worms geboren, als etwa Zwanzigjähriger seinen Vater verlor, hinterliess ihm dieser sein bruchstückhaftes magisch-kabbalistisches Wissen. Um die Lücken zu schliessen, machte sich Abraham auf die Reise – eine Queste noch ganz im mittelalterlichen Sinn: die Reise als Erkenntnisweg.

Wo immer er Station machte, besuchte Abraham Gelehrte, Magier und weise Frauen, um von ihnen zu lernen und ihr Wissen zu prüfen. Dabei traf er zufällig den Juden Samuel von Tautschart, der ebenfalls auf Erkenntnissuche war, und so wanderten die beiden zusammen durch Deutschland, Böhmen, Österreich, Ungarn und Griechenland bis nach Konstantinopel, wo Samuel starb. Wieder allein unterwegs führte die jahrelange Reise Abraham schliesslich nach Ägypten, wo er in der Wüste seinen Meister fand: Abramelin, der ihm «Anfang und Grund der Weisheit offenbarte... Bei diesem blieb ich nun ein ganzes Jahr lang, bis ich alle Wissenschaft und alle Regeln der grundfesten Wahrheit»[228] erlernt hatte. Danach kehrte Abraham – wiederum auf sehr beschwerliche Weise – nach Worms zurück.

Während das *«Buch der wahren Praktik ...»* ausführlich von Abrahams Erkenntnisweg berichtet, bleibt sein sonstiges Leben im Dunkeln. Wir erfahren lediglich, dass Abraham einen Sohn namens Lamech hatte, für den er sein Werk schrieb, um ihm sein gesammeltes Wissen weiter-

227 von Ins 1988:65; die *«Geister- und Wunderherrschaft»* ist eine beigebundene, jüngere Schrift. Vgl. die kritische Textausgabe vom *«Buch der wahren Praktik ...»* in von Ins 1988

228 von Ins 1988:76

zugeben und ihn zur Beschwörung seines Schutzgeistes anzuleiten. Er wählte hierfür den unüblichen schriftlichen Überlieferungsmodus, weil Lamech noch zu klein war für die mündliche Übermittlung, er selbst aber bereits alt. Soweit jedenfalls seine eigenen Ausführungen.

Die Phantastische Salbe

Abraham beschreibt seinen eigenen Weg zur Begegnung mit dem Schutzgeist in allen Einzelheiten. Belege führt er keine an. Anders geht er vor, wenn er auf seiner Reise Wissen und Können anderer Magier prüft. In Linz begegnet er einer Christin,

> «deren Eltern kürzlich gestorben waren. Sie überredete mich eines Abends, zu ihr zu kommen, wo sie mich ohne alle Gefahr an irgendeinen Ort versetzen wollte, wohin ich begehrte ... Als es dann um 3 Uhr in der Nacht war, kam ich zu ihr in ihr Haus, wo sie allein wohnte. Dort gab sie mir eine Salbe, mit der ich die Schlagadern an Händen und Füssen einrieb. Kaum getan war mir, als ob ich an den Ort hinflöge, den ich mir im Herzen gewünscht hatte, ohne ihr etwas davon zu sagen. Wohlweislich übergehe ich hier, was ich dort zu sehen bekam. Als mich nun aber dünkte, lange fort gewesen zu sein, war es mir eben, als erwache ich aus einem tiefen Schlaf. Im Haupt empfand ich eine melancholische Zerrüttung ..., jedoch keine Schmerzen. Bevor ich wieder zu mir kam, sah ich die Tochter [i.e. die Christin] neben mir sitzen. Wir erzählten nun einander, was jeder gesehen hatte. Dabei ergab sich zwischen beiden Geschichten ein grosser Unterschied. Gleichwohl verursachte mir dieser Handel ein grosses Entsetzen und ein Staunen, weil ich ja nichts anderes meinte, als an dem bewussten Ort leiblich gewesen zu sein und – was dort passiert war – in der Tat selbst erlebt zu haben.»[229]

229 ebd. S. 88

Die Frau hatte magische Erkenntnis versprochen, sollte man doch nach freiem Willen entlegene Orte besuchen können. Abraham ging nach Hause und verfiel für einige Tage in «tiefes Nachsinnen». Dann fasste er einen Plan. Er kehrte zur weisen Frau zurück und bat, dass sie allein an einen Ort hinfahre, den er ihr nennen würde, damit sie ihm Nachricht bringe von einem Freund, von dem er wusste, dass er «von eben diesem Orte mehr als 100 Meilen entfernt war.»[230] Sie nahm ihre Salbe, «während ich nun zusehen wollte, wie sie davon flöge. Stattdessen fiel sie neben mir nieder und lag so länger als vier Stunden, als ob sie tot wäre», sodass Abraham es mit der Angst zu tun bekam.

> «Endlich fing sie allmählich wieder zu atmen an, rührte sich und wendete sich noch schlafend um. Unversehens sprang sie auf die Füsse, lief mir mit grosser Freude entgegen und begann mir zu erzählen, wie sie an dem begehrten Ort gewesen, wie sie meinen Freund dort angetroffen und was er daselbst getan habe – Dinge, von denen ich wusste, dass sie nicht wahr sein konnten. Daran erkannte ich, dass alles ein lauterer Traum gewesen und die Salbe nichts anderes als ein *unguentum somniferum et phantasticum*[231] war, welche[s] blosse Vorstellungen und Einbildungen im Traum als Wirklichkeit erscheinen liess, wie denn die natürlichen Meister solches glaubwürdig finden, wovon aber weiter in diesem Büchlein zu schreiben unnötig ist.»[232]

Wen Abraham als natürlichen Meister im Auge hat, wissen wir nicht. Die Magierin von Linz gehört jedenfalls auch dazu. Für Abraham von Worms vollzieht sich etwas Epochales. In der erlebten Wirklichkeit zeigen sich erste Risse. Das Vertrauen ins eigene Erleben schwindet. Eine neue, materialistisch-wissenschaftliche Erkenntnisweise kündet sich an, die sich vom Erleben distanziert und ihm Belege abfordert. Eine Reise

230 ebd. S. 88f
231 eine einschläfernde und phantastische Salbe
232 ebd. S. 89

ohne Körper ist keine Reise mehr. Und was keine soziale Bestätigung erfährt, ist nicht wirklich. Abraham hat die weise Frau hereingelegt und so ermittelt, was er neu als Wahrheit konzipiert.

Die Beschwörung des Schutzgeistes

Das *«Buch der wahren Praktik»* enthält nicht «Anfang und Grund der Weisheit», sondern eine detaillierte Anleitung zur rituellen Beschwörung des eigenen Schutzengels, der dem Magier seinerseits erst die Weisheit offenbart. Dabei trägt dieser Engel durchaus antike Züge. Das steht im Kontrast zu Abrahams schroffer Ablehnung griechischer Traditionen:

> «Alle die Künste der Griechen sind Bezauberungen und Faszinationen, und die Dämonen halten die Menschen in diese verfluchten Künste verstrickt, damit ihnen das Fundament der wahren Magie verborgen bleibt, dessen Kenntnis sie mächtiger werden liesse als die Dämonen.»[233]

Am Ende der mehrere Monate dauernden Operation sagt Abraham seinem Sohn voraus, dass ihm sein Schutzengel «in seiner ganzen, unbeschreiblichen Schönheit» erscheinen werde.

> «Er wird dich mit so freundlichen Worten ansprechen, wie keine menschliche Zunge sie nachsprechen kann. Er wird dir dann deine Fehler zeigen und dich ermahnen, diese zu korrigieren. Er wird dir seine Wohltaten erzählen und dich daran erinnern, womit du ihn Zeit deines Lebens beleidigt hast. Er wird dich aber auch unterweisen, wie du ihn durch rechte Lebensführung versöhnen kannst. Er wird dir die ganze Weisheit Gottes enthüllen und dich die heilige Magie lehren. Er wird dir sagen, was du in deiner Operation falsch gemacht hast und wie du es anfangen sollst, die bösen Geister zu bändigen und sie dir dienstbar zu machen, um so dein Ziel zu erreichen. Auch wird

233 ebd.

> er dir versprechen, niemals mehr von dir zu weichen, sondern dir fortan beizustehen und dich dein Leben lang zu führen.»[234]

Alle Arten des Wissens verdanken sich – wenn man am Ziel ist – visionärer Erkenntnis. Zuvor, auf der Reise, bedient sich Abraham bald proto-wissenschaftlicher, bald magischer Kriterien, um das Wissen der Magier, die er besucht, zu beurteilen. Dabei ist er sich keinerlei Spannung bewusst. Es handelt sich durchwegs um Arten der Erkenntnis, die sich im Licht der umfassenden Weisheit, die der Schutzengel vermittelt, als vorläufig, behelfsmässig, ja, eigentlich falsch herausstellen.

Das *«Buch der wahren Praktik»* ist ein sperriger Text, weil Abraham zwei gegenläufige Ziele verfolgt: Einerseits gibt er seinem Sohn minutiöse Ritualanweisungen, die memoriert und eins zu eins in die Praxis umgesetzt werden müssen. Andererseits wird der Autor nicht müde zu betonen, dass das Ritual aus eigenem Antrieb vollzogen werden müsse. So schreibt er etwa genau vor, an welcher Stelle des Rituals Lamech beten muss, gibt ihm aber keinen Gebetstext:

> «Mein Sohn, da höre zu: kannst du nicht beten, dann steht es gar übel um dich und du solltest dich beileibe nicht in diesen schweren Handel einlassen. ... Aus deinem eigenen Herzen soll das Gebet kommen. Da heisst es nicht nachschwätzen und ohne Andacht, Eifer und Verstand nachplappern mit dem Mund oder einfach lesen wie die Gottlosen machen. ... Deshalb habe ich dir, mein Sohn, absichtlich keine Form des Gebetes vorgeschrieben, dass du dich nicht darauf verlassen sollest, sondern für dich selber beten und zum Herrn rufen werdest.» [235]

Abraham will seinen Sohn zur richtigen inneren Haltung erziehen und stellt ihn zu diesem Zweck laufend auf die Probe. Sanftmütig und furchtlos, ergeben und kühn[236] soll er durchs Leben gehen. Wiederholt schärft

234 ebd. S. 148
235 vgl. ebd. S. 131–132
236 vgl. ebd. S. 151

er ihm ein, dass die magische Kunst nur zur Erkenntnisgewinnung, nicht zum Schaden der Menschen oder zur Mehrung der Macht eines Herrschers eingesetzt werden darf. Doch andererseits prahlt er: «Den Grafen Friedrich habe ich mit 2000 Mann künstlicher Kavallerie aus den Händen des Herzogs Leopold von Sachsen befreit.»[237]

Ein ähnliches Problem stellt sich im Hinblick auf die Religionszugehörigkeit des Magiers. «Denn dies ist gewiss: Ein geborener Heide, Christ, Jude, Muslim oder Ungläubiger kann vollkommener Meister in dieser Kunst werden. Wer aber mit anderen Göttern gebuhlt und seine Religion verändert hat, kann nicht dazu gelangen.»[238] In Abrahams abschliessenden Ermahnungen an Lamech heisst es jedoch: «Lass denjenigen, der die Operation von dir empfängt, schwören, dass er sie nie an einen Atheisten oder Gotteslästerer weitergeben wird.»[239]

Im Widerspruch zur Absage an Konvertiten hatte Abraham seinem Meister Abramelin schwören müssen, «mein Leben zu ändern, unsere falschen Dogmen fallen zu lassen und dem Weg und dem Gesetz des Herrn zu folgen. Dieses Versprechen habe ich danach stets streng gehalten, obwohl meine Eltern und die anderen Juden mich später beschuldigten, ich sei ein böser und närrischer Mann.»[240]

Die nächstliegende Lösung ist, dass Abramelin zu *Beta Israel*[241] gehörte, jener Gruppe äthiopischer Juden, die vor der Abfassung des Talmud und der jüngeren Schriften des Tanach aus Palästina ausgewandert waren.[242]

Exkurs: Der handlungsleitende Wert mediumistischer Erkenntnis: Schutzengel, Schutzgeist und Daimonion

Die Rede vom Schutzengel gehört heute in die Welt der Kinder. ‹Abends, wenn ich schlafen geh, 14 Englein um mich stehn …› Auch bei Gefahr,

237 ebd. S. 97
238 ebd. S. 93
239 ebd. S. 177
240 ebd. S. 76f.
241 abwertend *Falasha*
242 vgl. ebd. S. 41f.

wenn Eltern oder Kinder sich fürchten, liegt der beruhigende Hinweis auf den Schutzengel noch nahe.

Im Matthäus-Evangelium heisst es:

> «... wenn ihr nicht umkehrt und werdet wie die Kinder, so werdet ihr nicht ins Himmelreich hineinkommen.»[243]

> «Seht zu, dass ihr nicht eins dieser Geringen verachtet! Denn ich sage euch: Ihre Engel im Himmel schauen allezeit das Angesicht meines Vaters ...»[244]

Schon hier ist vom Engel des Kindes die Rede, und der niederländische Religionswissenschafter Gerardus van der Leeuw weist darauf hin, dass wir darunter nicht nur ein von Gott gesandtes, sondern auch ein vom Kind ausgehendes Wesen zu verstehen haben.[245] Wir spüren die Wirkung, die Macht, die von einem Menschen ausgehen kann, etwa in Sympathie oder Antipathie. Die Ausstrahlung des Kindes zeigt sich als Engel. Er ist eine personifizierte menschliche Eigenschaft.

In jungen Religionen geht die Vorstellung von Engeln aus derjenigen göttlicher Attribute hervor. Die *mal'akim* (hebr. 'Boten') des Alten Testaments sind zunächst Züge des göttlichen Willens, Aspekte des göttlichen Wesens. Die Präsenz Gottes oder die Wirksamkeit göttlicher Eigenschaften in der menschlichen Welt wird dann als Anwesenheit seines Boten, seines Engels vorgestellt. Ähnlich zeigt sich die Entstehung der altiranischen Engellehre, die eine wichtige Quelle europäischer Angelologien abgegeben hat. Die *Amesha Spentas* sind die ausgesandten Kräfte des guten Gottes *Ahura Mazda*. Ihre Namen charakterisieren sie als verkörperte Eigenschaften der Gottheit; sie heissen *Vohu Manah*, die gute Erkenntnis; *Xshathra Vairya*, die Gottesherrschaft; *Ameretat*, die Unsterblichkeit, und so weiter. Aufgrund dieser Eigenschaften beansprucht Ahura Mazda die Herrschaft über die Welt. Später werden aus den

243 Mt. 18,3
244 Mt. 18,10
245 van der Leeuw 1977:149–150

Amesha Spentas selbständige Geistwesen. Die persische Vorstellungswelt hat zunächst die altjüdische, später aber auch die hellenistische Religiosität beeinflusst.

Wie gehören die beiden Vorstellungen vom Engel Gottes und vom Engel des Menschen zusammen?

In der Entstehungszeit jeder Religion bilden sich Glaubensvorstellungen aufgrund religiöser Erlebnisse aus. Notwendigerweise werden Gott und die Götter dabei noch als Wesen verstanden, die dem Menschen nahestehen – nahe genug, um auf sein Erleben einwirken zu können, ihm in Visionen zu erscheinen oder sich Gehör zu verschaffen.

In einer späteren Phase religionsgeschichtlicher Entwicklung werden Gott und die Götter – meist von priesterlichen Beamten – in systematischen Zusammenhang gebracht: Oft werden ihre Zuständigkeiten nach dem Vorbild der menschlichen Gesellschaft umrissen. Sie werden einer Hierarchie eingefügt. Theologie und Dogmatik entstehen. So weit der Priester nun vom einfachen Gläubigen abgerückt ist, so fern mag diesem plötzlich Gott, so unnahbar mögen ihm die Götter erscheinen. Göttliche Wirkungen können und dürfen sich in der alltäglichen Erfahrungswelt nicht mehr ohne weiteres zeigen. Noch bricht gewiss das religiöse Erlebnis da und dort ein – aber es muss nun anders gedeutet, auf ein anderes, menschennäheres Wesen zurückgeführt werden. Es charakterisiert ja nun den Betroffenen auch gegenüber seinen Zeitgenossen. Das göttliche Wesen, das ich gespürt, gehört, geschaut habe, gehört *meinem* Erleben im Besonderen zu: Es ist *mein* Engel. Wie persönlich der göttliche Begleiter nun aber auch gefasst sein mag – er löst sich nie ganz aus seiner ursprünglichen Abhängigkeit von Gott oder höheren Göttern. Er bleibt Vermittler zwischen ihnen und mir.

Wenn unsere Kultur den Kindern einen Schutzengel zuspricht, so hebt sie diese dadurch von den Erwachsenen ab. Einen Schutzengel haben nur noch jene, die an die Nähe Gottes glauben. Die Differenz zwischen Kindern und Erwachsenen ist zunächst in einer Art des analytischen Denkens gegründet, die nach der Kindheit sich einstellt – vielleicht auch nur in einer Verhärtung des Gewohnten, frei nach dem Prediger: Lieber ein weises Kind als ein alter König, der sich nicht mehr warnen lässt.[246] Rilke schreibt im *«Stunden-Buch»*:

> «Ich weiss, sooft mein Denken misst,
> wie tief, wie lang, wie weit –:
> du aber bist und bist und bist,
> umzittert von der Zeit.»[247]

Angesprochen ist hier Gott selbst. In seinem späteren Werk hat Rilke aber eine feinsinnige Engellehre entwickelt. Diese kündet sich im *«Stunden-Buch»* erst als Frage an. Der junge Dichter, der gewissermassen Gottes Atem noch im Nacken spürt, stellt erst kritisch fest, dass die Engel nicht mehr fliegen können:

> «Ein jedes Ding ist überwacht
> von einer flugbereiten Güte
> wie jeder Stein und jede Blüte
> und jedes kleine Kind bei Nacht.
> Nur wir, in unserer Hoffahrt, drängen
> aus einigen Zusammenhängen
> in einer Freiheit leeren Raum ...
>
> Statt in die weitesten Geleise
> sich still und willig einzureihn,
> verknüpft man sich auf manche Weise, –
> und wer sich ausschliesst jedem Kreise,
> ist jetzt so namenlos allein.
>
> Da muss er lernen von den Dingen,
> anfangen wieder wie ein Kind,
> weil sie, die Gott am Herzen hingen,

---

246 Koh. 4,13
247 Rilke 1955, I:297

Alexandre Cabanel, *«L'ange déchu» – «Der gefallene Engel»*, 1847, Öl auf Leinwand, 121 x 197 cm

nicht von ihm fortgegangen sind.
Eins musst du wieder können: *fallen*,
geduldig in der Schwere ruhn,
der sich vermass, den Vögeln allen
im Fliegen es zuvorzutun.

(Denn auch die Engel fliegen nicht mehr.
Schweren Vögeln gleichen die Seraphim,
welche um *ihn* sitzen und sinnen;
Trümmern von Vögeln, Pinguinen
gleichen sie, wie sie verkümmern ...)»[248]

248 ebd. S. 320–321

Hier bestimmt Rilke den Unterschied zwischen Kindern und Erwachsenen in ihren Beziehungen zu den Engeln moralisch: Nicht Gott ist abgerückt, sondern wir sind von ihm fortgegangen, um nun im leeren Raum der selbst erdachten Freiheit allein zu sein. Wie das neutestamentliche Zitat fordert uns dieses Gedicht von Rilke dazu auf, wieder zu werden wie die Kinder.

Noch ein anderer Zug in Rilkes Engel-Vorstellung, wie sie sich namentlich in den *«Duineser Elegien»* entfaltet, weist auf das Neue Testament zurück. In den Eingangsversen der Ersten Elegie bringt der Dichter das Erlebnis zur Sprache, das den Engel zum besänftigenden ‹Fürchte dich nicht!› veranlasst:

> «Wer, wenn ich schriee, hörte mich denn aus der Engel
> Ordnungen? und gesetzt selbst, es nähme
> einer mich plötzlich ans Herz: ich verginge von seinem
> stärkeren Dasein. Denn das Schöne ist nichts
> als des Schrecklichen Anfang, den wir noch grade ertragen,
> und wir bewundern es so, weil es gelassen verschmäht,
> uns zu zerstören. Ein jeder Engel ist schrecklich.
> Und so verhalt ich mich denn und verschlucke den Lockruf
> dunkelen Schluchzens.»[249]

Auch die eingangs zitierten Verse aus dem Matthäus-Evangelium stehen im Kontext einer durchaus bedrohlichen Situation. Die Jünger fragen den Meister, wer im Reich des Himmels der Grösste sei. Jesus ruft darauf ein Kind herbei und spricht den obigen Satz. Danach folgt eine Lehrrede über die Versuchung. Dem Dasein in Versuchung stellt er dann zum Schluss noch einmal das Kind gegenüber, dessen Engel im Himmel das Antlitz des Vaters schaut.

‹Fürchte dich nicht› wird im Neuen Testament geradezu zum gängigen Grusswort des Engels, der zu den Menschen kommt. Vielleicht haben die Kinder bis in unsere Tage einen Schutzengel, weil sie ihn nicht fürchten müssen. Fürchten muss ihn wohl erst, wer nicht nur von

---

249 ebd. S. 685

Gott, sondern auch vom Engel und seiner Botschaft fortgegangen ist. Der solchermassen Erwachsene aber tut vielleicht gut daran, ‹den Lockruf zu verschlucken›.

Als Heilmittel gegen die Angst vor Dämonen empfiehlt Abraham von Worms die Gottesfurcht. Viele Rituale zur Schutzgeist-Beschwörung sind nicht nur von diffuser Angst vor Gegenkräften, sondern auch von konkreter Furcht vor dem beschworenen Wesen geprägt. Furcht und der Wille zur Macht, Furcht und das Verlangen nach Wissen oder Glück halten sich zunächst oft die Waage. Doch wenn die Furcht nicht überwunden wird, ist das Unternehmen zum Scheitern verurteilt.[250]

Allgemein gilt als gewiss, dass der Schutzgeist oder Schutzengel schon abgerückt, entfernt vorgestellt wird, wo er rituell beschworen und angezogen werden muss. Nur die Kinder sind ihrem Engel noch nah. Wo es um äussere Macht und mehr technisches Wissen ging, konnte der Theurg leicht auf den Gedanken kommen, sie als Medien zu benutzen.[251] Davon ist nicht erst bei Abraham von Worms, sondern schon in der Antike die Rede.

Der Glaube an den persönlichen Schutzgeist, das *daimonion* (gr. 'Gottheit'), ist in der griechischen und römischen Antike weit verbreitet. In den Schriften von Seneca[252] und Marc Aurel[253] taucht diese Vorstellung unter den Bezeichnungen *prostátes* (gr. 'Beschützer', 'Beistand', 'Leiter') und *hegemón* (gr. 'Führer') auf, und Proklos hielt den Schutzdämon für den Wächter über das Schicksal, das jedem Menschen vorbestimmt ist. Der Neuplatoniker Jamblichos hingegen lehrte, der Schutzgeist sei über die Schicksalsbestimmung erhaben und könne den Menschen daher aus dieser befreien.

Das grosse Vorbild eines Menschen, der sein Leben nach den Anweisungen seines Daimonion gestaltet, ist Sokrates. Die ausführlichste Schrift über das sokratische Daimonion ist von Plutarch[254] erhalten. Plu-

250 vgl. die Erfahrungsberichte in von Ins 1988:221f.
251 vgl. von Ins 1988:22f.
252 ca. 1–65 n. Chr.
253 121–180 n. Chr.
254 Plutarch lebte 46 bis nach 119 n. Chr. Er war Schriftsteller (bekannt vor allem für seine biografischen Schriften), Philosoph, Diplomat, Priester am Orakel von Delphi

tarch überprüft die Vorstellung vom Schutzgeist – wie den Wunderglauben seiner Zeit überhaupt – mithilfe philosophischer Argumentation. Letztlich ist er aber von der Möglichkeit der Führung durch den Dämon ebenso überzeugt wie von der Möglichkeit, zukünftige Dinge durch Orakel vorauszuwissen.

Als Zwanzigjähriger besucht Plutarch erstmals das Orakel in Delphi. Die letzten zwanzig Jahre seines Lebens amtet er dann als einer der beiden Priester an diesem Orakel.

Die Schrift *«Über den Schutzgeist des Sokrates»*[255] gibt zunächst Auskunft darüber, wie wir uns den Eingriff eines Schutzgeistes ins menschliche Leben praktisch, nach seiner Wirkung vorzustellen hätten. Plutarch schildert, wie Sokrates mit einigen Begleitern unterwegs ist:

> «Plötzlich blieb er stehen und versank lange Zeit schweigend in sich, dann drehte er sich um, schlug den Weg durch die Schreinergasse ein und rief auch die schon vorangegangenen Freunde zurück mit den Worten, der Schutzgeist habe zu ihm gesprochen. Die meisten machten nun mit ihm kehrt ..., einige junge Leute aber gingen den geraden Weg weiter, wohl um den Schutzgeist des Sokrates Lügen zu strafen ... Als sie nun durch die Steinmetzgasse an den Gerichten entlanggingen, da begegnete ihnen eine grosse Herde Schweine, mit Schmutz bedeckt und dicht aneinandergedrängt wegen ihrer Menge, und da es kein Ausweichen gab, rannten sie an die jungen Leute an und rissen einige um, die anderen beschmutzten sie. So kam auch Charillos an den Beinen und am Mantel mit Schmutz bedeckt nach Hause, so dass wir uns immer mit Lachen an den Schutzgeist des Sokrates erinnerten und uns doch auch wunderten, dass die Gottheit den Mann niemals verlässt und vergisst.»[256]

---

und ein glühender Verehrer von Sokrates, der rund 500 Jahre vor ihm gelebt hatte (469–399 v. Chr.).

255 in Plutarch 1952:214–267

256 ebd. S. 226–227

Warum bleibt der Schutzgeist dem Sokrates treu?

Plutarch stellt sich die griechischen Götter in ihrer ganzen Menschenähnlichkeit vor. Er schreibt:

> «Wie ein Pferdefreund sich nicht mit allen Tieren dieser Gattung abgibt, sondern immer ein besonders tüchtiges aussucht, absondert, für sich zureitet, pflegt und es ganz besonders liebt, so drücken auch die höheren Wesen uns Menschen wie aus einer Herde den besten ihren Stempel auf und würdigen sie einer besonderen und ausserordentlichen Leitung, indem sie sie nicht mit Zaum und Zügel, sondern durch die Vernunft mittels gewisser Zeichen lenken, von denen die vielen in der Herde freilich gar keine Ahnung haben.»[257]

Damit die Übermittlung dieser Zeichen gelingt, muss die Vernunft aufnahmefähig gemacht werden. Plutarch schildert die Botschaft des Schutzgeistes als Stimme, die durch das «Getöse der Leidenschaften» sowie das tägliche «Hin und Her der Geschäfte» übertönt wird. Dabei wird nur gleichnishaft von einer Stimme gesprochen:

> «Denn die Stimme, der Ton, gleicht einem der Seele gegebenen Schlage, die so mittels der Ohren notwendig das Gesagte in sich aufnimmt, wenn wir miteinander sprechen. Der Gedanke des höheren Wesens aber leitet die dafür empfängliche Seele, indem er mit dem Gedachten an sie rührt, ohne dass sie eines Schlages bedarf, und sie gibt ihm nach, wenn er ihre Willensantriebe locker lässt oder anspannt, welche sich nicht unter dem Drang widerstrebender Leidenschaften sträuben, sondern leicht lenkbar sich gleichsam einem sanften Zügel fügen.»[258]

Plutarchs Bildsprache ist hier von Platon beeinflusst, der die menschliche Seele als Zweispänner beschrieben hat. Der Schutzgeist erscheint

257 ebd. S. 254
258 ebd. S. 245

bei Plutarch als der Kutscher, der die Pferde lenken kann. Zuvor muss aber der Mensch selbst die Pferde seiner Leidenschaften zügeln und gewissermassen zureiten. Die wahre Ursache dafür, dass die meisten Menschen die Stimme des Schutzgeistes nicht vernehmen, besteht nach Plutarch in ihrer inneren Unruhe; darin, dass ihre Regungen sie ins Widerspiel der Leidenschaften verstricken, ohne je in Harmonie zu kommen.

So kann der Schutzgeist nun nicht nur als göttliche Stimme, sondern auch als verselbstständigte Dimension der menschlichen Seele selbst verstanden werden:

> «So hat die Gottheit ... Sokrates von Anfang an als Führerin durchs Leben die Gabe eines Blickes mitgegeben, der vor ihm hergehend ein Licht entzündete in undurchschaubaren, für den menschlichen Verstand unenträtselbaren Fragen, in denen der Schutzgeist oft zu ihm sprach und seinen Entscheidungen etwas Göttliches gab.»[259]

> «Darauf sagte Galaxidoros: Meinst du denn, Theokritos, dass der Schutzgeist des Sokrates eine ganz besondere und ausserordentliche Kraft besessen hat und dass der Mann nicht vielmehr ein Teilchen des allgemeinen Ahnungsvermögens durch Erfahrung in sich verstärkt und so in den ungewissen und für das Denken unlösbaren Fragen den Ausschlag herbeigeführt hat?»[260]

Die Grenze zwischen der theologischen und der psychologischen Deutung des Schutzgeistes bleibt in Plutarchs Religionsphilosophie fliessend. Der Mensch hat durch seine Vernunft am Göttlichen Anteil:

> «Jede Seele hat etwas von Vernunft; es gibt keine ohne Denkkraft und Vernunft. Doch derjenige Teil von ihr, der die Ver-

259 ebd. S. 226
260 ebd. S. 227

bindung mit dem Fleischlichen und den Trieben eingeht, erleidet eine Veränderung und verwandelt sich durch Freuden und Schmerzen ins Vernunftlose. Indes verbindet sich nicht jede auf die gleiche Weise, sondern einige versinken ganz im Körper und werden, durch und durch zerrüttet, ganz und gar im Leben von den Leidenschaften hin und hergerissen; andere verbinden sich zu einem Teil, zum andern Teil aber halten sie ihr Reinstes ausserhalb, so dass es, gleichsam oben schwimmend wie ein am oberen Ende befestigtes Merkzeichen, den in die Tiefe versunkenen Menschen nur am Kopf berührt und denjenigen Teil der dadurch vor dem völligen Versinken bewahrten Seele oben hält, der gehorcht und sich nicht von den Leidenschaften überwältigen lässt. Was nun untergetaucht im Körper sich regt, nennt man Seele; was sich aber der Verderbnis entzieht, das nennen die meisten Vernunft und glauben, dass es in ihnen drinnen wohne, wie wenn das durch Widerschein in Spiegeln sichtbar Werdende in diesen enthalten wäre; die aber die richtige Meinung haben, die nennen es, als etwas ausser ihnen Befindliches, den Dämon.»[261]

Als durch und durch vergeistigte Erkenntnis, die sich dem Einfluss der Körperlichkeit zu entziehen vermag, kann die Vernunft auch aus dem Körper austreten und in andere Sphären auffliegen. Von besonderer Bedeutung ist die Unabhängigkeit der Vernunft vom Schicksal des Körpers im Tod. Unter dem Einfluss pythagoreischer Lehren stellt sich Plutarch vor, als beschützende Dämonen der lebenden Menschen träten insbesondere Seelen Verstorbener auf, die dem Kreislauf der Wiedergeburten entronnen seien:

«Denn die Götter zeichnen nur wenige Menschen in ihrem Leben aus, die sie ausserordentlich glücklich und wahrhaft göttlich machen wollen. Aber die Seelen, die den Zwang zur Wiedergeburt hinter sich gelassen, fortan nichts mehr mit Kör-

261 ebd. S. 251

> perlichem zu tun haben und gleichsam nun ganz frei gelassen sind, die sind nach Hesiodos Dämonen, welche für die Menschen sorgen.»[262]

Im Buch *«Picatrix»* wandelt sich der Schutzgeist zum «*Pneuma*[263] des Philosophen, das mit seinem Stern in Verbindung steht und ihn lenkt, ihm die Riegel der Weisheit öffnet, ihn lehrt, was ihm zu schwer (zu entscheiden) ist, ihm das Richtige offenbart und ihm die Schlüssel zu den Toren im Schlaf und im Wachen eingibt.»[264]

Das Pneuma «nimmt also für den Philosophen die Stelle des beratenden Lehrers ein, der dem Knaben Wort für Wort eingibt und ihn so, wenn er ein Kapitel (Tor) der Wissenschaft beherrscht, in ein anderes Kapitel (Tor) einführt. So braucht ein solcher Knabe nicht zu fürchten, in der Wissenschaft zurückzubleiben, solange ein solcher Lehrer bei ihm bleibt; denn dieser enthüllt ihm, was zweifelhaft ist, und lehrt ihn, was schwer (zu entscheiden) ist und fängt von sich aus an, ihn das zu lehren, wonach er [von selbst] gar nicht fragt.»[265]

Die Verbindung des Menschen mit seinem Pneuma, die durch häufige Anrufung gepflegt werden muss, vermittelt aber nicht nur Weisheit, sondern auch Macht. So lässt *«Picatrix»* Aristoteles zu Alexander dem Grossen sagen, bevor dieser gegen Persien zieht:

> «Wenn dir aber die Sache schwer wird und du am Sieg verzweifelst, dann erhebt sich das Pneuma deiner vollkommenen Natur, das mit deinem Stern verbunden ist, sobald von dir eine Anrufung ausgeht.»[266]

Die Wirksamkeit des Verfahrens bestätigt sich in einer anderen Schrift, die *«Picatrix»* verarbeitet:

---

262 ebd. S. 255

263 gr. 'Hauch, Atem', 'Seele'; an anderen Stellen «Das Pneuma der vollkommenen Natur»

264 Ritter u.a. 1962:205

265 ebd. S. 205f.6

266 ebd. S. 202

«Als Alexander sich gegen den König von Persien wandte – dieser aber befand sich inmitten einer zahllos grossen Menge [von Soldaten] –, wurde ihm [dem Perserkönig] die Zahl der Leute Alexanders gemeldet. Da fragte der König von Persien nach seiner Lebensweise und seinen Lebensumständen, da er ihm schon nahegekommen war. Seine Höflinge rieten ihm, er solle jemand zu ihm schicken, der ihn aufsuchen sollte. Bei der Gelegenheit sagte der König von Persien: ‹Ich sehe, dass die obere Welt sich diesem Mann zuwendet und ihm hilft. Es ist zweifellos, dass jeder, der ihn bekämpft, zugleich die obere Welt bekämpft. Wer aber die obere Welt bekämpft, muss notwendig verlieren.›»[267]

Ausschlaggebend ist in allen Ausformungen der Idee – von Vohu Manah über das Daimonion des Sokrates, die Schutzgeister des Hellenismus und des Mittelalters bis hin zum Schutzengel des Abraham von Worms – dass Erkenntnis keine Leistung, sondern eine Empfängnis ist, dass sie dem erkennenden Menschen allein dank seiner passiven Empfänglichkeit zuteil wird. Vor dem Pneuma wird der Philosoph nach *«Picatrix»* zum Kind, zum Knaben. Das Beschwörungsritual setzt zu dieser Haltung reiner Aufnahmebereitschaft einen scharfen Kontrast. Abraham von Worms ist sich dessen bewusst, wenn er seinem Sohn rät, «ergeben und kühn» ans Werk zu gehen. Es geht offenbar darum, den Kontrast auszuhalten.

Abrahams Vorstellung vom Schutzgeist geht auf verschiedene, schwer zu identifizierende Quellen zurück. *«Picatrix»* entfällt schon deshalb, weil hier kein moralischer Unterschied zwischen Macht- und Erkenntnisgewinn gesehen wird. Vielmehr *ist* der Erkenntnisgewinn nach dem Buch *«Picatrix»* zugleich ein Machtzuwachs.

Vielleicht war Abraham vom *«Sefer ha-Sohar»* (hebr. *«Buch des Glanzes»*), dem monumentalen Hauptwerk der spanischen Kabbala, beeinflusst, das 1275 n. Chr. in León erschien. Hier wird der Schutzgeist als

267 ebd. S. 203

personifizierte Gottesebenbildlichkeit[268] des Menschen konzipiert, dem allerdings ein ebenfalls mächtiger Engel der Verführung an die Seite tritt[269].

Wenn Abraham eine jüdische Schutzengelidee mit einem elaborierten, hellenistisch anmutenden Beschwörungsritual zusammenbringt, mischt er gewissermassen Feuer mit Wasser. Vielleicht gilt es auch hier, das Zugleich des Unvereinbaren auszuhalten.

Pico della Mirandola

Biografie

Giovanni Pico Conte della Mirandola e Concordia wurde 1463 in Mirandola bei Modena in Norditalien geboren. Sein kurzes Leben war geprägt vom Bildungshunger, der ihn schon als Jugendlichen durch die Städte Nordostitaliens führte. So studierte er bereits mit 14 Jahren kanonisches Recht in Bologna. Zwei Jahre später folgten Humanistische Studien und Philosophie in Ferrara. In Padua schliesslich, wo er sich ab 1480 weiterbildete, lernte er den Aristotelismus sowie die arabische und hebräische Gedankenwelt kennen. Drei Jahre später, mit gut zwanzig Jahren, folgten Platon-Studien in Florenz, wo sich Pico mit Marsilio Ficino und Lorenzo de' Medici anfreundete. 1485 zog Pico dann für 9 Monate nach Paris, um sich an der Sorbonne der Scholastik zu widmen.

Nach seinem Aufenthalt in der französischen Hauptstadt kehrte Pico nach Florenz zurück, wo er sich auf eine Disputation über seine 900 Thesen vorbereitete, die 1486 in Rom veröffentlicht wurden. Darin fasste er in der einen Hälfte verschiedenartige und (scheinbar) widerstreitende Lehrmeinungen der verschiedenen Religionen und Kulturen zusammen und bot in der anderen Hälfte eigene Überlegungen und Ansichten darüber, dass sich die Standpunkte nicht widersprechen. Als Amalgam setzte er Versatzstücke kabbalistischer Traditionen ein. Es war ein kühnes Vorhaben von nie da gewesener Grössenordnung. Jedem Gelehrten,

268 vgl. Gen.1,27: «Und Gott schuf den Menschen als sein Bild [hebr. *zelem*], als Bild Gottes [hebr. *zelem Elohim*] schuf er ihn ...»

269 Sohar I,166a, Matt 2006, III:1

der 1487 nach Epiphanias, dem Tag der Heiligen Drei Könige, zur Disputation nach Rom kommen wollte, versprach Pico die Vergütung der Reisekosten aus der eigenen Tasche. Das Ziel, das er mit seinen Thesen verfolgte, war die Versöhnung aller damals bekannten Traditionen und Autoritäten unter dem Dach christlicher Weisheit. In Pico della Mirandolas grossartiger Vision fügen sich philosophische Schulen, Religionen und Erkenntnisweisen aller Kulturen harmonisch zum umfassenden Ganzen. Durch die Verteidigung seiner Thesen in Rom wollte er zeigen, dass sich die Vision gesellschaftlich verwirklichen lässt.

Indes, Papst Innozenz VIII. verbot die Disputation und verurteilte die Thesen. Da Pico nun kirchliche Sanktionen befürchtete, floh er wieder nach Frankreich – vergeblich, denn in Vincennes bei Paris wurde er verhaftet und eingekerkert. Aber dank der Fürsprache mächtiger Gönner (unter ihnen Karl VIII., König von Frankreich), und weil die Sorbonne sich weigerte, ihn zu verurteilen, kam er frei. Auf Einladung Ficinos kehrte er nach Florenz zurück, wo er sich für die Ideen Savonarolas[270] begeisterte.

Pico della Mirandola starb 1494, erst 31-jährig, und hinterliess eine Bibliothek mit fast 1700 Bänden.

Das Zusammenspiel aller Erkenntnisweisen

Picos Leben ist geprägt von seinem unbändigen Wissensdurst. Mit dem Anbruch der Renaissance hatte sich der Nebel plötzlich verzogen, der Horizont gewaltig geweitet. Dieses Lebensgefühl spricht aus seiner spielerischen Umschrift der Erzählung vom Garten Eden:

> «Schon hatte Gottvater, der höchste Baumeister, dieses Haus, die Welt, die wir sehen, als erhabensten Tempel der Gottheit nach den Gesetzen verborgener Weisheit errichtet. Den Raum über den Himmeln hatte er mit Geistern geschmückt, die Sphären des Äthers mit ewigen Seelen belebt, die kotigen und schmutzigen Teile der unteren Welt mit einer Schar Lebewesen

270 1452–1498; Florentinischer Bussprediger; er errichtete in der Stadt eine Art Theokratie

aller Art gefüllt. Aber als das Werk vollendet war, wünschte der Meister, es gäbe jemanden, der die Gesetzmässigkeit eines so grossen Werkes genau erwöge, seine Schönheit liebte und seine Grösse bewunderte. Daher dachte er, als schon alle Dinge (wie Moses und Timaios bezeugen) vollendet waren, zuletzt an die Erschaffung des Menschen. Es gab aber unter den Archetypen keinen, nach dem er einen neuen Spross bilden konnte, unter den Schätzen auch nichts, was er seinem neuen Sohn als Erbe schenken konnte, und es gab unter den Plätzen der ganzen Erde keinen, den der Betrachter des Universums einnehmen konnte. Alles war bereits voll, alles den oberen, mittleren und unteren Ordnungen zugeteilt. Aber es hätte nicht der väterlichen Allmacht entsprochen, bei der letzten Schöpfung gewissermassen aus Erschöpfung zu versagen; es hätte nicht seiner Weisheit entsprochen, aus Ratlosigkeit in einer unumgänglichen Angelegenheit unschlüssig zu sein; nicht hätte es seiner wohltätigen Liebe entsprochen, dass der, der die göttliche Großzügigkeit an den anderen loben sollte, gezwungen wäre, sie in Bezug auf sich selbst zu verurteilen. Endlich beschloss der höchste Künstler, dass der, dem er nichts Eigenes geben konnte, Anteil habe an allem, was die Einzelnen jeweils für sich gehabt hatten. Also war er zufrieden mit dem Menschen als einem Geschöpf von unbestimmter Gestalt, stellte ihn in die Mitte der Welt und sprach ihn so an: ‹Wir haben dir keinen festen Wohnsitz gegeben, Adam, kein eigenes Aussehen noch irgendeine besondere Gabe, damit du den Wohnsitz, das Aussehen und die Gaben, die du selbst dir ausersiehst, entsprechend deinem Wunsch und Entschluss habest und besitzest. Die Natur der übrigen Geschöpfe ist fest bestimmt und wird innerhalb von uns vorgeschriebener Gesetze begrenzt. Du sollst dir deine ohne jede Einschränkung und Enge, nach deinem Ermessen, dem ich dich anvertraut habe, selber bestimmen. Ich habe dich in die Mitte der Welt gestellt, damit du dich von dort aus bequemer umsehen kannst, was es auf der Welt gibt. Weder haben wir dich himmlisch noch irdisch, weder sterblich

> noch unsterblich geschaffen, damit du wie dein eigener, in Ehre frei entscheidender, schöpferischer Bildhauer dich selbst zu der Gestalt ausformst, die du bevorzugst. Du kannst zum Niedrigeren, zum Tierischen entarten; du kannst aber auch zum Höheren, zum Göttlichen wiedergeboren werden, wenn deine Seele es beschliesst.› Welch unübertreffliche Grossmut Gottvaters, welch hohes und bewundernswertes Glück des Menschen! Dem gegeben ist zu haben, was er wünscht, zu sein, was er will. Die Tiere tragen gleich bei ihrer Geburt aus dem Beutel ihrer Mutter, wie Lucilius sagt, mit sich fort, was sie besitzen werden. Die höchsten Geister waren entweder von Anfang an oder bald danach, was sie bis in alle Ewigkeit sein werden. Im Menschen sind bei seiner Geburt von Gottvater vielerlei Samen und Keime für jede Lebensform angelegt; welche ein jeder hegt und pflegt, die werden heranwachsen und ihre Früchte in ihm tragen. Sind es pflanzliche, wird er zur Pflanze, sind es sinnliche, zum Tier werden. Sind es Keime der Vernunft, wird er sich zu einem himmlischen Lebewesen entwickeln; sind es geistige, wird er ein Engel sein und Gottes Sohn. Wenn er sich nun, mit keinem Los der Geschöpfe zufrieden, ins Zentrum seiner Einheit zurückgezogen hat, wird er, ein Geist mit Gott geworden, in der einsamen Dunkelheit des über allem stehenden Vaters alles überragen. Wer sollte dies unser Chamäleon nicht bewundern?»[271]

Picos freihändiger Umgang mit der Textvorlage aus der Genesis widerspiegelt seine kritische Distanz zur katholisch-dogmatischen Interpretation der Stelle, die den Schwerpunkt auf den zweiten Teil der Geschichte, den Sündenfall legt, in dem das existenzielle Schuldgefühl wurzelt, das Europa seit Jahrhunderten im Griff hatte. Pico konzentriert sich auf den alten Kerntext und gibt dem Menschen eine Vision seiner selbst, die ihn erhebt und ihm ungeheuren Mut macht, über sich selbst hinauszu-

271 della Mirandola 1990:5–7, vgl. den Prolog

wachsen. Das ist Picos Antwort auf das verordnete Schuldgefühl, das den Menschen klein und gefügig macht.

Pico liest den altjüdischen, religiösen Text durch die Brille der antiken Philosophie. Die Archetypen kennt er von Platon, das Sphärenmodell der Welt – vom «Raum über den Himmeln» bis hinunter zu den «kotigen Teilen» – von den Neuplatonikern. Und wenn nun Gott den Menschen in die Mitte der Welt setzt, so ist diese in der Mitte der übereinanderliegenden Sphären – also auf einer Vertikalen – bestimmt. Von der Mitte der Welt aus sieht der Mensch hinauf in himmlische und hinunter in irdische Sphären. So kann er sich entscheiden, wohin er will. Denn er hat Anteil an allem und die Entwicklungswege zu allen Sphären hin sind keimhaft in ihm angelegt.

> «Der Aufstieg in die Welt des Göttlichen ist nach Pico kein einmaliger Vorgang, sondern ein sich dauernd vollziehender Prozess; eine Form der Vergottung, die nicht wie die *unio mystica* ein Aufgehen der Persönlichkeit in Gott bedeutet, vielmehr die höchste Steigerung des individuellen Selbstbewusstseins in der Erkenntnis der Gottähnlichkeit der Seele, die das Universum in sich aufnimmt.»[272]

Der Mensch kann über sich selbst hinauswachsen, ohne auf göttliche Gnade angewiesen zu sein. Er entwickelt sich aus eigener Kraft, weil Gott ihn so geschaffen hat: als Wesen, das sich selbst gestalten kann.

> «Fortgerissen werden wir ... durch die sokratischen Verzückungen, die uns so ausser unseren Geist versetzen, dass sie unseren Geist und uns in Gott versetzen.»[273]

Doch das gelingt erst nach Vorbereitungen, die das symphonische Zusammenwirken verschiedener Erkenntnisweisen in einem bestimmten Rhythmus erfordern:

---

272 A. Buck in der Einleitung zu della Mirandola 1990:XIX
273 della Mirandola 1990:25

«Denn wenn die Kräfte der Leidenschaften mit Hilfe der Ethik durch die nötige symmetrische Anordnung so auf den Rhythmus ausgerichtet sind, dass sie miteinander in sicherem Einklang harmonieren, und sich die Vernunft mit Hilfe der Dialektik beim Voranschreiten im Takt bewegt, dann werden wir, durch die Verzückung der Musen erregt, die himmlische Harmonie förmlich einsaugen. Sodann wird uns, wenn wir philosophieren, der Musenfürst Bacchus in seinen Mysterien, das heisst den sichtbaren Zeichen der Natur, das Unsichtbare des Gottes zeigen, und uns mit dem überfliessenden Reichtum von Gottes Haus berauschen, in dem die heilige Theologie überall, wenn wir wie Moses getreu sein werden, zu uns kommen und uns mit doppelter Verzückung begeistern wird. Denn auf ihre erhabene Warte erhöht, werden wir von dort die Dinge, die sind, die sein werden und die waren, an der unteilbaren Ewigkeit bemessen und als deren[274] apollinische Seher werden wir die ursprüngliche Schönheit bewundern und deren geflügelte Liebhaber sein, und schliesslich werden wir, von unaussprechlicher Liebe wie durch einen Stachel aufgejagt, wie glühende Seraphim ausser uns geraten, der Gottheit voll, nicht mehr wir selbst, sondern der sein, der uns geschaffen hat.»[275]

Um dahin zu gelangen, muss man sich erst einmal den Schulen aller Kulturen vorurteilslos öffnen. Pico heisst alle Weisen aller Völker willkommen: Perser, Chaldäer, Griechen, Ägypter, Araber und Hebräer. «Daher hielten es unsere Philosophen immer für genug, in der Art des Philosophierens bei den Erfindungen anderer Kulturen zu verbleiben und Fremdes zu vervollkommnen.»[276] Alles kommt mit fortschreitender Erkenntnis harmonisch zusammen und wird auf unaussprechliche Weise ganz und gar eins[277].

274 Vorlage: ihnen
275 della Mirandola 1990:25
276 ebd. S. 47
277 vgl. ebd. S. 25

Damit kehrt unter den Menschen Frieden ein:

> «Diesen Frieden wollen wir unseren Freunden wünschen, ihn unserer Zeit, einem jeden Hause wollen wir ihn wünschen, das wir betreten, wollen ihn unserer eigenen Seele wünschen, damit sie durch ihn zu einem Hause Gottes werde; dass, nachdem sie mit der Ethik und Dialektik ihren Schmutz von sich geschüttelt, sich mit der vielfältigen Philosophie wie mit höfischer Pracht herausgeputzt und die Giebel ihrer Tore mit den Girlanden der Theologie bekränzt hat, der König der Herrlichkeit herabsteige, er mit seinem Vater komme und Quartier bei ihr nehme. Wenn sie sich eines so hohen Gastes würdig erwiesen hat, wird sie ... in einem goldbestickten Gewand, wie in einem Hochzeitskleid, mit der bunten Vielfalt der Wissenschaften umgeben, den prächtigen Gast ... wie ihren Bräutigam empfangen.»[278]

Was aber führt denn nun den bunten Reigen der Wissenschaften aller Kulturen zusammen? Es ist die Magie als höchste Weisheit. Denn «alle Weisen, alle Völker, die sich um die himmlischen und göttlichen Dinge bemühen,... widmen sich ihr.»[279] Sie ist «die Wissenschaft von den göttlichen Dingen, in der die Könige der Perser ihre Söhne ausbilden liessen, damit sie lernten, ihren eigenen Staat nach dem Vorbild des Weltenstaates zu regieren.»[280] Sie offenbart «die Übereinstimmung der Welt, die die Griechen Sympathie nennen ...»[281]

Wie die Magie zwischen allen Wissenschaften vermittelt, so die Kabbala zwischen allen Religionen, weil sie deren gemeinsame Wurzel bildet.

> «Als ich mir diese Bücher mit nicht gerade mässigem Aufwand beschafft und mit grösster Sorgfalt und unermüdlichen

278 ebd. S. 21
279 ebd. S. 53
280 ebd. S. 53–55
281 ebd. S. 55; Pico schreibt griechisch *sympatheia*

Anstrengungen durchgelesen hatte, sah ich in ihnen – Gott ist mein Zeuge – nicht so sehr die mosaische wie die christliche Religion.»[282]

Pico stellt sich vor, die Kabbala sei «die verlorene Urtradition aus dem frühesten Stand der Menschheit»[283], aus der alle Religionen später hervorgegangen sind. Diese Idee entwickelte sich schon bei den jüdischen Mystikern selbst. Sie gingen davon aus, dass sich ihnen in visionären Erkenntnissen die wahre Tradition offenbarte.

Pico liess ab 1486 eine Reihe kabbalistischer Schriften ins Lateinische übersetzen. Schon in den 900 Thesen haben seine kabbalistischen Studien markante Spuren hinterlassen. Rund 120 Thesen sind explizit kabbalistischen Inhalts. Im März 1492, als die Juden aus den Herrschaftsgebieten der Katholischen Könige (Spanien, Sardinien, Sizilien, Süditalien) vertrieben wurden, konnte Pico von einem durchreisenden sizilianischen Flüchtling weitere kabbalistische Werke ausleihen. Er war der erste christliche Denker, der dieses Wissensgebiet für sich erschloss. Die von ihm in Auftrag gegebenen Übersetzungen übten grossen Einfluss auf andere Gelehrte wie Johannes Reuchlin und Agrippa von Nettesheim aus. Sie bildeten den Ausgangspunkt der christlichen Kabbala.[284]

Johannes Reuchlin

«Reuchlin! Wer will sich ihm vergleichen,
zu seiner Zeit ein Wunderzeichen.»[285]

Biografie

Johannes Reuchlin[286] wurde 1455 in Pforzheim geboren und begann bereits als 15-Jähriger das Studium der Philosophie, Grammatik und Rhetorik an der Universität Freiburg i.Br. Drei Jahre später, mit jungen 18 Jahren, begleitete er Karl, einen Sohn des Markgrafen Friedrich von

282 ebd. S. 63
283 Scholem 1967:388
284 vgl. Blau 1965
285 Johann Wolfgang von Goethe, «*Zahme Xenien V*» in: von Goethe 1965, I:215
286 1455–1522

Baden, bereits als Erzieher nach Paris. Anschliessend promovierte er an der Universität Basel zum *Magister Artium* und nahm an der renommierten Universität Orléans das Studium der Rechtswissenschaft auf. Im Winter 1480/81 verlieh ihm die Universität Poitiers das Lizentiat in Iurisprudenz. Anschliessend kehrte er nach Deutschland zurück und dozierte an der Universität Tübingen Poetik und Recht. Kurz darauf, im Jahr 1482, bereiste er erstmals Italien als Redner von Herzog Eberhard I. von Württemberg. Auf dieser und weiteren Italienreisen erwarb er etliche griechische und hebräische[287] Werke und begegnete zahlreichen Gelehrten, darunter auch Pico della Mirandola und Lorenzo de' Medici.

Zurück in Deutschland promovierte er 1483 in Tübingen zum Doktor der Rechtswissenschaft und wurde zwei Jahre später, im Jahr 1485, zum Anwalt der Dominikaner für ganz Deutschland gewählt. Dabei folgte dem akademischen Aufstieg auch ein standesmässiger: Um diese Zeit kam Reuchlin durch Heirat zu einem Landsitz bei Stuttgart, und bei einem Besuch in Linz erhob ihn Kaiser Friedrich III.[288], der Vorgänger Maximilians I.[289], in den Adelsstand und verlieh ihm den Titel eines Reichspfalzgrafen. Um 1500 dann wurde Reuchlin Witwer und heiratete nach dem Tod seiner ersten Ehefrau die wohlhabende Anna Decker.

Von 1502 bis 1513 war Reuchlin einer der drei Richter am Gericht des schwäbischen Bundes und arbeitete als Privatgelehrter. Nach einigen Jahren in dieser Funktion nahm er 1520 eine Professur für Hebräisch in Ingoldstadt an, kehrte aber schon im folgenden Jahr nach Tübingen zurück, wo er Hebräisch und Griechisch dozierte. Indem er das hebräische Alte Testament und das griechische Neue Testament zugänglich machte, ebnete er der zu jener Zeit keimenden Reformation den Weg, doch er selbst lehnte die Reformbestrebungen Martin Luthers ab. Kurz vor seinem Tod empfing Reuchlin noch die Priesterweihe, bevor er 1522 im Alter von 67 Jahren in Stuttgart verstarb.

---

287 Die Italienaufenthalte waren für diese Sammlung ausschlaggebend, denn in Württemberg wie auch in Frankreich und Spanien durften Juden sich nicht aufhalten.

288 1415–1493

289 1459–1519

Vom Antisemiten zum Kabbalisten

Reuchlin gilt als einer der Begründer der hebräischen und griechischen Sprachwissenschaften in Europa. Dabei war er von einem hartnäckigen Pioniergeist beseelt: Hebräisch lernte er zunächst autodidaktisch aus einem hebräisch geschriebenen Lehrbuch! Später hatte er zweisprachige Lehrer. Doch eine gewisse Sprachaffinität lag wohl in der Familie: Sein Bruder Dionysius wurde 1498 an der Universität Heidelberg als erster in ganz Deutschland Ordinarius für Griechisch. Doch die Mönche, die an der philosophischen Fakultät das Sagen hatten, weigerten sich, ihm einen Hörsaal zuzuweisen. Das Studium des Griechischen erschien ihnen als Angriff auf die Autorität der lateinischen Bibel.

Johannes Reuchlin war der Typ des zurückgezogen forschenden Gelehrten, doch hinderten ihn seine juristischen und religionspolitischen Engagements immer wieder daran, in Ruhe seinen Studien nachzugehen. Berühmt wurde er namentlich durch seine beherzte Stellungnahme für die Juden und gegen die Verbrennung ihrer Bücher. Zur Begründung seiner Haltung veröffentlichte er 1511 unter dem Titel *«Augenspiegel»*[290] eine polemische Streitschrift, die erzürnte Dominikaner und die Inquisition auf den Plan riefen. Die Lage war ernst. Ein Jahr zuvor waren in Berlin 38 Juden wegen angeblichem Hostienfrevel bei lebendigem Leib verbrannt worden. Reuchlins Botschaft war im Kern: ‹Verbrennt nicht, was ihr nicht kennt› – ein Plädoyer für das Studium der hebräischen Sprache. Später verfasste er im Auftrag von Kaiser Maximilian I. ein Gutachten, in dem er seinen Standpunkt breit und sachlich verargumentierte: Nach säkularem Recht sind die Juden Bürger des Heiligen Römischen Reiches Deutscher Nation – wie die Christen. Wer ihnen ihr Eigentum entwendet, ist ein Dieb. Jede Person darf ihre angestammte Religion ausüben. Die Synagogen gilt es entsprechend zu schützen. Gegen jüdische Bücher ist weder nach kanonischem noch nach säkularem Recht etwas einzuwenden. Durch solche Stellungnahmen geriet Reuchlin in den Verdacht, an der Seite der Juden zum Feind der Christen geworden zu sein. Schliesslich stellte sich in Köln mit den Dominikanern auch die Theologische Fakultät gegen ihn und er kam

290 Brille; Der *«Augenspiegel»* wurde 1520 von Papst Leo X. verboten.

in arge Bedrängnis, aus der ihn schliesslich der einflussreiche Ritter Franz von Sickingen befreite.

Reuchlins Mut, sich so entschlossen für die Sache der Juden zu engagieren, verdankte sich einem langen Lernprozess. Noch 1505 hatte er unter dem Titel *«Warum die Juden so lang im ellend sind»* eine dezidiert antijüdische Schrift veröffentlicht. Im Kern vertrat Reuchlin dort noch die These, es gehe den Juden so schlecht, weil sie Christus gekreuzigt hätten. Aber je mehr er sich in jüdische und insbesondere kabbalistische Schriften vertiefte, desto klarer wurde ihm, dass die alte jüdische Überlieferung erst zum rechten Verständnis des Christentums anleitete, ja: Die jüdischen Traktate erschienen ihm nun als die Schlüssel, die allein den Christen das Christentum erklären konnten. Bücherverbrennungen, Vertreibungen und Pogrome liessen ihn zunehmend befürchten, dass die jüdischen Werke bald nicht mehr greifbar und so die Schlüssel zum Verständnis des Christentums verloren sein könnten.

Als Vorkämpfer für religiöse Toleranz schwamm Reuchlin gegen den Strom. Dabei traten ihm nicht nur katholische Hardliner, sondern auch Humanisten entgegen: Die Vertreibung von Juden war an der Tagesordnung, und selbst Erasmus von Rotterdam unterstützte sie. Er lobte die Verhältnisse in Frankreich, wo die Religion ihre Reinheit bewahrt habe, ohne – wie in Italien, Ungarn und Spanien – von jüdischen Händlern korrumpiert worden zu sein.[291]

1494 erschien in Basel *«De verbo mirifico»* (*«Über das wundertätige Wort»*). Darin stellte Reuchlin sich die Aufgabe, die von Pico behauptete Harmonie zwischen den Religionen wissenschaftlich zu untermauern. Dazu wählte er die literarische Form des Dialogs zwischen einem Griechen, einem Juden und einem Christen – nämlich ihm selbst unter seinem auf griechisch übersetzten Namen Capnion. Dieser harmonisiert laufend die Beiträge der beiden anderen Gesprächsteilnehmer.

> «Reuchlin diskutiert ... das Erkenntnis- und Wissenschaftssystem seiner Zeit im Sinne des Schlachtrufs der damaligen Intellektuellen: 'ad fontes!' Sein gedanklicher Weg führt in die

291 vgl. Ron 2019

Urzeit der Menschheit. Wo liegen die Anfänge? ... [Der] Weg führt über die sogenannte Antike hinaus 'von den Bächen zu den Quellen', die im Judentum, im Alten Testament, im Monotheismus des Moses ... liegen.»[292]

Reuchlin fragte weiter nach der Beziehung zwischen Mensch und Gott. So gelangt er zur Kernaussage, ausser «der göttlichen Offenbarung gebe es kein unwiderlegbares Wissen auf Erden»[293]. Das Hebräische ist die Ursprache. Die heiligen Gottesnamen – allen voran JHVH (Jahwe) – lassen sich nicht übersetzen. Aus dem Zeichen JHVH entstanden Himmel und Erde. Es wird als JHSVH aussprechbar. «Das wundertätige Wort ist der Name 'Jesus'. Es ist das sprachliche Zeichen dafür, dass antike und jüdische Theologie in christlicher Lehre zu einer Einheit verschmolzen sind.»[294] Der missionarische Grundton ist unüberhörbar.

1506 kam *«De rudimentis Hebraicis»* (*«Anfangsgründe des Hebräischen»*) heraus. Das Buch umfasste ein Lexikon und eine Grammatik. Reuchlin war stolz auf diese Leistung und schloss das Werk mit dem Horaz-Zitat ab: «Jetzt steht mein Monument, dauernder als das Erz.»[295]

«... und ist vor mir nie kainer kummen, der sich unterstanden hat, die gantze Hebräische Sprach in ain Buch zu reguliren.»[296] Noch Jahre später betonte er in einem Schreiben an Papst Leo X., «dass ich als allererster griechische Bildung nach Deutschland zurückgeführt und als allererster der gesamten Kirche die wissenschaftliche Beschäftigung mit der hebräischen Sprache geschenkt und vermittelt habe.»[297]

1516 erschienen *«De arte cabalistica libri tres»* (*«Drei Bücher über die kabbalistische Kunst*[298]*»*). Reuchlin widmete das Werk Papst Leo X., einem Sohn Lorenzo de' Medicis. Gegenüber *«De verbo mirifico»* tritt

292 Hans-Gert Roloff u.a. in: Reuchlin 1996, Vorwort, S. XIII
293 ebd.
294 ebd. S. XIV
295 Lamey 1855:42
296 ebd.
297 Reuchlin 2010:555
298 damals im Sinne von 'Wissenschaft'

hier nun der missionarische Ton zurück[299]. «In diesem Werk hat sich Reuchlin vom Lehrer zum Schüler des jüdischen Kabbalisten Simon entwickelt»[300], von dem er die Kabbala als Uroffenbarung der Menschheit empfängt. Reuchlin ist Kabbalist geworden, profunder Kenner und Verehrer der Kabbala, ihrer Geschichte, ihrer Lehrer, ihrer Hauptwerke und Lehren. Und das Hebräische ist der Schlüssel zur Erforschung aller Dinge. Im einleitenden Brief an Papst Leo X. umreisst Reuchlin das Programm:

> «Für Italien hat Marsilio [Ficino] Platon herausgegeben, für Frankreich hat Jacques Lefèvre d'Etaples Aristoteles wiederhergestellt: ich, Reuchlin, will nun die Reihe ergänzen und den Deutschen Pythagoras darbieten, der durch mich wiedergeboren ... wird. Das aber hätte nicht ohne die Kabbala der Hebräer geschehen können, weil nämlich die Philosophie des Pythagoras ihre Ursprünge von den Geboten der Kabbaläer herleitet. Sie verschwand, wie die Alten berichten, aus Grossgriechenland[301] und ging wieder in die Bände der Kabbalisten ein. Ich musste daher fast alles diesen Quellen entnehmen. Deswegen schrieb ich über die Kabbalistik, die eine symbolische Philosophie darstellt, damit die Lehrsätze der Pythagoreer unter den Gelehrten grössere Bekanntheit erlangen. Dabei stelle ich keine eigenen Thesen auf, sondern gebe lediglich die Auffassungen der Ungläubigen wieder, die, um den Juden Simon, einen Kenner der Kabbala, zu hören, in Frankfurt auf unterschiedlichen Reisewegen in einem Gasthaus zusammenkommen, Philolaus der Jüngere, ein Pythagoreer, und Marranus, ein Mohammedaner.»[302]

Anders als die Gesprächsteilnehmer in *«De verbo mirifico»*, die die Orthodoxie bzw. den Mainstream ihres jeweiligen Glaubenssystems vertreten,

299 vgl. aber Reuchlin 2010:87
300 Scholem 1973:250
301 lat. *Magna Graeca*; Griechenland und seine Kolonien. Pythagoras lebte und lehrte in Süditalien.
302 Reuchlin 2010:33

haben sich Philolaus und Marranus bereits von ihrer angestammten Religion gelöst. Diese Lockerung scheint nun geradezu die Voraussetzung dafür zu sein, dass man Erkenntnis durch göttliche Offenbarung erlangen kann. Der Inquisition und den 'theologischen Sophisten' (gemeint: Dominikanern, Scholastikern), die ausgehend von Bibelstellen 'vernünftig' argumentieren wollen, nimmt Reuchlin den Wind aus den Segeln, indem er

- den Anspruch des Verstandes, göttliche Erkenntnis zu verstehen, als Sakrileg geisselt und
- den oberflächlichen Wortsinn der Bibel radikal relativiert.

Der Verstand angesichts der Offenbarung verborgenen Sinns

Drei Methoden leiten nach Reuchlin dazu an, hinter die oberflächliche Bedeutung der alttestamentlichen Texte vorzudringen und ihren tieferen Sinn aufzudecken. Entwickelt wurden sie namentlich von Abraham ben Samuel Abulafia und dem Kreis, dem sich dieser nach 1270 in Barcelona anschloss:

- *Gematria,* die Deutung nach dem Zahlenwert der Wörter;
- *Notarikon,* das Verständnis der Buchstaben als Abbreviaturen eines ganzen Wortes oder Satzes und
- *Temura,* die Vertauschung von Buchstaben nach bestimmten Regeln.

Die ganze Methodik dient dazu, den Geist für die Offenbarung zu öffnen. Dass sie dem Verstand unzugänglich ist, versteht sich von selbst. Der Kabbala-Kenner Simon erinnert seine Schüler daran, «dass man die Kabbala nicht mit der groben Berührung durch die Sinneswahrnehmung und auch nicht mit den apodiktischen Beweisführungen der Logik untersuchen darf. Sie gründet im dritten Bereich des Erkenntnisvermögens, wo nicht das zwingende Urteil, nicht der Evidenzbeweis, nicht der beweiskräftige Syllogismus, ja, wo nicht einmal der Verstand des Menschen selbst herrscht, sondern eine vornehmere Form des Erkennens, wo das Licht des Geistes auf den Intellekt fällt und den freien Willen zum Glauben weckt.»[303] «Daher betrachte ich den logischen Syllogismus als den schärfsten und hinterhältigsten Feind der göttlichen Erkenntnis, ...»[304] «Es gibt nämlich keinen grösseren Unterschied als den zwischen göttlicher Offenbarung und menschlicher Erfindung.»[305]

Als autoritativer Bezugspunkt einer Dogmatik, die Orthodoxie und Ketzerei unterscheiden zu können beansprucht, eignen sich Bibelverse somit nicht mehr. An die Stelle des hegemonialen Anspruchs der Scholastik tritt der Einblick in die unendliche Sinnfülle des hebräischen Textes, welche die Heiligkeit der Bibel offenbart.

Reuchlin erweist sich eben dadurch als Reformator, dass er die Bibel in ihrer Ursprünglichkeit, das heisst als hebräisches Original des Alten Testaments, ins Zentrum rückte. Dieses Bekenntnis zur exklusiven Bedeutung der Heiligen Schrift führte für ihn jedoch nicht zur Kritik an der liturgischen Praxis der Kirche. Er unterwarf sich bis zuletzt dem päpstlichen Urteil. Zugleich – und vielleicht gerade deshalb – gelang es ihm, massiv auf die Orientierungsrahmen des Papstes und des Kaisers einzuwirken.

Reuchlins Unterscheidung zwischen sicherer Erkenntnis durch göttliche Offenbarung und unsicherer Vernunfterkenntnis prägte insbesondere das Denken seines jüngeren Zeitgenossen und Schülers Agrippa von Nettesheim. Wie Reuchlin hat auch dieser beide Erkenntnisweisen parallel gepflegt.

Agrippa von Nettesheim

Biografie

Heinrich Cornelius Agrippa von Nettesheim kam 1486 in Köln zur Welt. Sein knapp fünfzig Jahre dauerndes Leben sollte wie kein zweites geprägt sein von Konflikten zwischen den Erkenntnisweisen, die sich in

303 Reuchlin 2010:75
304 ebd. S. 183
305 ebd. S. 197

der Renaissance neu eröffneten. Überall im damals von Machtkämpfen gezeichneten Europa scheint er sich mit seinem immensen Wissen und Erkenntnisstreben gleichermassen Freunde wie Feinde geschaffen zu haben.

«Heinrich Cornelius Agrippa von Nettesheim, Medicus und Ritter», Kupferstich von Theodor de Bry aus der Bibliotheca chalcographica von Jean-Jacques Boissard, 1669

Seinen hohen Bildungsweg begann Agrippa bereits mit 13 Jahren: 1499 bis 1502 absolvierte er an der Universität Köln sein erstes Studium und schloss wohl mit einem Lizentiat ab. Von da an bildete er sich im Selbststudium Zeit seines Lebens weiter: von Theologie bis Medizin; von Jurisprudenz bis Astrologie; von Magie bis Mechanik und Geometrie. Er schrieb seine Werke auf Latein und beherrschte sechs oder sieben weitere Sprachen – eine Fertigkeit, die nicht verwundert, wenn man bedenkt, in wie vielen Ländern und Regionen Agrippa im Verlauf seines Lebens gewirkt und geweilt hat.

Ab 1503 verbrachte er einige Zeit in Paris, wo er an der Sorbonne studierte und Kontakt pflegte zu einem internationalen Freundeskreis, vielleicht sogar einer Art Geheimgesellschaft, in deren Rahmen er möglicherweise auch seine ersten alchemistischen Experimente durchführte.[306] 1508, mit knapp 22 Jahren, nahm Agrippa an einem abenteuerlichen Kriegszug nach Spanien teil, der jedoch unglücklich ausging. Er floh über die Provence, Sardinien, Avignon, Lyon und Autun nach Dôle, wo er 1509 auf Einladung von Antoine de Vergy, Kanzler der Universität und Erzbischof von Besançon, Vorlesungen über das kabbalistische Frühwerk von Johannes Reuchlin hielt.

Was Agrippa an Reuchlin begeisterte, war einerseits, wie dieser auf den Spuren Pico della Mirandolas Kabbala und Neuplatonismus über das Bindeglied pythagoreischer Ideen zusammenführte. Andererseits inspirierte ihn die Vorstellung vom Hebräischen als Ursprache, deren Wörter schöpferische, das heisst magische Zeichen sind, die auf die physische Welt einwirken können. Nur so war nämlich zu denken, dass Gott die Welt erschuf, indem er sprach.

Agrippas Vorlesungen über Reuchlins Werk *«De Verbo Mirifico»* (*«Über das wundertätige Wort»*) stiessen in Dôle auf breites Interesse, weckten aber auch harsche Kritik – namentlich bei Jean Catilinet, dem Provinzial der burgundischen Franziskaner und Hofprediger von Margarete von Österreich[307], der Tochter des römisch-deutschen Kaisers Maximilian I. Der Kritiker Catilinet durfte also durchaus mit Gehör rechnen, wenn er Agrippa schmähte: In der Fastenpredigt, die er in Gent hielt und die auch Regentin Margarete mit ihrer Entourage besuchte, bezeichnete er Agrippa als «judaisierenden Häretiker». Seine Kritik ging von Worten zu Taten über, indem er die Veröffentlichung von Agrippas Schrift *«Von*

306 vgl. Couliano 1987:198
307 1480–1530

dem Vorzug und der Vortrefflichkeit des weiblichen Geschlechts vor dem männlichen» verhinderte, welche Agrippa wohl während seines Aufenthaltes in Dôle verfasst hatte. Erst gut zwanzig Jahre später, im Jahr 1529, sollte dieses denkwürdige Werk veröffentlicht werden.

Agrippa kehrte schliesslich nach Köln zurück, von wo aus er 1509 mit Johannes Tritheim[308] Kontakt aufnahm, der damals Abt des Klosters St. Jakob bei Würzburg war.

Johannes Tritheim

Nur wenige Jahre zuvor hatte Tritheim sein Amt als Abt des Benediktinerklosters St. Martin in Sponheim niedergelegt, wo er seine strengen Reformbemühungen durchzusetzen versucht hatte. Das Kloster St. Martin gehörte zwar bereits seit 1470 zur Bursfelder Kongregation, die es sich zur Aufgabe machte, die ursprüngliche Regel des Benedikt von Nursia wieder einzuführen, und die somit jegliches Privateigentum verbot und die Mönche dazu anhielt, sich auf das Gemeinschaftsleben und die Gottesdienste zu konzentrieren. Doch erst Johannes Tritheim, der 1482 ins Kloster eingetreten und 18 Monate später bereits zum Abt gewählt worden war, hatte sich daran gemacht, diese Forderungen in die Praxis umzusetzen. Seine Bestrebungen waren von Erfolg gekrönt: Mittels Reorganisation brachte Abt Tritheim das Kloster St. Martin wirtschaftlich zum Blühen, und innert weniger Jahre entwickelte es sich zu einem Zentrum der Renaissance-Gelehrsamkeit. Die Bibliothek, die Abt Tritheim aufgebaut hatte, umfasste über 2000 Bände in lateinischer, griechischer und hebräischer Sprache, darunter viele Raritäten. Auch Reuchlin hatte in der Sponheimer Bibliothek gearbeitet und war mit Johannes Tritheim befreundet. Tritheim selbst galt weit herum als Autorität in mancherlei Wissenschaften und Künsten.

Doch nicht alle mochten ihn. Vielen Mönchen passten seine Reformen nicht. Sie rebellierten gegen seine Bestrebungen

308 1462–1516

und warfen ihm häufige Abwesenheit, Bücherleidenschaft und okkulte Neigungen vor. Der Widerstand der Mönche bewog Tritheim 1505, sein Amt niederzulegen. Im Jahr darauf übernahm er das vergleichsweise unbedeutende Kloster St. Jakob bei Würzburg, reformierte es und machte sich an den Aufbau einer neuen Bibliothek.

Agrippa verbrachte in der Folge einen längeren Arbeitsaufenthalt in Tritheims Kloster St. Jakob bei Würzburg. Dessen Bibliothek war Agrippa gewiss dienlich, obwohl sie erst ein paar hundert Bücher umfasste. In dieser Zeit entstand bis im Frühling 1510 der erste Entwurf der *«Occulta Philosophia»*, an dem Tritheim wahrscheinlich mitwirkte. Jedenfalls scheint die beiden eine enge Freundschaft verbunden zu haben, denn als Tritheim 1516 starb, vermachte er Agrippa einen Teil seiner Bibliothek, und einem Briefwechsel der beiden lässt sich entnehmen, dass Tritheim nicht nur ein grosser Bewunderer von Agrippas Werk war, sondern auch, dass Agrippa Wert auf dessen Meinung legte:

Agrippa von Nettesheim legte Tritheim seine *«Occulta Philosophia»* 1510 mit beigebundenem, einleitendem Schreiben «zur strengen Prüfung und Beurteilung»[309] vor:

> «Dem ehrwürdigen Vater, Herrn Johannes Tritheim, Abt zu St.Jakob in der Vorstadt von Würzburg, wünscht Heinrich Cornelius Agrippa von Nettesheim Glück und Heil.
>
> Als ich neulich bei Euch, Ehrwürdiger Vater, in Eurem Kloster zu Würzburg eine Zeit lang mich aufhielt, und wir viel über chemische[310], magische, kabalistische und sonstige geheime Wissenschaften und Künste gesprochen hatten, da wurde unter anderem auch die wichtige Frage aufgeworfen, warum wohl die Magie, die einst nach dem einstimmigen Urtheile aller alten Philosophen den höchsten Rang einnahm ... in der Fol-

309 von Nettesheim 1970, I:34, vgl. Perrone Compagni in: von Nettesheim 1992:1f.

310 gemeint: alchemistische

ge den heil[igen] Vätern seit der Entstehung der katholischen Kirche immer verhasst und verdächtig gewesen und endlich von den Theologen verworfen, von den heiligen Concilien verdammt und überall durch gesetzliche Bestimmungen geächtet worden sei ... Dies brachte mich, der ich von früher Jugend an allen wunderbaren Wirkungen und geheimnisvollen Operationen aufmerksam und unerschrocken nachgeforscht hatte, auf den Gedanken, dass es wohl kein unlöbliches Unternehmen wäre, wenn ich die wahre Magie, jene uralte Wissenschaft aller Weisen, nach vorheriger Reinigung von gewissenlosen Verfälschungen ... wiederherstellen ... würde ... Lebet wohl und lasset unserem gewagten Unternehmen Eure Nachsicht angedeihen.»[311]

Tritheims Antwort geriet zur wahren Lobrede:

«Johannes Tritheim, Abt zu St.Jakob in Würzburg, früher Sponheim, entbietet seinem Heinrich Cornelius Agrippa von Nettesheim seinen freundlichen Gruss.

Mit welch grossem Vergnügen, geehrtester Agrippa, wir Euer Werk über die geheime Philosophie ... in Empfang genommen haben, kann weder eine sterbliche Zunge jemals ausdrücken, noch eine Feder beschreiben. Wir zollen Eurer nicht gewöhnlichen Gelehrsamkeit die grösste Bewunderung. Da Ihr schon als Jüngling in so tiefe, vielen der gelehrtesten Männer unbekannte Geheimnisse eindringend, dieselben nicht allein trefflich und wahr, sondern auch in einem blühenden Style darzustellen vermochtet ... Euer Werk ... findet unsere Billigung, und wir ... bitten Euch inständigst, dass Ihr auf dem eingeschlagenen Wege immer weiter schreiten und so herrliche Geisteskräfte nicht schlummern lassen, sondern sie fortwährend üben und vervollkommnen, und das Licht der wahren Weisheit, womit Ihr in so

311 von Nettesheim 1970, I:30–35

hohem Grade von Gott erleuchtet seid, auch den Unwissenden zeigen möchtet. Lasset Euch von Eurem Vorsatze ja nicht durch den Hinblick auf irgendeinen jener Taugenichtse abbringen, von denen das Sprüchwort gilt: ‹Der träge Ochs bleibt umso fester stehen›, da nach dem Urtheile weiser Männer Niemand wahrhaft gelehrt sein kann, der auf die Elemente einer einzigen Wissenschaft geschworen hat ... Nur den einen Rath möchte ich Euch noch geben, dass Ihr das Gemeine den Gemeinen, das Höhere aber und die Geheimnisse bloss hervorragenden Männern und vertrauten Freunden mittheilet. ‹Gib dem Ochsen Heu und nur dem Papagei Zucker!› Lebet noch einmal wohl! – In unserem Kloster zu Würzburg, den 8. April 1510.»[312]

Schon auf den ersten Entwurf der *«Occulta Philosophia»* hin zirkulierten im Jahr 1510 Manuskripte dieser Schrift. Doch die Fertigstellung und offizielle Veröffentlichung einer bis dahin wesentlich erweiterten Version sollte erst 1533, also gut zwanzig Jahre später, folgen.

Agrippa führte ein sehr wechselhaftes und ereignisreiches Leben. Neben drei Ehen und sieben Kindern übte er mehrere Berufe in verschiedenen Städten aus, wobei er fast jährlich seinen Aufenthaltsort wechselte, mal den Angeboten hoher Anstellungen folgend, mal vor Kritik von Klerus und Politik fliehend.

Dieser prägnante Werdegang nahm bereits 1510 seinen Lauf. Schon während seinem Aufenthalt bei Johannes Tritheim soll Agrippa mit seinen 24 Jahren als Berater der Stadt Köln in Bergbau-Fragen gewirkt haben. Noch im selben Jahr reiste er dann im Auftrag des römisch-deutschen Kaisers Maximilians I. in geheimer Mission nach London. Der Aufenthalt wurde auch dort zur Deckung seines unersättlichen Wissenshungers genutzt: Er besuchte Vorlesungen in Oxford und lernte John Colet[313] kennen, der die erste englische Übersetzung des Neuen Testaments verfasst hatte.

312 ebd. S. 35–37
313 1467–1519

Noch vor Jahresende kehrte Agrippa in seine Geburtsstadt zurück und las Theologie an der Universität Köln. Erste Konflikte mit dem Klerus begannen sich bereits hier abzuzeichnen, denn damals lag die Stadt im Bann des Streits, den die Dominikaner mit Johannes Reuchlin über die Frage vom Zaun gebrochen hatten, ob jüdische Bücher verbrannt werden müssten. Agrippa bezog, wie viele andere Gelehrte, öffentlich Stellung für Reuchlin und warf den Dominikanern mangelnde Bildung vor.

Es hielt ihn nicht lange in Köln. Schon bald folgten mehrere Stationen in Norditalien – damals Schauplatz des Machtkampfes zwischen französischer Krone und Heiligem Römischem Reich, die in den Italienkriegen um die Vorherrschaft stritten. 1511 reiste Agrippa Richtung Triest ab, wo er angeblich den Transport einer Kriegskasse begleiten sollte. Auch besuchte er das Konzil in Pisa und wurde – wohl aufgrund eines Disputs – von Papst Julius II. exkommuniziert. Zwei Jahre später, als er im Jahre 1513 einen Kardinal erneut zum Konzil von Pisa begleitete, wurde die Exkommunikation durch Giovanni de' Medici, der dort zu Papst Leo X. gewählt worden war, aufgehoben. In der Zwischenzeit hatte Agrippa im Jahr 1512 an der Seite des römisch-deutschen Kaisers Maximilian I. gegen die Venezianer gekämpft und war aufgrund seiner Tapferkeit zum Ritter geschlagen worden. Zudem hatte er an der Universität Pavia über Platons *«Symposion»* gelesen, woraufhin im Jahr 1513 Vorlesungen in Pisa folgten, diesmal unter anderem über das Buch *«Picatrix»*.

Agrippa heiratete und hat vielleicht in Medizin und Jurisprudenz promoviert. Doch die Wechselwirkungen der tobenden Italienkriege liessen ihn nicht sesshaft werden: Nach dem Sieg des französischen Königs Franz I.[314] über Maximilians Schweizer Söldner in der Schlacht von Marignano musste Agrippa im Herbst 1515 vor den anrückenden französischen Truppen aus Pavia fliehen und verlor dabei sein ganzes Hab und Gut. Er kehrte nach Köln zurück, wo er zwei Angebote bekam: Er hatte die Wahl, als päpstlicher Legat in Avignon tätig zu werden oder als Stadtanwalt und Redner der Stadt Metz. 1518 traf Agrippa mit Frau und Sohn in Metz ein. Dort verteidigte er erfolgreich eine der Hexerei angeklagte

314 1494–1547

und bereits misshandelte Frau gegen den Inquisitor Claudius Salini[315]. Doch trotz, oder gerade wegen dieses Sieges machten ihm die Dispute mit dem Klerus das Leben bald schon schwer. Gerüchteweise wurde herumgeboten, gegen die Inquisition könne nur gewinnen, wer mit dem Teufel im Bund stehe – was dann wohl auch Agrippa betreffen musste. Nach zwei Jahren Aufenthalt in Metz reiste Agrippa 1520 mit Frau und Kind zurück nach Köln, wo er sich mit dem Reformator Ulrich von Hutten traf. Bald darauf ereilte Agrippas Frau ein früher Tod.

Ulrich von Hutten[316]

Ritter Ulrich von Hutten entstammte einem fränkischen Adelsgeschlecht und studierte an verschiedenen deutschen Universitäten. Er war humanistischer Dichter, Abenteurer, Kritiker der Kirche und der deutschen Territorialfürsten. Sein Studium der Rechte setzte er in Pavia, Bologna und Ferrara fort. Früh schon infizierte er sich mit Syphilis. Sein Herz schlug für den Kaiser als starke Zentralgewalt. 1514 – wieder in Deutschland – legte er Erasmus von Rotterdam das Manuskript der Dunkelmännerbriefe vor, das er zusammen mit anderen Humanisten gegen die Kontrahenten Reuchlins verfasst hatte. Darin übte er scharfe Kritik an der Scholastik. 1522 floh er, nunmehr mit der Reichsacht belegt, vor der Exekution in die Schweiz, wo ihn Zwingli aufnahm und ihm den Lebensabend auf der Insel Ufnau im Zürichsee ermöglichte, wo er im Jahr darauf starb.

Mit seinem vierjährigen Sohn zog der verwitwete Agrippa nun nach Genf, wo er als Arzt praktizierte. Er scheint die Tätigkeit erfolgreich ausgeübt zu haben, denn bald schon wurde er zum Direktor des dortigen Stadtkrankenhauses berufen. Ein Jahr später, im Jahr 1521, heiratete der inzwischen 35-jährige Agrippa die 18-jährige Genferin Jana Louisa Tissie, die ihm 6 weitere Kinder schenken sollte. Es scheint, dass Genf ihm

315 vgl. Lange 2021
316 1488–1523

einen Ort zur Niederlassung geboten hätte, doch auch hier hielt es ihn nicht lange. Obwohl die Stadtherren von Genf ihn zum Bleiben bewegen wollten, reiste Agrippa 1523, nach wohl nur knapp drei Jahren Aufenthalt in Genf, weiter nach Freiburg im Üechtland. Auch dort wurde er wiederum Stadtarzt, doch brachte er die Freiburger Ärzte und Apotheker gegen sich auf und legte sein Amt noch vor dem Jahreswechsel nieder.

Obwohl Agrippa sich 1523 in Freiburg mit Gesandten des Herzogs von Bourbon getroffen hatte, der mit König Franz I. verfeindet war[317], wurde er im folgenden Jahr 1524 als Leibarzt von Louise von Savoyen[318], der Mutter von Franz I., in Lyon tätig. Louise beauftragte Agrippa, für ihren Sohn ein Horoskop zu erstellen. Agrippa kam dem Wunsch nicht nach. Stattdessen sagte er dem Herzog von Bourbon einen glänzenden Sieg voraus[319], woraufhin er bei Louise und Franz I. in Ungnade fiel. Agrippa wechselte seinen Aufenthaltsort erneut.

Mit seiner Familie[320] reiste er von Lyon über Paris nach Antwerpen, wo er wieder als Arzt tätig war. 1529 brach dort die Pest aus, der auch Agrippas Frau Jana zum Opfer fiel. Noch im selben Jahr zog Agrippa erneut um und trat die Stelle eines Archivars und Historiographen am Hof von Margarete von Österreich, der Tochter des Kaisers Maximilian I., in Mechelen an. Hier, in der damaligen Hauptstadt der Niederlande, heiratete Agrippa ein drittes Mal.

1530 erschien die Schrift *«Über die Ungewissheit und Eitelkeit aller Künste und Wissenschaften und den Vorzug des Wortes Gottes»*, die Agrippa wohl bereits in seiner Lyoner Zeit um 1523 verfasst hatte. Das

---

317 Als Herzogin Suzanne von Bourbon 1521 gestorben war, war zwischen ihrem Gatten Karl III. von Bourbon und Louise von Savoyen, der Mutter von Franz I., ein Streit um das Erbe ausgebrochen, da beide mit Suzanne verwandt waren. 1523 beendete Franz I. den Streit, indem er Karls Lehen einzog und neu an seine Mutter verlieh.

318 1476–1530

319 Tatsächlich eroberte Karl III. von Bourbon 1527 Rom, aber (was Agrippa nicht vorausgesagt hatte) fand dabei den Tod. Es folgte die Plünderung, die unter der Bezeichnung *'Sacco di Roma'* in die Geschichte einging.

320 Sein Haushalt habe 10 Personen umfasst (Schmidt-Biggemann 2012, I:452).

Die Statue am Kölner Rathausturm zeigt Agrippa in älteren Jahren auf einem Drachen stehend, wie man traditionell Maria abzubilden pflegte. Doch ist der Drache – Sinnbild der Leidenschaft, der Verführung, des Sündenfalls, ja des Teufels (vgl. oben S. 68) – von Maria jeweils ganz bezwungen; er wird von ihr zerstampft und besiegt. Agrippa hingegen gelingt das nicht ganz: Bei ihm ringelt sich der Schwanz des Drachen um einen Finger seiner rechten Hand, in der er eine Feder hält. Die Symbolsprache bringt eine zwiespältige Beurteilung von Agrippas Schriften zum Ausdruck. Kontrastierend zum Diabolischen hält Agrippa in der Linken ein Buch mit der Aufschrift *Angelus* (lat. 'Engel'). Die Darstellung spielt damit auf einen traditionellen Dualismus an: Gott gegen Teufel, spirituelle gegen magische Erkenntnisweise.

Maria als Himmelskönigin zertritt den Drachen. Statue auf dem Frauenbrunnen vor dem Kloster Einsiedeln.

Werk erwies sich sogleich als Bestseller[321], doch der Klerus war empört und Maximilian I. forderte Agrippa auf, die kirchenkritischen Passagen zu streichen. Agrippa weigerte sich, woraufhin Maximilian seine Tochter Margarete anwies, die Lohnzahlungen einzustellen. Allerdings starb Margarete im folgenden Winter ohnehin. Als im Jahr darauf die *«Ungewissheit ...»* auch noch von der Sorbonne als dem Luther nahestehende Ketzerei verdammt wurde, kam es zu einem Gerichtsverfahren in Mechelen, und Agrippa reiste aus der Hauptstadt ab. In Brüssel wurde er verhaftet, kam aber nach kurzer Haft wieder frei. Der Streit um die Schrift jedoch schwelte weiter: Einige Exemplare der *«Ungewissheit ...»* wurden öffentlich verbrannt. Agrippa musste auch Brüssel verlassen.

1532 endlich fand Agrippa Erholung und verweilte auf dem Landsitz des Kurfürsten Hermann von Wied, des Erzbischofs von Köln, dem er auch die *«Occulta Philosophia»* widmete, die 1533 erschien. Die Ruhe währte nicht lange, doch sollte die Unrast seines Lebens nun bald ein Ende finden: Von seiner dritten Frau trennte sich Agrippa und reiste aus unerfindlichen Gründen nach Lyon, wo er wiederum inhaftiert wurde. 1535 schliesslich, mit 49 Jahren, starb er in Grenoble.

«Von dem Vorzug und der Fürtrefflichkeit des weiblichen Geschlechts vor dem männlichen» (1509)

An Agrippa von Nettesheims Lebenslauf lassen sich deutlich die Turbulenzen ablesen, die jene Epoche prägten. Agrippa war 6 Jahre alt, als die Katholischen Könige die Zitadelle Alhambra in Granada als letzte Bastion der spanisch-arabischen Kultur einnahmen und mit den Mauren auch die Juden aus den kastilisch-aragonesischen Herrschaftsgebieten[322]

---

321 Agrippas Schrift *«Über die Ungewissheit ...»* dürfte wohl auch auf die Gelehrten und Künstler seiner Zeit gewirkt haben. Zumindest wird Wilhelm Fraenger gut 250 Jahre später eine «merkwürdige Übereinstimmung» zwischen der darin geübten, beissenden Sozialkritik und entsprechenden Inhalten in Boschs Gemälden konstatieren. Ein direkter Einfluss ist jedoch ausgeschlossen, da Bosch 1516 starb und Agrippa die *«Ungewissheit ...»* erst 1526 fertigstellte. Allerdings äusserte Agrippa mündlich die darin niedergeschriebenen Gedanken schon lange zuvor, und es ist durchaus möglich, dass die beiden sich begegnet sind.

322 Nebst den iberischen Stammlanden waren dies die kastilischen Eroberungen in Übersee, die Balearen, Sardinien, Sizilien und Süditalien.

vertrieben. Politisch hatten sie nach jahrhundertelangem Kampf gewonnen, aber kulturell hatten sie die Schleusen geöffnet. Schnell verbreitete sich nun das Wissen der Gelehrten von al-Andalus über ganz Europa. Agrippa erlebte die 'Entdeckung' Amerikas durch Kolumbus und in seinen letzten Jahren die ersten Proteste gegen die Versklavung der Indios. Sicher erfuhr er, dass der Papst den Katholischen Königen alle Länder westlich der Azoren und der Kapverden schenkte, soweit sie nicht bereits durch andere Europäer erobert worden waren.[323]

Zu jener Zeit erschloss sich der Aufbau einer neuen Welt, doch Agrippas eigenes Leben und Denken war geprägt vom Zerfall der geschlossenen, mittelalterlichen Weltordnung. Die Stürme der Reformation und des Bauernkriegs fegten zu seinen Lebzeiten über Europa. Ebenso prägten die Epoche aber auch lokale Pestausbrüche, die epidemische Verbreitung der Syphilis, Gerüchte über den nahenden Weltuntergang und schliesslich die Angst vor den Juden und den Hexen, welche die Inquisition auf den Plan rief:

> «Dem inquisitorischen Blick ist alles verfemte Wissen gleich. Die Dämonisierung und Verteufelung einer Neugierde, die sich nicht in den Grenzen der vorgeschriebenen Einheit von Glauben und Wissen hält, lässt die Vorwürfe der Ketzerei, Zauberei und Hexerei unterschiedslos ineinander verschwimmen. Am Beispiel der Hexeninquisition wird besonders deutlich, wie sehr die Verfolgung und Vernichtung des Verfemten auf ein Normalvorbild bezogen ist, das gewaltsam durchgesetzt werden soll. Sie stützt sich auf eine lange kirchliche Tradition der Frauenverachtung und des Frauenhasses.»[324]

---

323 Den Portugiesen schenkte er die Länder östlich der Linie, die 100 Meilen westlich der Azoren und der Kapverden vom Nordpol zum Südpol führte. Trotzdem eroberten sie 7 Jahre später Brasilien. Magellan führte diese Ordnung 1521 ad absurdum, indem er unter spanischer Flagge nach Westen segelnd die östlich gelegenen Philippinen entdeckte. Der Papst hatte nicht mit der Kugelgestalt der Erde gerechnet.

324 von Nettesheim 1987:7

Hinter der inquisitorischen Verfolgung von Magiern, Juden und Hexen steht gleichermassen die Angst vor der Übermacht eines geheimen Könnens und Wissens. So lag es für Agrippa nahe, sich mit den Juden und den Frauen zu solidarisieren, die, wie er selbst, von der Inquisition bedroht waren. Gegenüber letzteren tat er dies in Form eines Textes, der das erste Mal 1509 unter dem Titel *«Von dem Vorzug und der Fürtrefflichkeit des weiblichen Geschlechts vor dem männlichen»* erschien.

Wie in anderen Schriften zeigt sich auch in diesem kleinen Pamphlet, dass die Bedrohung durch Klerus und Inquisition eine bestimmte Art der Textgestaltung erforderte. Die Botschaften mussten in verschlüsselter oder verhüllter Weise übermittelt werden. In jungen Jahren war Agrippa in seinen Äusserungen und Publikationen leichtfertig gewesen. Erasmus von Rotterdam riet ihm daher zu grösserer Vorsicht, ebenso Johannes Tritheim, der sich intensiv mit Geheimschriften beschäftigte. Agrippa liess fortan in seinen Werken seine eigentliche Aussage in einem Haufen nicht ernst zu nehmendem Zugemüse verschwinden. In der Schrift *«Vom Vorzug ...»* kommt das schon im Titel zum Ausdruck: In den 53 Abschnitten des kleinen Pamphlets geht es um eine beissende Kritik an der kirchlichen und gesellschaftlichen Herabsetzung der Frau; Agrippa plädierte nicht für ihren Vorzug vor dem Mann, sondern für ihre Gleichstellung, denn «Das Weib hat von Gott eben solchen Verstand empfangen, als der Mann, eben die Vernunft, und eben solches Vermögen zu discuriren.»[325]

Doch im Sinne der oben geratenen Vorsicht verhüllt Agrippa diese Haltung, indem er zwischen verschiedenen Ebenen wechselt. Auf den ersten Blick wendet bereits der Titel die Botschaft humoristisch ins Positive, als ginge es um eine Reminiszenz des Minnesangs. Etliche Abschnitte nehmen diesen Ton auf:

> «... Wozu man noch setzen kann, dass der edelste und wichtigste Theil des Leibes, welches der Kopf ist, woran das Gesicht das lebhafteste Ebenbild Gottes ist, und worinn wir vornehmlich von den unvernünftigen Thieren unterschieden sind, sich oftmals

325 ebd. S. 9

an den Männern ungestalt befindet wegen des Verlustes ihrer Haare, so ihr gantzer Zierrath sind; und das Gesicht wegen des Barths, welcher es oft so hesslich machet, dass man es kaum von den wilden Thieren unterscheiden kann; welche beyderley Dinge, vermöge eines treflichen Privilegii von der Natur, sich niemals oder gar selten bey einem Weibe ereignen ...»[326]

Diese erste Ebene des Textes, welche die ernsthafte Kernaussage in Humor verpackt, dreht an gewissen Stellen durchaus ins Absurde ab. Beispielsweise berichtet Agrippa «... von gewissen Insulen, wo die Weiber empfangen, indem sie Othem holen, und nach der Luft schnappen ...»[327]

Doch bleibt nicht das gesamte Pamphlet in diesem Ton. Eine zweite, quantitativ dominierende Textschicht bilden die biblischen Belege, womit Agrippa die Argumentationsweise der Scholastik und damit auch der Inquisition aufnimmt. Doch obwohl er damit deren Methodik adaptiert, leiten seine Argumente in eine entgegengesetzte Richtung – und sie greifen: so, wenn Agrippa betont, dass das Verbot, vom Baum der Erkenntnis zu essen, *vor* Evas Erschaffung ausgesprochen wurde, sodass es nur für Adam galt:

> «So ist denn der Seegen von wegen des Weibes dem Mann von Gott gegeben worden, und das Gesetze wegen des Mannes, das Gesetze, sage ich, des Zorns und des Fluchs, dieweil dem Adam verboten, von der Frucht zu essen, und nicht der Eva, denn Gott wollte, dass sie allezeit frey wäre, von Anfang ihrer Erschaffung. Hat demnach der Mann gesündiget, da er von der verbotenen Frucht ass, und hat den Tod in die Welt gebracht, nicht aber das Weib.»[328]

Auf der dritten Ebene schliesslich übt Agrippa aus humanistischer Perspektive beissende Sozialkritik an der gesellschaftlichen Stellung der

326 ebd. S. 20
327 ebd. S. 23
328 ebd. S. 25f.

Frau als dem Mann untergeordnetes und untergebenes Wesen. Hier erst kommt sein wirkliches Anliegen zur Sprache:

> «So bald eine Tochter gebohren wird, so hält man sie im Hause eingesperret, man ziehet sie auf in der Zärtlichkeit und Faulheit, gleich als wenn sie von Natur zu keinem wichtigen Amt geschickt wäre, man vergönnet ihr gleichsam nirgends weiter an zu denken, als an ihren Faden und Nadel; wenn sie nun zu ihren mannbaren Jahren kommen ist, so verheyrathet man sie, und untergiebt sie der Gewalt eines Mannes, welcher sie oftmahls als eine Sclavin tractiret, und läst ihr nicht mehr Freyheit, als ihm etwa seine närrische Einfälle rathen. ... Sie sind alle gleich beraubet des Rechts sich öffentliche Bedienungen anzumassen, die verständigsten und klügsten haben nicht die Freyheit einen vor Gericht anzuklagen, sie sind von aller Jurisdiktion verworfen, sie können nicht Schieds-Leute seyn, auch keinen an Kindes-Statt annehmen, sie dürfen nichts mit Testaments- und Criminal-Sachen zu thun haben. Sie sind von dem Kirchendienst abgesondert ... Sind demnach die Weiber mit Gewalt genöthiget worden, denen Männern zu weichen, welche über selbige siegen, gleich als wären sie ihnen durch Krieges-Recht unterworffen, keineswegs durch göttliche Verordnung, nicht durch die Kraft einer geschickten Ursache, sondern durch die Gewohnheit, durch die Erziehung, durch das Loos, und durch die tyrannische Gelegenheit.»[329]

Hierin zeigt sich auch, wie ernsthaft Agrippas soziales Anliegen auf einer allgemeinen Ebene war. Denn nach den meisten Biografen schrieb Agrippa *«Vom Vorzug ...»*, um Margarete von Österreich zu beeindrucken und so zu einer Anstellung an ihrem Hof zu kommen. Doch das ist insofern unwahrscheinlich, als, wie eben gesehen, ausschliesslich die Stellung der Frau in bürgerlichen Verhältnissen kritisiert wird, namentlich, dass dieser Bildung, Rechte und Ämter vorenthalten werden. Allerdings

329 ebd. S. 52–53

dürfte das Margarete wenig gekümmert haben, da sie gebildet war und sich als prominente Herrscherin nichts vorschreiben lassen musste. Sie unterstützte wohl als bedeutende Mäzenin zahlreiche Musiker, hatte aber kaum eine ausgeprägte soziale Ader. Ein kritischer Blick auf die Stellung adliger Frauen hätte deren Funktion als Objekt der dynastischen Machtpolitik zur Sprache bringen müssen – Margarete selbst wäre das beste Beispiel dafür gewesen.

Heiratspolitik mit Frauen am Ruder

Zu Agrippas Lebzeiten spielten zwei Frauen in der europäischen Geschichte eine Schlüsselrolle: Louise von Savoyen, die Mutter von Franz I., König von Frankreich, und Margarete von Österreich, die Tochter Maximilians I., römisch-deutscher Kaiser, der nach seinem Tod 1519 von seinem Enkel Kaiser Karl V. abgelöst wurde.

Das Herrschaftsgebiet Karls V. in Europa

Ein alter Vers ungewisser Herkunft lautet:

> *«Bella gerant alii, tu, felix Austria, nube ! »*
> «Andere mögen Kriege führen, du, gesegnetes Österreich, heirate!»

Das ist zwar etwas überzeichnet, da auch die Habsburger Kriege führten, doch verdankten sie – gerade zur Zeit Margaretes – ihren enormen Machtzuwachs vor allem einer geschickten Heiratspolitik. Margarete war noch nicht ganz drei Jahre alt, als sie mit dem 10 Jahre älteren, nachmaligen französischen König Karl VIII. verlobt wurde. Man brachte sie mit ihrer Amme an den Hof des französischen Königs, wo sie sich mit Louise von Savoyen anfreundete. Karl VIII. verstiess sie ein paar Jahre später, um die reiche Anne de Bretagne zu heiraten. Als 13-Jährige kehrte Margarete zu ihrem Vater in die Niederlande zurück. Nun suchte Karl VIII. seinen Einflussbereich in Italien zu vergrössern, indem er das zum Königreich Aragon gehörende Neapel angriff. Maximilian schloss ein Bündnis mit Ferdinand II. von Aragon, das auch vorsah, dass Margarete den aragonesischen Thronfolger Juan, ihr Bruder Philipp I. der Schöne dessen Schwester Juana heiraten sollten. Margarete reiste nach Spanien, heiratete, doch Juan starb schon wenige Monate später am Fieber. Sie war schwanger und erlitt eine Totgeburt, dann fuhr sie zurück in die Niederlande. Zwei Jahre später wurde sie Philibert II. von Savoyen angetraut, Louises jüngerem Bruder, in den sie sich nun auch verliebte. Die beiden kannten sich schon aus der Zeit am französischen Hof. Doch nach drei glücklichen Ehejahren erlag Philibert, der das Regieren gerne seiner politisch versierten Gattin überliess, den Folgen eines Jagdunfalls. Margarete wollte sich angeblich verzweifelt aus dem Fenster in den Burggraben stürzen, konnte aber noch zurückgehalten werden. Sie war inzwischen 24 Jahre alt und weigerte sich, ein weiteres Mal verheiratet zu werden. Nach dem frühen Tod ihres Bruders wurde sie Statthalterin der Niederlande, die unter ihrer Herrschaft eine Blütezeit erlebten.

Im damaligen Europa tobte schon seit langem der Kampf um die Vorherrschaft zwischen der französischen Krone und dem römisch-deutschen Reich. Weder Franz I. noch Karl V. waren zu Friedensverhandlungen bereit. Doch am 5. August 1529 unterzeichneten Franz' Mutter Louise von Savoyen und Karls Tante Margarete von Österreich den Damenfrieden von Cambrai. Das

Meister der Getty-Episteln, Louise von Savoyen mit Steuerruder, Symbol ihrer Herrschaft. Zu ihren Füssen Sultan Süleyman I. der Prächtige (1494–1566). Frontispiz aus Etienne Leblanc, Gestes de Blanche de Castille, 1520/1522, Buchmalerei auf Pergament, 24 x 16.5 cm

Herzogtum Burgund ging laut Abkommen an Frankreich, doch zwang es Franz I. zum Verzicht auf alle Ansprüche in Italien.

Auf Initiative Louise von Savoyens gelang es Franz I. gleichzeitig, Sultan Süleyman I. den Prächtigen als Verbündeten zu gewinnen, unter dessen Herrschaft das Osmanische Reich seine grösste Ausdehnung erreichte und somit zum bedeutenden Machtfaktor wurde.

Die habsburgische Regentin Margarete war angeblich Louises «beste Freundin»[330]. Trotzdem versuchte Louise schon seit 1525 – parallel zu den Friedensbemühungen – Sultan Süleyman I. zum Sturm auf Wien, das Zentrum der habsburgischen Erblande, zu bewegen. Keine zwei Monate nach dem Friedensschluss war sie am Ziel: Im Herbst 1529 belagerte Süleyman I. Wien. Nur 30 Jahre, nachdem es gelungen war, die fast 800 Jahre dauernde Herrschaft der gefürchteten Mauren über die iberische Halbinsel zu beenden, kehrte ein muslimischer Herrscher mit gewaltigem Heer – nicht zuletzt einem Hilferuf Louises folgend – nach Europa zurück!

Betrachtet man den Inhalt seines Pamphlets genauer, befürwortet Agrippa also die soziale Gleichstellung der Frau, nicht deren im Titel genannten «Vorzug». Dennoch wird an gewissen Stellen eine Überlegenheit des weiblichen Geschlechts erwogen, und zwar, wenn es um deren Erkenntnisweise geht. Denn in Agrippas Reflexion über die Geschlechter und deren Rollen taucht im Hintergrund immer wieder eine Frage auf: Erkennen Frauen anders als Männer?

Agrippa spielt nur an drei Stellen mit dem Gedanken: einmal, wo er betont, dass Frauen mehr von Mitleid geleitet sind als Männer. Was wie die Zuschreibung einer Schwäche wirkt, erstaunt im Kontext dieser Schrift, in der Agrippa mit so viel Empathie über das Los der Frauen seiner Zeit nachdenkt.

330 Vogt-Lüerssen 2017:134

Ein zweites Mal kommt die Frage nach unterschiedlichen Erkenntnisweisen ins Spiel, wo Agrippa seine spätere Wissenschaftskritik vorwegnehmend schreibt:

> «Sind nicht die Mathematici und Astrologi oftmals weniger beschlagen in ihren Speculationen und Wissenschaften, als die geringsten Bauer-Weiber? Und offtmahls hat ein altes Weib mehr Erfahrung als ein Medicus, den man vor einen geschickten Menschen hält.»[331]

Zu guter Letzt postuliert Agrippa, dass die Erkenntnisweise der Frauen derjenigen der Männer überlegen ist. Dies macht er deutlich, wo er auf den Bericht vom Garten Eden eingeht. Denn Agrippa sieht Gott als Künstler und setzt voraus, dass der Endzweck, welchen ein Künstler sich vorstellt, «das erste in seinen Gedanken, aber das letzte in der Ausübung»[332] ist.

> «So ist das Weib die erste Vorstellung des Schöpfers unter allen Creaturen gewesen, weil sie ist die letzte Arbeit seiner Hände ... Der Ort, wo das Weib gebildet, setzet auch noch ihre über des Mannes Hoheit, wie man aus den klaren Zeugnissen der H. Schrift abnehmen kann, welche uns lehren, dass sie, wie die Engel im Paradiss gebildet, als an einem vortreflichen und lustigen Orte, und nicht, wie der Mann, bey den wilden Thieren auf dem Felde ... Deswegen ist das Weib durch ein gewisses Privilegium, so aus der Natur des Orts ihres Ursprunges hergenommen, ob sie schon von einem erhabenen Ort herunter siehet, nicht dem Haupt-Schwindel unterworffen, und ihre Augen werden nicht verblendet, welches sich doch bey den Männern zuträgt ...»[333]

---

331 von Nettesheim 1987:43
332 ebd. S. 14
333 ebd. S. 14–15

«De Occulta Philosophia» – «Magische Werke» (1533)

Im Sinn der angesprochenen Verhüllungsstrategie ist auch das dreibändige Werk der *«Occulta Philosophia»* gründlich durcheinandergebracht, das Zusammengehörige oft über alle Bände verstreut. Trotzdem bleibt eine Grundstruktur ablesbar: Während Band 2 die Welt der Zahlen behandelt, widmet sich Band 1 der Magie als Wissenschaft der Natur, wobei Band 3 deren religiöse Voraussetzungen darlegt.

Damit entfaltet Agrippa in der *«Occulta Philosophia»* sein Verständnis 'legitimer' Magie, die er – wie auch sich selbst – gegen illegitime Magie abgrenzt. Alle Wissenschaften und Künste können zum Guten oder zum Schlechten angewendet werden, wie wir in der Schrift *«Von der Ungewissheit ...»* sehen werden. In der Vorrede zur *«Occulta Philosophia»* stellt er klar: «... ich bin ein Magier, und ein Magier bedeutet, wie jeder Gelehrte weiss, keinen Zauberer, keinen Abergläubischen, keinen, der mit bösen Geistern im Bunde steht, sondern einen Weisen, einen Priester, einen Propheten;...»[334]

Letzteres Attribut deutet indirekt bereits an, dass Agrippa der visionären Erkenntnisweise einen speziellen Stellenwert beimisst, wie wir es in der *«Ungewissheit ...»* genauer sehen werden. Vor allem aber setzt das Zitat Agrippas Auffassung der Magie klar ab von Übernatürlichem und skizziert damit, was er unter 'legitimer' Magie versteht: ein umfassendes System der Naturerkenntnis und -beherrschung. Die neuplatonische Kosmologie mit ihren sympathetischen Reihen bietet ihm hierfür einen idealen Rahmen. Agrippa schreibt dazu selbst:

> «Also hat Jamblichus, Proclus und Synesius nach der Weisen Meinung uns bekräftiget, dass durch der Sachen Sympathie, die gleichsam kettenweise aneinander hänget, nicht allein die natürlichen, sondern auch [die] himmlischen Gaben könnten von einem Menschen angenommen und verstanden werden, welches Proclus in einem Buche von dem Opfer oder von der

334 von Nettesheim 1970, I:25f.

> Magia bekennet, dass durch den Consensum oder Übereinstimmung der Sachen die Magi Götter haben pflegen zu zitieren.»[335]

Tatsächlich ist diese Weltsicht ja auch überraschend modern, gerade weil sie die Welt nicht auf einen Willensakt des göttlichen Schöpfers zurückführt, sondern auf ein quasi physikalisches Überfliessen der Fülle – einen ähnlich unpersönlichen und zufälligen Vorgang wie etwa der Urknall oder das Brodeln der Ursuppe.

Im Umgang mit den sympathetischen Reihen, den *seirai*, hantiert der Magier daher recht frei herum, zieht Kräfte an, kombiniert sie mit Ähnlichem und wirkt nach freiem Willen auf die Natur ein. Dabei bedient sich Agrippa kabbalistischer Vorstellungen, wie sie durch Reuchlin und Andere bereits christlich interpretiert worden sind. Sie bieten einen mit Geheimnissen aufgeladenen, von aller Scholastik weit entfernten Glaubenshorizont, der magische Dimensionen miteinschliesst. Dabei rücken Menschliches und Göttliches nahe zueinander: Im Neuplatonismus geht es um ein quasi physikalisches Ergiessen der göttlichen Emanationen, die mit wachsender Distanz vom göttlichen Ursprung auch an göttlichem Glanz einbüssen. In der Kabbala hingegen sind sie vom schöpferischen Ursprung bis hinunter in die Welt der Menschen göttliche Eigenschaften. Und wenn der Mensch als Ebenbild Gottes und Mikrokosmos vorgestellt wird, sind die göttlichen eben auch menschliche Eigenschaften – kognitive Fähigkeiten, ästhetische Bedürfnisse, Gefühle und erotische Intensitäten. Die Eigenschaften heissen *Sefiroth*. Über sie kann sich – ganz entsprechend den *seirai* – aus der einheitlichen, transzendenten Urquelle das raum-zeitliche Universum entfalten. Aber im Unterschied zu den sympathetischen Reihen führen sie die schöpferische Energie ohne stufenweise Abschwächung über polare und ausgleichende Positionen von der göttlichen bis in die menschliche Sphäre:

Sefirah (Plural *Sefiroth*) bedeutet 'Zahl', vom Stamm *SFR*, aus dem auch das Verb für 'zählen' und die Nomina für 'Botschaft, Schriftstück, Buch, Inschrift' beziehungsweise 'Schreiber, Bote, Beamter' gebildet sind. Die Abfolge der Zahlen markiert den Weg, den die schöpferische

335 ders. 2010:111; «zitieren» meint hier 'einbestellen, herbei befehlen'.

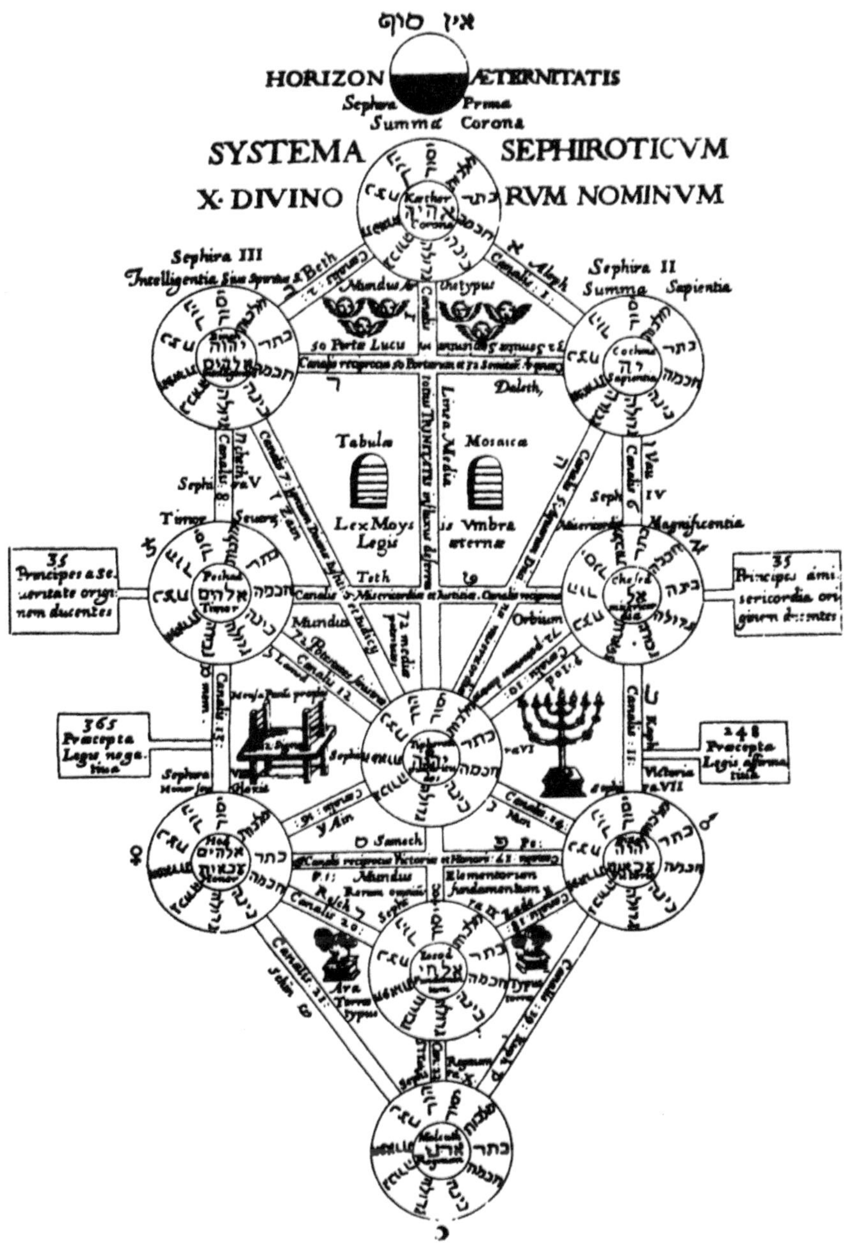

Die Sefiroth nach Athanasius Kircher (vgl. Schmidt-Biggemann 2012, II:362f.), publiziert 1652 in *«Oedipus Aegyptiacus»*. Kircher zeichnet jeder Sefirah wiederum alle zehn Sefiroth ein, und auch in diesen spiegelt sich gewiss neuerlich das ganze System. Das Schema wird fraktal. Überdies ordnet Kircher der linken Säule die 365 Verbote, der rechten die 248 Gebote der Tora (des Alten Testaments) zu.

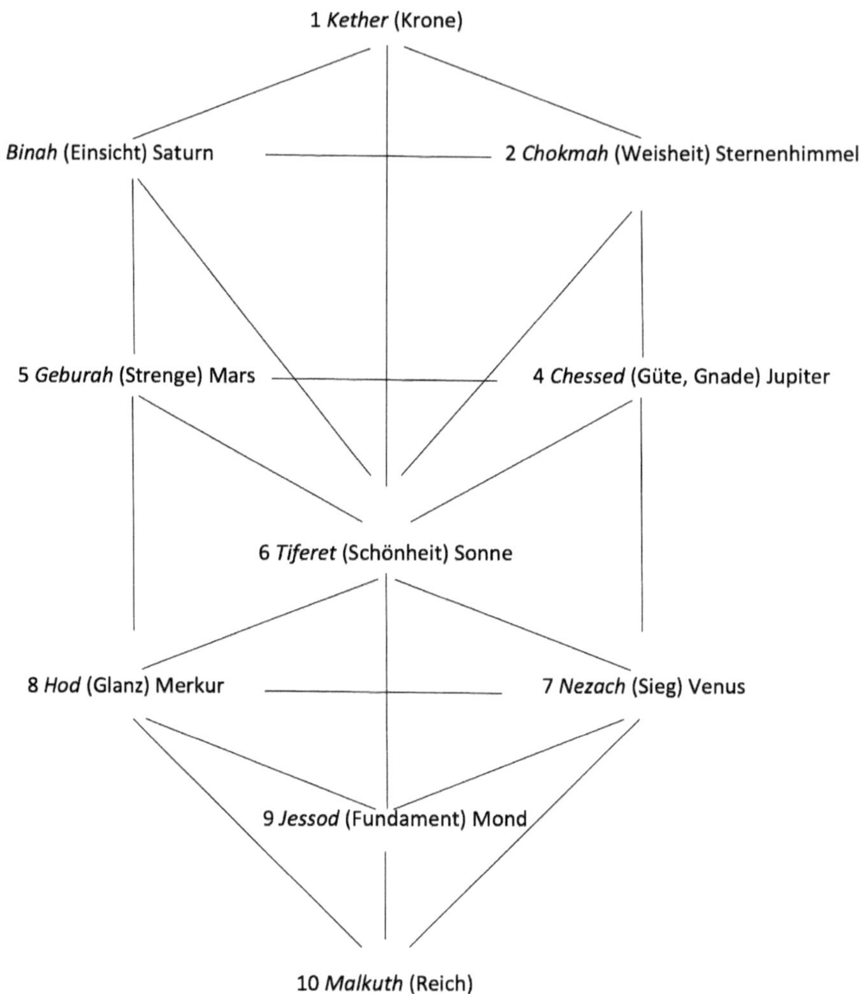

Die Sefiroth nach Agrippa von Nettesheim 1970, III:53f.

Energie vom einen Urquell über die Sefiroth und ihre Verbindungskanäle bis in die Welt der vermischten Vielheit[336] nimmt. Dabei bilden die Sefiroth sowohl horizontale als auch vertikale Strukturen:

In der horizontalen Struktur finden wir oben die Ebene der Erkenntnisweisen, auf der sich Weisheit und Einsicht, Offenbarungswissen und erarbeitete Erkenntnis gegenüberstehen. Eine Stufe tiefer bilden Liebe und Strenge die Pole, zwischen denen, wenn sie fein ausbalanciert sind, die Schönheit aufleuchtet. Für die Balance ist der Mensch mitverantwortlich. Das ist der kosmische Sinn seines Daseins. Die darunterliegende Ebene deutet Kircher zu Recht bezogen auf das Gesetz: Der Freude, das Gesetz zu halten und die Gegenkräfte zu besiegen, steht die Würde (und die Bürde) der Königsherrschaft[337] über *Malkuth* gegenüber.

In der vertikalen Struktur wiederum bilden sich eine linke und eine rechte Säule: Die Sefiroth der rechten Säule nehmen den Schöpfungsstrahl von oben auf, diejenigen der linken Seite geben ihn nach unten weiter. *Jessod* ist die Transformationsstation, die aus der göttlich-schöpferischen Emanation pflanzliche, tierische und menschliche Lebenskraft macht. *Malkuth* steht bei Agrippa für die Kirche, bei den Kabbalisten von al-Andalus – und namentlich im *«Sefer ha-Sohar»* – für die *Shekina*; eine junge, weibliche Gestalt, die Gottes Anwesenheit unter den Menschen und zugleich seine Geliebte symbolisiert. Ihr Name ist aus der Wurzel *SHKN* ('wohnen') gebildet, und sie tritt in der Kabbala das Erbe der Ascherah, Jahwes ausgemerzter Gemahlin, an.

Das Buch Sohar

Vom *Sefer ha-Sohar*, dem Hauptwerk der klassischen Kabbala, das Ende des 13. Jh. n. Chr. in León erschien, war bereits die Rede[338]. Es ist hauptsächlich in einem altertümlichen Aramäisch geschrieben. Der Herausgeber, Moses ben Schemtob de León, schrieb es dem Gelehrten Simon ben Jochai aus dem 2. Jh. n. Chr.

---

336 *«mixed multitude»*, der Ausdruck stammt aus dem *«Sefer ha-Sohar»*

337 *Hod Malkuth*, vgl. Dan. 11,21

338 vgl. oben S. 133

zu. Das ist historisch nicht haltbar, aber Moses könnte in mediumistischer Beziehung zu Simon gestanden haben, sodass dessen Vorstellungen einflossen. Vor allem aber hat Moses de León den Sohar wohl über weite Teile nicht geschrieben, sondern aus älteren Schriften zusammengestellt und redigiert[339].

Zweihundert Jahre später erwachte das Interesse christlicher Gelehrter – allen voran Pico della Mirandola und Johannes Reuchlin – an den kabbalistischen Schriften. Von Anfang an ging es diesen nun aber darum, in deren ungeheuer vielfältigen Symbolik Züge einer trinitarischen Theologie zu orten. Diese dienten dann vielfach als missionarisches Argument[340], um die Juden zum Christentum zu bekehren. Die üppige, kosmologische und meditationspraktische Erotik der kabbalistischen Vorstellungswelt fand hingegen kaum Eingang in die christliche Kabbala.

Die blumige Erotologie des Sohar, die himmlische und menschliche Welt verbindet, dürfte aber durchaus mit dem Erfolg zu tun gehabt haben, den die Schrift in jüdischen Gelehrtenkreisen erfahren hat. So deutet der zeitgenössische Kabbalist und Sohar-Übersetzer Daniel C. Matt: «Eines der Geheimnisse für den Erfolg des Zohar war sicherlich seine kühne Erotik, die sowohl im göttlichen als auch im menschlichen Bereich erscheint.»[341] Wie bedeutungsvoll diese Erotik ist, offenbart sich im Umstand, dass sie potenziell wieder zusammenführen kann, was in alttestamentlicher Vorstellung getrennt wurde. Matts kommentierte Leseprobe folgender Sohar-Stelle veranschaulicht dies:

«Der Schlussvers der biblischen Geschichte vom Garten Eden lautet: Er trieb Adam hinaus. (Genesis 3:24, wörtlich: Er trieb den Menschen hinaus).

339 vgl. Scholem 1967:174

340 vgl. Schmidt-Biggemann 2012, I:92f., 139, 236

341 Daniel C. Matt im Interview «Zohar Questions» zum Erscheinen der 12-bändigen Pritzker-Ausgabe des Zohar (sup.org/zohar), Übers. Irène Stumm

Im Zohar bemerkt Rabbi El'azar: ‹Wir wissen nicht, wer sich von wem getrennt hat: ob der Heilige – gepriesen sei Er – sich von Adam getrennt hat, oder nicht.›

Wie der Rabbi aufzeigt, liegt die mystische Bedeutung in der schockierenden Alternative, die sich im unscheinbaren Satzteil ‹oder nicht› verbirgt: Adam ging weg, vollzog die Scheidung der Shekina (des göttlichen Weiblichen) und trennte sie von ihrem göttlichen Partner und von sich selbst. Einst, als Adam nämlich, war die Menschheit mit Gott verheiratet. Die ursprüngliche Sünde besteht darin, die Intimität mit dem Göttlichen zu verlieren und dadurch unser grenzenloses Bewusstsein zu beschneiden. Dieser Verlust ist unvermeidlich – eine Folge des Kostens von der Frucht der Erkenntnis, der Preis, den wir für Reife und Kultur zahlen. Doch die spirituelle Herausforderung besteht darin, nach diesem verlorenen Schatz zu suchen – ohne sich selbst oder die Welt aufzugeben.»[342]

Die Trennung, die sich in der Geschichte des Garten Edens und letztlich in der monotheistischen Reform vollzog, war damit eine doppelte: eine Trennung des Menschlichen vom Göttlichen wie auch des Männlichen vom Weiblichen. Die Erotik des Sohar nimmt sich beider Sphären an:

«Gott ist hier gleichermassen männlich und weiblich, und die menschliche Aufgabe besteht darin, die 'heilige Vereinigung' des göttlichen Paars zu befördern: des Heiligen – gepriesen sei Er – und seiner göttlichen Braut, Shekina. Die menschliche Sexualität ist ebenfalls von zentraler Bedeutung: Tatsächlich werden mit der Vereinigung eines Menschenpaars auf der Erde auch die göttlichen Partner vereint.»[343]

Matt bezeichnet die Zeit der klassischen Kabbala als frühe jüdische Renaissance – zu Recht, denn mit dem Sefer ha-Sohar und

342 ebd.; Übers. Irène Stumm und Anina Föhn

343 ebd.; Übers. Irène Stumm; vgl. Sohar I,50a, Matt 2004, I:276f.

anderen Schriften[344] der klassischen, theosophischen Kabbala brach mitten im rabbinischen, auf das Gesetz fixierten Judentum eine Flut von Symbolen und Mythen auf. Was einst der monotheistischen Reform zum Opfer gefallen war, meldete sich vielstimmig zurück. Die weibliche Seite der Gottheit und der erotische Zusammenhalt der Welt wurden wiederentdeckt.

Die Sefiroth sind nicht nur Gottes Eigenschaften und Auffangbecken seiner schöpferischen Emanation. Sie stehen in ihrer Gesamtzahl auch für die 10 Grundzahlen. Die 22 Verbindungen zwischen ihnen entsprechen den 22 Konsonanten des hebräischen Alphabets, die zugleich Zahlen sind. Zusammen mit den 10 Sefiroth bilden sie die «32 verborgenen Bahnen der Weisheit», vermittels derer die Welt nach dem Sefer Jezira, dem ältesten erhaltenen kabbalistischen Manuskript, erschaffen wurde – eine Art kosmogonen Algorithmus, ein Prozess- und Strukturschema, das zugleich die Geheimnisse der göttlichen Schöpfung und der menschlichen Kreativität, die Beziehung zwischen Gott und Welt, zwischen Geist und Körper, zwischen Liebe und Strenge sowie zwischen Verstand und Offenbarung erhellt, ja: Die Sefiroth bilden nach kabbalistischem Verständnis den Baum der Erkenntnis.

So führt die kabbalistische Kosmologie in die Welt der Zahlen, der sich Agrippa im zweiten Band der *«Occulta Philosophia»* widmet. Sie vermittelt zwischen magischer Aktion und religiöser Kontemplation, aktivem Erkenntnisstreben und passiv empfangenem Offenbarungswissen. In Gestalt des Sefiroth-Systems enthüllen die Zahlen die verborgene Struktur der Schöpfung. In Gestalt der Mathematik ermöglichen sie dem Menschen ungeahnte Erkenntnisse und kühne Konstruktionen:

> «Es können ... ganz allein vermittels der mathematischen Wissenschaften, den natürlichen [Dingen] ähnliche Werke hervorgebracht werden, Dinge, die es zwar nicht in Wirklichkeit und

344 Einen Vorläufer bildet das *Sefer ha-Bahir*, das im 12. Jh. n. Chr. in Südfrankreich erschien.

der innern Natur nach selbst sind, allein doch ihnen nächstverwandte Bilder, wie z. B. gehende oder sprechende Körper, denen jedoch die Lebenskraft abgeht. Von solcher Art waren bei den Alten die Gebilde des Dädalus, Automaten genannt,...»[345]

Agrippa weist mit diesen Vorstellungen auf zahlreiche technische Entwicklungen der Neuzeit voraus. Sein Gedankengang mutet an wie eine visionäre Vorausschau dessen, was Mathematik alles ermöglicht. Doch sieht er nicht nur deren Potenzial, sondern auch deren Notwendigkeit: Wer ohne mathematische Kenntnisse Magie betreiben will, wird nach Agrippa notwendigerweise scheitern. «Denn alle natürlichen Kräfte in unserer Welt bestehen nur durch Zahl, Gewicht, Mass, Harmonie, Bewegung und Licht ...»[346] Dabei geht es aber nicht um die abstrahierten Zahlen, die wir aussprechen, schreiben und rechnend manipulieren können, sondern um makro- und mikrokosmische «Masse, Verhältnisse, Gliederungen», wie sie im vorherigen Zitat eben angesprochen wurden:

«... Boëtius und Averroës[347]... erheben die Zahlen so sehr, dass sie glauben, es könne niemand ohne dieselben richtig philosophiren. Darunter verstehen sie aber nur die reine und formale Zahl, nicht die materielle, geschriebene oder ausgesprochene, also nicht die Zahl der Kaufleute ...»[348]

Diese Zahlen haben – wie die Konsonanten des hebräischen Alphabets – auch magische Wirkung. Agrippa schreibt sogar jeder Grundzahl eine sympathetische Reihe zu. Aber die eigentliche Brücke zwischen kabbalistischer und neuplatonischer Kosmologie schafft er, indem er den Sefiroth Planeten zuordnet. Dabei antizipiert er auch visionär das heliozentrische Weltbild[349]: «Die alten Naturforscher haben ... die Sonne

345 von Nettesheim 1970, II:9
346 ebd. S. 8f.
347 Ibn Rushd, 1126–1198, Philosoph und Wissenschafter in al-Andalus
348 ebd. S. 16
349 *«De revolutionibus orbium coelestium»* von Nikolaus Kopernikus erschien zwar erst 1543 (also zehn Jahre nach der *«Occulta Philosophia»*), aber die Idee eines

das Herz des Himmels genannt und die Chaldäer sie in die Mitte der Planeten gesetzt.»[350]

Die Mathematik ist nach Agrippa die Mutter aller Wissenschaften[351]. Deren Ensemble bildet die wahre Magie:

> «Wenn somit ein in der Naturphilosophie und Mathematik erfahrener Magier ausserdem noch die mit diesen beiden zusammenhängenden Hilfswissenschaften, als Arithmetik, Musik, Geometrie, Optik, Astronomie, die Eigenschaften der Gewichte, Masse, Verhältnisse, Gliederungen und Verbindungen, sowie die daraus hervorgehende Mechanik gründlich kennen gelernt hat, wie kann man sich wundern, dass ein solcher an Kunst und Geistesbildung den übrigen Menschen weit überlegener Mann viel Erstaunliches bewirkt, das auch sonst sehr kluge und gebildete Leute kaum begreifen können? ... Gibt es nicht noch heut zu Tage Überbleibsel von alten Werken, z.B. ... die mitten im Meere künstlich aufgethürmten Berge und darauf erbauten Schlösser, und die mit fast unglaublicher Kunst errichteten Steindämme, wie ich sie selbst in Britannien gesehen habe? Auch lesen wir bei glaubwürdigen Geschichtschreibern, dass durch ähnliche Kunst ehemals Felsen gespalten, Thäler ausgefüllt, Steinlager durchhölt, Vorgebirge dem Meere erschlossen, die Eingeweide der Erde ausgewühlt, Flüsse abgeleitet, Meere mit einander verbunden, Fluthen zurückgedrängt, die Meerestiefen durchforscht, Seen ausgeschöpft, Sümpfe trocken gelegt, neue Inseln geschaffen, und wieder andere dem festen Lande zurückgegeben worden seien. Obgleich diess alles mit der Natur selbst zu streiten scheint, so ist es allen Berichten nach dennoch geschehen, und noch heute sehen wir Spuren davon. Das Volk schreibt solche Werke jetzt, da die Art ihrer Ausführung

---

heliozentrischen Weltbildes, die schon Aristarch von Samos (ca. 310-230 v. Chr.) aufgebracht hatte, lag spätestens seit Nikolaus von Kues (1401–1464) wieder in der Luft.

350 von Nettesheim 1970, II:195

351 ders. 2010:52

> nicht mehr bekannt ist, und auch das Andenken an ihre Baumeister sich verloren hat, und da niemand sie begreift oder sie genau kennen zu lernen sucht, dem Teufel selber zu. Sobald die Leute irgend etwas Ausserordentliches sehen, suchen sie in ihrer Unwissenheit die Urheberschaft davon bei den Dämonen und halten das für ein Wunder, was das Werk natürlicher oder mathematischer Wissenschaften ist.»[352]

Wo einst Wissen herrschte, ist aus Agrippas Sicht Aberglaube eingekehrt. Dies erklärt wohl umso mehr, dass Agrippa den Magier klar vom Zauberer absetzt. Er selbst versteht sich in seinem Sinne der natürlichen, 'legitimen' Magie als Archäologe der Wissenschaften (der Magie), wobei die Zahlen in erster Linie Zugang zu deren philosophisch-theologischem Fundament verschaffen.

«Über die Ungewissheit und Eitelkeit aller Wissenschaften und Künste und die Erhabenheit des Wortes Gottes» (1531/1537)

Während es Agrippa in der *«Occulta Philosophia»* darum geht, Fragmente des verlorenen protowissenschaftlich-magischen Wissens zutage zu fördern und zusammenzutragen, holt er in der *«Ungewissheit ...»* dazu aus, sie gegenüber dem Offenbarungswissen zu werten, das heisst fast durchwegs abzuwerten. So wird beispielsweise die Kritik am Zahlenverständnis der Kaufleute – schon in der *«Occulta Philosophia»* impliziert – in diesem Werk genauer ausformuliert: Agrippa scheint die Rechenkunst «mehr ruhmredig als lobwürdig, auch wegen der schlechten Wissenschaft, so im Zählen bestehet, nur von den Kaufleuten ihres Geizes wegen ästimieret.»[353]

Dieser wertende Perspektivenwechsel zwischen den beiden Werken tritt besonders plastisch hervor, wo Agrippa ganze Abschnitte aus der *«Occulta Philosophia»* fast wörtlich auch in der *«Ungewissheit ...»* verwendet. So etwa im Kapitel *«De architectura oder Von der Baukunst»*. Doch während seine Ausführungen zur Baukunst in der *«Occulta philosophia»*

352 ders. 1970, II:10–12
353 ders. 2010:52

einen Appell an die Wissenschaften und gegen den Aberglauben bilden, liefern sie hier, in der *«Ungewissheit ...»*, den Anlass, die menschliche Masslosigkeit zu schmähen:

> «Es ist kein Zweifel daran, dass die Baukunst ... viel Nutzen und Zierat schaffe. ... Eine Kunst, die sonst an sich selbst zwar sehr nötig und ehrlich ist, wenn sie nicht der Menschen Gemüt zu sehr einnähme und bezauberte, also, dass fast niemand gefunden werde (wenn nur die Mittel nicht ermangelten), der nicht, ob es schon zuvor gebauet, nicht wieder anders zu bauen Lust hätte; und durch diese unersättliche Begierde zu bauen ist es dahin gekommen, dass in dieser Sache kein Ziel, Mass, noch Ende ist. Dahero sind Berge abgetragen, Täler vollgefüllt, Hügel gleichgemacht, Steinfelsen durchgraben, daher des Meeres aufgetane Vorgebirge, ausgehöhlte Erdenklüfte, ausgegrabene und in das Meer geleitete Flüsse, ausgeschöpfte Seen, ausgetrocknete Sümpfe und Lachen, zusammengebrachte Meere, ersonnene Seetiefen, neuformierte und wieder mit dem Festlande verbundene Insuln am Tag gekommen.
>
> Welches alles, ... ob es wohl mit der Natur selbsten streitet, doch bisweilen der ganzen Welt nicht wenig Nutzen gebracht hat. Aber wir wollen dieses gegen dasjenige halten, welches den Menschen gar keinen Nutzen bringet, und das nur bloss zum Anschauen, ... zur Pracht und Ostentation, dass einer ... Geld hat, mit grossen Unkosten aufgebauet wird.»[354]

Agrippa führt seine Brandrede gegen den menschlichen Eingriff in die Landschaft im nachfolgenden Kapitel *«Von der Bergwerkswissenschaft»* fort:

> «Man hat die Erde durchsucht, und die irdischen Güter und Reichtümer, so ... eine Anreizung zu allem Bösen sind, ausgegraben. Dadurch das schädliche Eisen und das noch schädli-

354 ebd. S. 77

chere Gold am Tag gekommen[355], welches die Menschen mit einer so verfluchten Begierde entzündet, dass sie alles Recht, Ehrbarkeit, Treu und Aufrichtigkeit verjaget ...»[356]

Strukturell ähnlich ist, dass Agrippa auch in der *«Ungewissheit ...»* den in der *«Occulta Philosophia»* erhobenen enzyklopädischen Anspruch verfolgt. In den gut hundert Kapiteln der Schrift lässt er sich, wie der Titel ankündigt, tatsächlich über «alle Wissenschaften und Künste» aus, zusätzlich über allerhand Kulturbereiche, wie etwa in den Kapiteln *«Von Gebärden und Bewegungen beim Reden»*, *«Von der Weissagung aus der äusserlichen Statur des Leibes»* (*«... dem Vogelschrei»*, *«... dem Donner»*), *«Von Orden der Mönche»* und gleich anschliessend *«Von der Hurenkunst»*. Schier endlos wiederholt sich dabei die Standpauke gegen den Sittenzerfall. Unter dem Titel *«Vom Springen und Tanzen»* lesen wir:

> «Zu der Musik gehört auch das Springen und die Kunst zu tanzen, welches sonderlich den jungen Mägdlein und Liebhabern angenehm ist und von ihnen mit sonderbarem Fleiss gelernet, und [womit sie] oft mehr als die halbe Nacht ohne Ersättigung zugebracht,... und wenn diesen nicht der Klang der Pfeife das rechte Mass gäbe, auch wie man saget, eine Eitelkeit der anderen hülfe, so wäre ja auf der Welt nichts Lächerlichers und Ungereimters als das Springen ... Niemand ... tanzt nüchtern, er müsste dann nicht wohl bei Sinnen sein ... Da sind viel Weibspersonen um ihren guten Namen und Estime kommen, viel sind ihrer unzüchtig nach Hause gangen, wenig aber züchtiger und frömmer, sondern betastet und befühlet ...
>
> Nächst diesen haben sich doch griechische Skribenten gefunden, die dafürgehalten, dass, gleichwie sonst mehr schädliche

355 vgl. Ovid, Metamorphosen I,141f.: «Schon war das schädliche Eisen hervorgekommen, und noch schädlicher als Eisen das Gold ...» (Übers. Anina Föhn) Agrippa war ein guter Kenner der Werke Ovids. Ebenso machte er keinen Hehl daraus, dass zeitweilen auch er selbst im Bergbau tätig war.

356 von Nettesheim 2010:79f.

> Sachen, also wäre auch der Ursprung des Tanzens von dem höchsten Himmel mit Erschaffung der Welt an Tag kommen, und zwar nach dem Muster der kreisenden Sterne.»[357]

In den vielfältigen Kapiteln der *«Ungewissheit …»* zeichnen sich deutlich zwei Grundmuster ab:

Die thematisierte Kunst oder Wissenschaft ist an sich nützlich, aber aus dem funktionalen Rahmen gelaufen, sodass sie nun «kein Ziel, Mass noch Ende» mehr hat. Als Beispiel dafür haben wir *«De architectura»* zitiert.

Das zweite Muster ist ähnlich, nur bildet hier nicht der Funktionszusammenhang der menschlichen Bedürfnisse, sondern die göttliche Schöpfung den Kontext, und die jeweilige Kunst oder Wissenschaft hat sich ihrem Sinn im kosmischen Ganzen entfremdet. Dieser Struktur folgt zum Beispiel Agrippas Darstellung des Tanzens.

Um dieses gewaltige Programm abwickeln zu können, schreibt sich Agrippa – offensichtlich lustvoll – in einen wahren Wortrausch. Dabei geht es bei Kritik (und bisweilen Schmähung) aller Kulturbereiche um die eine Botschaft:

> «[Alle] Künste und Wissenschaften sind nichts als Menschensatzungen, … welche sowohl schädlich als nützlich, sowohl vergiftet als heilsam, sowohl böse als gut, niemals aber vollkommen, sondern allzeit zweifelhaft und aller Irrtümer und Zänkerei voll sind.»[358]

Agrippa führt diese umfassende Ambivalenz menschlicher Bemühungen und Schöpfungen auf die Abspaltung der Wissenschaften und Künste von den «Kräften des religiösen Glaubens» zurück. Eben deshalb ragt die wahre Magie aus ihnen allen heraus:

---

357 ebd. S. 61
358 ebd. S. 19

> «... derowegen begreifet die Magie in sich die ganze Philosophiam, Physicam, Mathematicam, ferner die Kräfte des religiösen Glaubens ...»[359]

Dabei stellt Agrippa den Wissenschaften und Künsten die mediumistisch-visionäre Erkenntnis gegenüber, welche die *«Theologia prophetica»*, die «weissagerische Theologie» begründet. Doch auch die Propheten des Alten und die Jünger und Apostel des Neuen Testaments sind insofern einfach Menschen, als ihnen der göttliche Geist «nicht allezeit ... ins Gesicht laufet»[360].

> «Und obwohl diese alle mit dem Heiligen Geist erfüllet gewesen, so sind sie doch sonsten als Menschen von der Wahrheit abgewichen und auf gewisse Masse Lügner gewesen.»[361] «Denn die Propheten sind nicht allezeit Propheten, sie haben keinen kontinuierlichen prophetischen Habitum, sondern es ist ein Geschenk, eine Erduldung und ein Spiritus transiens[362], und weil niemand auf der Welt gefunden wird, der nicht sündigen sollte, so wird auch niemand gefunden werden, von dem der Geist nicht wiederum gewichen oder ihn auf eine Zeitlang verlassen hätte ...»[363]

Doch aus der Perspektive des Offenbarungswissens, der visionären Erkenntnis, ist der Befund einfach: «Alle Menschen sind Lügner.»[364] Dabei fällt es Agrippa leicht, sich und die *«Occulta Philosophia»* selbstkritisch miteinzubeziehen:

---

359 ebd. S. 106
360 ebd. S. 314
361 ebd.
362 vorübergehender Geist, vergehende Seele
363 ebd. S. 316
364 ebd. S. 315

> «Ich selber habe geschrieben von dieser Kunst, wiewohl ... abergläubisch und betrüglich, oder dass ichs sagen mag, wenn ihr wollt, ganz erlogen.»[365]

Er kommt im Kapitel *«Von der Verblendung und Gaukelei»* ausführlicher darauf zurück:

> «Ich als Jüngling habe von dieser Kunst drei Bücher geschrieben, und zwar sehr weitläufig und habe sie titulieret de Occulta Philosophia ... Was ich darinnen aus Kützel der Jugend geirret habe, das will ich jetzo, der ich nun klüger worden bin, revozieret und um Verzeihung gebeten haben.»[366]

Das ist kein Widerruf der *«Occulta Philosophia»*, und *«Ungewissheit ...»* markiert auch keine Gegenposition zu diesem kühnen Werk. Sie betont lediglich den Aspekt der Demut, der zum Verständnis und erst recht zur verantworteten Anwendung der *«Occulta Philosophia»* (wie jeder Kunst und Wissenschaft) unerlässlich ist.

Gegen die These vom Widerruf, die sich hartnäckig durch die gesamte Sekundärliteratur hält, spricht insbesondere, dass die *«Ungewissheit ...» vor* der *«Occulta Philosophia»* im Druck erschien! Welcher Autor würde denn ein Werk, das er selbst bereits als irrig, falsch und lügenhaft abgestempelt hat, noch verlegen wollen?

Die Unvereinbarkeit der Erkenntnisweisen

Agrippa von Nettesheim war das Visionäre vertraut, das Utopische hingegen fremd. Seine Anthropologie und Theologie tragen insofern politische Züge[367], als sie auf eine praktische Wiederentdeckung des Lernens, auf Veränderungen des Verhaltens, der Wertorientierung und der gesellschaftlichen Verhältnisse zielen. Johannes Tritheim war wohl einer der wenigen, die Agrippa ermunterten, diese neuartige Erkennt-

365 ebd. S. 53
366 ebd. S. 121
367 vgl. Compagni 2017:1, 12

nisweise weiter zu pflegen, «da nach dem Urteil weiser Männer Niemand wahrhaft gelehrt sein kann, der auf die Elemente einer einzigen Wissenschaft geschworen hat.»[368] Für Agrippa wird das auch zum politischen Programm:

Denn findet man in einer Republik «... solche Leute, die mit Wissenschaften und Gelehrsamkeiten ein wenig begabt sind, so muss alles nach ihren Köpfen und nach ihrem Willen dirigieret sein ...»[369] Sie meinen, über die einzig richtige Erkenntnis zu verfügen, weil sie die einzig richtigen Quellen studiert haben:

> «So ist auch ... fast in allen Schulen so ein verkehrter und leichtfertiger Gebrauch und so eine verdammte Gewohnheit, dass die lernenden Discipuln[370] gleichsam durch einen Eidschwur ihren Lehrmeistern zusagen müssen, dass sie dem Aristoteli[371], oder dem Boëthio[372], oder dem Thomae[373], oder dem Alberto[374] als ihrem Schulgott in Ewigkeit nicht widersprechen wollen, ja, welcher nur einen Nagel breit von ihnen dissentieret[375] – den halten sie gleich für einen ärgerlichen Ketzer und damit durch denselben züchtige Ohren nicht beleidiget werden möchten, so suchen sie ihn gleich auf den Scheiterhaufen zu werfen ... Fürwahr, es ist eine unchristliche Tyrannei, die Ingenia[376] der Studierenden gefangen zu nehmen und den Discipuln die Freiheit, der Wahrheit nachzuforschen, zu entziehen.»[377]

368 Tritheim an Agrippa, in: von Nettesheim 1970, I:36. Vgl. Tritheims Brief oben S. 153

369 von Nettesheim 2010:19

370 Schüler

371 Aristoteles, altgriechischer Philosoph, Schüler Platons und Erzieher Alexanders des Grossen

372 Boëtius, spätantiker neuplatonischer Philosoph

373 Thomas von Aquin, hochmittelalterlicher Theologe und Philosoph

374 Albertus Magnus, hochmittelalterlicher Bischof und Philosoph

375 in der Auffassung abweicht

376 Verstand, Lernwille

377 von Nettesheim 2010:12f.

Agrippa setzt sich damit über jeden dogmatischen Anspruch einer einzelnen Erkenntnisweise hinweg: Er sieht die Philosophie nicht mehr als Dienstmagd der scholastischen Theologie. Aber er ist entschlossen, die Beziehung zwischen Wissenschaft und Religion, Wissen und Glauben nicht aufzulösen, sondern neu zu bestimmen.

> «Agrippa prangerte nicht generell das Potenzial der Vernunft an, sondern er betonte die hierarchische Beziehung zwischen Glauben und Vernunft. Es steht uns nicht zu, *de divinis* ('über göttliche Dinge') zu debattieren, an solche Dinge müssen wir einfach glauben und auf sie vertrauen. Umgekehrt können wir über erschaffene Wesen spekulieren, aber keinen Glauben und keine Hoffnung in sie setzen.»[378]

Das erklärt gut, wie Agrippa durch die gleichzeitige Arbeit an der *«Occulta Philosophia»* und an der *«Ungewissheit ...»* Tritheims Rat umsetzt, sich nicht nur einer «Wissenschaft» zu widmen. Doch die Bereiche der göttlichen und der geschaffenen Dinge sind ineinander verzahnt. Aus der Welt des Glaubens dringen Kabbalisten und andere Theosophen tief in die Sphäre der Spekulation vor, und in dieser Sphäre sind die Magier, wie wir gesehen haben, durchaus auf jenen unerschütterlichen Glauben angewiesen, der dem Vorstellen und Denken maximale Wirkung verleiht.

Auf der Ebene der Erkenntnisweisen führt Agrippa in der *«Ungewissheit ...»* die Gedankengänge aus dem dritten Band der *«Occulta Philosophia»* fort. Die *«Ungewissheit ...»* ergibt sich als Konsequenz aus den dort dargelegten Vorstellungen zur Kabbala und zur Entsprechung von Makro- und Mikrokosmos. Explizit weist Agrippa im Schlusskapitel, betitelt *«Ein Zusatz vom Lobe des Esels»*, darauf hin, dass mit der Weisheit, die sich der visionären Erkenntnis verdankt, die Erkenntnisweise der zweiten Sefira (*Chokmah*, hebr. 'Weisheit') gemeint ist.[379] Ihr tritt folglich

378 Compagni 2017:7, Übers. Irène Stumm und Jürg von Ins

379 von Nettesheim 2010:327

die magisch-wissenschaftliche Erkenntnisweise als Wirkung der *Sefira Binah* gegenüber.

Das Schema der Sefiroth bietet Agrippa Gelegenheit, dem harmonistischen *All-in-One*-Entwurf Picos eine differenziertere Alternative entgegenzustellen. Zugleich bleibt Picos Vision in ihrem Recht. Der Mensch muss sich nicht nach menschlichen Lehrmeistern richten, weil er selbst als Mikrokosmos geboren ist:

> «Ihr seid jetzo nicht in der philosophischen Schule ..., ihr seid in euch selbsten, darum wisset ihr alles; euch ist alles anvertrauet, euch ist gegeben die Erkenntnis aller Dinge; dieses müssen alle Academici bekennen,... denn Gott hat alles wohl geschaffen... Denn gleichwie er die Bäume voller Früchte, also hat er auch die Seelen als vernünftig Bäume voller Formen und Erkenntnisse geschaffen; aber durch die Sünde unserer ersten Eltern ... ist die Vergessenheit, die Mutter der Unwissenheit, eingeschlichen. Derowegen tut nun weg die Decke eures Verstandes.»[380]

Zwar ist die universale Harmonie im Makrokosmos wie im menschlichen Mikrokosmos angelegt, doch ihre Verwirklichung in der Lebenswelt will durch eine Selbsterkenntnis, die den Mut zum Widerspruch stärkt, errungen werden.

> «[Und] wie Gott alles kennt, so vermag auch der Mensch alles Erkennbare kennen zu lernen ... Auch findet sich nichts im Menschen, keine einzige Anlage, worin nicht etwas von der Gottheit schimmert; und ebenso ist nichts in Gott, was sich nicht auch beim Menschen zeigt. Wer daher sich selbst kennen gelernt hat, der wird in sich Alles, vornehmlich Gott erkennen, nach dessen Bild er gemacht ist; er wird die Welt kennen, deren Spiegel er ist ... und er wird wissen, was er von den Steinen, den Pflanzen, den Thieren, den Elementen, den Himmeln, den Dämonen, den Engeln, kurz von einem jeden erlangen kann,...

380 ebd. S. 331

und wie er Alles ... nach ... seiner Harmonie zu benützen und an sich zu ziehen vermag ...»[381]

«... hängt er dagegen der unteren Seele[382] an, so verfällt er der Sünde und verschlimmert sich immer mehr, bis er endlich ein böser Dämon wird.»[383]

Dabei bilden die *«Occulta Philosophia»* und die *«Ungewissheit»* einen engen Zusammenhang: Auf der Ebene verhaltensleitender Werte betont Agrippa in der *«Occulta Philosophia»* die Freiheit der Erkenntnis und der Naturbeherrschung, die der Mensch als Abbild seines Schöpfers geniesst. In der *«Ungewissheit»* betont er umgekehrt die Gefahr der Verführung durch die dadurch gewonnene Macht und die Notwendigkeit der Orientierung an visionären Erkenntnissen, an göttlicher Offenbarung.

Visionäre Erkenntnis ist «nicht auf Art und Weise, wie es die Philosophi ... mit ihrem Definieren, Dividieren und Komponieren machen, sondern eine gewisse göttliche Berührung, welche in der klaren Vision des göttlichen Lichtes enthalten ist. ... Aber dieses Sehen wird von vielen ein Raptus oder Ekstasis oder geistlicher Tod genennet.»[384] Es handelt sich letztlich um zwei Erkenntnisweisen, die sich im Vollzug ausschliessen. Wer die Vision sucht, muss die Wissenschaft zurücklassen. Und wer sich in die Wissenschaft vertiefen will, wird visionäre Erkenntnis im geschilderten Sinn als Störung empfinden[385]. Doch visionäre Erkenntnis gibt auch Aufschluss über die Welt:

«Und damit ihr nicht denket, dass solches nur göttliche Sachen angehe, sondern dass es auch auf natürliche zu deuten sei, so höret doch was der weise Prediger Salomon von sich selber schreibet ...: Er selbst hat mir gegeben gewisse Erkenntnisse

381 ders. 1970, III:202
382 gemeint: den sinnlichen Wahrnehmungen
383 ebd. S. 207
384 ders. 2010:311–312
385 Visionäre Erkenntnis kann auch in weitgehend säkularisiertem Rahmen gelingen, vgl. von Ins 2020:9ff. zu Nikola Tesla.

Albrecht Dürer, *«Klugheit (Prudentia)»*, 1494, Federzeichnung, 172 x 103 cm: Das lateinische Wort *Prudentia* bedeutet nebst 'Klugheit' auch 'Wissenschaft' (z.B. Rechtswissenschaft, *prudentia iuris*) und 'Vorhersehen des Zukünftigen' *(prudentia futurorum)*. Prudentia nimmt wissenschaftliche und visionäre Erkenntnis zusammen – entsprechend ist sie bei Dürer doppelgesichtig dargestellt, als alter, erfahrener Mann und visionäre, junge Frau.

aller Dinge, dass ich weiss, wie der Erdkreis gemachet ist und die Kraft der Elemente, der Zeit Anfang, Ende, Mittel und Wandel, wie der Tag zu- und abnimmet, wie das Jahr herumlauft, wie die Sterne stehen, die Art der zahmen und wilden Tiere, wie der Wind so stürmet, und was die Leute im Sinn haben, mancherlei Art der Sträucher und Kraft der Wurzeln, ich weiss alles, was heimlich und verborgen ist, denn er, der aller Natur Werkmeister ist, lehrete mich's.»[386]

Nur wenn man Agrippas Gesamtwerk ins Auge fasst, wird deutlich, dass es sich einer Kultur des Widerspruchs verdankt. Doch ist es ein Widerspruch in einem komplementären Verhältnis: Für ihn sind gewisse Erkenntnisweisen grundsätzlich unvereinbar miteinander – doch gerade deshalb, weil sie so klar getrennt verschiedene Leistungen erbringen, wird es umso bedeutsamer, sie gemeinsam zu kultivieren.

Von der Renaissance zur Reformation: Der Zürcher Bildersturm

Man schrieb das Jahr 1524 n. Chr. Agrippa von Nettesheim gab seinen beiden Hauptwerken, die sich radikal widersprachen, den letzten Schliff. Leonardo da Vinci und Raffaello da Urbino waren eben erst gestorben. Michelangelo Buonarroti hatte die Pietà für den Petersdom fertiggestellt und strebte nun dem Höhepunkt seiner Karriere zu. Albrecht Dürer, der sich selbst ein Vierteljahrhundert zuvor als Christus im Pelzmantel portraitiert hatte, nahm als letztes Werk die zwei Tafeln in Angriff, welche die vier Apostel[387] in Lebensgrösse zeigen. Da erhob in Zürich der Leutpriester Ulrich Zwingli seine Stimme und prangerte «die soziale Anstössigkeit der reichen Bildausstattung in den Kirchen» an, «während

386 von Nettesheim 2010:333

387 Johannes, Petrus, Markus und Paulus; heute in den Bayerischen Gemäldesammlungen, München

Arme nicht das Nötigste haben»[388]. Hinzu kamen theologische und religionspsychologische Argumente, die auf eine lange Tradition der Bilderfeindlichkeit im Christentum und auf das alttestamentliche Bilderverbot zurückgreifen konnten.

Doch auch die kirchliche Kunst hatte schon ab dem 2. Jh. n. Chr. begonnen, sich zu entfalten. In der Ostkirche führte die Entwicklung nach Auseinandersetzungen im 8. und 9. Jh. n. Chr. zur Herausbildung der Ikonen-Verehrung, wobei man sich Maria oder Christus im Bild inkarniert dachte und bis heute denkt. Im Westen nahm die Kirchenkunst mehr pädagogischen Charakter an, aber Marienbilder und Reliquien wurden zugleich als heilige Objekte angebetet. Zwingli nahm beides aufs Korn: Einerseits stand für ihn fest, dass man «den Glauben ‹ab den Wänden nit erlernen kann›.»[389] Andererseits verführte aus seiner Sicht jedes Bild dazu, «das Geschöpf an die Stelle des Schöpfers zu setzen»[390]. Gerade das naturalistische, künstlerisch gelungene Bild werde durch seine Verführungskraft unweigerlich zum Götzen. Zwingli schrieb zu einem inzwischen zerstörten Bild, das wohl Magdalena mit dem toll herausgeputzten Evangelisten Johannes zeigte: «Hie stat ein Magdalena so huerisch gemaalet, das ouch alle pfaffen ye und ye gesprochen habend: Wie könd einer hie andächtg sin ...?»[391] Bemängelt wurden konkret «Magdalenas prunkvolle Erscheinung, ihr unbedeckter Hals, das Decolleté, Goldkette, Goldborte und geschlitzte Ärmel, der goldene Gürtel, das brokatene Untergewand ...»[392]. Immerhin trifft die Kritik auch die Darstellung von Männern: «Dört stat ... der fromm Johanns evangelist so jünkerisch, kriegisch, kuplig, dass die wyber davon habend ze bychten gehebt.»[393]

Der Glaube hingegen, so Zwingli, entfalte sich in tiefer Innerlichkeit; das Heilige stehe daher in schroffem Gegensatz zu aller Sinnlichkeit. Vor diesem theologischen Hintergrund versuchte Zwingli die Regierung der

---

388 Altendorf 1984:14

389 ebd.

390 ebd.

391 Zwingli, zit. n. Jezler u.a. in Altendorf 1984:88

392 ebd.

393 Zwingli, ebd.

Stadt davon zu überzeugen, dass die Schreine, Bilder und Statuen aus den Kirchen entfernt werden müssten.

Aber die Regierung – und namentlich Bürgermeister Marx Röist – zögerte lange, Zwinglis Wunsch nachzukommen. Die Pfingstwoche nahte – eine von Zürichs wichtigsten Festzeiten – und der Rat hatte die Bilderfrage noch immer nicht entschieden. Jetzt war zu befürchten, dass der Mob im Zug der Festlichkeit zum Sturm auf die Kirchen ansetzen würde. Eilig erliess daher der Rat noch am Samstag vor Pfingsten (14. Mai 1524) ein Mandat, «welches den Tanz, nächtliches Umgehen, Schmachlieder, Büchsenschiessen, Zutrinken und *zerhowen hosen*»[394] verbot.

Doch kaum lag Röist auf dem Sterbebett, war die Räumung der Kirchen beschlossene Sache. Die obrigkeitlich verordnete Zerstörungsaktion fand vom 20. Juni bis 2. Juli 1524 hinter geschlossenen Kirchentüren statt und weite Teile der Bevölkerung, die aufgestauter Frustration Luft verschaffen wollten, beteiligten sich daran. Auch hofften sie auf Befreiung von Abgaben an den Klerus. Einzelne Aktionen vor und nach dieser offiziellen Räumungsaktion arteten in Gewalttätigkeiten aus. So wurde etwa der Sturm der Stammheimer und Waltalinger Bauern auf die Kartause Ittingen (1524) zu einem Vorboten des Bauernkriegs. Die Anführer wurden von einem katholischen Gericht in Baden zum Tod verurteilt.

Für die Regierung spielte eine wichtige Rolle, dass der Bildersturm die Verstaatlichung der Kirchengüter einläutete, wodurch «ein unerhörter Machtzuwachs in Aussicht stand.»[395] Die Hoffnungen des Volkes hingegen wurden enttäuscht: «An die Stelle der Ausbeutung durch den Klerus war die Abgabepflicht an die staatliche Obrigkeit getreten.»[396]

Die Reformation setzte verschiedene Errungenschaften der Renaissance voraus:

---

394 Jezler in Altendorf 1984:100. Das Verbot, *«zerhowen hosen»* zu tragen, ist eine Bekleidungsvorschrift für Männer. Es handelt sich um Beinkleider mit in Streifen geschnittenen Beinen aus wertvollem Stoff, die mit Tuch unterlegt werden mussten und die zu tragen als verschwenderisch und daher provokativ galt. Vielerorts wurden sie sittenpolizeilich verboten.

395 ebd. S. 101

396 ebd. S. 102

1. Humanisten wie Erasmus von Rotterdam[397] hatten bereits eine beissende Kritik an der Bilderverehrung formuliert.
2. Die Bibel konnte dem Volk nur dank der Verfügbarkeit von Papier zugänglich gemacht werden – einer chinesischen Erfindung, die über al-Andalus nach Europa gelangt war.
3. Die Erfindung des Buchdrucks durch Gutenberg und die Entwicklung der Hebraistik durch Reuchlin waren weitere Voraussetzungen dafür.

Doch gerade der Gedanke an Johannes Reuchlin macht deutlich, wie schroff sich die Reformation auch gegen den Geist der Renaissance wendete. Denn in Zürich blieb es nicht dabei, dass Kunstwerke aus Kirchen geschändet, vernichtet oder gewinnbringend verkauft wurden. 1525 folgte der Sturm auf die Bibliotheken zwecks Zerstörung 'mönchischer' Bücher, während Reuchlin die hebräische Sprache studiert hatte, um die Verbrennung jüdischer Bücher zu verhindern. 1527 wurde überdies die neue, grosse Orgel im Grossmünster abgerissen und die Musik aus dem Gottesdienst verbannt. Der Gottesdienst sollte von jeglicher Kunst, jeglicher Sinnlichkeit gesäubert werden.

Der Kulturhistoriker Ioan Couliano sieht in den Bilderstürmen, die von den Geschehnissen in Zürich befeuert in weiteren Schweizer Städten, ganz Deutschland, Frankreich, England und den Niederlanden folgten, einen folgenschweren Angriff auf die Fähigkeit der Menschen zur Imagination:

> «Die durch die Reformation ausgelöste Revolution des Geistes und der Sitten führte zur völligen Zerstörung der Ideale der Renaissance. Die Renaissance betrachtete die natürliche und soziale Welt als einen geistigen Organismus, in dem ein ständiger Austausch phantasmagorischer Botschaften stattfindet. Das war das Prinzip der Magie und des Eros, wobei der Eros selbst eine Form der Magie war.

397 vgl. das 1509 erschienene Werk *«Lob der Torheit»*

Grossmünster Zürich, Wandmalerei, 13. Jh.: Thronende Madonna mit Kind, an der Ostseite des zweiten nördlichen Langhauspfeilers von Westen in einer rundbogigen, 1.78 m hohen Nische. Die Mutter Gottes trägt einen roten Mantel über weissem Unterkleid, Schleier und Krone. Sie hält einen Blütenstängel in der rechten Hand. Das Kind trägt ein braunes Kleid und erhebt segnend die rechte Hand. In der Linken hält es ein Lilienszepter. Nischenrahmung, Krone, Nimben und Futter von Marias Mantel zeigen Spuren von Blattgold (nach Abegg 2007:119). Die Gesichter wurden mutmasslich schon im Bildersturm von 1524 zerstört, Marias rechtes Auge blieb verschont. Zur Restaurierung kam es bis heute nicht.

> Die Reformation ... verbietet den Gebrauch der Phantasie und verlautbart die Notwendigkeit der vollständigen Unterdrückung der sündigen Natur.»[398]

Dabei betont Couliano, dass sich Katholiken und Protestanten schon mit dem Tridentinum, aber auch mit der fortschreitenden Institutionalisierung der protestantischen Kirchen und weiteren Prozessen immer ähnlicher wurden. Die Gegenreformation sieht er durchwegs unter diesem Aspekt:

> «Die heidnische Kultur der Renaissance wurde besiegt. Zu diesem Ergebnis trugen Katholiken und Protestanten gleichermassen bei, ohne sich bewusst zu sein, dass sie nicht etwa gegeneinander, sondern gegen einen gemeinsamen Feind kämpften.»[399]

Die Reformation gab freilich den Anstoss zur immer schärferen Zensur des Imaginären, die der Entfaltung der exakten Wissenschaften und der Entstehung der modernen Institutionen den Weg ebnete.

> «Auf der psychosozialen Ebene führt sie zu all unseren chronischen Neurosen, die auf die völlig einseitige Ausrichtung der reformatorischen Kultur und ihre prinzipielle Ablehnung des *Imaginären* zurückzuführen sind. Wir leben sozusagen noch immer in einem säkularisierten Nachtrag zur Reformation...» [400]

Dazu passt, dass Zwingli die Reformation nicht nur gegen einen äusseren Feind, sondern auch gegen die eigene Neigung, die eigenen Talente und Leidenschaften durchführte. So legte er in der Schrift *«Erklärung des christlichen Glaubens»* von 1531, die er dem französischen König Franz I. sandte, seine Beziehung zu Maria dar:

---

398 Couliano 1987:221, Übers. Irène Stumm

399 ebd. S. 196, Übers. Irène Stumm

400 ebd. S. 222, Übers. Irène Stumm

> «Die Gottesmutter, Jungfrau Maria, beleidigen wir nicht durch Missachtung, wenn wir verbieten, sie mit Gottesverehrung anzubeten, sondern dann, wenn wir ihr das Ansehen und die Macht des Schöpfers zuschreiben. Sie selber würde einen Anbeter niemals dulden. ... Dass sich jemand göttliche Ehren zutragen lässt, kann nur durch den Wahnsinn gottloser Menschen und der Dämonen zustande kommen.»[401]

Die thronende Maria mit Jesuskind in der Nische, welche die Gläubigen gleich nach dem Eintritt durchs Hauptportal des Grossmünsters passieren, war kein Objekt der götzenhaften Verehrung im Sinne Zwinglis. Der Segensgestus des kleinen Knaben ist vielmehr als '*Pax Intrantibus*' (lat. 'Friede den Eintretenden') zu verstehen. Zwei Dübellöcher unter der Nische lassen vermuten, dass hier ein Weihwassergefäss angebracht war. Die Schändung dieser Mariendarstellung kann nicht im Sinne Zwinglis gewesen sein.

In der darstellenden Kunst tat sich Zwingli nicht hervor, aber er war ein begnadeter Musiker, Sänger und Dichter. Nur ein Jahr nach der Schleifung der Grossmünster-Orgel gründete er die erste Zürcher Musikschule.

Ähnlich zwiespältig zeigt sich das Verhältnis Zwinglis zu anderen Aspekten des Bildersturms, der sich bald gegen alle Arten von Kunst richtete. Da vor allem fahrende Spielleute auf Jahrmärkten und anderen Festen zum Tanz aufspielten, drohte Zwingli als begabtem Musiker der Ruf der Liederlichkeit. Er wurde von seinen Gegnern verspottet, wenn er musizierte und sang. Indem er kompromisslos gegen Musik im Gottesdienst vorging, stellte er seinen guten Ruf wieder her. Überdies folgte er damit auch seiner theologischen Linie, die zwischen dem Heiligen und dem Sinnlichen einen unüberwindlichen Graben aufriss. Zuhause aber spielte Musik für ihn ein Leben lang eine wichtige, tröstende und stärkende Rolle.

---

401 Zwingli 1995:290–291

Grossmünster Zürich, Südportal (Ausschnitt), Bronzeguss von Otto Münch, 1939: 1496 beginnt der zwölfjährige Ulrich Zwingli das Studium der Musik und der lateinischen Literatur bei Heinrich Wölflin in Bern. Die Dominikaner, die ihm hier lauschen, wollen ihn aufgrund seines musikalischen Talents in ihren Orden aufnehmen, doch Zwinglis Eltern verhindern das. 1498 beginnt Ulrich Zwingli sein Hochschulstudium in Wien.

6 Geister und Götter im Zeitalter der Aufklärung

Erlebende und distanzierende Erkenntnis

Was sich die Renaissance-Gelehrten unter der Antike vorstellten, war vielfach idealisierend verzerrt. Aber sie erkannten den Geist der Antike aus einem Erlebnis heraus, das sie zu einem neuen Menschenbild inspirierte. Diese erlebende Erkenntnisart, die auch Affinität zum Visionären zeigt, wurde spätestens an der Schwelle zum 19. Jh. in die Marginalität abgedrängt. Doch um die Wende zum 20. Jh. lebte sie – angestossen durch Friedrich Nietzsches Philosophie des Erlebens – in grossen Forscherpersönlichkeiten wie dem Altphilologen Walter F. Otto[402] oder dem Psychologen William James[403] wieder auf. Otto schrieb über seine Fachkollegen:

> «Der Erforscher der Antike wird von dem, was er weiss, in seinem Dasein nicht mehr berührt. Er ist ein Gelehrter wie alle anderen, der seinen Gegenstand mit derselben Methode und vor allem mit derselben Distanziertheit, die er Objektivität nennt, bearbeitet ... Je kaltblütiger und methodischer man die Antike zu präzisen Zeugenaussagen gezwungen hat, umso mehr ist sie verstummt ... Jene Begeisterten[404] müssen die Antike an einem Punkte berührt haben, wo Leben dem Leben begegnet. Und da die exaktere Wissenschaft der nachfolgenden Generationen dieses Glück nicht mehr gehabt hat, ... ist sie selbst frag-

402 1874–1958
403 1842–1910
404 gemeint: die Gelehrten der Renaissance

> würdig geworden. Die Naturwissenschaften, deren Methoden sie sich zum Vorbild nahm, können sich wenigstens auf die praktische Verwendbarkeit ihrer Resultate berufen. Sie aber hat kaum mehr den Mut, vom Nutzen der Beschäftigung mit der Antike zu sprechen.»[405]

Dasselbe gilt für die Mainstreams der Religionswissenschaft und der Psychologie, wie sie sich Ende des 19. und Anfang des 20. Jh. ausgestalteten. Die Ethnologie ging den umgekehrten Weg. Sie begann als distanzierte Wissenschaft der *Armchair Philosophers*, um erst ein halbes Jahrhundert später mit den Arbeiten von Maya Deren, Michel Leiris, Michael Harner, Daniel Everett, Jeremy Narby und vielen anderen eine erlebnishafte Nähe zum Gegenstand zu entwickeln, die von differenzierter Reflexion begleitet war und so nicht mehr als '*going native*' abgetan werden konnte.

Erlebte Antike

Die Griechen hatten «eine grössere Fähigkeit der Schau als wir, eine Scharfsicht für Gestalten.»[406] Und unter den Griechen ragt Sokrates hervor, dessen Schau allerdings mehr auditiven Charakter hatte. Im bereits zitierten Dialog von Plutarch[407] kommt das Gespräch auf das *Daimonion*, den Schutzgeist und Lebensführer des Sokrates[408]. Herausgeber Konrat Ziegler paraphrasiert im Vorwort:

> «Simias sagt, er habe ... beobachtet, dass Sokrates auf Gesichter[409], von denen ihm berichtet wurde, wenig gab, aber für Stimmen sich interessiert habe, und dies habe ihn auf die Vermutung gebracht, dass das Daimonion des Sokrates eine innere

405 Otto 1963:45f.

406 Nachwort von Karl Kerényi in Otto 1963:151

407 vgl. oben S. 127f.

408 Seine Gegner warfen Sokrates vor, mit dem Daimonion eine neue Gottheit eingeführt zu haben, was mit dazu führte, dass er zum Tod verurteilt wurde.

409 «Gesichte» ist altertümelnd für 'Visionen'

> Stimme sei, die Sokrates ... im Wachen vernommen habe, weil sein Geist viel mehr als der anderer Menschen über das Materielle erhaben und hochempfindlich war für unmittelbare Eindrücke aus der geistigen Welt.»[410]

Man müsste vielleicht eher von mediumistischer Erkenntnis sprechen, zumal ein Teilnehmer in Plutarchs Dialog hinterfragt, ob «der Schutzgeist des Sokrates eine ganz besondere und ausserordentliche Kraft besessen hat», oder ob «der Mann vielmehr ein Teilchen des allgemeinen Ahnungsvermögens durch Erfahrung in sich verstärkt und so in den ungewissen und für das Denken unlösbaren Fragen den Ausschlag herbeigeführt hat».[411]

Hier gewinnt ein pluralistisches Verständnis von Erkenntnis philosophische Relevanz.[412] Denn wie die Gelehrten der Renaissance sahen auch schon die Geistesgrössen der Spätantike verschiedene Erkenntnisweisen nicht als einander ausschliessende Wege zum Wissen. Allen voran trifft dies auf Sokrates zu, der mit seiner maieutischen Technik zum Begründer einer Methodik der philosophischen Erkenntnisweise wurde, sich gleichzeitig aber unverblümt der mediumistischen Erkenntnisse durch sein Daimonion bediente. Plutarch verfuhr ähnlich und schildert den pluralistischen Zugang in einem anschaulichen Bild:

> «Wie Menschen mit chronischen Krankheiten, wenn sie ob der üblichen Heilmittel und herkömmlichen Behandlungsweisen verzweifeln, sich hin zu Sühnehandlungen, Amuletten und Träumen wenden, oder auch zu obskuren und verwirrenden Spekulationen, wenn die üblichen, anerkannten und herkömmlichen Erklärungen nicht überzeugen, so drängt es sich auf, Ansätze auszuprobieren, die abwegiger sind, und sie nicht zu

---

410 Plutarch 1952:40

411 ebd. S. 227

412 Das ist kein Einzelfall. Im Spätwerk von G. Th. Fechner (1801–1887) gewinnt visionäre Erkenntnis psychologische, in den Arbeiten von Nikola Tesla physikalische Relevanz. Jeremy Narby und andere schliesslich decken den Nutzen visionärer Erkenntnis für die Medizin auf.

> verschmähen, sondern buchstäblich auch Zauberformeln der Vorfahren anzustimmen und jedes Mittel zu nutzen, um die Wahrheit zu prüfen.»[413]

So wird auch verständlich, wie Plutarchs philosophische Tätigkeit und sein Priesteramt am Orakel von Delphi zusammengehen konnten. Es ist ja auch in der Tat eine merkwürdige Idee, man könnte die Wirklichkeit der Welt gültig erfassen, indem man sie auf jenen Ausschnitt reduziert, den nur eine bestimmte Erkenntnisweise allein erschliesst. Schon Francis Bacon kritisierte dieses Vorgehen:

> «Die Welt darf nicht eingeengt werden, bis sie in die Grenzen unseres Verstehens passt … sondern das Verstehen muss erweitert und geöffnet werden, bis es das Bild der Welt umfassen kann, wie sie wirklich ist.»[414]

Eine Erweiterung des Erkennens auf mediumistische und visionäre Arten hin lockt seit der Antike. Die terminologische Unsicherheit rührt davon her, dass die Erscheinung eines Geistes zwar visionären Charakter hat, die Kommunikation mit diesem jedoch oft nur ein Spezialist oder eine Spezialistin, eben das Medium, aufnehmen kann. So gestalteten sich die Verhältnisse zum Beispiel am Orakel von Delphi und auch in der Beziehung zwischen Sokrates und seinem Daimonion.

> «Denn weder sind[415] die Stimme noch der Laut noch die Worte noch die Verse von dem Gott, sondern von der Frau. Er erweckt nur die Vorstellungen in ihr und zündet das Licht in ihrer Seele an, das in die Zukunft leuchtet. Denn etwas von der Art ist der Enthusiasmus.»[416]

---

413 Plutarch 1957:35, Einleitung; vgl. Konrat Ziegler in Plutarch 1952:43, Übers. Irène Stumm und Jürg von Ins

414 Bacon 1960:276 (in der dem *«Organon»* beigehefteten Schrift *«Preparative towards a Natural and Experimental History»* S. 3), Übers. Irène Stumm

415 in der Vorlage: ist

416 Plutarch 1952:77

Plutarch verwendet dasselbe Bild wie in seiner Darstellung des sokratischen Daimonions[417].

Den alten Griechen erscheinen die Götter häufiger als Stimmen, die nur der Angesprochene vernimmt. Dabei geht es oft darum, dem Menschen weiterzuhelfen, wenn er an die Grenze seiner Erkenntnisfähigkeit stösst. Wir treffen «immer auf den bedeutenden Moment, wo die menschlichen Kräfte plötzlich, wie elektrisch berührt, zur Einsicht, zum Entschluss oder zur Tat zusammenschiessen. Diese entscheidenden Wendungen, die, wie jeder Aufmerksame weiss, zu den regelmässigen Erfahrungen des bewegten Lebens gehören, gelten dem Griechen als Offenbarungen von Göttern.»[418]

> «Aber im besonderen Augenblick und für den besonderen Menschen tritt die Gottheit selbst aus diesem Hintergrund hervor und zeigt sich dem Auserwählten in ihrer wahren Gestalt.»[419]

Das ereignet sich nicht als Wunder.

> «Die Gottheit, die hier geglaubt wird, ist keine unumschränkte Gebieterin[420] der Natur, die sich am erhabensten offenbart, wenn sie ihr das Widersprechendste abnötigt. Sie ist die Heiligkeit des Natürlichen selbst und mit seinem Walten einig, in allem Erfahrbaren mit ihrem Geist gegenwärtig und von der frommen Seele ehrfürchtig empfunden ... als ein Erlebnis des grossen Herzens, dem ... die Gottheit selbst aus den Linien der Natur entgegentritt.»[421]

In Walter F. Ottos[422] Text verbinden sich wissenschaftliche Erkenntnis und persönliches Erleben zu einer neuen Art (oder jedenfalls einem neuen Stil)

417 vgl. oben S. 130
418 Otto 2013:7f.
419 ebd. S. 266
420 feminine Form ergänzt
421 ebd. S. 291
422 1874–1958

akademischer Erkenntnis. In seiner frühen Schrift über die Manen[423] widmete er sich – gestützt vor allem auf Ethnologen wie Andrew Lang[424] und Lucien Lévy-Bruhl[425] – den Totenseelen. Otto ging davon aus, dass mediumistische Fähigkeiten nicht nur bei den alten Griechen, sondern auch in aussereuropäischen Kulturen intensiver kultiviert wurden als in Europa.

Immanuel Kant gegen Emanuel Swedenborg

Aufklärung

Die Aufklärung stellt einen markanten Wendepunkt in der Geschichte des Abendlandes dar. Während dieser Epoche, die meist auf den Zeitraum des 17. und 18. Jh. festgelegt wird, vollzogen sich in weiten Teilen Europas politische und intellektuelle Revolutionen, deren gesellschaftspolitische, soziale und erkenntnistheoretische Folgen bis heute spürbar sind.

Ihren historischen Höhepunkt fand die Epoche wohl ab 1789 mit der französischen Revolution. Doch im Hintergrund solch politischer Unruhen, die die Gesellschaft vielerorts aufwühlten, steckte Europa auch intellektuell in einem Umbruch. Die in Gang gesetzte Loslösung von Kirche und absolutistischen Herrschern betraf nicht allein politische Realitäten, sondern allem voran Perspektiven der Erkenntnisgewinnung. Statt diese allein aus autoritären Quellen wie Kirche und weltlicher Herrschaft zu gewinnen, wurde ein Besinnen auf die je eigene Vernunft postuliert: Bildung und Erkenntnis wurden immer mehr als ein Gut verstanden, das jedem vernunftfähigen Menschen offenstehen sollte. Von dieser Entwicklung zeugt namentlich die Tätigkeit der Autoren Denis Diderot[426] und Jean-Baptiste le Rond, genannt D'Alembert[427], die mit der 36-bändigen *«Encyclopédie ou Dictionnaire raisonné des sciences, des arts et des métiers»*[428] ein Schlüsselwerk der Aufklärung schufen. Auch die Naturwissenschaften sahen sich

---

423 altrömische Totengeister; Otto 1981
424 1844–1912, vgl. unten S. 286ff.
425 1857–1939
426 1713–1784
427 1717–1783
428 ab 1751 bis 1780

von der aufkommenden Autonomie der Erkenntnis beflügelt und brachten Persönlichkeiten wie Newton und Leibniz hervor, deren Forschungsergebnisse bis heute einen Bestandteil der Schulbildung ausmachen. Im Hintergrund all dessen schwelte die grundsätzliche Frage nach den Möglichkeiten menschlicher Erkenntnis, die der Philosophie einen enormen Aufschwung in Sachen Erkenntnistheorie bescherte.

Dabei taten sich insbesondere zwei Positionen im Versuch hervor, die wahre Quelle menschlicher Erkenntnis zu identifizieren: auf der einen Seite die Rationalisten, die sich auf die Vernunft als (alleingültige) Instanz der Erkenntnisgewinnung berufen und annehmen, dass sich jegliche Erkenntnis allein rational generiert; auf der anderen Seite die Empiristen, die die Annahme verfolgen, dass sich Erkenntnis allein aus (sinnlicher) Erfahrung gewinnen und bewahrheiten lässt – zwei gegensätzliche Ansätze, die sich auszuschliessen scheinen.

Mitten in diesen Disput tritt der berühmte deutsche Philosoph Immanuel Kant[429] – und bildet gleichsam eine goldene Mitte, in der die beiden widerstreitenden Ansätze zur Einheit zusammenfinden.

Immanuel Kant: Leben, Werk und Wirken

Immanuel Kant gilt als eine philosophische Schlüsselfigur der Aufklärung, wenn nicht gar der abendländischen Philosophiegeschichte überhaupt. Während der Disput zwischen Rationalismus und Empirismus die europäische Philosophie in Bann hielt, gelang es ihm, die einander ausschliessenden Ansätze in einem schlüssig ausgefeilten Konzept einander näherzubringen. Mit seiner berühmten *«Kritik der reinen Vernunft»* von 1781, gefolgt von der *«Kritik der praktischen Vernunft»* 1788 und der *«Kritik der Urteilskraft»* 1790, gelang Kant insofern ein wegweisendes Werk. Natürlich ist das Konzept, das er darin in gewaltigem Umfang darlegte, ungemein komplex. Ein Versuch, das Ganze auf eine einfache Formel herunterzubrechen, muss an dieser Stelle scheitern. Dennoch können zwei wesentliche Unterscheidungen, die Kant fällt, bereits Aufschluss darüber geben, wie ihm eine Erkenntnistheorie gelingt, die sowohl Verstand als auch Erfahrung berücksichtigt.

---

429 1724–1804

Eine wichtige Differenzierung, die Kant einführte, besteht in der Unterscheidung zwischen Begriffen *a priori* (lat. 'im Vornherein'), die wir bereits vor der Erfahrung und damit rein aus der Vernunft besitzen, und Begriffen *a posteriori* (lat. 'im Nachhinein'), die wir durch die Erfahrung gewinnen. Mittels dieser Unterscheidung ist ein erster Schritt getan, in unserer Erfassung der Welt sowohl die Erfahrung als auch die Vernunft zu würdigen. Der weitere entscheidende Schritt Kants besteht darin, zudem zu unterscheiden zwischen synthetischen ('verbindenden') und analytischen ('aufgliedernden') Urteilen. Analytische Urteile meinen eine 'Zergliederung' von Begriffen in Eigenschaften, die der Begriff selbst bereits in seiner Bedeutung enthält. Synthetische Urteile hingegen meinen eine 'Verbindung' von Begriffen, wobei ihnen Eigenschaften zugeschrieben werden können, die sie in sich selbst nicht bereits enthalten. Während die Differenzierung der Begriffe a priori und a posteriori dabei hilft, in unserer *Erfassung* der Welt sowohl Erfahrung als auch Vernunft zu würdigen, ermöglicht die Differenzierung zwischen synthetischen und analytischen Urteilen nun, auch die *Einsichten*, die wir über die Welt generieren, zu unterscheiden in Einsichten synthetischer Art, die uns die Erfahrung beibringt, und Einsichten analytischer Art, die die Vernunft aufdeckt. Der Streit zwischen Rationalismus und Empirismus wird damit nahezu obsolet, denn Kants Konzept ermöglicht es letztlich, beide Ansätze zu wahren.

Mit diesem Lebenswerk erwies sich Kant als Revolutionär der Erkenntnistheorie – ein Revolutionär an vorderstert Front, obwohl er seine Geburtsstadt Königsberg zeit seines Lebens kaum einmal verliess. Denn so spektakulär Kants Denken in Inhalt und Wirkung war, so unspektakulär war sein Leben, das er bis auf ein paar kurze Abstecher in die nähere Umgebung durchwegs in seiner Heimatstadt verbrachte.

Am 22. April 1724 wurde Immanuel Kant in Königsberg, der Hauptstadt Ostpreussens, geboren. Als viertes von insgesamt acht Kindern eines Sattlermeisters und einer strenggläubigen Mutter wuchs er in bescheidenen Verhältnissen auf. Das Elternhaus war stark pietistisch geprägt, und der Einfluss des Pietismus auf den jungen Immanuel dürfte sich während der Schulzeit am pietistischen Fridericianum noch verstärkt haben.

Königsberg und der Pietismus

Der Pietismus (von lat. *pietas:* 'Frömmigkeit') war eine grosse, interkonfessionelle Reformbewegung, die im 17. Jh. mit dem Ziel entstand, der Erstarrung der Kirchen in Orthodoxie und konfessioneller Polemik eine Herzensfrömmigkeit und eine Liebesethik entgegenzusetzen, die das Handeln tatsächlich prägten. Um dahin zu gelangen, musste der Mensch sich wandeln, wiedergeboren werden. Der Pietismus stellte einen hohen Anspruch an das Individuum. Selbstbeobachtung und Selbstkontrolle waren gefordert. Von grosser Bedeutung wurden daher die Bildungseinrichtungen, welche Kinder und Jugendliche im Blick auf diese Werte erzogen. Die erforderliche Wandlung wurde nicht auf einen passiv zu empfangenden Impuls, sondern auf gezielte Anstrengung zurückgeführt.

Der deutsche Pietismus bildete vier recht unterschiedliche Richtungen aus. Während drei sich hauptsächlich als Erneuerungsbewegung innerhalb der evangelischen Kirchen verstanden, zeigte die vierte, der radikale Pietismus, separatistische Tendenzen. Als wichtigste Gründergestalt der Bewegung gilt Philipp Jakob Spener[430], «... ein stiller, bescheidener, fast zaghafter Mann ... eine hinreissende Prophetennatur» mit klarem «Blick für die Schäden der Kirche»[431].

Halle

Nachhaltigen Einfluss übte Spener auf August Hermann Francke[432] aus, der ganz im Gegensatz zum älteren Lehrer und Freund «ein energischer, schroffer und herrschsüchtiger Mann»[433] gewesen sein soll. Er gründete in Halle über die Jahre eine ganze Reihe bedeutender Bildungseinrichtungen wie das berühmte Waisen-

430 1635–1705
431 Heussi 1971:396
432 1663–1727
433 Heussi 1971:397

haus, in denen sich pietistische Werte mit preussischer Zucht verbanden. Dank Franckes Unternehmergeist und Organisationstalent wurde Halle zur Schulstadt von internationaler Bedeutung und zu einem Zentrum des Pietismus. Allein das *Waisenhaus* zählte bei Franckes Tod 2234 Schüler, davon nur 134 Waisen. Die meisten späteren preussischen Offiziere und Beamten, aber auch junge Adlige aus aller Welt besuchten Franckes Schule, der eine Buchhandlung, eine Druckerei und eine Apotheke angegliedert waren. Durch die Entsendung junger Theologen gelang es, die «Heidenmission» unter pietistischen Einfluss zu bringen.

Francke hatte 1687 nach schwerer Glaubenskrise ein Wiedergeburtserlebnis, das er akribisch beschrieb[434]. In organisatorischem Überschwang teilte er es in drei klar abgegrenzte Phasen ein, die zu durchlaufen nun auch für seine Zöglinge und Studenten obligatorisch war: Ein wirklicher Christenmensch kann man nach Francke nur durch ein datierbares Bekehrungserlebnis werden. Dieses beginnt damit, dass durch ein Leiden oder ein Wort die *Göttliche Anrührung* dem *Alten Menschen* zuteil wird. Zweitens folgt der *Busskampf,* eine Krise des Glaubens angesichts des eigenen Scheiterns und des Angewiesenseins auf Gottes Vergebung. Schliesslich gelingt der Durchbruch. Der Mensch tritt verwandelt in den Stand des Glaubens. Der *Neue Mensch* wird geboren.

Da Kant vorab mit dem Halleschen Pietismus in Berührung kam, seien die übrigen Richtungen nur kurz erwähnt:

Freiherr Nikolaus Ludwig Graf von Zinzendorf[435] gründete mit der *Herrnhuter Brüdergemeine* (sic) eine eigene, pietistische Gruppierung, die sich als Kirche in der Kirche verstand. Mehr noch als die Gefolgschaft Franckes widmeten (und widmen) sich die Herrnhuter der Mission in Übersee. Zinzendorfs schwärmerischer Geist hinterliess seine Spuren in Briefen und Gedichten,

434 Solche Selbstschilderungen waren für Pietisten von grosser pädagogischer Bedeutung. Sie begründeten das literarische Genre der Autobiografie.

435 1700–1760

die in oft süsslichen Tönen Jesus und seltenerweise auch mal die Sephirot besingen[436].

Wesentlich volkstümlichere Formen nahm der Pietismus in Württemberg an. Besonders einflussreich war der Prälat Friedrich Christoph Oetinger[437], der unter anderem 1765 eine Schrift unter dem Titel *«Swedenborgs und anderer Irdische und himmlische Philosophie»* publizierte. Sämtliche Exemplare des Werks wurden 1766 von der Kirchenleitung, dem Stuttgarter Konsistorium, beschlagnahmt. Oetinger dozierte kurze Zeit in Halle und nahm dann nacheinander verschiedene Pfarrstellen an. Als er in Walddorf bei Tübingen amtete, soll er bei der alten Sulzeiche auf dem Schaichberg den Geistern gepredigt haben.

Die Sulzeiche auf dem Schaichberg bei Walddorf ist um die 450 Jahre alt. Nicht nur Oetinger kam hierher, um zu beten und mit den Geistern zu sein. Der evangelische Theologe Otto Michel[438], Gründer des *Institutum Judaicum* in Tübingen, suchte hier die Nähe Gottes und sagte, das sei ein «Ort, an dem sich Himmel und Erde berühren»[439].

---

436 Schmidt 1965:310
437 1702–1782
438 1903–1993
439 Michel 1989:107, 124f.

Caroline von Keyserling, Selbstportrait, 1778, Pastell auf Pergament, 48 x 64 cm

Der radikale Pietismus schliesslich nahm den frühaufklärerischen Aspekt des pietistischen Aufrufs an das Individuum auf, durch Selbstkontrolle zu moralischer Läuterung zu gelangen. Johann Konrad Dippel[440] zum Beispiel betonte, dass Selbstverantwortung nur unter der Bedingung absoluter sittlicher Freiheit entwickelt und geübt werden könne. Diese Spur führt weiter zu einzelnen libertinistischen Kreisen innerhalb des Pietismus. Manches weist aus heutiger Perspektive auf die Aufklärung voraus. So wenn Johann Christian Edelmann[441], der an der spiritualistischen Berleburger Bibel[442] mitarbeitete, den ersten Satz des Johannes Evangeliums übersetzte mit: «Im Anfang war die Vernunft, und die Vernunft war bey Gott, und Gott war die Vernunft.»

Bei Kants Eintritt ins Königliche Collegium Fridericianum wurde dieses von Georg Friedrich Rogall[443] geleitet, der zugleich Ordinarius für Theologie an der örtlichen Universität und Pastor am Königsberger Dom war. Einen Teil seiner Ausbildung hatte er an der Universität Halle genossen, wo er sich mit August Hermann Francke angefreundet hatte, der ihn für seine Sache begeistern konnte. Nach dem Abschluss als Magister kehrte Rogall in seine Heimatstadt Königsberg zurück. Nun führte er in ganz Ostpreussen zusammen mit Gesinnungsgenossen den Pietismus ein, wie er ihn in Halle kennengelernt hatte. Die Mischung aus Kontrolldichte und religiösem Eifer, die den Betrieb am Friedericianum fortan prägte, passte nicht sonderlich gut zum weltoffenen Geist von Königsberg. Die pulsierende Hafenstadt, die für den Ost-West-Handel von einzigartiger Bedeutung und um 1800 nach Berlin die zweitgrösste Stadt im Gebiet des damaligen Deutschland war, hatte einen selbstbewussten Menschenschlag hervorgebracht. Das kulturelle Leben blühte. Auch Kant war

440 1673–1734
441 1698–1767
442 1726–1742
443 1701–1733

später «tagtäglich Gast in einem der über die Stadt hinaus berühmten Salons.»[444] Man nennt die Zeit von der Königskrönung Friedrichs I. (1701) bis zur Schlacht von Jena und Auerstedt (1806) – also mithin die Lebenszeit Kants – das ‹Königsberger Jahrhundert›. Hier lebten und wirkten Johann Christoph Gottsched[445], Johann Gottfried Herder[446], E.T.A. Hofmann[447] und die grosse Salonnière Gräfin Caroline von Keyserling[448]. Kant war später Hauslehrer ihrer beiden Söhne aus erster Ehe und nannte sie angeblich die «Perle des weiblichen Geschlechts», wobei die Verehrung auf Gegenseitigkeit beruhte.

Königsberg wuchs selbst der Monarchie über den Kopf. «Die preussischen Könige mussten sich seit jeher mit den so genannten 'Königsberger Zuständen', wie Friedrich Wilhelm IV. den notorischen 'Oppositionsgeist' der Bürger dieser Stadt umschrieb, zähneknirschend abfinden.»[449] Selbst Friedrich der Grosse weigerte sich, nach seiner Krönung im Königsberger Dom je wieder einen Fuss in die Stadt zu setzen.

Besondere Zustände herrschen auch unserer Tage wieder: Seit dem Zweiten Weltkrieg heisst Königsberg Kaliningrad und ist eine russische Exklave. Allein die Klopse halten dem alten Namen die Treue, doch typisch deutsch sind auch sie nicht. Zutaten wie Kapern, Zitrone und Sardellen kamen durch Import aus dem Süden nach Königsberg. Die Erfindung der Königsberger Klopse verdankt sich wohl der Neigung der frühen Aufklärer zu einem französisch-mediterranen Lebensstil. Und vielleicht verdankt sich die Komposition der Zutaten der poetischen Erkenntnis eines pietistischen Kochs.

444 Jürgen Manthey 2005, «Der Geist von Königsberg» (deutschlandfunk.de)
445 1700–1766
446 1744–1803
447 1776–1882
448 1727–1791
449 ebd.

Im Jahr 1740, nach sieben Jahren Schulbildung am heimischen Fridericianum, begann Immanuel Kant 16-jährig sein Studium an der Universität Königsberg. Nachdem er mit Theologie gestartet hatte, wechselte er bald zu Philosophie und Naturwissenschaften, die er als seine wahren Leidenschaften entdeckt hatte. Doch bereits sechs Jahre später wurde sein Ausbildungsgang gehemmt durch den Tod des Vaters. Kant, der dadurch (mit)verantwortlich für den Lebensunterhalt der Familie wurde, arbeitete vorerst als Hauslehrer an verschiedenen Adelsgütern in der Umgebung. Diese Tätigkeit, die er die nächsten 9 Jahre lang ausüben sollte, war der einzige Anlass, sich ausserhalb seiner Heimatstadt zu bewegen.

Sein weiteres Leben verbrachte er durchwegs in Königsberg, wo er einen derart pedantischen Tagesablauf verfolgte, dass mehreren Zeitzeugen zufolge die ganze Bevölkerung der Stadt die Uhr nach ihm stellen konnte. Doch die Pedanterie, an der Kant mit eiserner Strenge festhielt, war nicht einfach ein eigenwilliger Charakterzug des Denkers. Vielmehr verdankte sie sich einer ungeheuren Selbstdisziplin, mit der Kant seiner schwachen, körperlichen Kondition entgegenzuwirken versuchte – mit Erfolg, wie es scheint, wurde er doch – obwohl von Geburt an kränklich – immerhin 80 Jahre alt. Der Erreichung dieses hohen Alters ging eine selbstauferlegte und stur verfolgte Struktur voraus:

> «Stets stand er um 5 Uhr auf und begann alsbald zu arbeiten. Von 7 bis 9 Uhr hielt er seine Vorlesungen. Die Hauptarbeitszeit für das eigene Studium ... lag von 9 bis 1 Uhr. Zum anschliessenden Mittagessen hatte Kant fast immer Gäste, wobei er Männer aus dem praktischen Leben gegenüber Gelehrten bevorzugte. Diese Mahlzeiten dienten völliger Entspannung und dauerten meist mehrere Stunden, die mit Gesprächen über die verschiedensten Themen ausgefüllt waren. Nach einem Spaziergang, der ebenfalls genauester Einteilung und Regelmässigkeit unterlag, nahm er seine Arbeit wieder auf und ging Punkt 10 Uhr zu Bett.»[450]

450 Störig 1992:388

Dieser strenge Tagesablauf galt vor allem für die Zeit seiner Anstellung an der heimischen Universität, die auf seine Tätigkeit als Hauslehrer folgen sollte. Obwohl das Hauslehrer-Dasein ihn wohl genötigt hatte, seine eigenen Studien an der Universität aufzugeben, hatte er seine philosophische Bildung selbstständig weiterverfolgt. Im Jahre 1755 führte ihn dies zu Promotion und Habilitation an der Universität Königsberg, woraufhin er dort als Privatdozent tätig wurde. Spätestens da erwies Kant seinen wahren Bildungsstand: Er unterrichtete über Philosophie hinaus auch Mathematik und Physik, Geographie, Anthropologie, Naturrecht, Mechanik und Mineralogie.

Die Tätigkeit als Privatdozent bedeutete für Kant eine ihm angemessene Neuorientierung, nachdem seine Arbeit als Hauslehrer ihm wohl keine grosse Befriedigung gebracht hatte:

> «Er hielt es für eine grosse Kunst, sich zweckmässig mit Kindern zu beschäftigen und sich zu ihren Begriffen herabzustimmen, aber er erklärte auch, dass es ihm nie möglich gewesen wäre, sich diese Kunst zu eigen zu machen.»[451]

Im Gegensatz dazu scheint er in seiner Arbeit als Dozent regelrecht aufgeblüht zu sein – mit enthusiastischem Erfolg, denn er blieb nahmhaften Studenten, die er unterrichtet hatte, in bester Erinnerung. So berichtete der Dichter und Philosoph Johann Gottfried Herder[452] in einem Brief über seinen Dozenten Kant:

> «Er in seinen blühenden Jahren hatte die fröhliche Munterkeit eines Jünglings, seine offene, zum Denken gebaute Stirn war ein Sitz unzerstörbarer Heiterkeit und Freude, die gedankenreichste Rede floss von seinen Lippen, Scherz und Witz und Laune standen ihm zu Gebote, und sein lehrender Vortrag war

451 ein ungenannter Biograf, zit. n. Weischedel 2003:181
452 1744–1803

der unterhaltendste Umgang. Er munterte auf und zwang angenehm zum Selbstdenken ...»[453]

Sowohl in seiner Beliebtheit als Dozent als auch in der Bandbreite seines Angebots stellte Kant ein grossartiges Talent unter Beweis, wo er doch «in seinen geographischen Vorträgen über fremde Länder und Völker zu sprechen (wusste), obwohl er nie aus Königsberg und seiner Umgebung herausgekommen ist.»[454] Seine akademische Karriere zu verfolgen und weiter aufzusteigen schien also verheissungsvoll. Doch sollte es nicht auf Anhieb klappen. Zweimal bewarb sich Kant für eine Professur an der heimischen Universität. Beide Male ging er leer aus. Stattdessen erhielt er das Angebot für einen Lehrstuhl für Dichtkunst. Kant schlug es aus[455].

Im Jahre 1770 schliesslich, nach 15 Jahren als Privatdozent, erhielt der inzwischen 46-jährige Kant eine Professur für Logik und Metaphysik. Endlich erhielt er den Posten, der seiner Berufung würdig war – doch erstaunlicherweise verstummten da die Publikationen Kants, der bis anhin rege geschrieben hatte. Ruhte er sich nun etwa auf den Lorbeeren seiner neuen Stellung aus? Im Gegenteil: Das publizistische Schweigen, das 11 Jahre dauern sollte, war lediglich die Ankündigung von etwas viel Grösserem: von der *«Kritik der reinen Vernunft»*, die 1781 erschien – ein Meisterstück, das Kant 15 Jahre Arbeit abverlangt hatte. Dem umfangreichen Werk folgten 1783 die kürzer gehaltenen *«Prolegomena»*, ein sogenanntes 'Vorwort' zur Kritik, das dessen wichtigste Punkte zusammenfasst. In seinem vollen Titel verkündet es bereits das Ausmass der Wirkung, die Kant seinem Werk zuschrieb: *«Prolegomena zu einer jeden künftigen Metaphysik, die als Wissenschaft wird auftreten können»*.

Mit dieser Zuschreibung tat Kant sich kein Unrecht. Mit der *«Kritik der praktischen Vernunft»* und der *«Kritik der Urteilskraft»*, die 1788 und 1790 folgten, schloss er sein Hauptwerk ab, das ihm Ansehen und Berühmtheit «über Deutschlands Grenzen hinaus»[456] bescherte.

453 zit. n. Störig 1992:388, vgl. Herders Brief 79 der *«Briefe zur Beförderung der Humanität»* (1793–1797)

454 Störig 1992:388

455 vgl. Weischedel 2003:182

456 Störig 1992:389

Am 12. Februar 1804 schliesslich starb Kant im Alter von 80 Jahren. Doch seine hinterlassenen Werke werden weit über seine Lebzeit hinaus eine Rolle in der Philosophiegeschichte spielen.

Die immense Bedeutung, die Kant als Denker zugeschrieben wird, gilt allem voran natürlich seinem philosophischen Schaffen, welches sein Hauptwerk ist und bleibt. Doch dass Kant ein wegweisender, fast schon moderner Denker war, erweisen auch seine naturwissenschaftlichen Schriften, die er zu Beginn seiner Karriere schuf. Immerhin finden sich darin Denkansätze, die durchaus an Theorien erinnern, die sich erst viel später in den Naturwissenschaften etablieren sollten. So erklärte Kant in seiner Abhandlung *«Physische Monadologie»* aus dem Jahre 1756 das Wesen der Materie als «raumerfüllende Kraft», als eine Art Energie (statt Stoff) also.[457]

Zählt Kant somit zu der Art von Denkern, die vom Lehnstuhl aus die ganze Welt erforschen können; die allein Kraft ihrer philosophischen Reflexion Antworten auf all die grossen Fragen der Menschheit finden können?

Nein – so weit liesse sich nicht gehen. Denn auch Kant fand nicht auf alles eine eindeutige, zweifelsfreie Antwort – aber nicht etwa, weil seine Denkfähigkeit es verhindert hätte, sondern schlicht deshalb, weil Kant von der Art Denker war, der sich nicht genierte, auf der Suche nach Wissen auch Nichtwissen einzugestehen.[458] So zumal, wenn es um die Frage nach der Existenz von Geistern geht. Diesem Thema widmete sich Kant in einer zunächst anonym publizierten Schrift des Jahres 1766 unter dem Titel *«Träume eines Geistersehers, ergänzt durch Träume der Metaphysik»*. Es darf wohl nicht verwundern, dass sich Kant auch um dieses Thema von seiner Studierstube aus kümmerte und sich dem

---

457 ebd. S. 391

458 vgl. den Philosophiehistoriker Wilhelm Weischedel über Kant: «Schliesslich entdeckt Kant: Dass man zu keinen gesichterten Antworten gelangen kann, liegt im Wesen der menschlichen Vernunft begründet. Diese ist nämlich nicht imstande, hinter die sichtbare Wirklichkeit zurückzugehen und in deren Grund hinabzublicken.» (Weischedel 2003:184)

Gegenstand mithilfe von Literatur und Lektüre annahm – namentlich mit dem umfangreichen Werk des Schweden Emanuel Swedenborg[459].

Emanuel Swedenborg: Leben, Werk und Wirken

Der schwedische Wissenschafter, Theologe und Theosoph Emanuel Swedenborg zählt heutzutage zu den unbekannteren Denkern der Aufklärungsepoche. Zu seiner Lebenszeit hingegen war sein Name durchaus mit einiger Popularität verbunden. Gerade in wissenschaftlichen Kreisen machte er sich zu Beginn seiner Karriere einen Namen, indem er mit grossen Wissenschaftern verkehrte und sich in Schweden als junges Talent in Mechanik und Maschinenbau hervortat. Nicht zuletzt hat sich Swedenborg als produktiver Forscher und Autor erwiesen, der der Nachwelt zahlreiche – durchwegs in Latein verfasste – wissenschaftliche und theologische Schriften hinterlassen hat. Eine grosse Würdigung erfuhr dies im Jahr 2005, als die Unesco Swedenborgs Handschriften, die in der *Akademie der Wissenschaften* in Stockholm gesammelt sind, zum Weltkulturerbe erklärte[460]. Doch trotz dieser umfangreichen und vereinzelt gewürdigten Zeugnisse ist die Erinnerung an ihn nicht zum gängigen Bestandteil der Allgemeinbildung geworden. Dieser Umstand ist letztlich wohl vor allem auf seinen Lebensweg und -wandel zurückzuführen.

Emanuel Swedenborg wurde am 29. Januar 1688 in Stockholm geboren und wuchs als Pfarrerssohn in einem lutherisch-pietistisch geprägten Elternhaus auf. Seine leibliche Mutter verlor er 1696 bereits im Alter von acht Jahren. Doch mit seiner Stiefmutter, die sein Vater 1697 heiratete, scheint er ein harmonisches Verhältnis gehabt zu haben. Es ist anzunehmen, dass Swedenborg von klein auf mit einer gewissen Affinität für Glaubensfragen geprägt wurde, namentlich von seinem Vater Jesper Swedberg, der als Professor der Theologie an der Universität Uppsala lehrte und später als Bischof von Skara amtete. Infolge dieses Amtes wurde die Familie im Jahre 1719 von Königin Ulrike geadelt, woraufhin der Familienname vom gebürtigen Swedberg zu Swedenborg geändert wurde. Doch war Swedenborgs Vater trotz dessen Karriere kein abge-

459 1688–1772
460 vgl. Jonsson 2008:11

hobener Theoretiker, sondern ein Mann des gelebten Glaubens, wobei dieser weit über pflichtgetreue Frömmigkeit hinausreichte. Aus gesammelten Predigten und anderen Schriften des Vaters Swedberg, der als Literat einiges hinterlassen hat, lässt sich ein Glaubensinhalt ablesen, der den wahrhaften Beistand von Engeln bei den Menschen gleichermassen einschliesst wie die Offenbarung derselben in Wahrträumen.[461] Swedenborg-Biograf Martin Lamm schildert anschaulich die väterliche Glaubenspraxis, unter deren Einfluss der junge Emanuel aufwuchs:

> «Zur Zeit von Swedenborgs Kindheit waren die Ideen der Aufklärung noch nicht in unser Land [Schweden] gedrungen. Viele Phänomene, die ein halbes Jahrhundert später allgemein auf naturwissenschaftliche Weise erklärt wurden, waren noch unfassbare Geheimnisse. In Swedbergs Haus spielten alle diese Wunder und Gesichte[462] eine weit grössere Rolle als bei den meisten Menschen jener Zeit. Sie waren nicht nur Zufälligkeiten, über die man sich in einer freien Stunde unterhielt, und die man bei der Tagesarbeit bald vergass. Sie gaben dort dem ganzen Leben das Gepräge.»[463]

> «In dieser Umgebung, wo alle fühlten, dass sie unter dem Schutz der heiligen Engel standen, wo Glaube und Ahnung die Wirklichkeit zu einem schönen Traum, und den Traum zu einem Stück Wirklichkeit machten, wo sich altschwedische naive Religiosität mit warmherziger Empfindsamkeit vermischte, die schon eine neue Zeit verkündete, in dieser Umgebung ist Swedenborg aufgewachsen.»[464]

Doch trotz seiner religiös geprägten Kindheit zog es den jungen, talentierten Swedenborg zunächst eindeutig zu den Naturwissenschaften, die

461 Lamm 2012:16f.
462 Visionen
463 ebd. S. 21f.
464 ebd. S. 23

die ersten dreissig Jahre seiner Karriere bestimmten. Bereits 1699, im Alter von elf Jahren also, begann Swedenborg das Studium der Naturwissenschaften, insbesondere der Mathematik und Mechanik, an der Universität Uppsala. Seine Studienzeit verbrachte er im Hause seiner Schwester und seines Schwagers, Erik Benzelius (Jr.), «einer der grössten Persönlichkeiten in der intellektuellen Geschichte Schwedens»[465], der ihm ein enger Vertrauter wurde und ihm auch international den Weg zu intellektuellen Kreisen ebnete. Nachdem Swedenborg sein Studium im Jahre 1709 erfolgreich abgeschlossen hatte, begab sich der 21-Jährige auf eine Auslandreise durch Holland, Frankreich und England, wo er gut drei Jahre verbrachte und von zunehmender Forscherlust eingenommen wurde:

> «(E)r studiert alles, Mathematik, Mechanik, Astronomie, er pflegt täglichen Umgang mit den berühmtesten Gelehrten Europas, diskutiert mit Flamsteed[466] und Halley[467] und sitzt als Zuhörer in Newtons Vorlesungen.»[468]

Beinahe im Zehn-Jahres-Takt werden weitere solche Reisen folgen, die meist mit der Abfassung und Publikation seiner wissenschaftlichen Werke verbunden sind, denn der junge Naturwissenschafter zeigt sich auch als Autor sehr ambitioniert. Allem voran begründet er im Jahre 1716 nach seiner Rückkehr ins Heimatland das erste schwedische Wissenschaftsjournal mit dem Namen *«Daedalus Hyperboreus»*, in dem er während dreier Jahre verschiedene Artikel publiziert. Der an den mythischen Erfinder Daedalus[469] angelehnte Name verkündet bereits, dass es

465 Jonsson 1999:10, Übers. Jürg von Ins
466 1646–1719, englischer Astronom
467 1656–1741, englischer Astronom und Mathematiker
468 Lamm 2012:34
469 Der Grieche Daedalus soll unter König Minos auf Kreta gewirkt haben und wurde zum mythischen Inbegriff des Erfindergeistes. Besonders bekannt ist er im Zusammenhang mit seinem Sohn Ikarus: Auf deren gemeinsamer Flucht von der Insel, die sie mithilfe selbstgebauter Flügel bewältigen wollten, stürzte Ikarus ins Meer, da das Wachs, das die Flügelfedern zusammenhielt, schmolz, weil er trotz vorgängiger Warnung zu nah an die Sonne geflogen war.

darin nicht allein um theoretische Abhandlungen ging, sondern ebensosehr um praktische Erfindungen. Von Swedenborgs diesbezüglichem Interesse zeugt beispielsweise der Entwurf einer Flugmaschine, die er 1714 skizziert hatte.

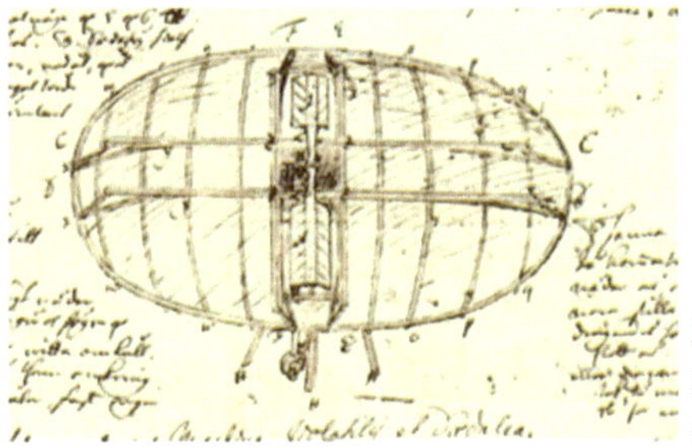

Skizze einer Flugmaschine des 26-jährigen Swedenborg, die er 1716 in seinem Magazin «*Daedalus Hyperboreus*» veröffentlichte.

Swedenborgs Interesse an wissenschaftlichem Erfindungsreichtum dürfte wohl wesentlich mit seiner beruflichen Karriere zusammenhängen, denn neben seiner eigenen Bildungs- und Forschungstätigkeit kam er früh auch zu einer angesehenen Arbeitsstellung: Im Jahre 1716 wurde er, noch keine dreissig Jahre alt, von König Karl XII. zum Assessor *extra ordinem* des *Swedish Board of Mines* ernannt. Damit wurde er zugleich zum Assistenten des Christopher Polhem, einem gut 15 Jahre älteren Wissenschafter, der mit seinen Erfindungen wesentlich zur industriellen Entwicklung Schwedens beigetragen und sich damit einen wichtigen Namen gemacht hatte. Swedenborg sollte die nächsten 30 Jahre in dieser Stellung bleiben. Nebenher war er aber auch weiterhin als Naturwissenschafter und Autor tätig.

In den Jahren 1721–1722 folgte eine weitere Studienreise. Danach liess seine nächste Publikation zehn Jahre lang auf sich warten, fiel dafür aber umso grösser aus: Nachdem er 1733 erneut zu einer Bildungsreise aufgebrochen war, veröffentlichte er 1734, neben einer kleineren Schrift über das Unendliche, das dreibändige Werk *«Opera Philosophica et Mineralia»* (lat. 'Philosophische und mineralische Werke'). Dabei zeigt insbesondere der erste Band, *«Principia Rerum Naturalium»* (lat. 'Prinzipien der natürlichen Dinge'), dass Swedenborg inzwischen vom Naturwissenschafter zum Naturphilosophen gereift war, der seiner Zeit voraus war:

> «In dieser Arbeit gelangte er durch induktive Argumentation zu mehreren Schlussfolgerungen, die den Theorien moderner Wissenschafter ähneln. Swedenborg postulierte, dass Materie aus Teilchen bestehe, die unendlich teilbar seien, und dass diese Teilchen ständig in wirbelnder (strudelnder) Bewegung seien. Darüber hinaus seien diese Teilchen selbst aus noch kleineren, sich bewegenden Teilchen zusammengesetzt. Diese Idee ähnelt stark der modernen Vorstellung des Atoms, das in Form eines Kerns und seiner Elektronen beschrieben wird.»[470]

Nach dem Tod seines Vaters im Jahre 1735 folgten weitere Reisen, die Swedenborg von 1736 bis 1740 nach Frankreich, Italien und Holland führten. Seine darauf folgende Publikation – das zweibändige Werk *«Oeconomia Regni Animalis»* (lat. 'Einteilung des Tierreichs') – zeugt von einem neuen Programm des Wissenschafters: Swedenborg interessierte sich für den Sitz der Seele im belebten Körper. Diesem Interesse folgend befasst sich das Werk in grossen Teilen mit der Anatomie und Physiologie des menschlichen Körpers. Doch über dieses deskriptive Unterfangen hinaus war die Studie dem übergeordneten Ziel gewidmet, das Wesen der Seele zu ergründen.

Angesichts der Inhalte und Themen seiner wissenschaftlichen Werke darf Swedenborgs Zuwendung zu den Naturwissenschaften also wohl nicht als Abwendung vom Glauben verstanden werden. Im Gegenteil scheint sich im Verlaufe seiner wissenschaftlichen Tätigkeit immer mehr der Versuch abzuzeichnen, mittels der Naturwissenschaften auch Antworten auf wesentliche Glaubensfragen zu finden. So schlingen sich grosse Grundfragen der menschlichen Existenz wie ein roter Faden durch Swedenborgs naturwissenschaftliche Abhandlungen, die von der Frage nach dem Ursprung des Universums bis zur Unsterblichkeit der Seele reichen; letzteres als eine Auffassung, von der sich Swedenborg einige Jahre später selbst überzeugen wird – wenn auch nicht mehr auf dem rein wissenschaftlichen Weg.

---

470 Enyclopaedia Britannica «Emanuel Swedenborg» (britannica.com), Übers. Irène Stumm

Beim Aufbruch zu seiner nächsten Reise im Jahr 1743 folgt nämlich ein Einschnitt, der oft als Swedenborgs «religiöse Krise» bezeichnet wird. Ersichtlich wird diese in seinem *«Traumtagebuch»*, das ursprünglich wohl als Reisetagebuch geplant war, letztlich aber der Aufzeichnung der zahlreichen ungewöhnlichen Träume diente, die ihn 1743 bis 1745 während seiner Aufenthalte in Holland und England verfolgten. In Swedenborgs Notizen zeichnet sich eine existentielle Entwicklung des inzwischen 55-jährigen Wissenschafters ab, die ihn dazu führen wird, die wissenschaftliche Tätigkeit aufzugeben und sich fortan ganz der Lehre Gottes zu widmen. Ausschlaggebend für diesen Gesinnungswandel war eine Vision im April 1745, in der ein ihm erscheinender Mann ihm seine Berufung durch Gott offenbarte. Swedenborg berichtete davon einem Freund namens Robsahm, der die Aussage aus der Sicht Swedenborgs aufzeichnete:

> «Er [der erschienene Mann] sagte, er sei Gott der Herr, der Welt Schöpfer und Erlöser, er habe mich ausersehen, den Menschen den geistigen Inhalt der Heiligen Schrift auszulegen und würde mir selber erklären, was ich über diesen Gegenstand schreiben sollte. Mir wurde in derselben Nacht zu meiner Überzeugung die Geisterwelt, die Hölle und der Himmel geöffnet, wo ich viele Bekannte desselben Standes wiedererkannte: Von dem Tage an entsagte ich aller weltlichen Gelehrsamkeit und arbeitete in geistigen Dingen wie mir der Herr befahl zu schreiben. Seitdem öffnete mir der Herr recht oft meine leiblichen Augen, so dass ich mitten am Tage in das andere Leben hineinsehen und im wachen Zustande mit Engeln und Geistern reden konnte.»[471]

Tatsächlich gab Swedenborg daraufhin die naturwissenschaftliche Forschung auf und kündete im Juni 1747 auch seine Assessor-Anstellung. Fortan lebte er von einer königlichen Pension und widmete sich allein dem Verfassen zahlreicher theologischer Werke, in denen er seine Visionen teilte und auslegte und den ihm offenbarten Sinn von Gottes Wort darlegte.

---

471 zit. n. Lamm 2012:178

Doch darf dieser Wandel vom Wissenschafter zum Theosophen nicht als Bruch in Swedenborgs Lebensweg verstanden werden. Im Gegenteil knüpft seine fortan theologische Tätigkeit in weiten Teilen an seine frühere Forschung an, insofern Swedenborg den theologischen Inhalt auf seinem naturwissenschaftlichen Welt- und Menschenbild aufbaut bzw. letzteres als Basis weiterhin bestehen lässt. Dies zeigt sich besonders in einem kleinen, unvollendeten Werk *«De Cultu et Amore Dei»* (lat. 'Über die Verehrung und Liebe Gottes'), das Swedenborg gerade zur Zeit seiner «Krise» verfasste:

> «*De Cultu et Amore Dei* steht ... auf der Grenze zwischen Swedenborgs wissenschaftlicher und theologischer Periode. Und dies geht auch deutlich aus dem gesamten Inhalte hervor. Das Werk gibt in kurzer Zusammenfassung Swedenborgs Kosmologie aus den Principia und seine Psychologie der Oeconomia wieder, aber durch neue Bestandteile, die während der visionären Periode hinzugekommen sind, vermehrt und in die Form der biblischen Mythe eingekleidet.»[472]

In den letzten gut dreissig Jahren seines Lebens zeigt sich Swedenborg nochmals als äusserst aktiver Autor. Aus seinen zahlreichen theologischen Werken stechen – nicht zuletzt wegen ihres grossen Umfangs – die *«Arcana Coelestia»*, die *«Himmlischen Geheimnisse»* hervor, die er in acht Bänden in den Jahren 1749 bis 1756 in London veröffentlichte.

Seiner visionär-mediumistischen Tätigkeit ging er den Rest seines Lebens nach, bis er auf einer letzten Reise am 29. März 1772 im Alter von 84 Jahren in London verstarb.

Swedenborg selbst bemühte sich um keine organisierte Religion, doch wurde auf der Grundlage seiner Theologie eine «Neue Kirche» bzw. die «Kirche des neuen Jerusalem» gegründet, deren Anhänger sich auch 'Swedenborgianer' nennen. Ihre Gemeinden fassten soweit Fuss, dass sie (vornehmlich in Nordamerika) bis heute Bestand haben. Als Theologe entfaltet Swedenborg also eine Wirkung bis in die heutige Zeit. Hin-

472 Lamm 2012:185

gegen als Naturwissenschafter und -philosoph ist er zuweilen beinah in Vergessenheit geraten. Letztlich führte wohl gerade diese immense theologische Produktivität dazu, dass Swedenborg als Naturwissenschafter trotz umfassender Werke, die er der Nachwelt hinterliess, keine nachhaltige Wirkung auf diese ausgeübt hat. Freilich zeigten sich seine religiösen Anhänger im Laufe der Jahrhunderte äusserst bestrebt, Swedenborgs Zeugnisse der Welt zugänglich zu machen, was ihnen zu grossen Teilen auch gelang, allerdings mit gewaltigem editorischem Aufwand, den allein schon die Übersetzung der lateinischen Werke bedeutete. Doch dass das Interesse an Swedenborgs Gesamtwerk über den Kreis seiner Anhänger hinaus nicht besonders lebendig scheint, dürfte nicht zuletzt daran liegen, dass die Anstrengungen und Bemühungen eben gerade von seinen kirchlichen Anhängern betrieben wurden: Den von religiösen Anhängern editierten Werken hängt zugleich der Vorbehalt einer missionierenden Lobpreisung des Schweden an, was wohl verständlich ist. Der Vorbehalt überträgt sich denn auch auf die naturwissenschaftlichen Schriften, die Swedenborg am Anfang seiner Karriere hervorgebracht hatte. Die Schwedin Inge Jonsson, die sich genauer mit der Forschung und Wirkung ihres Landesgenossen beschäftigt, hält fest:

> «Einige haben seinen Übergang zur Bibelauslegung als einen Verrat an der Wissenschaft aufgefasst, andere erklärten ihn für geisteskrank. Keine dieser Alternativen hat augenscheinlich das Interesse hervorgerufen, mit ihm bekannt zu werden.»[473]

Die Wirkung von Swedenborg bleibt somit weit hinter dem Umfang seines Werkes zurück. Doch unter Zeitgenossen darf er sich wohl einiger Bekanntheit gerühmt haben – wenn auch seine Anerkennung durch dieselben bereits einem ähnlichen Zwiespalt unterlag und zwischen dem Naturwissenschafter und dem Theologen oszillierte. Gerade mit den *«Arcana Coelestia»* machten Swedenborgs Lehre und Berufung mitsamt seinen Geistervisionen auch in intellektuellen Kreisen die Runde – so weit, dass sie auch Immanuel Kant zu Ohren kamen.

473 Jonsson 2008:5

Kants «Träume» und sein Umgang mit dem «Geisterseher»

In der 1766 veröffentlichten Schrift *«Träume eines Geistersehers, ergänzt durch Träume der Metaphysik»* beschäftigt sich Kant ausführlich mit dem «Geisterseher» Swedenborg und dessen Werk. Doch bereits vor den *«Träumen ...»* kommt Kant im Spätsommer 1763 namentlich auf ihn zu sprechen, und zwar in einem Brief an das befreundete Fräulein von Knobloch[474]. Darin berichtet er auf deren Nachfrage hin von den Erzählungen, die über den Schweden kursieren.

Schon zu Beginn dieses Briefes ist spürbar, dass Kant den allerlei Geistererzählungen, von denen ihm «eine grosse Menge der wahrscheinlichsten bekannt ist»[475], grundsätzlich mit einer gewissen Skepsis und Vorsicht begegnet:

> «Ich weiss nicht, ob jemand an mir eine Spur von einer zum Wunderbaren geneigten Gemütsart oder von einer Schwäche, die leicht zum Glauben bewogen wird, sollte jemals haben wahrnehmen können. So viel ist gewiss, dass ungeachtet aller Geschichten von Erscheinungen und Handlungen des Geisterreichs, davon mir eine grosse Menge der wahrscheinlichsten bekannt ist, ich doch jederzeit der Regel der gesunden Vernunft am gemässesten zu sein erachtet habe, sich auf die verneinende Seite zu lenken; nicht als ob ich vermeinet, die Unmöglichkeit davon eingesehen zu haben, (denn, wie wenig ist uns doch von der Natur eines Geistes bekannt?) sondern, weil sie insgesamt nicht genugsam bewiesen sind ...»[476]

Doch diese Skepsis wird in Zweifel gezogen, als Kant von den Geschichten über Swedenborg erfährt: «Dieses ist die Stellung, in welcher sich mein Gemüt von langer Zeit her befand, bis die Geschichte des Herrn

474 Charlotte Amalia von Knobloch, 1740–1804
475 Kant 1986:927
476 ebd.

Swedenborg mir bekannt gemacht wurde.»[477] In Swedenborg findet sich also eine Person, die Kants skeptische Haltung zu Geistervisionen brechen könnte. Denn immerhin weiss Kant im genannten Brief von Berichten über den Schweden zu erzählen, die von offenbar beweiskräftigen Autoritäten bezeugt wurden, was neben einer grösseren Gesellschaft von Augenzeugen niemand Geringeren betrifft als die «Königin von Schweden»[478]. Die Geschichten gingen nämlich vom Hof derselben von einem Gesandten zum nächsten weiter, bis auch Kant sie vernahm:

> «Die Glaubwürdigkeit einer solchen Nachricht machte mich stutzig. Denn, man kann es schwerlich annehmen, dass ein Gesandter an einen andern Gesandten eine Nachricht zum öffentlichen Gebrauch überschreiben sollte, welche von der Königin des Hofes, wo er sich befindet, etwas melden sollte, welches unwahr wäre und wobei er doch nebst einer ansehnlichen Gesellschaft zugegen wollte gewesen sein.»[479]

Doch entsprechend seiner einleitenden Selbstdarstellung wäre Kant nicht Kant, wenn er allein deswegen den Berichten über Swedenborg leichtfertig Glauben schenken würde:

> «Um nun das Vorurteil von Erscheinungen und Gesichtern nicht durch ein neues Vorurteil blindlings zu verwerfen, fand ich es vernünftig, mich nach dieser Geschichte näher zu erkundigen.»[480]

Kant berichtet nun dem Fräulein, wie er weitere Erkundigungen einzieht; er trägt seinen reisenden Freunden Recherchen auf und sucht in Briefform sogar Kontakt mit dem Schweden selbst aufzunehmen, der

---

477 ebd.
478 ebd.
479 ebd.
480 ebd. S. 926f.

einen Bekannten Kants persönlich zum Besuch empfängt. Kant schildert daraufhin:

> «Swedenborg ist ein vernünftiger, gefälliger und offenherziger Mann; er ist ein Gelehrter ... Er sagte diesem [Freund] ohne Zurückhaltung, dass Gott ihm die sonderbare Eigenschaft gegeben habe, mit den abgeschiedenen Seelen nach seinem Belieben umzugehen. Er berief sich auf ganz notorische Beweisthümer.»[481]

Im Weiteren fährt Kant fort, dem «gnäd[igen] Fräul[ein] ein paar Beweisthümer zu geben, wo das Ganze noch lebende Publikum Zeuge ist und der Mann, welcher es mir berichtet, es unmittelbar an Stelle und Ort hat untersuchen können ...»[482] Er schildert zwei «Begebenheiten», ohne Scheu, die bei beiden Ereignissen stets anwesenden Scharen von Augenzeugen mehrfach zu erwähnen. So beispielsweise im Fall einer Witwe, die den Herrn Swedenborg um Hilfe ersucht hatte. Bedrängt von einem Kunden ihres verstorbenen Mannes, der Schulden einforderte, war sie auf der Suche nach Quittungen, die sie in den hinterbliebenen Unterlagen aber nicht finden konnte. Wenige Tage später ersuchte Swedenborg die Dame bei ihrer Kaffeegesellschaft, in einem bestimmten Schrank im oberen Stock nachzusehen, denn er habe ihren verstorbenen Mann gesprochen, der die Quittungen dort verortet habe. Die Dame erwiderte, der Schrank sei bereits ausgeräumt, die Quittungen nicht aufgetaucht, doch Swedenborg insistierte, wie Kant nacherzählt:

> «Swedenborg sagte, ihr Gemahl hätte ihm beschrieben, dass, wenn man an der linken Seite eine Schublade herauszöge, ein Brett zum Vorschein käme, welches weggeschoben werden müsste, da sich dann eine verborgene Schublade finden würde, worin ... auch die Quittung anzutreffen sey. Auf diese Anzeige begab sich die Dame in Begleitung der ganzen Gesellschaft

481 ebd. S. 928
482 ebd. S. 929

in das obere Zimmer. Man eröffnet den Schrank, man verfuhr ganz nach der Beschreibung und fand die Schublade, von der sie nichts gewusst hatte, und die angezeigten Papiere darinnen, zum grössten Erstaunen aller, die gegenwärtig waren.»[483]

Gerade die Augenzeugen sprechen Kants Erachten nach für die Glaubwürdigkeit der Berichte, was ihn letztlich zu einer klaren Frage führt: «Was kann man wider die Glaubwürdigkeit dieser Begebenheit anführen?»[484]

Kant hält sich in diesem Brief von 1763 letztlich zurück, der Adressatin sein eigenes Urteil «über diese schlüpfrige Sache»[485] zu äussern. Die Vermutung ist aber naheliegend, dass es wohl noch anders ausgefallen wäre als dasjenige, welches er in den *«Träumen ...»* drei Jahre später eindeutig fällen wird: Während in seinem Brief noch der neugierige Eifer der Wahrheitssuche mitschwingt, hat er sich bis 1766, als er die *«Träume ...»* publiziert, bereits intensiv mit dem Werk des Schweden auseinandergesetzt – was ihn zu einem eindeutigen Urteil über den «Geisterseher» bewegen wird, den er von da an durchwegs «Swedenberg» nennt.

Als Kant die *«Träume ...»* verfasst, hat er sich die acht Bände der *«Arcana Coelestia»* Swedenborgs bereits geleistet, sowie den Aufwand, sie zu studieren – und wenn er den Aufwand schon bewältigt hat, dann äussert er sich auch gleich dazu, denn «[es] war ein grosses Werk gekauft und, welches noch schlimmer ist, gelesen worden, und diese Mühe sollte nicht verloren sein.»[486]

Mit diesen Worten deutet Kant bereits im Vorwort seiner Schrift an, dass er die Zeit an ein eigenes Fazit zu Swedenborgs umfangreichem Werk allein schon deshalb verwenden möchte, damit seine Lektüre desselben nicht gänzlich verschwendete Zeit gewesen sei – ein recht polemisches Motiv, und tatsächlich fällt sein Fazit über das Werk des Schweden, vielmehr über den Schweden selbst, nicht gerade milde aus:

---

483 ebd. S. 929f.
484 ebd. S. 930
485 ebd. S. 931
486 Kant 1968, II:318

«(A)cht Quartbände voll Unsinn»[487] habe Swedenborg hier verfasst, den Kant als «Erzphantast unter allen Phantasten»[488] bezeichnet, als «Kandidaten des Hospitals»[489] empfiehlt und dessen Erlebnisse er als «die wilden Hirngespinste des ärgsten Schwärmers»[490] einschätzt. Was bereits an diesen Stichworten deutlich wird: Kant fällt in den *«Träumen ...»* ein hartes Urteil über Swedenborg.

Indes – während Kant in den *«Träumen ...»* ein klares Urteil über den «Geisterseher» fällt, bleibt sein eigenes Urteil über Geister zurückhaltend. Denn die Frage, ob Geister wirklich existieren, ob ihre Existenz überhaupt möglich sei, lässt er selbst letztlich offen; ganz einfach deshalb, weil sie offen bleiben müsse, da philosophische Erkenntnis sie nicht mit Sicherheit beantworten könne. Diesen Umstand, den er bereits im oben genannten Brief angedeutet hatte, führt er nun in den *«Träumen ...»* näher aus: Die theoretische Möglichkeit, dass unsere Seele nach dem Tod in immaterieller Form als Geist weiterexistiere, sei durchaus denkbar – über die effektive Existenz solcher Geister könnten wir allerdings nichts wissen, da diese weder bewiesen noch widerlegt werden könne:

> «Man kann ... die Möglichkeit immaterieller Wesen annehmen, ohne Besorgnis widerlegt zu werden, wiewohl auch ohne Hoffnung, diese Möglichkeit durch Vernunftgründe beweisen zu können.»[491]

In Anbetracht dieses offenen Urteils über Geister ist es erstaunlich, dass Kant nun Swedenborgs Berichte dermassen abtut. Schliesslich behauptet Swedenborg von sich, Kontakt mit Geistern zu unterhalten – aber wenn die Existenz von Geistern (laut Kant) weder bewiesen noch widerlegt werden kann, dann ist sie theoretisch nicht ausgeschlossen; könnte

487 ebd. S. 360
488 ebd. S. 354
489 ebd. S. 348
490 ebd. S. 366
491 ebd. S. 323

dann nicht auch der Umgang mit Geistern als zwar unbeweisbar, aber auch unwiderlegbar gelten, und damit theoretisch möglich sein?

Auch Kant scheint so weit zu denken. Nachdem er die theoretische Möglichkeit von Geistern aus dem Begriff 'Geister' hergeleitet hat, geht er im Anschluss dazu über, auch die Möglichkeit eines «*mundus intelligibilis*», einer «immaterielle[n] Welt», herzuleiten:

> «Da diese immaterielle Wesen selbstthätige Prinzipien sind, ... so ist diejenige Folge, auf die man zunächst gerät, diese, dass sie untereinander, unmittelbar vereinigt, vielleicht ein großes Ganze ausmachen mögen, welches man die immaterielle Welt (*mundus intelligibilis*) nennen kann. (...) Diese immaterielle Welt kann also als ein für sich bestehendes Ganze angesehen werden, deren Theile untereinander in wechselseitiger Verknüpfung und Gemeinschaft stehen, auch ohne Vermittelung körperlicher Dinge ...»[492]

Dieser *mundus intelligibilis* umfasst gemäss Kants Herleitung aber nicht nur die Geister der Verstorbenen im Jenseits. Da nämlich auch die Menschen im Diesseits über eine Seele verfügen, sind auch sie bereits Teil dieser «immateriellen Welt»:

> «Alle diese immaterielle Naturen, sage ich, ... würden nach diesen Begriffen in einer ihrer Natur gemäßen Gemeinschaft stehen, die nicht auf den Bedingungen beruht, wodurch das Verhältnis der Körper eingeschränkt ist ... Die menschliche Seele würde daher schon in dem gegenwärtigen Leben als verknüpft mit zwei Welten zugleich müssen angesehen werden ...
>
> (...)
>
> Es ist demnach so gut als demonstriert, oder es könnte leichtlich bewiesen werden, ... dass die menschliche Seele auch in

492 ebd. S. 330f.

diesem Leben in einer unauflöslich verknüpften Gemeinschaft mit allen immateriellen Naturen der Geisterwelt stehe, dass sie wechselweise in diese wirke und von ihnen Eindrücke empfange, deren sie sich aber als Mensch nicht bewusst ist, so lange alles wohl steht.»[493]

Die Beschaffenheit dieser Geisterwelt, die Jenseits und Diesseits gleichermassen umfasst, eröffne denn auch die (theoretische) Möglichkeit, Visionen von Geistern zu erhalten – freilich aber nur, wenn man genug sensibel für derlei Erscheinungen sei:

> «Diese Art der Erscheinungen kann gleichwohl nicht etwas Gemeines und Gewöhnliches sein, sondern sich nur bei Personen eräugnen, deren Organen eine ungewöhnlich große Reizbarkeit haben, die Bilder der Phantasie dem innern Zustande der Seele gemäß durch harmonische Bewegung mehr zu verstärken, als gewöhnlicher Weise bei gesunden Menschen geschieht und auch geschehen soll.
>
> (...)
>
> Abgeschiedene Seelen und reine Geister können zwar niemals unsern äusseren Sinnen gegenwärtig sein, noch sonst mit der Materie in Gemeinschaft stehen, aber wohl auf den Geist des Menschen, der mit ihnen zu einer großen Republik gehört, wirken, so, dass die Vorstellungen, welche sie in ihm erwecken, sich nach dem Gesetze seiner Phantasie in verwandte Bilder einkleiden und die Apparenz der ihnen gemässen Gegenstände als ausser ihm erregen. Diese Täuschung kann einen jeden Sinn betreffen, und so sehr dieselbe auch mit ungereimten Hirngespinsten untermengt wäre, so dürfte man sich dieses

493 ebd. S. 332f.

> nicht abhalten lassen, hierunter geistige Einflüsse zu vermuthen.»[494]

Was dabei erstaunlich ist: Kants Konzept des *mundus intelligibilis* lässt somit nicht nur die Möglichkeit offen, in Kontakt mit Geistern zu gelangen; sie ist auch dem Konzept Swedenborgs verblüffend ähnlich! So bemerkt der Kulturhistoriker und Religionswissenschafter Wouter J. Hanegraaff, der sich mit Swedenborg und Kant beschäftigt hat:

> «Das metaphysische Konzept eines *mundus intelligibilis* ... wird von Kant logisch ‹aus dem Begriffe von der geistigen Natur überhaupt›[495] deduziert, ist aber eindeutig swedenborgisch: Die Beschreibungen klingen so, als ob sie direkt aus den *Arcana Coelestia* entnommen worden sind.»[496]

Diese Ähnlichkeit ist auch erkennbar, wenn man, ohne die *«Arcana Coelestia»* zu kennen, lediglich Kants *«Träume ...»* liest. Kant selbst gliedert seine Schrift in zwei Teile: in einen ersten Teil, «welcher dogmatisch ist», und einen zweiten Teil, «welcher historisch ist». Während Kant im ersten Teil den theoretischen Möglichkeiten und vernünftigen Beweisgründen von Geistern, Geisterwelten und Geistervisionen auf den Grund geht, widmet er sich erst im zweiten Teil dem Werk Swedenborgs und dessen praktischen Erfahrungen mit der Geisterwelt. Dabei gilt es vorweg zu bemerken, dass Kant in seiner Analyse und partiellen Wiedergabe von Swedenborgs Werk offenbar durchaus Sorgfalt anwandte, da «... sein knappes Referat für ein intensives Studium, eine sorgfältige Rekonstruktion und für ein ernsthaftes Bemühen um eine zusammenhängende Analyse der *Arcana coelestia* (zeugt).»[497] Insofern ist also auszuschliessen, dass Kant in seiner Darlegung dem Schweden Unrecht durch falsche Wiedergabe tut, denn «Kant vermittelt dem Leser ... eine sachliche

494 ebd. S. 339ff.
495 ebd. S. 333
496 Hanegraaff 2008:159
497 Stengel 2008:38

und ziemlich korrekte Beschreibung von Swedenborgs visionären Zuständen ...».[498]

Vergleicht man nun Kants Herleitung des *mundus intelligibilis*, die er im ersten Teil anführt, mit seiner Wiedergabe von Swedenborgs Lehre im zweiten Teil, fällt die verblüffende Ähnlichkeit der beiden Konzepte unmittelbar auf. Eine Ähnlichkeit, die auch Kant selbst ins Auge sticht – gleichwohl sie ihm ein Dorn im Auge zu sein scheint. Denn obwohl er die Ähnlichkeit zugesteht, mag er sie nicht anerkennen, sondern spielt sie mit einem klaren Statement herunter:

> «Zudem habe ich das Unglück, dass das Zeugnis [Swedenborgs], worauf ich stosse und was meiner philosophischen Hirngeburt so ungemein ähnlich ist, verzweifelt missgeschaffen und albern aussieht, so dass ich viel eher vermuthen muss, der Leser werde um der Verwandtschaft mit solchen Beistimmungen willen meine Vernunftgründe für ungereimt, als jene um dieser willen für vernünftig halten. Ich sage demnach ohne Umschweif, dass, was solche anzügliche Vergleichungen anlangt, ich keinen Spaß verstehe, und erkläre kurz und gut, dass man entweder in Swedenbergs Schriften mehr Klugheit und Wahrheit vermuthen müsse, als der erste Anschein blicken lässt, oder dass es nur so von ungefähr komme, wenn er mit meinem System zusammentrifft ...»[499]

Entsprechend dieser klaren Abgrenzung von Swedenborg endet auch Kants Wiedergabe desselben frühzeitig – und erneut mit einem scharfen Urteil: «Ich bin es müde, die wilden Hirngespinste des ärgsten Schwärmers unter allen zu kopieren ....»[500] Ein «Hirngespinst» sei es also, was Swedenborg darlegte, den Kant hier als «Schwärmer» denunziert – trotz aller Ähnlichkeit zu seinem eigenen Konzept.

---

498 Hanegraaff 2008:159

499 Kant 1968, II:359

500 ebd. S. 366; mit «kopieren» meint Kant hier die Exegese des Werks Swedenborgs

Oben wurde bereits die Ambivalenz offensichtlich zwischen Kants offenem Urteil über Geister einerseits und dem harten Urteil über den Geisterseher Swedenborg andererseits. Im Weiteren zeigt sich nun auch hier deutlich eine schon fast verwunderliche Ambivalenz zwischen Kants Urteil über Swedenborgs Geisterwelt und dem *mundus intelligibilis*, den er selbst entwirft.

Solcherlei Ambivalenzen scheinen sich durch Kants *«Träume ...»* hindurchzuziehen; ein Umstand, der auch bereits seine Zeitgenossen ratlos zurückgelassen habe. So kommt der Theologe Friedemann Stengel, der verschiedene zeitgenössische Rezensionen von Kants *«Träumen ...»* untersucht und verglichen hat, zum Ergebnis:

> «Die frühen Rezensionen zusammenfassend kann man sagen, dass sie sich entweder im Unklaren darüber waren, worauf die Träume eigentlich abzielten, dass sie die Gemeinsamkeiten zwischen Swedenborgs Geisterwelt und Kants moralisch intelligibler Welt bemerkten oder dass sie Kants Umgang mit Swedenborg für ungerechtfertigt hielten.»[501]

Dass Kant in seinem Umgang mit Swedenborg tatsächlich nicht gerade milde Töne fand, haben wir vorhin bereits gesehen; in Anbetracht der Ambivalenzen fragt sich nun aber umso mehr, weshalb überhaupt. Wieso verurteilt Kant die Berichte Swedenborgs über dessen Kontakte zu Geistern? Wenn er doch anerkennt, dass die Existenz von Geistern nicht ausgeschlossen ist, und selbst eine Geisterwelt, die mit den lebenden Menschen in Verbindung stehe, denkbar ist – wieso wird dann Swedenborg so grundsätzlich als Phantast abgetan? Wieso empfiehlt Kant den «Geisterseher» als «Kanditaten fürs Hospital»?

Eben wegen der Fälle im Hospital! Denn gemäss Kant sollte so etwas wie eine Geistervision wohl gar nicht erst in Erscheinung treten, «solange alles wohl steht», denn seiner Ansicht nach ...

---

501 Stengel 2008:60f.

> «... kann die anschauende Kenntnis der andern Welt allhier nur erlangt werden, indem man etwas von demjenigen Verstande einbüßt, welchen man für die gegenwärtige nöthig hat.»[502]

Swedenborgs Berichte bedeuten für Kant also, dass bei dem Geisterseher somit wohl nicht «alles wohl steht» – anders gesagt: der Geisterseher erliege einer verrückten Krankheit, wohl verursacht durch die «ungewöhnlich große Reizbarkeit (der Organe)», die die Phantasie ausgeprägter sein lasse, «als gewöhnlicherweise bei gesunden Menschen geschieht und auch geschehen soll.»[503] So fasst auch Hanegraaff Kants Einschätzung zusammen:

> «... solch eine Sensitivität muss als eine Krankheit betrachtet werden, die den Visionär dazu bringt, Halluzinationen zu sehen. ... (M)it anderen Worten: ein wirklicher Visionär kann man nur sein, wenn man ein wenig verrückt ist.»[504]

Und für diese Verrücktheit gibt es laut Kant eine plausible Erklärung – eine Erklärung, die für ihn glaubhafter ist als die Annahme von Geistern. Denn insofern sich die wahre Natur immaterieller Wesen unserem gesicherten Wissen entzieht, mag das Phänomen *'Geister'* ungewiss bleiben. Was es für Kant allerdings mit Gewissheit gibt, ist das Phänomen *'Geisteskrankheit'*. Dieses letztere Phänomen gehört zur erfahrbaren Welt und gilt als erklärt – zumindest liefert Kant selbst in den *«Träumen ...»* eine mögliche Herleitung dessen, was wir heute wohl unter 'Halluzination' oder 'psychotischer Erscheinung' subsumieren würden. Gemäss Kant gibt es also eine durchaus plausible wissenschaftliche Erklärung von (seines Erachtens vermeintlichen) Geistervisionen, die in der Erfahrung gewissenhaft bewährt ist; eine Erklärung, die funktioniert, ohne auf ungewisse Geister oder gar eine ganze Geisterwelt zurückgreifen zu müssen. Offenbar folgt Kant hier der Devise, die als 'Ockhams Rasiermesser'

502 Kant 1968, II:341
503 ebd. S. 339f.
504 Hanegraaff 2008:159

bekannt ist: Wenn mehrere Erklärungen zur Verfüfung stehen, ist die einfachste, die ohne Rückgriff auf komplizierte Hypothesen funktioniert, diejenige, die es vorzuziehen gilt. Denn er geht davon aus,

> «... dass der Leser ... den Begriff vorziehen wird, welcher mehr Gemächlichkeit und Kürze im Entscheiden bei sich führt ...»[505]

> «...(W)elcher Vernünftige würde wohl unschlüssig sein, ob er mehr Möglichkeit darin finden sollte, eine Art Wesen anzunehmen, die mit allem, was ihm die Sinne lehren, gar nichts Ähnliches haben, als einige angebliche Erfahrungen dem Selbstbetruge und der Erdichtung beizumessen, die in mehreren Fällen nicht ungewöhnlich sind.»[506]

Dass Kant mit der Zuschreibung einer Verrücktheit schnell zur Hand ist, dürfte wohl auch daran liegen, dass ihn das Thema Geisteskrankheit ohnehin durchwegs interessiert hat. Der Literaturwissenschafter Oliver Kohns, der sich näher mit dem Begriff und der Thematisierung von 'Wahnsinn' in Kants Werken auseinandergesetzt hat, hält sogar fest, «dass die Thematik des Wahnsinns ... Kant von Anfang bis Ende seiner philosophischen Tätigkeit beschäftigt hat.»[507] Eine intensivere Beschäftigung wird zumindest eindeutig belegt durch Kants *«Versuch über die Krankheiten des Kopfes»* aus dem Jahr 1764. In dieser Schrift (deren Abfassung also zwischen dem Brief über Swedenborg und den *«Träumen ...»* liegt) bemüht sich Kant, verschiedene Formen der Geisteskrankheit einander begrifflich gegenüberzustellen bzw. sie begrifflich voneinander zu differenzieren. Anlass dazu scheinen ihm nicht zuletzt die aufklärerischen Bestrebungen zu liefern, welche die Gesellschaft mit einer bestimmten Symptomatik infizierte: Wo die Vernunft hoch in Kurs steht, wird es lohnenswert, sich ihrer zu brüsten – auch wenn man sie gar nicht hat. So hält Kant in der Einleitung des *«Versuchs ...»* mit wohl

505 Kant 1968, II:347
506 ebd. S. 350
507 Kohns 2007:55

ironischem Unterton fest: «Ich lebe unter weisen und wohlgesitteten Bürgern, nämlich unter denen, die sich darauf verstehen so zu scheinen ...»[508]

Obwohl Kant seine Aufzählung der «Krankheiten» bereits mit einfachen Erscheinungen wie Einfalt und Torheit startet, die wir heute wohl kaum mehr pathologisieren würden, ist doch anzuerkennen, dass er im *«Versuch ...»* durchaus viele Erscheinungen aufzählt, die in der heutigen modernen Psychiatrie und Psychologie tatsächlich als psychische Störungen klassifiziert sind. Doch scheint sein Anliegen keine medizinische Deutung zu sein. Im Gegensatz zu den *«Träumen ...»* gibt Kant im *«Versuch ...»* nämlich keine Erklärung dafür an, wie genau die «Krankheiten des Kopfes» oder deren jeweilige Symptomatik zustande kommen. Denn es handelt sich dabei nicht um eine medizinische Abhandlung, sondern, im Sinne einer «Onomastik»[509], eher um ein Begriffslexikon, womit die von ihm klassifizierten Krankheiten vielmehr in ihrer begrifflichen Bedeutung und Unterscheidung betrachtet werden denn hinsichtlich einer medizinischen Ursache.

Mit diesen Begriffsklärungen gibt der *«Versuch ...»* somit auch einigen Aufschluss darüber, was überhaupt darunter zu verstehen ist, wenn Kant Swedenborg als «Phantasten» und «Schwärmer» bezeichnet. Denn während er in den *«Träumen ...»* lediglich mit den Bezeichnungen um sich wirft, gibt er im *«Versuch ...»* auch eine Definition davon an, was darunter jeweils zu verstehen ist:

Beiden Bezeichnungen ist gemeinsam, dass Kant sie nicht unter einer einfachen «Blödsinnigkeit» einordnet, sondern sie als Erscheinungen des «gestörten Gemüths» klassifiziert[510], genauer in der Kategorie der «Verrückung», welche er folgendermassen beschreibt:

> «Diese Eigenschaft des Gestörten, nach welcher er ... im wachenden Zustande gewohnt ist, gewisse Dinge als klar empfun-

508 Kant 1968, II:259

509 ebd. S. 260; «Onomastik» meint Namensforschung

510 ebd. S. 263

den sich vorzustellen, von denen gleichwohl nichts gegenwärtig ist, heisst die Verrückung.»[511]

In der Charakterisierung der «Verrückung» hält Kant nun vorneweg fest, dass dem Verrückten mit Vernunftgründen nicht beizukommen sei:

> «(E)s wäre umsonst, einer Empfindung, oder derjenigen Vorstellung, die ihr an Stärke gleich kommt, Vernunftgründe entgegen zu setzen, weil von wirklichen Dingen die Sinne weit grössere Überzeugung geben als ein Vernunftschluss; zum wenigsten kann derjenige, den diese Chimäre bezaubert, niemals durch Vernünfteln dahin gebracht werden, an der Wirklichkeit seiner vermeinten Empfindung zu zweifeln.»[512]

In die Kategorie der «Verrückung» fallen nun auch der «Phantast» und der «Schwärmer». Kant definiert zunächst den «Phantasten»: «Ist das gewöhnliche Blendwerk seiner Sinne ... eine wirkliche Empfindung, so ist der ... ein Phantast.»[513] Ebenso gibt er an, was unter einem «Fanatiker (Visionär, Schwärmer)» zu verstehen ist: «Dieser ist eigentlich ein Verrückter von einer vermeinten unmittelbaren Eingebung und einer grossen Vertraulichkeit mit den Mächten des Himmels.»[514]

Was diese Begriffserläuterungen aus dem *«Versuch ...»* verdeutlichen: Mit den Attributen, die Kant dem Schweden zuschreibt, spricht er ihm jegliche Glaubwürdigkeit ab. Nicht nur stellt er dessen Visionen klar als Täuschungen hin, sondern er degradiert ihn gleichermassen zu einem hoffnungslosen Fall, insofern ihm mit Vernunft, und damit wohl auch mit gesundem Menschenverstand, nicht beizukommen sei.

In den *«Träumen ...»* geht Kant sogar noch einen Schritt weiter: Er erklärt nicht nur den Fall Swedenborg für erledigt, sondern das Thema Geister und Visionen insgesamt:

---

511 ebd. S. 265
512 ebd.
513 ebd.
514 ebd. S. 267

> «Die Folge, die sich aus diesen Betrachtungen ergiebt, hat dieses Ungelegene an sich, dass sie die tiefe Vermuthungen des vorigen Hauptstücks ganz entbehrlich macht ...»[515]

> «Nunmehr lege ich die ganze Materie von Geistern ... als abgemacht und vollendet beiseite. Sie geht mich künftig nichts mehr an.»[516]

Für Kant ist die Sache also geklärt. Was er hier in einem nüchternen Fazit zum Schluss seines ersten Teils klarstellt, kontrastiert allerdings mit dem Ausmass, in dem er sich im zweiten Teil über Swedenborg echauffiert. Echauffiert er sich denn überhaupt? Durchaus, wenn man bedenkt, welch harte Töne er über den Schweden anschlägt. Kant selbst würde dies aber wohl dementieren. Er scheint nämlich bemüht, sich betont gleichgültig zu geben: Die Frage nach Geistern und Geistervisionen sei eine «gleichgültige Aufgabe», die er hier abgehandelt habe[517], und die Berichte Swedenborgs gebe er «mit völliger Gleichgültigkeit» wieder[518].

Doch ganz schlucken lässt sich diese Selbstdarstellung nicht – nicht, wenn man die gut sechzig Seiten Umfang seiner Untersuchung bedenkt, und auch nicht, wenn man bedenkt, welche Zugeständnisse er an anderer Stelle macht:

> «Ich gestehe, dass ich sehr geneigt sei das Dasein immaterieller Naturen in der Welt zu behaupten und meine Seele selbst in die Klasse dieser Wesen zu versetzen.»[519]

Gleichermassen gesteht Kant auch, die Vielzahl an Geistergeschichten nicht allesamt als Humbug abzutun, wenn er schreibt ...

---

515 ebd. S. 347
516 ebd. S. 352
517 ebd. S. 349
518 ebd. S. 354
519 ebd. S. 327

> «… dass ich mich nicht unterstehe so gänzlich alle Wahrheit an den mancherlei Geistererzählungen abzuleugnen, doch mit dem gewöhnlichen, obgleich wunderlichen Vorbehalt, eine jede einzelne derselben in Zweifel zu ziehen, allen zusammen genommen aber einigen Glauben beizumessen.»[520]

Ob Kant mit diesen Zugeständnissen selbst der «Hoffnung» unterliegt, dass der Tod des Körpers nicht das Ende für die Seele bedeute? Es macht den Eindruck, denn letztlich gibt er zu, dass auch er sich in diesem Thema nicht gänzlich unparteiisch verhalten könne, und auch nicht wolle:

> «Die Verstandeswage ist doch nicht ganz unparteiisch, und ein Arm derselben, der die Aufschrift führt: Hoffnung der Zukunft, hat einen mechanischen Vortheil, welcher macht, dass auch leichte Gründe, welche in die ihm angehörige Schale fallen, die Spekulationen von an sich grösserem Gewichte auf der andern Seite in die Höhe ziehen. Dieses ist die einzige Unrichtigkeit, die ich nicht wohl heben kann, und die ich in der That auch niemals heben will.»[521]

Kants Unparteilichkeit dahingestellt – seine betonte Abgeklärtheit wirkt fragwürdig angesichts seiner Zugeständnisse, und in Umfang und Intensität steht seine Untersuchung deutlich im Kontrast zu seiner nachdrücklich behaupteten Gleichgültigkeit.

Erneut werden also Ambivalenzen ersichtlich, wie sie sich in Kants Text über Swedenborg immer wieder offenbaren. Allein schon sprachlich drängen sie sich auf, wechselt sein Stil doch kontinuierlich zwischen gründlicher philosophischer Reflexion einerseits und polemischer Diffamierung andererseits. Aber vor allem inhaltlich scheinen Kants *«Träume …»* kein einhelliges Bild zu vermitteln, wie wir eben gesehen haben: Es kontrastiert sein offenes Urteil über Geister mit dem vernichtenden Urteil über den «Geisterseher»; seine Beurteilung von Swedenborgs

520 ebd. S. 351
521 ebd. S. 349f.

Geisterwelt als «Hirngespinst» steht in Gegensatz zu deren Ähnlichkeit mit seiner eigens abgeleiteten immateriellen Welt; seine Zugeständnisse und die Intensität in Sprache und Umfang kollidieren mit seiner bemühten Gleichgültigkeit gegenüber dem Thema.

Die Ambivalenz geht zudem weiter, wenn wir die *«Träume ...»* Kants noch seinen Äusserungen im eingangs betrachteten Brief an Fräulein von Knobloch gegenüberstellen. Denn im Verlaufe der drei Jahre scheint sich ein nahezu chiastisch anmutender Gesinnungswandel vollzogen zu haben: Im Brief bezeugt Kant noch seine Neigung, die Wahrheit von Geistergeschichten grundsätzlich zu verneinen, doch die «Glaubwürdigkeit» der Erzählungen um Swedenborg mache ihn «stutzig». Ganz anders drei Jahre später in den *«Träumen ...»*, wo er seine Neigung gesteht, dem Glauben an immaterielle Wesen durchaus etwas Wahres abzugewinnen, doch die Glaubwürdigkeit von Swedenborgs Erzählungen komplett verneint.

Doch bevor wir versuchen, uns einen Reim auf Kants Ambivalenzen zu machen, schauen wir einmal, was der von ihm angegriffene schwedische Wissenschafter und Visionär dazu überhaupt zu sagen hatte.

Swedenborgs «Geheimnisse» und sein Umgang mit Geistern

Kants *«Träume ...»* sind zwar nicht direkt an den Schweden selbst gerichtet, sondern eher eine Rezension von dessen *«Arcana Coelestia»*, den *«Himmlischen Geheimnissen»*. Dennoch hat der obige Überblick verdeutlicht, dass der deutsche Denker seinen schwedischen Zeitgenossen mit harscher Kritik konfrontiert hat.

Swedenborg selbst hat zu den von Kant vorgebrachten Vorwürfen und Diffamierungen keine eigene Stellungnahme verfasst; zumindest findet sich unter seinen zahlreichen Schriften keine Replik, die explizit an Kant gerichtet wäre. Doch liest man sich in Swedenborgs Werk ein, gibt es doch implizite Stellungnahmen zu finden, die solcherlei Kritik vorausgreifen. Ironischerweise finden sich solche Ausführungen gerade auch in den *«Arcana Coelestia»*, in dem Werk also, mit dem Kant sich intensiv beschäftigt hat und das er in der zweiten Hälfte der *«Träume ...»*

gleichermassen rezensiert wie diffamiert. Das 'Ironische' daran ist, dass Kant also mit der Stellung und Haltung Swedenborgs durchaus vertraut gewesen sein dürfte. Swedenborgs Ausführungen umgekehrt zeigen, dass er auch ohne explizites Diffamieren durchaus eine ziemlich klare Haltung zu Gelehrten wie Kant einnimmt – zwar ohne polemischen Ton, aber doch mit teils abschätzigem Beiklang. Doch beginnen wir von vorne.

Bei den *«Arcana Coelestia»* Swedenborgs handelt es sich genau genommen weniger um eine Berichterstattung über seinen Umgang mit Geistern, als vielmehr um eine Bibelauslegung. Neben diesem Anliegen, den wahren «inneren» Sinn des Alten Testaments, insbesondere der ersten beiden Bücher Moses, aufzudecken, sind die Schilderungen von Swedenborgs zahlreichen Erfahrungen mit dem Geisterreich eher eine Begleiterscheinung, wie uns der volle Titel des Werks wissen lässt:

> *«ARCANA COELESTIA quae in Scriptura Sacra, seu Verbo Domini sunt, detecta: nempe quae in Genesi et Exodo, una cum mirabilibus quae visa sunt in Mundo Spirituum et in Caelo Angelorum»*[522]
>
> 'Die HIMMLISCHEN GEHEIMNISSE, die in der Heiligen Schrift oder im Worte des Herrn enthüllt wurden: nämlich die in Genesis und Exodus, gemeinsam mit den Wunderdingen, die gesehen wurden in der Welt der Geister und im Himmel der Engel'[523]

Entsprechend ist auch der Aufbau des umfangreichen Werks gestaltet: Nach einigen kurzen «Vorbemerkungen des Verfassers» werden von Swedenborg nacheinander neu auszulegende Bibelstellen zunächst zitiert, dann ausgedeutet. Die Berichte über seine Begegnungen mit Geistern und Engeln finden sich hingegen nur vereinzelt und weit verstreut

---

522 «Titel der lateinischen Urfassung von 1749–56», zit. n. Swedenborg 1998
523 Übers. Anina Föhn

zwischen den Passagen der Bibelauslegung[524]. Doch auch wenn somit Swedenborgs 'Geistererzählungen' eher eine Randbemerkung sind, so spielen sie doch eine wesentliche Rolle für das ganze Werk. Schliesslich diente ihm nämlich gerade der Umgang mit immateriellen Wesen – mit Geistern und auch Engeln – als die eine Quelle, aus der er vom wahren Sinn der ausgelegten Bibelpassagen erfuhr. Zudem erschöpft sich das Anliegen der *«Geheimnisse»* nicht allein in dieser Auslegung, sondern zielt darüber hinaus auch darauf ab, zu berichten, was er in zahlreichen Erlebnissen über das Jenseits und dessen Beschaffenheit sowie über das Leben der immateriellen Wesen und deren Eigenart erfahren hat.

Aus diesem Umgang mit dem Geisterreich als wesentlicher Quelle macht Swedenborg denn auch keinen Hehl – im Gegenteil setzt er seine Leserschaft gleich zu Beginn in den kurzen Vorbemerkungen darüber in Kenntnis:

> «Daher mag vorläufig kund werden, dass vermöge der göttlichen Barmherzigkeit des Herrn mir (E. Swedenborg) vergönnt worden ist, schon einige Jahre lang fortwährend und ununterbrochen im Umgang mit Geistern und Engeln zu leben, sie reden zu hören und wieder mit ihnen zu reden. Daher sind mir im anderen Leben staunenswerte Dinge zu hören und zu sehen gegeben worden, die nie zu eines Menschen Kenntnis, noch in seine Vorstellung gekommen sind.»[525]

Wie an dieser einleitenden Bemerkung bereits ersichtlich wird, betrifft Swedenborgs Umgang mit dem Geisterreich nicht nur Geister, sondern auch Engel. Doch wie kam er überhaupt zum Umgang mit derlei immateriellen Wesen?

Ganz ähnlich wie Kant erklärt auch Swedenborg, dass der Umgang mit Geistern und Engeln theoretisch allen Menschen möglich wäre, da

524 In der Publikation der *«Arcana Coelestia»* hat sich inzwischen als 15. Band ein Supplement-Band etabliert, in dem die verstreuten Berichte von Swedenborgs visionären Erlebnissen gesammelt sind.

525 Swedenborg 1998, 1:26

sie als beseelte Wesen sozusagen in einer Wesensverwandtschaft zueinander stehen. Doch in der Praxis müssen bestimmte Bedingungen erfüllt sein, um mit diesen immateriellen Wesen in Kontakt treten zu können – und diese Bedingungen erfüllen die wenigsten, wie Swedenborg erklärt:

> «Die im Himmel sind, können ... mit den Engeln und Geistern reden und umgehen ... Das gleiche kann auch der Mensch, während er in der Welt lebt, wenn ihm vom Herrn gegeben ist, mit Geistern und Engeln zu reden, denn der Mensch ist ein Geist und Engel in betreff seines Inneren. ...
>
> Aber wie ein Geist und Engel mit Engeln und Geistern zu reden wird niemandem gestattet, wenn er nicht so beschaffen ist, dass er ihnen beigesellt werden kann in betreff des Glaubens und der Liebe. Er kann aber nicht beigesellt werden, wenn kein Glaube an den Herrn und keine Liebe zum Herrn in ihm ist, weil der Mensch nur durch den Glauben an Ihn, somit durch die Wahrheiten der Lehre, und durch die Liebe zu Ihm verbunden wird. ... Bei den anderen kann das Innere gar nicht aufgeschlossen werden, denn sie sind nicht im Herrn.
>
> Dies ist der Grund, warum heutzutage so wenige sind, denen gegeben wird, mit Engeln zu reden und umzugehen ...»[526]

Dass also Swedenborg im Gegensatz zu den meisten anderen dazu befähigt sei, macht die Erfahrungen, die er dabei sammeln konnte, nicht allein zu einer Ausnahmeerscheinung, sondern auch zu einer Berufung: Er kann nun jene über die Geister und das Jenseits in Kenntnis setzen, die in Unkenntnis darüber sind:

> «Weil heutzutage in der Kirche bei den meisten kein Glaube an ein Leben nach dem Tode vorhanden ist ..., darum wurde das Innere meines Geistes vom Herrn aufgeschlossen, damit ich,

---

526 Swedenborg 1999, 15:468f.

während ich im Leibe bin, zugleich bei den Engeln im Himmel sein und nicht nur mit ihnen reden, sondern auch staunenswerte Dinge daselbst sehen und beschreiben könnte .... Damit jedoch auch die übrigen zu einiger Anerkennung gebracht werden, wurde mir gestattet, solche Dinge zu berichten, die einen wissbegierigen Menschen erfreuen und anziehen.»[527]

Während somit den meisten Leuten, trotz einer Wesensverwandtschaft zu Geistern und Engeln, die Einsicht in deren Sein verschlossen bleibt, wurde Swedenborgs Inneres derart aufgeschlossen, dass er im Umgang mit Geistern stehen konnte. Und da dies bereits über mehrere Jahre hinweg geschah, weiss er in den *«Geheimnissen»* von einem entsprechend umfangreichen Erfahrungsschatz zu berichten. «Ich habe mit vielen ... geredet, und zwar lange, Monate und Jahre hindurch, mit so deutlicher (jedoch innerer) Stimme, wie mit Freunden in der Welt.»[528]

Unter all diesen Erfahrungen schildert Swedenborg verschiedene mögliche Umgangsformen, die ihm Einblick in die immaterielle Welt gewährt haben. Denn wie oben bereits angedeutet bestand sein Umgang mit Geistern und Engeln nicht allein in einem Austausch, sondern umfasste darüber hinaus auch Einsichten in das Jenseits, das ihm in Träumen und Visionen lebhaft vor Augen geführt wurde. Doch die gängigste Umgangsform, über die sein Kontakt zur Geisterwelt bestand, scheint die Gesprächsform zu sein, wobei es sich allerdings nicht um ein physisches Sprechen handelt, wie mit anderen Lebenden – stattdessen findet die Kommunikation 'innerlich' statt:

«Bekannt ist aus dem Worte des Herrn, dass ehemals viele mit Geistern und Engeln geredet, und dass sie auch vieles, was sich im anderen Leben befindet, gehört und gesehen haben. Dass aber später der Himmel gleichsam verschlossen wurde, und zwar so sehr, dass man heutzutage kaum glaubt, dass es Geister und Engel gibt, und noch weniger, dass jemand mit ihnen

527 ebd.

528 ebd. S. 18

reden kann, indem man meint, das Reden mit solchen, die man nicht sieht, und die man im Herzen leugnet, sei etwas Unmögliches. Weil mir aber, aus göttlicher Barmherzigkeit des Herrn nun schon einige Jahre hindurch vergönnt worden ist, beinahe fortwährend Rede mit ihnen zu wechseln und mit ihnen umzugehen wie einer von ihnen, so darf ich, was mir über ihr Reden miteinander zu wissen gegeben worden ist, jetzt berichten.

Das Reden der Geister mit mir wurde ebenso deutlich gehört und empfunden ([lat.] *percepta*) wie das Reden mit einem Menschen. Ja, zuweilen sprach ich mit ihnen mitten in einer Gesellschaft von Menschen und bemerkte dann, da ich die Geister ebenso laut (sprechen) hörte wie die Menschen, so ganz, dass die Geister sich zuweilen wunderten, dass ihr Gespräch mit mir nicht auch von anderen gehört wurde; denn es fand durchaus kein Unterschied in Rücksicht des Gehörs statt. Weil jedoch der Einfluss in die inneren Gehörorgane ein anderer ist als der Einfluss der Rede mit den Menschen, so konnte es nur von mir gehört werden, dem, aus göttlicher Barmherzigkeit des Herrn, jene geöffnet worden waren. Die menschliche Rede fällt auf einem äusseren Wege mittels der Luft durch das Ohr ein, die Rede der Geister hingegen nicht durch das Ohr noch mittels der Luft, sondern auf einem inneren Weg in eben dieselben Organe des Hauptes oder des Gehirns; daher das gleiche Hören stattfindet.»[529]

In diesem ausführlichen Beispiel wie auch im vorherigen Zitat macht Swedenborg deutlich, dass sich seine Befähigung zum Umgang mit der Geisterwelt letztlich der göttlichen Gnade verdanke. Nicht zuletzt dieser von Swedenborg wiederkehrend genannte Umstand deutet bereits einen wesentlichen Aspekt an, der Swedenborgs Kontakt zur Geisterwelt auszeichnet: dass der Umgang mit Geistern für Swedenborg ein rein passives Widerfahrnis zu sein scheint. Wie sich nämlich aus sei-

529 ebd. S. 92

nen Formulierungen schliessen lässt, verdankt sich diese Fähigkeit nicht irgendwelchen Eigenschaften, über die Swedenborg aktiv verfügt. Im Grunde genommen handelt es sich nicht einmal um eine Fähigkeit, sondern vielmehr um eine Befähigung: eine, die ihm von Gott verliehen wurde und die er passiv empfing. Dasselbe gilt auch für die Kontaktaufnahme, mittels der Swedenborg in den konkreten Austausch mit den Geistern gerät: Er berichtet durchwegs, dass die Geister, denen er begegnete, *zu ihm* gekommen seien. Dass Swedenborg hingegen selbst aktiv auf einen Geist zugegangen wäre, scheint sich nirgends in seinen Ausführungen zu finden. Er selbst scheint diesen Kontakt also gar nicht aktiv herbeiführen zu können.

Dieser passive Charakter von Swedenborgs Umgang mit Geistern zieht sich durch seine gesamten Ausführungen: nicht nur inhaltlich, wo er wiederkehrend auf die «göttliche Barmherzigkeit» verweist und die Schilderung seiner Begegnungen immer wieder einführt mit «Es kam einer zu mir ...». Auch sprachlich zieht es sich durch, denn Swedenborg kennzeichnet seine Erfahrungen wiederkehrend in passiver Form: So erklärt er kaum einmal, dass er etwas (aktiv) gesehen oder beobachtet habe, sondern spricht stets davon, dass ihm (passiv) etwas «gezeigt» oder «gegeben wurde»; dass etwas «gesehen» oder «erfahren wurde» – eine Ausdrucksweise, die sich auch bereits im Titel niederschlägt.

Dass Swedenborg seine Geistererfahrungen als Gabe empfand, lässt annehmen, dass er die Kontaktaufnahme zu Geistern nicht aktiv herbeiführen konnte – geschweige denn, dass er sie anderen Personen aktiv beibringen könnte. Dass aber genau dies problematisch für seine Glaubwürdigkeit sein kann, dessen scheint er sich bewusst gewesen zu sein.

Denn was bei der Lektüre der *«Geheimnisse»* schnell deutlich wird: Swedenborg ist sich durchaus im Klaren darüber, dass seine Berichte unter Kritikern kaum auf Glauben stossen werden und er stattdessen mit viel Ungläubigkeit zu rechnen hat. Besonders deutlich wird dies, als er einigen Geistern zu erklären versucht, weshalb er ihre Bitte ausschlagen muss, ihren lebenden Angehörigen von ihnen zu berichten:

> «Es traf sich einigemal, dass einige [Geister] ihre Freunde, die sie bei Leibesleben gehabt hatten, durch mich ganz so gegenwärtig

sahen wie früher ... Sie sahen auch ihre Gatten und Kinder, und wollten, dass ich ihnen sagte, sie seien da, und sähen sie, und dass ich denselben von ihrem Zustand im anderen Leben Kunde geben möchte; allein denselben zu sagen und zu offenbaren, dass sie so gesehen worden seien, war mir untersagt, auch aus dem Grund, weil sie gesagt hätten, ich sei nicht bei Sinnen oder gedacht hätten, es seien Schwärmereien ([lat.] *deliria animi*), da mir bekannt war, dass sie ... im Herzen nicht glaubten, dass es Geister gibt und die Toten auferstanden sind.»[530]

Mehrmals kommt Swedenborg auf diesen Umstand zu sprechen, dass er solche Ungläubigkeit zu erwarten hat, mit der auch Diffamierungen und Verspottungen einhergehen können. Doch zugleich scheint er ein empathisches Verständnis dafür aufzubringen: Denn wie sollen jene seinem Umgang mit Geistern Glauben schenken, die gar nicht erst an Geister glauben? Wie sollen sie glauben, dass Swedenborg mit Wesen kommuniziert, von denen sie schliesslich nicht glauben, dass sie überhaupt existieren? So erklärt er auch in folgender Szene:

«Sie [die Geister] wollten, ich solle ihren Freunden sagen, dass sie leben und solle denselben auch schreiben, welches ihre Zustände seien, wie ich denn auch ihnen mehreres von dem Zustand ihrer Freunde erzählte. Allein ich sagte, wenn ich sagen oder schreiben würde, so würden sie es nicht glauben, sie würden es Phantasien nennen und darüber spotten und Zeichen oder Wunder fordern, ehe sie glauben. Ich würde mich so ihrer Verhöhnung aussetzen. Und dass dies wahr ist, werden wohl auch wenige glauben, denn sie leugnen im Herzen, dass es Geister gibt; und die es nicht leugnen, wollen doch nichts davon hören, dass jemand mit Geistern sprechen könne.»[531]

530 ebd. S. 112f.
531 ebd. S. 18

Angesichts dieses Verständnisses bestätigt sich, dass Swedenborg sich durchaus bewusst war, auf welchen Unglauben er bei vielen stossen wird. Zumal scheint er diesen Umstand auch genauer reflektiert zu haben. Denn er rechnet nicht nur mit Ungläubigkeit und Diffamierung, sondern weiss diese Reaktion auch auf einen bestimmten Grund zurückzuführen:

> «Sie [die Geister] wollten auch, dass ich dies ihren Verwandten sagte, die in Trauer waren, aber es wurde mir gestattet, ihnen zu antworten, dass diese, wenn ich es ihnen sagte, darüber spotten würden, weil sie glaubten, dass nichts existiere, was sie nicht mit eigenen Augen sehen könnten, und so würden sie es als Visionen oder Täuschungen betrachten ...»[532]

So oft Swedenborg also auf die Ungläubigkeit gegen seine Berichte zu sprechen kommt, so oft weiss er auch Gründe dafür anzugeben, weshalb die Leute gar nicht erst an Geister glauben:

> «Ich sprach mit Geistern über die Meinung der Menschen, die heutzutage leben, dass sie an keinen Geist glauben, weil sie ihn nicht mit Augen sehen und nicht durch die Wissenschaft begreifen ...»[533]

Wie die eben zitierten Stellen bereits antönen, steht für Swedenborg der wesentliche Grund für die Ungläubigkeit an immaterielle Wesen fest: Die Devise lautet, nur zu glauben, was man mit eigenen Augen sieht. Doch ist diese Devise nicht restlos zuverlässig, wie Swedenborg anmerken muss:

> «Ich weiss jedoch, dass nur wenige glauben, ... dass es überhaupt Geister gebe. Der Grund ist ..., dass man die Geister nicht mit eigenen Augen sieht, denn man sagt: würde ich sehen, so

532 ebd. S. 257f.
533 ebd. S. 17

> würde ich glauben, was ich sehe, d. h. was ich nicht sehe, davon weiss ich nicht, ob es sei; während man doch weiss oder wissen kann, dass das Auge des Menschen so stumpf und grob ist, dass er nicht einmal das sieht, was in dem Untersten der Natur hervortritt, wie man sich durch die künstlichen Gläser (die Mikroskope), durch die solche Dinge erscheinen, überzeugen kann.»[534]

Ausgehend von dieser Devise kann Swedenborg die Ungläubigkeit nachvollziehen – doch für die Devise selbst kann er nur wenig Verständnis aufbringen. Im Gegenteil: Mit dem obigen Vergleich entlarvt er seine Zeitgenossen als naiv, wenn sie vom Anspruch ausgehen, das physische Auge sei die einzig gültige Referenz für reale Gegebenheiten, also dafür, ob etwas existiere oder nicht.

Swedenborg gelingt es hiermit, die Zweifler an ihrer eigenen Nase zu nehmen: Sie referieren in ihrer Ungläubigkeit zwar auf eine wissenschaftlich anmutende Devise – auf die empirische Grundlage der physischen Wahrnehmung – doch gerade die wissenschaftliche und technische Entwicklung, der sich dieser empirische Anspruch verdankt, sollte sie eigentlich eines Besseren belehren. Das erweist auch folgender Vergleich, den Swedenborg anbringt:

> «Die Geister, mit denen ich geredet, haben sich verwundert, dass der Mensch von solcher Art ist, da er doch weiss, dass es in der Natur selbst und in jedem ihrer Reiche soviel Wunderbares und Mannigfaltiges gibt, das er nicht kennt, wie z. B. im Inwendigen des menschlichen Ohres, von dem man ein ganzes Buch mit erstaunlichen und unerhörten Dingen füllen könnte, welchen ein jeder Glauben schenkte. Dagegen, wenn von der geistigen Welt ... etwas gesagt wird, so glaubt es kaum jemand; wie gesagt, infolge der vorgefassten und verfestigten Meinung, dass es nicht sei, weil man es nicht sieht.»[535]

---

534 ebd. S. 337
535 ebd. S. 48f.

Swedenborg entlarvt hiermit geschickt einen wohl gängigen Fehlschluss der Leute:

Ja, es mag stimmen: Was man mit eigenen Augen sieht, das gibt es wohl – aber das bedeutet umgekehrt nicht, dass man alles, was es gibt, mit eigenen Augen muss sehen können. Kurz gesagt: Nur weil ich etwas nicht sehen kann, heisst das nicht, dass es nicht existiert. Und gerade wissenschaftliche Erkenntnisse wie die oben genannten sind der beste Nachweis dafür.

Es ist wohl anzunehmen, dass Swedenborg damit durchaus einen Kern seiner Zeit traf und eine Tendenz der Aufklärung kritisch festhält: dass der aufkeimende Glaube an die Wissenschaft andere Optionen, die Welt zu sehen und zu erklären, tilgt, denn zunehmend weicht der Glaube an das Immaterielle dem Glauben an die empirische Belegbarkeit und die rationale Erklärbarkeit der Welt. Was über die physische Welt hinausgeht, wird zum Anliegen der Metaphysik[536], deren Gegenstand wörtlich genommen 'hinter der Natur' liegt. Da sich das 'Metaphysische' daher einer physischen Beweiskraft entzieht, wird auf den Verstand und auf Vernunftschlüsse gesetzt. Auf dieses Vorgehen kommt Swedenborg eindrücklich zu sprechen, als er sich mit einigen Geistern über Weisheit und Gelehrte unterhält, und berichtet, er habe den Geistern erklärt ...

> «... dass unter die Wissenschaften, um deren willen sie für Gebildete gelten, auch das Analytische gehöre, wodurch sie das, was dem Gemüt und seinen Gedanken angehört, zu erforschen sich bemühen, und dass sie dieses Metaphysik und Logik nennen, dass sie aber kaum über die Begriffsbestimmungen ([lat.] *terminos*) und einige vielfach anwendbare Regeln hinausgekommen seien; und dass sie über Begriffe streiten, z.B. was Form, was Substanz, was das Gemüt, was die Seele sei, und dass sie mittels jener allgemeinen vielfach anwendbaren Regeln heftig über die Wahrheiten streiten.»[537]

536 aus gr. *metá*: 'nach', 'hinter' und *physis*: 'Natur'

537 ebd. S. 185f.

Wenn wir nun die *«Träume ...»* vor Augen haben, dürfte wohl klar sein, dass Swedenborg hier eins zu eins die Methodik schildert, die Kant in seinem ersten «dogmatischen» Teil angewandt hat: Erst 'streitet' der Philosoph über die Bedeutung der Begriffe, und dann darüber, ob sich aus denselben mittels Analyse und Schlüssen etwas Wahres über das begrifflich Gefasste deduzieren lässt. In diesem Sinne schildert Swedenborg hier genau das Verfahren, mit dem Kant gegen ihn vorging. Doch Swedenborg schildert es nicht nur, sondern unterzieht es auch einer Kritik. Denn dass er diese Methodik für fragwürdig hält, kommt an verschiedenen Stellen seiner Ausführungen zum Ausdruck. Angedeutet wird es auch bereits in obiger Szene, in der die Geister ihm entgegnen, «dass solches allen Sinn und Verstand der Sache entziehe, wenn man nur bei den Begriffen davon stehen bleibe, und darüber nach künstlichen Regeln denke.»[538] Und auch wenn Swedenborg hier nicht zu einer Polemik greift, die mit der Kants vergleichbar ist, so ist doch erkennbar, dass er für dieses Verfahren nicht viel übrig hat: als «Vernünfteln» bezeichnet er es, wobei ein abfälliger Beiklang durchaus spürbar ist. So beispielsweise, wenn er erklärt, dass die Ungläubigkeit gegenüber Geistern ein Symptom der Menschen «heutzutage» sei, «wo sie durch hirnverrücktes Vernünfteln ([lat.] *cerebroso ratiocinio*) erforschen wollen, was die Geister sind, die sie alles Sinnes berauben durch Definitionen und Voraussetzungen, und zwar je gelehrter sie sein wollen, desto mehr.»[539]

Gerade dies scheint für Swedenborg das wesentliche Problem an diesem Vorgehen zu sein: dass die Gelehrten «ihren Verstand in wissenschaftliche Ausdrücke versenkt und viel gestritten hatten über Form, Substanz, über das Materielle und Nichtmaterielle und dgl., aber ohne irgendeinen Nutzen daraus zu ziehen»[540], wobei der Nutzen des Ganzen ausbleibe, da das blosse «Vernünfteln» über die Begriffe des Immateriellen keine Wahrheiten über diese erhelle, sondern letztlich dazu führe, dass die Gelehrten «an erdichteten Wörtern und Ausdrü-

538 ebd. S. 186
539 ebd. S. 18
540 ebd. S. 455

cken hängen, die das Verständnis der Dinge vielmehr verdunkeln, ja auslöschen»[541].

Damit geht Swedenborg in seiner kritischen Haltung noch einen Schritt weiter: Er stellt nicht nur das Verfahren selbst in Frage, sondern auch den Anspruch, dass dieses eine Verfahren als einziges etwas Beweiskräftiges oder Wahres hervorzubringen vermöge. Im Gegenteil: Gerade für die Einsicht in Immaterielles scheint dieses 'wissenschaftliche' Vorgehen nicht nützlich, sondern kontraproduktiv: Das «Vernünfteln» erhelle den zergrübelten Gegenstand nicht, sondern verdunkle ihn. Entsprechend überzogen scheint der hegemoniale Anspruch der Wissenschaft.

Auf den ersten Blick mag es verwundern, dass Swedenborg hier eine so wissenschaftskritische Haltung zeigt, wo er doch selbst die ersten dreissig Jahre seiner Karriere als Wissenschafter tätig war, und das mit Enthusiasmus und Erfolg. Und tatsächlich wendet er nach seiner «religiösen Krise» eine alternative Erkenntnisweise an, die nicht mehr dem wissenschaftlichen «Vernünfteln» entspricht. Doch dieser Umstand sowie Swedenborgs Kritik sind nicht so zu verstehen, als ob er jegliche Erkenntniskraft des «Vernünftelns» dementiere, geschweige denn seine eigene, bisherige wissenschaftliche Tätigkeit entwerte. Im Gegenteil: Swedenborg erklärt das Vernünfteln nicht generell als untauglich, um Erkenntnisse zu gewinnen, sondern lediglich, um das Immaterielle und jenseitige Begebenheiten zu erhellen. Und in diesem Sinne schliessen seine Einsichten in das Jenseitige auch nicht seine vorausgehenden, wissenschaftlichen Einsichten aus. Stattdessen bilden sie vielmehr ein darüberhinausgehendes Korrelat, das durchaus mit seiner Forschung vereinbar ist. So beschreibt auch die Swedenborg-Forscherin Jonsson die Bruchlosigkeit in Swedenborgs Wandel nach seiner «religiösen Krise» im Jahr 1745:

> «Das Jahr 1745 stellt die markanteste Trennlinie in Swedenborgs literarischer Produktion dar. Damals machte er seine entscheidende spirituelle Erfahrung, die ihn von seinen wis-

541 ebd. S. 49

> senschaftlichen Studien weg hin zu seiner Arbeit als Ausleger der Heiligen Schrift führte. Doch seine Erleuchtung führte nicht zu einer Verleugnung seiner früheren Beiträge oder zu einer Ablehnung ihrer Ergebnisse. Im Gegenteil: Es ist wichtig, die Tatsache zu beachten, ... dass Swedenborg seine wissenschaftliche Denkweise und Erfahrung in seine neu erworbene religiöse Überzeugung integrierte ...»[542]

Wenn sich Swedenborg also mit abschätzigem Beiklang über das Verfahren des «Vernünftelns» auslässt, ist dies nicht als eine grundsätzliche Abschätzigkeit gegenüber den Wissenschaften zu verstehen. Doch es markiert eine wichtige Kritik, die sich darauf richtet, welche Ansprüche die Wissenschaft für dieses ihr Verfahren erhebt. Und spätestens hier wird Swedenborgs Bewusstsein für seine ungläubigen Kritiker zu einer Gegenkritik: Er bewegt sich von der Defensive, die sich mit wissenschaftlichen Ansprüchen konfrontiert sieht, in die Offensive, die die Gültigkeit dieser Ansprüche in Frage stellt. Dabei scheint es ihm vor allem darum zu gehen, dass sich nun mal nicht alles, was existiert, und nicht alle Wahrheit darüber, was es gibt, auf wissenschaftliche Begriffe und Formeln reduzieren lässt. Treffend kommt dies in folgendem Vergleich zum Ausdruck, der ihm von einem Geist angestellt wurde:

> «...(W)er kunstmässig von wissenschaftlichen Formeln aus denken wolle, sei nicht unähnlich einem Tänzer, der nach der Wissenschaft von den Bewegungsfasern und Muskeln das Tanzen lernen wollte. Wenn dieser beim Tanzen immer nur seine Gedanken bei jener Wissenschaft hätte, so könnte er kaum einen Fuss bewegen, und doch bewegt derselbe ohne jene Wissenschaft alle in seinem ganzen Leib herum zerstreuten Bewegungsfasern, und in Übereinstimmung damit die Lunge, das Zwerchfell, die Seiten, die Arme, den Hals usw., zu deren Beschreibung ganze Bände nicht hinreichen würden. Geradeso

542 Jonsson 1999:21, Übers. Irène Stumm und Anina Föhn

> verhalte es sich mit denen, die aus wissenschaftlichen Formeln heraus denken wollen.»[543]

Swedenborg identifiziert im Verfahren des «Vernünftelns» noch ein weiteres Problem: Kritisch scheint nicht allein die Verdunkelung des Gegenstands, die durch dieses Verfahren entstehe, sondern auch die Verschleierung des eigentlichen Zweckes, dem ein solches Verfahren dienen sollte. Anstelle von Einsicht und Weisheit, die durch das Verfahren eingebracht werden sollten, wird nämlich bereits die blosse Anwendung des Verfahrens für Weisheit gehalten. So wird in Swedenborgs Berichten bemängelt, dass die (vermeintlich) Gebildeten «Kenntnisse [wie philosophische Ausdrücke] aber nicht als Mittel gebrauchten, um weise zu werden, weil sie in ihnen selbst die Weisheit erblickten»[544], insofern sie «das, was nur zur Weisheit führt, der Weisheit selbst vorzogen, und ... nicht einsahen, dass in solche Dinge den Geist versenken und sich nicht darüber erheben, soviel ist wie sich in Verschattung und Blindheit zu versetzen.»[545]

Dass ein vorgefertigt festgesetzter Weg zur Weisheit verwechselt wird mit dem Ziel, Weisheit zu erreichen – oder gar mit der Weisheit selbst –, identifiziert Swedenborg als einen Missstand, den er mehrmals kritisch festhält. So schildert er jene ...

> «... die über alles vernünfteln wollen, aber keineswegs inne werden, was gut und wahr ist, ja, je mehr sie vernünfteln, desto weniger es inne werden, indem sie in das Vernünfteln die Weisheit setzen, und damit glänzen wollen. Ihnen wurde gesagt, Engelsweisheit sei, (durch das Gefühl) inne werden, ob etwas gut oder wahr ist, ohne Vernünftelei. Aber sie begreifen nicht, dass ein solches Gefühl (oder Innewerden[546], [lat.] *perceptio*) möglich sei. Es sind die, welche ... das Wahre und Gute durch Wissen-

543 Swedenborg 1999, 15:275

544 ebd. S. 453

545 ebd. S. 454

546 vgl. oben S. 49 das «Gewahrwerden», Muecke 2020:4

> schaftliches und Philosophisches verdunkelt hatten, und daher sich für gebildeter hielten als andere ...»[547]

Das Problematische daran ist aber nicht nur, dass jene sich damit selbst Einsicht versperren. Ebenso problematisch ist, dass sie damit einen irreführenden Standard an die Einsichten anderer setzen: Denn wenn ein solches spezifisches Vorgehen als Inbegriff der Weisheit angenommen wird, dann wird Weisheit nicht mehr an der Wahrheit, sondern am Verfahren bemessen. Damit schiessen sie nicht nur am eigentlichen Ziel der Einsicht vorbei, sondern legen der Erreichung dieses Ziels auch ein wesentliches Hindernis in den Weg: Wenn das Verfahren des «Vernünftelns» als Inbegriff der Weisheit gilt, wird jedem alternativen Verfahren die Weisheit abgesprochen. So erklärt Swedenborg an anderer Stelle weiter, wie jene ...

> «... über alle Dinge vernünfteln, ob es so sei oder nicht so sei, aber nicht weiter gehen. ... und je mehr sie vernünfteln, desto weniger begreifen sie. Dennoch dünken sie sich weiser als andere, denn sie setzten die Weisheit in die Fähigkeit zu vernünfteln. Sie wissen gar nicht, dass es eine Hauptsache der Weisheit ist, ohne Vernünfteln inne zu werden, ob etwas so sei oder nicht.»[548]

Erneut wird es Swedenborg somit wohl nicht verwundern, dass seine Berichte ungläubige Reaktionen hervorrufen werden, denn schliesslich sind Swedenborgs Einsichten eben nicht auf dem Weg des «Vernünftelns» gewonnen worden. Bemerkenswert ist aber, dass sich Swedenborg davon nicht kleinkriegen lässt: Statt sich dem Verfahrensanspruch unterzuordnen und seinen Einsichten durch (in seinem Fall künstliche, vorgegaukelte) Vernünftelei mehr Glaubwürdigkeit zu verschaffen, stellt er die beanspruchte, alleinige Glaubwürdigkeit des Verfahrens in Zweifel. Das liegt wohl nicht zuletzt auch daran, dass er selbst eine alter-

547 Swedenborg 1999, 15:73

548 ebd. S. 321

native Möglichkeit der Einsicht kennt: das «Innewerden» als Form einer Wahrnehmung, die nicht durch den Filter der Vernunft geht, sondern vielmehr über ein Gefühl operiert. Auch wenn Swedenborg «unzählige Verschiedenheiten dieses Innewerdens»[549] zu differenzieren weiss, gibt es doch eine grundsätzliche Art davon, «welche alle gemein haben»[550], das heisst die Menschen gleichermassen wie die immateriellen Wesen. Am ehesten zu veranschaulichen ist es wohl am Phänomen der Empathie, womit es auch eine intuitive Evidenz erhält: «Etwas ähnliches kommt vor bei den Menschen, die auch an dem Benehmen, der Miene, der Rede eines anderen zuweilen erkennen können, was er denkt, obwohl er durch die Rede sich anders zeigt.»[551]

Auch wenn Swedenborg also keine Replik zu Kant verfasst hat, kann aus seinen Ausführungen eine ziemlich klare Haltung zu Kants 'wissenschaftlichem' Vorgehen sowie der Wissenschaft allgemein abgelesen werden:

> «... alle Wissenschaften, die in der gelehrten Welt existieren, sind Mittel, weise zu werden, aber auch Mittel, töricht zu werden.»[552]

Zwischen Welten

Die obigen Betrachtungen zu den Namensvettern Immanuel Kant und Emanuel Swedenborg legen eine Vermutung nahe: Um die Existenz von Geistern geht es in diesem Streit schon lange nicht mehr. Denn während für ersteren deren Existenz schlicht eine offene Frage bleiben *muss*, steht für letzteren deren Existenz ausser Frage, da er sie aus «tausend und tausend Erfahrungen»[553] bezeugen kann.

Was ebenso deutlich geworden sein dürfte: Ein gegenseitiges Überzeugen der beiden scheint ausgeschlossen. Denn so sehr Kant davon

549 ebd. S. 73
550 ebd. S. 74
551 ebd. S. 74
552 ebd. S. 374; vgl. von Nettesheim oben S. 182
553 Swedenborg 1999, 15:13

ausgeht, dass dem «verrückten» «Geisterseher» nicht mit Vernunftgründen beizukommen ist, solange dieser seinen «Täuschungen» anhängt, so sehr geht Swedenborg wohl davon aus, dass dem «vernünftelnden» Deutschen nichts beizubringen ist, solange dieser seinem Vernunftverfahren exklusive Gültigkeit zuschreibt. Doch gerade darin offenbart sich eine wesentliche Schwierigkeit der Auseinandersetzung, die uns letztlich wohl auch dem eigentlichen Gegenstand derselben näher bringt.

Doch zunächst ist fraglich, ob überhaupt von einem 'Streit' die Rede sein darf in Anbetracht dessen, dass auf der einen Seite keine explizite Stellungnahme vorliegt, während die Stellungnahme auf der anderen Seite keine direkte Ansprache, sondern eher eine polemische Rezension ist. Und selbst wenn man das Ganze als Auseinandersetzung betrachtet, ist es in Anbetracht der zwiespältigen Forschungslage schwierig, zu einem eindeutigen Fazit über deren Gegenstand zu gelangen: Während die magere Forschungslage zu Swedenborg es erschwert, sich ein erschöpfendes Bild von dessen *«Geheimnissen»* zu machen, ist es umgekehrt trotz reger Kant-Forschung noch nicht gelungen, eine eindeutige Intention in dessen *«Träumen ...»* auszumachen und deren Ambivalenzen einhellig zusammenzureimen. Im Gegenteil scheinen sich verschiedene Forschungsansätze ihrerseits ambivalent gegenüberzustehen.

Ein abschliessendes Fazit über die Auseinandersetzung des deutschen Philosophen und des schwedischen Theosophen kann an dieser Stelle also nicht gegeben werden. Doch einer Vermutung sei Platz eingeräumt: der Vermutung, dass es dabei gar nicht um den Streit über Geister oder Visionen ging, wie es auf ersten Blick scheint – sondern dass es im Hintergrund all dessen vielmehr um eine Frage der Erkenntnisweise geht.

Betrachten wir nämlich die *«Träume ...»* in dieser Hinsicht, dann ist deutlich, dass Kant selbst eine ganz klare Erkenntnisweise verfolgt: Er schöpft die Einsichten, die er in der Schrift mitteilt, aus einem reinen Denkakt, indem er von der Definition und Abgrenzung bestimmter Begriffe mittels Vernunftschlüssen zu Einsichten über dieselben gelangt. Letztlich wendet Kant hier das Verfahren an, das wir als philosophische Erkenntnisweise charakterisiert haben. Dabei scheint er sich an einem klaren Kriterium zu orientieren: daran, auf der sicheren Seite zu bleiben, nämlich auf der Seite, auf der wir mit Sicherheit und Gewissheit etwas wissen können – frei nach Wittgenstein: Worüber man nichts wissen kann, darüber soll man schweigen. Insofern folgt Kant konsequent seinem Pfad der Gewissheit. So bleibt die Frage um die Existenz von Geistern ja nur deshalb offen, weil sie sich der Gewissheit entzieht: Wir können nichts Sicheres darüber wissen, weil wir es weder widerlegen noch beweisen können. Hingegen fällt Kants Urteil über Swedenborg nur deshalb so klar aus, weil Kant sich an der Gewissheit orientiert: Wir können Geistervisionen nicht abschliessend beurteilen, weil wir keine Gewissheit über das Phänomen Geister haben – aber wir können mit der Gewissheit der Erfahrung vom Phänomen Geisteskrankheit ausgehen. Daher scheint es näherliegend, den Geisterseher für geisteskrank zu erklären (was gewiss möglich ist), als von behaupteten Geistern auszugehen (was ungewiss ist).

Kant hat also die Einsichten, die er vertritt, auf eine ganz gezielte Weise (her)vorgebracht und untermauert – und scheint damit auch ganz klare Ansprüche daran zu haben, was eine Einsicht glaubwürdig und vertretbar macht: Beweiskraft, sei es durch Vernunftschlüsse oder durch Augenzeugen. Insofern, als dass Kant selbst zur Beglaubigung seiner Einsichten rational einsehbare Vernünftschlüsse anbringt, ist anzunehmen, dass er ein solches Vorgehen als Beweisführung anerkennt. Doch wie seine Einschätzung von Swedenborgs Werk annehmen lässt, scheint darin die für Kant evidente Beweiskraft zu fehlen. Dasselbe gilt auch für die Beweiskraft, die nach Kants Erachten eine Bestätigung durch Augenzeugen erbringen würde. Immerhin hält er in den *«Träumen ...»* fest, dass gerade die Beweissuche für ihn ein wesentlicher Beweggrund zur Beschäftigung mit Swedenborgs Werk war – und zugleich ein wesentlicher Aspekt, in dem er sich enttäuscht sieht:

> «...(D)a die vorgegebene Privaterscheinungen des Buchs [Swedenborgs] sich selbst nicht beweisen können, so konnte der Beweggrund, sich mit ihnen abzugeben, nur in der Vermuthung liegen, dass der Verfasser zur Beglaubigung derselben sich vielleicht auf Vorfälle ..., die durch lebende Zeugen bestätigt

werden könnten, berufen würde. Dergleichen aber findet man nirgend. [...][554]

Offensichtlich hat Kant vergessen, welche Zeugenscharen er im Brief an Fräulein von Knobloch noch nachdrücklich zu erwähnen wusste. Oder mag er sie nicht mehr anerkennen? Die Frage muss offen bleiben, doch unterstreicht sie erneut die Ambivalenz Kants, die sich im Unterschied der Jahre auftut.

Wenn wir nun die Erkenntnisweise Kants vor Augen haben und sehen, welche Ansprüche er daran gemessen stellt, dann wird – trotz, oder gerade wegen der Ambivalenzen – doch verständlich, weshalb Kant dem Schweden die Glaubwürdigkeit abspricht: Auch wenn die Existenz von Geistern theoretisch möglich, weil weder beweis- noch widerlegbar sein mag, so bringe Swedenborg doch keinen Beweis vor, der ihre effektive Existenz erweisen würde. Und auch wenn Swedenborgs Geisterwelt ausgehend von seinem eigens entworfenen *«mundus»* plausibel scheint, so fehlen doch auf Seite Swedenborgs die Beweisgründe, die dessen Bestehen auch tatsächlich erweisen. Und wenn Kant schliesslich – trotz der eigens deduzierten theoretischen Grundlage, die eigentlich ja für die Möglichkeit von Swedenborgs Erlebnissen sprechen würde – den Schweden zum Fall fürs Hospital erklärt, dann wohl nur, weil Swedenborg selbst nichts zu seiner Beglaubigung anführt, Kant hingegen einiges zur Beglaubigung der Geisteskrankheit anzuführen weiss.

Kant scheint dem Schweden die Glaubwürdigkeit also nicht deshalb abzusprechen, weil dieser per se unglaubwürdig sei, insofern das von ihm Berichtete per se unmöglich sei. Stattdessen scheint er ihm die Glaubwürdigkeit abzusprechen, weil dieser keine Beweise zu seiner eigenen Beglaubigung vorgebracht habe – zumindest nichts, was einen Beweis *der Erkenntnisweise Kants zufolge* ausmachen würde.

Kant erwartet als Beweiskraft (explizit geforderte) Augenzeugen oder (implizit erwartete) Vernunftschlüsse. Erheben wir diese Ansprüche nun auf Swedenborgs Erlebnisse und Berichte in den *«Geheimnissen»*, dann scheint diese Kritik Kants durchaus gerechtfertigt – aber in

554 Kant 1968, II:366f.

Anbetracht von Swedenborgs Gegenkritik erweist sie sich letztlich dennoch als unberechtigt. Denn dass Swedenborgs geteilte Einsichten nicht die Ansprüche erfüllen, die gemäss Kant für deren Glaubwürdigkeit den Ausschlag geben würden, mag zutreffen: Statt seine Einsichten rational herzuleiten und zu begründen, schildert Swedenborg ohne Umschweife oder Hinterfragung seine Erfahrungen. Und insofern er nicht auf Augenzeugen referiert, scheinen seine Erlebnisse tatsächlich «Privaterscheinungen» zu sein, die ihm allein vorbehalten sind.

Aber im Gegensatz zu Kant, der in Form seines vernunftbasierten Denkakts aktiv eine philosophische Erkenntnisweise anwendet, scheint Swedenborg aus einer ganz anderen Erkenntnisweise zu schöpfen. Bei ihm geht es nämlich um eine rein passive Angelegenheit: Er gelangt zu seinen Einsichten über das jenseitige Leben nicht aktiv in Form eines bewussten Akts, sondern erfährt sie durch ein Widerfahrnis, welches ihm ohne eigenes Zutun geschieht und ihm Einsichten gewährt, die er nicht aktiv herbeiführen oder ableiten kann – das «Inne-werden» ist kein Akt des Denkens oder der Vernunft, sondern ein Erleben und Fühlen. In diesem Sinne handelt es sich bei Swedenborgs Erkenntnisweise um eine visionäre. Doch damit basieren Swedenborgs Einsichten auf einem Verfahren, das sich grundsätzlich individuell abspielt, und das Erkenntnisse hervorbringt, die nicht an einen Vernunftakt gebunden sind, sondern vielmehr erlebt werden. Entsprechend handelt es sich aber auch um Erkenntnisse, die sich nicht aus einer rein rationalen Operation deduzieren lassen; sie lassen sich nicht auf Vernunftschlüsse reduzieren, sondern basieren auf einem Erlebnis, das sich individuell abspielt, und sind daher mit den Augen anderer nicht unmittelbar einsehbar.

Auf solcherlei Erkenntnisse den Anspruch zu erheben, sie müssten sich von Augenzeugen bestätigen oder mittels Vernunftschlüssen evident machen lassen, ist damit schlicht verfehlt: Solcherlei Einsichten *können* auf diesem Weg nicht beglaubigt werden, und zwar einfach aufgrund ihrer genuinen Beschaffenheit und der Art ihres Zustandekommens. Aber das spricht genau genommen nicht gegen ihre Glaubwürdigkeit, sondern vielmehr nur dafür, dass für ihre Beglaubigung die falsche Art Beweise (vielleicht Beweise überhaupt) eingefordert werden.

Damit soll an dieser Stelle nicht gesagt sein, Kant liege mit seiner Einschätzung Swedenborgs als Geisteskrankem sicherlich falsch – und damit wiederum soll nicht gesagt sein, Swedenborg erliege mit seinen Einsichten in das Geisterreich nur einer Krankheit seines Kopfes. Aber es soll darauf hingewiesen werden, dass verschiedene Erkenntnisweisen nicht gegeneinander in die Waagschale gelegt werden können.

Kant wüsste dies eigentlich. Schliesslich erweist gerade er in späteren Jahren eine grosse Aufgeschlossenheit gegenüber unterschiedlichen Erkenntnisweisen: Mit seinem Hauptwerk tut er sich als Brückenbauer zwischen Empirismus und Rationalismus hervor und leistet damit die Einsicht, dass es verschiedene Wege zu Wissen und Wahrheit gibt, die in ihrer jeweiligen Leistung selbstständig anzuerkennen sind. Doch wenn es um Swedenborg geht, scheint ihm diese Bereitschaft zur Offenheit abzugehen: Er mag sich mit dessen visionären Erkenntnissen schlicht nicht abfinden, geschweige denn, dass er sie anerkennt. So gesehen wirkt es überraschend, dass in diesem Streit ausgerechnet der aufgeschlossene Kant so diffamierend auftritt. Doch vielleicht wiederholt sich hier auch einfach das altbekannte Muster, das die vermeintliche Konkurrenz zwischen aktiven und passiven Erkenntniswesen abzeichnet.

Wie schon gesagt geht die Tendenz im Abendland seit dem Ende der Renaissance dahin, den aktiven Erkenntnisweisen eine Überlegenheit gegenüber den passiven zuzuschreiben. Auch bei Kant gegen Swedenborg besteht der wohl grundlegendste Unterschied darin, dass sich Kant mit der philosophischen Erkenntnisweise der aktiven Gruppe bedient, während Swedenborgs visionäre Erkenntnisweise zu der passiven Gruppe zu zählen ist. Dass die Prozesse und Einsichten der letzteren Gruppe per se nicht wiederholbar oder auf andere Subjekte übertragbar sind, wird als Manko ihrer Glaubwürdigkeit gewertet. Und in eben diese Falle scheint auch Kant zu tappen, wie obige Auseinandersetzung exemplarisch zeigt: Die Ansprüche, die Kant ausgehend von seiner eigenen, philosophischen Erkenntnisweise erhebt, unhinterfragt auch an Swedenborgs visionäre Erkenntnisweise zu stellen, ist unweigerlich irreführend. Vielmehr steht damit auch in Frage, ob Kants philosophischer Erkenntnisweise überhaupt eine alleinige Aussagekraft zukommen darf, wenn es um die Glaubwürdigkeit von Erkenntnissen geht, die auf andere Weise erlangt werden. Dass dem vermutlich nicht so ist, darauf weist zu Recht Swedenborgs Gegenkritik hin. Schliesslich dürfte diese, wie er zeigt, gerade im Sinne einer wissenschaftlichen Gesinnung eine Berechtigung *sui generis* haben, denn gerade die Wissenschaft zeigt uns ja, dass nicht alles, was es gibt, mit eigenen Augen gesehen werden kann. Und dass sich nicht jedes Erlebnis und alles Erfahrbare auf eine rationale, wissenschaftliche Analyse reduzieren lassen muss, das erweist die Grazie des Tänzers, die sich nicht auf Anatomiekenntnisse reduzieren lässt.

Von den Religionen zu Humanität und Spiritualität

Kant rechnete mit der Möglichkeit einer transzendenten Wirklichkeit, und er wusste um die Grenzen philosophischer Erkenntnis. Aber er reagierte ungehalten auf den Anspruch Swedenborgs, es gebe eine andere, visionäre Erkenntnisweise, die über den Einzugsbereich der aufgeklärten Vernunft hinaus gesichertes Wissen einbringen könne. Auch dass die Vision in ein religiöses Erlebnis eingebettet war, konnte daran nichts ändern, denn mit Franckes Dreiphasen-Plan[555] war die Wiedergeburt für Kant zum obligatorischen Schulfach geworden – zum integrierten Bestandteil eines wohldurchdachten, aufgeklärten Bildungsprogramms. Das religiöse Erlebnis wurde damit institutionalisiert, das aufrichtig Religiöse daran weggepustet und sein sozialkritisches Potenzial neutralisiert. Von der Wahrhaftigkeit oder der Authentizität eines solchen Erlebnisses kann unter diesen Umständen nicht mehr die Rede sein.

Religion konnte das Projekt der Aufklärung nicht mehr in Frage stellen, im Gegenteil: Aus aufgeklärter Perspektive wurde der exklusive Gültigkeitsanspruch jeder Religion in Zweifel gezogen, um dem hegemonialen Anspruch der Vernunft Platz zu machen. Was Vernunft ist, blieb dabei vielerorts unklar, Kants '*Sapere aude!*' (lat. 'Wage zu wissen!') vieldeutig, hatten doch schon die Gelehrten der Renaissance vorgelebt, dass man auf verschiedenen Wegen zu Wissen gelangen kann. Kants Zeit-

555 vgl. oben S. 208

Moritz Oppenheim, *«Lessing und Lavater zu Gast bei Moses Mendelssohn»*, 1856, Öl auf Leinwand, 71.1 x 59.6 cm: Eifernd scheint Lavater den gelasseneren jüdischen Gastgeber in einen Disput verwickeln zu wollen, während Lessing demonstrativ darübersteht.

genosse Gotthold Ephraim Lessing[556] verlieh letzterem Sachverhalt in der Ringparabel[557] eingängig bildhaften Ausdruck:

Sultan Saladin fragte den weisen Juden Nathan, welche der drei abrahamitischen Religionen zur Erkenntnis der Wahrheit führe. Nathan erzählte ihm daraufhin die Geschichte eines Mannes, der einen Opalring besass. Dieser hatte die magische Kraft, bei «Gott und Menschen» Sympathie zu erwecken. Vor seinem Tod vermachte der Mann den Ring seinem Lieblingssohn und legte fest, dass er weiterhin auf diese Weise vererbt werden müsse. So gelangte der Ring schliesslich in den Besitz eines Mannes, der seine drei Söhne gleichermassen liebte. Und jedem von ihnen versprach er, wenn er mit ihm allein war, «in frommer Schwachheit» den Ring. Um sich aus der Patsche zu helfen, liess er zwei identische Kopien[558] des Rings anfertigen, und vererbte schliesslich jedem Sohn einen Ring. Jeder hielt sich für den Lieblingssohn, bis der Betrug auskam. Die drei bekamen Streit und gingen vor Gericht. Der Richter war ein weiser Mann und sprach:

«Ich höre ja, der rechte Ring
besitzt die Wunderkraft beliebt zu machen;
vor Gott und Menschen angenehm. Das muss
entscheiden! Denn die falschen Ringe werden
doch das nicht können! – Nun; wen lieben zwei
von Euch am meisten? – Macht, sagt an! Ihr schweigt?
Die Ringe wirken nur zurück? Und nicht
nach aussen? Jeder liebt sich selber nur
am meisten? – Oh, so seid ihr alle drei
betrogene Betrüger! Eure Ringe
sind alle drei nicht echt. Der echte Ring
vermutlich ging verloren. Den Verlust
zu bergen, zu ersetzen, liess der Vater
die drei für einen machen.»

---

556 1729–1781

557 Nathan der Weise III,7

558 mangelnde Mineralienkenntnis: Es gibt nicht zwei identische Opale.

So soll nun jeder, fuhr der Richter fort, durch redliches Bemühen, «Sanftmut», «Verträglichkeit» und «Wohltun» – kurz: durch humanistische Gesinnung – die Wirkung selbst erzeugen, die einst vom Ring ausging. An die Stelle magischer Wirkung tritt das individuelle, selbstverantwortliche Handeln. An die Stelle exklusiver Wahrheits- und hegemonialer Herrschaftsansprüche gleichgültig welcher Religion tritt das moralische Bemühen des Individuums. Die Ringparabel wirbt für den Humanismus, auf den sich die Vertreter aller drei Religionen einigen könnten. Dass es Magie nicht (mehr) gibt, versteht sich aus aufgeklärter Perspektive von selbst.

Lessing erkannte diese Geisteshaltung in den Grundsätzen der Freimaurer wieder und liess sich in eine Hamburger Loge aufnehmen, deren Versammlungen er allerdings danach nie besuchte. Vielleicht fand er die Ideale der Freimaurer in deren alltäglicher Praxis nicht verwirklicht, hielt deren Werte aber umso mehr hoch[559]. Ganz im Sinne des Aufklärungsdenkers, der sich besonders dem Anliegen der Toleranz zwischen den Religionen verpflichtet sah, vertrat auch die Freimaurerei aufklärerische Ideale. Sie setzte sich über exklusive Ansprüche der Religionen hinweg und versprach Zusammengehörigkeit und Verständigung in brüderlicher Ökumene.

Als Lessing 1771 Freimaurer wurde, war die Bewegung erst ein halbes Jahrhundert alt. 1717 hatten sich in London verschiedene marginale Gruppierungen zur Grossloge von England zusammengeschlossen.[560] Treibende Kraft dahinter war der Schotte James Anderson[561], Mitglied der Londoner Loge *Solomon's Temple*, der namentlich französischsprachige Hugenotten angehörten. Als schottischer Presbyterianer im anglikanischen England zählte Anderson zu den Marginalisierten. Im Nachruf wird er als «abweichender Lehrer» bezeichnet[562].

Er war es, der 1723 federführend die Konstitution der Grossloge von England verfasste, in der er unter anderem die Freimaurerei mit der Her-

559 Dies kommt insbesondere in Lessings *«Ernst und Falk»* zum Ausdruck.

560 Eine erste Fassung des nachfolgenden Textes zur Freimaurerei erschien 2020 im Online-Magazin religion.ch von IRAS COTIS, vgl. Föhn 2021, von Ins 2021

561 1680–1739

562 *London Daily Post* (Mai 1739); vgl. Piatigorsky 1999:104

kunftslegende versah, sie stamme von den Baumeistern der Pyramiden, des salomonischen Tempels und der gotischen Kathedralen ab.[563] Letzteres wird in manchen Logen bis heute als historische Wahrheit behauptet. In Wirklichkeit erfüllt die Legende die Funktionen, den Freimaurern eine alte Tradition zuzuschreiben und den Anschluss an den jeweiligen Mainstream abrahamitischer Religionen zu sichern. Schliesslich treffen sich diese allesamt in Sakralbauten.

Welcher Art die Gruppierungen waren, die unter dem Dach der Grossloge von England zusammenfanden, wissen wir nicht, da gesicherte Quellen fehlen. Einige waren wohl Handwerkerzünfte, andere pflegten bald esoterisches, bald mehr oder weniger revolutionäres, politisches Gedankengut. Darauf lässt die Art der Regeln schliessen, die Anderson aufstellte:

> «... obgleich in alten Zeiten die Maurer verpflichtet waren, in jedem Lande von der jedesmaligen Religion zu sein, so hält man doch jetzt für ratsamer, sie bloss zu der Religion zu verpflichten, in welcher alle Menschen übereinstimmen[564], und jedem seine besondere Meinung zu lassen, d.h. sie sollen gute und treue Männer sein ... von Ehre und Rechtschaffenheit.»[565]

Ähnlich wie in Lessings Ringparabel zeigt sich auch bei den Freimaurern eine Ethik der Toleranz, die in der Abwendung vom exklusiven Anspruch jeglicher Religion wurzelt. Stattdessen findet sich eine Offenheit, die über die Unterschiede hinwegsieht und die Mitglieder im Zeichen universaler Brüderlichkeit[566] zusammenschliesst. Fokussiert wird auf die Gemeinsamkeit des Menschseins, welche die Unterschiede der Religionszugehörigkeit überstrahlt. Da kommt die religiöse Toleranz zu

563 Anderson ging noch weiter. Er erzählte die Geschichte von Adam bis King George I. als Geschichte der Freimaurerei – notabene ohne eine einzige Frau zu erwähnen.

564 gemeint sind Juden, Christen und Muslime, also die abrahamitischen Religionen

565 *Die Alten Pflichten* von 1723, deutsch Leipzig 1920, S. 1

566 vgl. Harland-Jacobs 2014:453: «Seit dem 18. Jahrhundert haben die Freimaurer stets behauptet, dass die freimaurerische Bruderschaft die Unterschiede, die Menschen voneinander trennen, überwindet.» (Übers. Irène Stumm)

Wort, die aber zugleich am Diktat des aufklärerischen Humanismus, in dem alle Menschen übereinstimmen sollen, ihre Grenze findet. Denn

> «... wen solche Lehren nicht erfreun, verdienet nicht ein Mensch zu sein.»[567]

Das Programm der Toleranz birgt seine eigenen Grenzen: Die Abwendung von Exklusivitätsansprüchen als Programm führt selbst zu exklusivem Anspruch, nämlich an die Einhaltung des Programms. Der umfassende Anspruch verdankt sich dem Bemühen, die verschiedenen Erkenntnisweisen unter das eine Dach der Aufklärungsphilosophie zu bringen. Über allen Unvereinbarkeiten leuchtet das *Sapere aude*[568] dem pflichtbewussten Maurer auf dem Weg aus der «selbstverschuldeten Unmündigkeit» zur wahren Menschlichkeit.

> «In den Logen des 18. Jahrhunderts sprach man durchwegs von bürgerlicher Tugend und Verdienst, von der Begegnung gleichberechtigter Männer, von der Notwendigkeit, dass Brüder zu Philosophen werden sollten, davon, dass sie ‹aufgeklärt› seien.»[569]

Doch der Zusammenschluss bedeutet letztlich trotz allem auch Ausschluss. So wurde in Andersons Konstitution vorausgesetzt, dass Frauen keine Mitgliedschaft in den Logen offenstehen sollte – obwohl das bis dahin wohl nicht in allen betroffenen Gruppen die Regel gewesen war. Überdies wurde neu bestimmt, was als reguläre Freimaurerloge zu gelten hat. Die Logen von York und Schottland protestierten gegen die Beschneidung ihrer Freiheit: Die Gründung der Grossloge erliess Regeln,

---

567 Sarastro in Mozarts Freimaureroper *«Die Zauberflöte»*

568 «Wage es, weise zu sein» (Horaz, Epistulae I, 2,40; 20 v. Chr.) und wurde zum Wahlspruch der Aufklärung: «Aufklärung ist der Ausgang des Menschen aus seiner selbstverschuldeten Unmündigkeit ... Sapere aude! Habe den Mut, dich deines eigenen Verstandes zu bedienen!» (Kant, *«Was ist Aufklärung?»*, 1784). *Sapere aude* ist auch der Name einer Zürcher Freimaurerloge.

569 Jacob und Crow 2014:101, Übers. Irène Stumm

die einzelne Logen ausschlossen. Doch diejenigen marginalen 'Lodges', die sich fügten, gewannen dadurch an Ansehen und Einfluss.

Das Konzept der Grosslogen hat sich schliesslich durchgesetzt, und das mit Erfolg. Vielleicht gerade wegen dem Programm der Offenheit, dem humanistischen Universalismus, gelang die internationale Ausbreitung der Freimaurerei, denn deren Brüderlichkeit setzt sich nicht nur über religiöse, sondern auch über nationale Grenzen hinweg.

> «Man kann sogar so weit gehen zu behaupten, dass Anderson die Vision einer Art 'imperialer Freimaurerei' hatte, welche die einige Jahrzehnte später erfolgte Gründung des britischen Empire vorwegnahm.» [570]

Die berühmten Zeichen und geheimen Handschläge der Freimaurer, über die viel gemunkelt wird, ermöglichten den Mitgliedern, sich auch fern der Heimat ohne Sprachkenntnisse gegenseitig zu identifizieren, und boten ihnen damit bessere Möglichkeiten zu Umsiedlungen, denn «Die Identität der Mitglieder und damit ihr Recht, an weit entfernten Orten zu arbeiten, war durch geheime Worte und Händedruck geschützt.»[571]

Es sind wohl diese Heimlichkeiten, die den Verschwörungsverdacht nähren, den die Freimaurer oftmals auf sich ziehen. Dabei scheint es näherliegend, dass die Verschwiegenheit der Freimaurer in ihrem Kern ebenfalls einem rein aufklärerischen Anliegen entspringt: Sie dient dazu, den freien Ideen- und Meinungsaustausch unter den Mitgliedern zu gewährleisten. Des Weiteren – ganz entgegen den Verschwörungsängsten – sollten für einen wahren Freimaurer die ethischen Ideale über revolutionären Ansinnen stehen, wie schon in der Konstitution festgehalten ist:

570 Piatigorski 1999:57, Übers. Irène Stumm
571 Jacob und Crow 2014:100, Übers. Irène Stumm

«Der Maurer ist ein friedfertiger Untertan der bürgerlichen Gewalt ... und muss sich nie in Meuterei und Verschwörung gegen den Frieden und die Wohlfahrt der Nation einlassen.»[572]

Hinter der Fassade der Grosslogen wirkten aber wiederholt auch Gruppen, die sich nicht an diese Regeln hielten. Zu den bekannteren Beispielen zählt der Fall *P2*: In den 1970er-Jahren wandelte sich die italienische Loge *Propaganda due* (P2) zum Kreis von Verschwörern, welche die Freimaurerei als Deckmantel für kriminelle und terroristische Machenschaften missbrauchten. Beteiligt waren Vertreter aus Politik, Wirtschaft, Mafia und Geheimdienst. Eines der prominenten Mitglieder war der spätere Regierungschef Silvio Berlusconi.[573] Die Loge P2 war in den 1970er-Jahren auch mitverantwortlich für Terroranschläge.

Doch gibt es auch ältere Beispiele. An der sogenannten *'Boston Tea Party'* kam es bereits 1773 zu einem gewaltfreien Aufstand der Amerikaner gegen die britische Kolonialmacht, bei dem die Beteiligten – als Mohawks verkleidet – mehrere Schiffsladungen Tee ins Meer warfen. Auch Freimaurer beteiligten sich daran: In der Bostoner Freimaurerloge *St. Andrews* schrieb der Sekretär angeblich ins Logenbuch, die für diesen Tag angesetzte Versammlung sei vertagt worden, darunter ein grosses 'T'.

Die erste Grossloge bildete einen Verbund von Marginalisierten, die sich dem hegemonialen Anspruch des religiösen Mainstreams nicht fügten. So gewannen die Logen im *British Empire* globale Bedeutung als Orte der Begegnung zwischen Juden, Muslimen und Christen, da sie sich explizit nicht auf Religion, sondern auf aufklärerische Ideale beriefen. Doch damit bedienten auch sie, die vormals Marginalisierten, das Szenario der Exklusivität. Zwar fanden nun Angehörige nicht nur einer, sondern verschiedener 'Hochreligionen' Zugang, doch die 'Primitiven' blieben ausgeschlossen. Durchaus denkbar, dass die Tea-Party-Aktivis-

572 *Die Alten Pflichten* von 1723, deutsch Leipzig 1920, S. 2

573 Andrea Spalinger in NZZ 16.12.2015 («Mächtiger Strippenzieher») und 16.6.2021 («Vor 40 Jahren flog in Italien die mysteriöse Geheimloge P2 auf – der Skandal wurde bis heute nicht richtig aufgearbeitet»)

ten durch den Auftritt im Mohawk-Kostüm auch gegen diese Regel der Loge protestierten.

Der Ausschluss vom Mainstream führte zur Vereinigung verschiedener Gruppierungen zur Grossloge von England – doch ironischerweise erhebt oftmals ein solcher Zusammenschluss bald selbst exklusive Ansprüche. Die Dynamik offenbart ein Muster: Die Randständigen, die von der herrschenden Erkenntnisweise abweichen und marginalisiert werden, können den Rand übertreten, indem sie sich zusammenschliessen. Doch gelingt der Zusammenschluss, erliegt dieser leicht der Tendenz, selbst hegemoniale und exklusive Ansprüche anzumelden. Im Programm des Zusammenschlusses ist ein erneuter Ausschluss vorprogrammiert.

Am Beispiel der Freimaurer offenbart sich, was bei Kant gegen Swedenborg zu erahnen war, nämlich die heikle Dynamik, vor der das aufklärerische Diktat der Toleranz nicht gefeit ist: Auch ein Programm der Offenheit tendiert letztlich zur Ausschliesslichkeit. Wird die Abwendung vom exklusiven Anspruch zum Diktat erhoben, treten damit oftmals erneut exklusive Ansprüche auf den Plan – namentlich das Beharren auf der Einhaltung des Programms. Wie heikel diese Dynamik ist, zeigt sich nicht zuletzt daran, dass sie bis in jüngste Zeit periodisch wiederkehrt.

Der auf Esoterik spezialisierte Kulturhistoriker Wouter J. Hanegraaff zeichnet sie am Beispiel der *New Age*-Bewegung nach, die in den 1950-ern und 60-ern ihre Anfänge nahm und sich während der 1970-er und 80-er ausdifferenzierte und festigte. Im Sinne der Bezeichnung 'New Age' stand die Bewegung in Erwartung eines umfassenden ‹Bewusstseinswandels›, der ein ‹neues Zeitalter› einläuten sollte. Kriege und Religionskonflikte, so die Hoffnung, würden bald der Vergangenheit angehören. Den aufklärerischen Idealen also nicht unähnlich verfolgte auch die New Age-Bewegung ein Programm der Offenheit und religiösen Toleranz. Es galt, über Unterschiede hinwegzusehen und auf Gemeinsamkeiten, auf religiöse Universalien aller Kulturen zu fokussieren. Die Botschaft der *New Ager* war:

> «Wir müssen ... die Kulturen und Religionen der Welt zusammenbringen, indem wir dogmatische Grenzen überwinden und

> die universellen Weisheitstraditionen, die ihnen allen gemeinsam sind, betonen.»[574]

Doch auch hier findet der Zusammenschluss Aller in Einem und damit die Abwendung von einzelnen exklusiven Ansprüchen ihre eigenen, widersprüchlichen Grenzen, wie die Analyse Hanegraaffs zeigt:

> «Die Ablehnung des religiösen Dogmatismus und der Exklusivität der etablierten Religionen beruht ... auf einer starken Betonung der Werte der Religionsfreiheit und der Individualität. Daraus folgt eindeutig, dass das Ideal einer universellen, globalen Spiritualität nicht das Recht des Einzelnen verletzen sollte, die Religion zu wählen, die er möchte. Das Problem ist offensichtlich. Solange der Einzelne so freundlich ist, die richtige Art von universeller Spiritualität zu wählen – das heisst, solange er die wesentlichen spirituellen Überzeugungen der New Ager selbst teilt – steht es ihm frei, in jeder anderen Hinsicht so verschieden zu sein, wie er möchte. Was aber, wenn jemand sein individuelles Recht auf Religionsfreiheit nutzt, um eine auf Exklusivität beharrende und dogmatische Religion zu wählen, welche die Idee einer globalen Spiritualität als fehlgeleitet und falsch, vielleicht sogar als böse und satanisch ablehnt?»[575]

Dass Hanegraaff hier eine Schwierigkeit identifiziert, die nicht nur für die von ihm betrachtete New Age-Bewegung gilt, legen unsere obigen Ausführungen zu den Freimaurern nahe. Und die Parallelen ziehen sich weiter; von der ähnlichen Schwierigkeit bis hin zur vermeintlichen Problemlösung. Denn die New Ager, so Hanegraaff, wissen obige Problematik als hinfällig abzuwehren: Wenn sich der ‹Gesinnungswandel› erst vollzogen habe, werde gar niemand mehr die exklusiven Religionen

574 Hanegraaff 2001:16, Übers. Irène Stumm
575 ebd. S. 18f., Übers. Irène Stumm

wählen wollen[576]. Ähnlich erging es bereits im Diktat der Aufklärung, wo den nicht humanistisch Gesinnten die Menschenwürde abgesprochen wurde[577]. Doch die Strategie macht stutzig: Als ob die Antwort an jene, die sich nicht anschliessen oder sich gar ausgeschlossen fühlen, darin besteht, sie endgültig auszuschliessen.

Diese Dynamik, wie sie Hanegraaff skizziert, ist schwerwiegend, denn sie reicht weit über die New Age-Bewegung hinaus, gilt vielmehr allgemein für imperialistische oder globalisierende Entwicklungen; genauer betrifft sie die Vielfalt der Kulturen, denen im Zug der Globalisierung das eine System einer fremden Kultur übergestülpt wird:

> «Sie können innerhalb der Grenzen des Systems frei wählen, haben aber kaum eine Chance zu entscheiden, ob sie das System an sich überhaupt wollen. ... sie sind gezwungen, an einem globalen System teilzunehmen, und eine freie Wahl ist nur innerhalb der Grenzen und nach den Grundregeln dieses Systems möglich. Kurz gesagt: Man kann *innerhalb* des Systems frei wählen, aber man kann nicht ein anderes System wählen.» [578]

Mit dieser Dynamik vor Augen entlarvt Hanegraaff auch in der New Age-Bewegung ein «interessantes Paradox»[579]: Mit der Vision eines globalen, spirituellen Holismus übt die Bewegung Kritik an der Dominanz westlicher Kultur. Doch in ihrem Anliegen scheint sie selbst diese Dominanz zu stützen, indem sie imperialistische Züge zeigt:

> «... Man würde erwarten, dass New Age-Bewegungen in nichtwestlichen Ländern eben dieses Phänomen des Kulturimperia-

---

576 «Im New Age wird sich das Bewusstsein der Menschen so verändert haben, dass sie sich schlichtweg von 'begrenzenden', ausschliessenden und dogmatischen Religionsformen abwenden und einer ganzheitlichen Spiritualität zuwenden.» (Hanegraaff 2001:19, Übers. Irène Stumm)

577 vgl. obiges Zitat Sarastros in Mozarts Freimaureroper *«Die Zauberflöte»*: «... wen solche Lehren nicht erfreun, verdienet nicht ein Mensch zu sein.»

578 Hanegraaff 2001:1, Übers. Irène Stumm

579 ebd. S. 22, Übers. Anina Föhn

lismus kritisieren, der versucht, einheimischen Kulturen die westlichen (und insbesondere amerikanischen) Werte aufzuzwingen. ... Tatsächlich aber vermitteln die Fallstudien ... den deutlichen Eindruck, dass die als 'New Age' bezeichneten Strömungen zwar ein Lippenbekenntnis zugunsten lokaler Glaubensrichtungen ablegen, in Wirklichkeit aber als missionarische Bewegungen fungieren, die in nicht-westlichen Ländern eine im Wesentlichen westliche esoterische Botschaft verbreiten. Mit anderen Worten, anstatt einer Gegenkraft scheinen sie selbst Teil eines westlichen spirituellen Imperialismus zu sein: Die Leitidee ist, dass der New Age-Glaube von nicht-westlichen Kulturen akzeptiert werden sollte.»[580]

1993 erklärte die nordamerikanische indigene Ethnie der Lakota der New Age-Bewegung den Krieg:

> «Während Einzelpersonen und Gruppen, welche in der 'New Age-Bewegung'... involviert sind, die spirituellen Traditionen der Lakota durch das Nachahmen unserer zeremoniellen Handlungen und durch das Vermischen der nachgeahmten Rituale mit nicht-indianischen, okkulten Praktiken zu einem widerwärtigen ..., pseudo-religiösen Krimskrams» gemacht haben, der eine «folgenschwere Behinderung des Kampfes der traditionellen Lakota um eine entsprechende öffentliche Wertschätzung ... [ihrer] legitimen politischen, rechtlichen und spirituellen Bedürfnisse ... darstellt, ... haben wir beschlossen:
>
> Wir erklären hiermit ... Krieg gegen alle Personen, welche hartnäckig an der Ausbeutung ... der heiligen Traditionen und spirituellen Praktiken unserer Lakota-, Dakota- und Nakota-Stämme festhalten.» [581]

580 ebd., Übers. Irène Stumm und Anina Föhn
581 spin.de, abgerufen am 10.1.2022; vgl. esoterikforum.de, abgerufen am 3.3.2024

Selbst Autoritäten aus den eigenen Reihen, die sich in den Dienst von New Age-Gruppen stellen, werden von den Verfassern aufs Korn genommen:

> «Wir erklären, dass wir eine Haltung der Null-Toleranz gegenüber jedem 'Schamanen des weissen Mannes' einnehmen, der aus unseren eigenen Gemeinschaften hervortritt, um die Enteignung unserer zeremoniellen Praktiken durch Nicht-Indianer zu legitimieren; all diese 'Plastik-Medizinmänner' sind Feinde der Lakota, Dakota und Nakota.»[582]

Hanegraaff hält es für absehbar, dass ähnliche Proteste in anderen Weltgegenden folgen werden. Was im Stil der New Age-Bewegung auf die Verbrüderung im Geist globaler Spiritualität hinwirkt, führt zur Verhärtung der Grenzen zwischen den Erkenntnisweisen verschiedener Kulturen.

582 ebd.

7 Die Psychologisierung der Götter

Mit Swedenborgs literarischer Aufbereitung von Mitteilungen transzendenter Wesen ist der Mediumismus in der europäischen Neuzeit angekommen. Dieses Phänomen wird gut ein Jahrhundert nach dem schwedischen «Geisterseher» eine Blütezeit erfahren. Doch ganz ähnlich, wie Swedenborg seine Erkenntnisse und deren theologische Deutung gegen hegemoniale Ansprüche einer anderen Erkenntnisweise behaupten musste, so sah sich auch die spätere Erforschung mediumistischer Phänomene gezwungen, sich gegen die hegemonialen Ansprüche einer Wissenschaft, namentlich der sich allmählich etablierenden akademischen Psychologie, durchzusetzen. Die Kompetenz zur Erfassung und Interpretation mediumistischer Phänomene wurde von der Theologie auf die Philosophie und weiter auf die zunehmend naturwissenschaftlich orientierte Psychologie übertragen. Dass die Thematik bis heute oftmals abfällig als 'esoterisch' bezeichnet wird, geht darauf zurück, dass das Spektakuläre, das naturwissenschaftlich Unerklärliche, früh schon diffamiert wurde.

Nach Renaissance und Reformation führten die Bestrebungen der Aufklärung in Europa dazu, dass Philosophie und Wissenschaft standardisiert wurden, sodass diese nun ihrerseits hegemoniale Ansprüche entwickeln konnten. In diesem Rahmen bildete die Psychologie zunächst noch einen Teil der Philosophie. Sie verselbstständigte sich spät und konsolidierte sich in Theorie und Methode erst ab der Wende zum 20. Jh. Doch im Zuge ihrer naturwissenschaftlichen Orientierung und Etablierung als akademischer Disziplin zeigte sich auch die Tendenz, transzendente Wesen, die sich durch Medien meldeten, zunehmend zu psychologisieren: Sie wurden in ihrer Eigenständigkeit als Wesen hinterfragt und stattdessen vielmehr als lediglich subjektive Eindrücke der Medien verstanden, die sich auf psychische und physische Vorgänge zurückführen liessen. Transzendente Wesen, die sich bei Europäern und Amerikanern[583] meldeten, wurden schliesslich als psychopathische Symptome gedeutet; aus Visionen wurden Halluzinationen und Mediumismus rückte in die Nähe einer Persönlichkeitsstörung. Religionsphilosophisch orientierte Psychologen, die mediumistische Erscheinungen weiterhin als Interaktion mit transzendenten Wesen interpretierten, bildeten eine Minderheit.

> «Und so werden die Erzählungen von dieser Art wohl jederzeit nur heimliche Gläubige haben, öffentlich aber durch die herrschende Mode des Unglaubens verworfen werden.»[584]

Mit der Gründung der ersten *Society for Psychical Research*[585] (SPR) in London fand dieses 'Schisma' 1882 seine organisatorische Form. 1886 folgte in Deutschland ein Pendant in Form der *Psychologischen Gesellschaft München*. Über die letzten 150 Jahre hinweg haben Medien, Forscher, *Societies for Psychical Research* und Parapsychologische Institute eine gewaltige Flut an Primär- und Sekundärliteratur hervorgebracht. Sie wurde ausserhalb der involvierten Community wenig gelesen und viel verurteilt. Auf diese Verurteilung haben sich auch die Arbeiten der Parapsychologen ausgerichtet. Die *Psychical Researchers* sahen sich genötigt, in erster Linie die Frage zu klären, ob es die transzendenten Wesen wirklich gibt, und über diese Frage ist die Parapsychologie bis heute noch nicht recht hinausgekommen. Immer folgt sie dem Richt-

583 In vielen anderen Kulturen, einschliesslich der altgriechischen, erfüllt mediumistische Erkenntnis wichtige Funktionen, etwa im divinatorischen oder diagnostischen Kontext. In diesen Kulturen hat mediumistische Erkenntnis sowie die Tätigkeit von Medien eine Etablierung erfahren, die im europäischen und amerikanischen Kontext – abgesehen von der Renaissance – ausgeblieben ist.

584 Kant 1968, II:353f.

585 '*Psychical Research*' ist später bekannt unter Bezeichnungen wie 'Parapsychologie' oder 'Grenzgebiete der Psychologie'. Durch die Präfixe 'Para-' und 'Grenz-' wird festgeschrieben, was aus naturwissenschaftlicher Sicht marginal erscheint. Aus der Sicht von William James' Filtermodell des Geistes (s. unten S. 311ff.) beispielsweise liegen die Dinge umgekehrt: Alle Menschen sind Medien und marginal sind jene, die es nicht wissen.

strahl der einen, zwanghaft verkrampften Frage: Ist es Wirklichkeit oder Betrug? Ganz in den Hintergrund tritt die Frage: Was hat es zu bedeuten?

Was ist das Thema dieser Literatur? Worauf fokussiert sie? Auf das Unerklärte am menschlichen Erleben, ein Nichtwissen, das nicht selten spektakuläre Erscheinungen betrifft. Aber diese Erscheinungen bilden vielleicht keine Einheit. Das Unerklärte insgesamt bildet kein kohärentes Forschungsgebiet.

Mediumismus als Erkenntnisweise zwischen den Disziplinen

Der Altphilologe Walter F. Otto[586] lobte die *Society for Psychical Research* dafür, dass sie sich «den sogenannten Geistererscheinungen»[587] ernsthaft zuwandte. «Die Psychologie», resümiert er, «wird noch manches Fragezeichen zu setzen haben.»[588] Doch so sollte es nicht kommen. Die materialistisch orientierte Psychologie, die in jenen Jahren gegen Ende des 19. Jh. ihren hegemonialen Anspruch erst festigte, liess sich von den mediumistischen Phänomenen nicht in Frage stellen. Ihr Organisationsgrad stieg schnell. Wilhelm Wundt[589] baute in Leipzig eben sein Institut für Experimentalpsychologie auf, das 1879 gegründet werden und bald schon internationale Massstäbe setzen sollte. Nichts konnte den Siegeszug aufhalten. Zu diesem Zweck ignorierten die Mainstream-Psychologen das Thema Mediumismus so gut wie möglich, belegten es mit dem Vorurteil des Illusionären und marginalisierten die Kollegen, die sich ihm zuwandten. Die Auseinandersetzung wurde nicht mit wissenschaftlichen Argumenten, sondern mit den Mitteln oft rüder Polemik geführt. Wissenschaftliche Argumente können sich ja nur in der Beschäftigung mit einem Gegenstand entwickeln. Die naturwissenschaftlich orientier-

586 1874–1958
587 Otto 1981:107
588 ebd. S. 114
589 1832–1920

te Psychologie aber erklärte die mediumistischen Phänomene für irreal und weigerte sich, sich mit ihnen zu beschäftigen. Dieses Verfahren führte zur Festigung ihres hegemonialen Anspruchs – nicht etwa der Sieg der Vernunft über den (Aber)Glauben!

Dabei traten gerade um 1900 sowohl in Europa als auch den USA verschiedenste Medien in grosser Zahl auf. Viele von ihnen waren von ihrer Fähigkeit überrascht, andere unterdrückten oder professionalisierten sie und manche simulierten. Wie sollte man die einen von den anderen unterscheiden können? In der Forschung gab es daher rege Bemühungen, mediumistische Erkenntnis und Simulationen der Medien auseinanderzuhalten. Das führte in manchen Fällen zu drastischen Übergriffen auf die Medien, wie es im Rahmen von skurrilen Experimenten dokumentiert ist[590]. In anderen Fällen wurden die Forscher von den Mitteilenden selbst unterstützt, so beispielsweise mithilfe der sog. *Cross-Correspondences*[591]. Nicht nur die Parapsychologen, sondern auch die Totengeister waren darauf fixiert, zu beweisen, dass es sie gibt. Eine weiterführende Botschaft blieb dann aus.

Doch die szientistischen Kollegen, allen voran Wilhelm Wundt, sahen ihr materialistisches Modell durch alles bedroht, was mit der Erwägung eines 'Jenseits' die klare Trennung zwischen Wissenschaft und etwas auch nur eventuell Religiösem ins Wanken brachte[592]. So wurde ein Teil des menschlichen Erlebens – und später das Erleben insgesamt – willkürlich aus dem Forschungsfeld der Psychologie ausgeblendet.

Im Gegensatz dazu ging es SPR-Forschern wie Frederic W. H. Myers[593] und William James[594] ganz grundlegend darum, den Gegensatz zwischen Wissenschaft und Religion in einem erweiterten Modell aufzulösen. Sie beschäftigten sich somit zugleich mit zwei inkompatiblen Arten der Er-

---

590 vgl. unten S. 327f.

591 vgl. unten S. 298f.

592 Zugleich verehrte Wundt aber G. Th. Fechner aufgrund seiner psychophysikalischen Arbeiten als Lehrer.

593 1843–1901

594 1842–1910

kenntnis. Denn insofern, als Religion sich nicht blossem Gehorsam verdankt, ist sie die Frucht einer anderen Erkenntnisweise.

> «Die Kluft zwischen vielen Psychologen einerseits und andererseits Myers und seinen Kollegen, die sich mit Psychical Research befassten, wurde immer mehr zu einer Kluft zwischen denen, die die etablierten, präzisen Methoden anderer Wissenschaften bevorzugten und den Umfang ihrer Forschungen dementsprechend einengten, und denen, die es vorzogen, die grundlegenden Probleme im Auge zu behalten, wie inadäquat die Methoden auch immer sein mochten.»[595]

Myers, der das in der SPR-Forschung reichlich hervorgebrachte Material in seinem Hauptwerk *«Human Personality and its Survival of Bodily Death»* von 1903 zusammenstellte und kritisch würdigte, war «der festen Überzeugung, ... dass das nächste Schicksal der Verstorbenen durch die von ihm vorgelegten Phänomene in den Bereich zuverlässiger Erkenntnis gerückt werde ...»[596]. Zu diesem Zweck hatte er aber ein psychologisches Modell entwickeln müssen, das den Horizont der Psychologie radikal erweiterte. Er ergänzte die an naturwissenschaftlichen Vorlagen orientierte Herangehensweise um eine zu Theologie und Religionswissenschaft hin offene Dimension.

Dabei arbeitete er eng mit William James zusammen und griff auf Vorarbeiten von G. Th. Fechner zurück. Viele am Mediumismus interessierte Psychologen, unter ihnen auch James, deuteten die anormalen Phänomene zunächst mehr psychologisch als religiös. Die von den Geistern empfangenen Botschaften waren meist kindisch und trivial[597]. Sie bildeten erst die Ritze in den «Brettern dieser Welt»[598] (Fechner), durch die man später religiös bedeutsamere Erkenntnisse zu gewinnen hoff-

---

595 Kelly 2010:91, Übers. Irène Stumm und Anina Föhn

596 ebd.

597 vgl. bspw. die lapidaren Mitteilungen des Totengeists von William James: Kelly 2010:89

598 vgl. Metzinger 2009:76 zu Aldous Huxley und William Blake

te.[599] Die religiöse Dimension kam zunächst vor allem auf der Ebene der Theoriebildung ins Spiel. Allerdings schien es auch Myers naheliegend, dass die Ritze bei aussereuropäischen Kulturen breiter sein könnte, wie Walter F. Otto annahm:

> «Denn wir mögen so gläubig oder ungläubig sein, wie wir wollen, bei dem gänzlichen Versagen aller bisher angestellten Vergleiche und Erklärungsversuche darf die Tatsache doch nicht einfach ignoriert werden, dass die wesentlichen Züge dieser 'Erscheinungen' mit dem uns rätselhaften uralten und weltweiten Totenglauben völlig übereinstimmen.»[600]

Fest steht, dass Mediumismus ein interkulturelles Phänomen ist, das sich nicht auf die Welle mediumistischer Erscheinungen beschränkt, die bei Europäern und Amerikanern um die Wende zum 20. Jh. aufkam. Das belegten früh schon die Arbeiten des Ethnologen und Schriftstellers Andrew Lang[601].

Der Enthusiasmus der Pythia

Eine Tendenz zur Psychologisierung transzendenter Wesen lässt sich bereits in der Antike erkennen, wo die Götter Teil des Alltags bildeten. Der Altphilologe Walter F. Otto betont den unspektakulären Aspekt ihres Wirkens unter den Menschen. Deutlich zeigt sich die Tendenz in der Spätantike. So etwa, wenn Plutarch nicht mehr Apollon durch die Pythia die Zukunft voraussagen lässt, sondern ihm lediglich die Kraft zuschreibt, die Pythia in Enthusiasmus zu versetzen, sodass sie ihre eigene divinatorische Fähigkeit entfalten kann. Präzisierend führt Plutarch aus, wie die Prophetenkraft sich verstärkt, «wenn die Seele, erwärmt und glühend geworden, die Behutsamkeit abschüttelt, welche die

599 vgl. Kelly 2010:89

600 Otto 1981:107

601 1844–1912; zu Langs interkultureller Betrachtung des Mediumismus, siehe unten S. 287f.

sterbliche Vernünftigkeit anwendet und so zu vielen Malen den Enthusiasmus verdrängt und erstickt.»[602]

«Die prophetische Kraft aber ist wie ein unbeschriebenes Blatt,... befähigt, passiv Vorstellungen und Vorempfindungen aufzunehmen, und so erfasst sie ohne Denken das Zukünftige, wenn sie am meisten aus dem Gegenwärtigen heraustritt. Heraus aber tritt sie, wenn sie vermöge einer gewissen Stimmung und Verfassung des Körpers die Verwandlung erfährt, die wir Gotterfüllung (Enthusiasmus) nennen. Aus sich heraus gelangt der Körper zu einer solchen Verfassung zwar nicht oft. Doch sendet die Erde den Menschen Quellen von mannigfaltigen Kräften herauf, teils Wahnsinn erzeugende, Krankheiten und Tod bringende, teils gute, wohltätige und heilsame ... der prophetische Strom und Hauch aber ist der göttlichste und heiligste ...»[603]

Letztlich erklärt Plutarch, dass der Enthusiasmus sogar nur zum Teil von Apollon erzeugt wird – zum Teil auch durch die Dämpfe, die aus der Felsspalte unter dem Tripod aufsteigen. Letzteres mutet bereits wie eine wissenschaftliche Erklärung der divinatorischen Fähigkeit an.

Wenn es um mediumistische Erkenntnisse aufgrund der Kommunikation mit Verstorbenen ging, liessen sich jedenfalls leichter Kriterien entwickeln, um Simulation und Täuschung auszuschliessen. Genauer: Die Vermutung, der Kommunikationspartner des Mediums sei wirklich der Verstorbene, lässt sich additiv verdichten: Das Medium weiss Dinge, die nur der Verstorbene und wenige, weit entfernt wohnende Vertrauenspersonen wissen können, es spricht mit der Stimme oder im Tonfall des Verstorbenen, es teilt dessen künstlerische oder fremdsprachliche Fähigkeiten, obwohl es selbst untalentiert und ungebildet ist, etc. Zur

602 Plutarch 1952:156. Das entspricht – in gründlicher Umwertung – auch dem Standpunkt Kants.
603 ebd. S. 155

Gewissheit führt das Verfahren allerdings nicht, weil die Möglichkeit telepathischer Kommunikationsweisen gerade aufgrund von Modellen, wie Myers und James sie vorschlugen, weitreichend sind. James spricht beispielsweise von einem Kontinuum kosmischen Bewusstseins, in das die Individuen eingebettet sind und gegen das sie sich mit Dämmen absichern, die nicht dicht sind.[604] Über dieses gemeinsame Kontinuum könnten Informationen unabhängig von räumlichen und zeitlichen Distanzen ausgetauscht werden. Dass es Phänomene wie Telepathie und Gedankenübertragung tatsächlich gibt, schien auch Sigmund Freud[605] naheliegend.

Im Mediumismus, wie er sich in Europa zwischen der Mitte des 19. Jh. und dem Ausbruch des Zweiten Weltkriegs ausbildete, führten Erkenntnisweise und Fähigkeiten der Medien zur Bildung einer Subkultur. Eifrig wurden mit wissenschaftlichen Methoden die Erträge und Effekte mediumistischer Erkenntnis geprüft. Doch diese Erkenntnisweise selbst stiess kaum auf Interesse. Ihre Unterlegenheit gegenüber wissenschaftlicher Wissensproduktion wurde als selbstverständlich vorausgesetzt. Sicher ist aber, dass die Medien, die sich in den Dienst des *Psychical Research* stellten, eine andere Erkenntnisweise beherrschten als die Wissenschafter, die sich mit ihnen beschäftigten. Umso erschütternder also das Desinteresse der Forscher an der Erkenntnisweise der Medien und am Wissen, über das die transzendenten Wesen verfügen und das möglicherweise die eigene Erkenntnisfähigkeit übersteigt. Was bedeutet Sterben aus der Sicht Sterbender? Wie ist das postmortale Dasein? Lässt sich das Jenseits beschreiben? Solche Fragen bleiben ausgespart.

Eine vom reduktionistischen Ansatz unabhängige Linie verfolgten zunächst noch die Religionspsychologen, doch wurden sie in den ersten Jahrzehnten des 20. Jh. zunehmend marginalisiert. Immerhin gab es ab dem frühen 20. Jh. eine zweite, von *Psychical Research* und akademischer Psychologie gleichermassen unabhängige Entwicklung. Angestossen wurde sie von Menschen, die ihrerseits selbstverständlich davon ausgingen, dass die Mitteilungen transzendenter Wesen bedeutungsvoll

604 vgl. unten S. 314; die undichten Dämme wirken als Filter.
605 1856–1939; vgl. unten S. 338f.

sind. Sie interessierten sich nur am Rande für Experimente und orientierten sich am Offenbarungswissen, das sie gewannen. Sie gründeten weder Institute noch wissenschaftliche Gesellschaften und publizierten auch keine Bücher. Einzelne gestalteten ihr Offenbarungswissen zu Ritualen, die sie in ordensartigen Gemeinschaften pflegten. Ein Überblick über diese Szene ist jedoch aufgrund der Verschwiegenheit, die sie sich selbst auferlegte, kaum zu gewinnen.

Immerhin konnte der Autor als Mitglied der vom Medium Oskar R. Schlag[606] gegründeten und geleiteten *Hermetischen Gesellschaft* punktuelle Einblicke gewinnen. Schlag erlangte als Medium grössere Bekanntheit, nachdem er vom experimentell arbeitenden Psychologen Albert Freiherr von Schrenck-Notzing[607] entdeckt worden war. Dieser war als Mitbegründer der *Psychologischen Gesellschaft München* in Kontakt mit vielen Forschern, die sich für Mediumismus interessierten. So auch mit der Schweizer Wissenschafterin Fanny Moser, die der Untersuchung mediumistischer Phänomene ihr Lebenswerk widmete. Wie viele andere war auch sie fokussiert auf das Thema 'Täuschung oder Tatsache' und damit also auf jene Frage, die sich im Konkurrenzkampf von Parapsychologie und akademischer Psychologie immer wieder in den Vordergrund drängte.

Im Rahmen dieser Auseinandersetzung biederten sich einige *Psychical Researchers* dem sich bildenden Mainstream der naturwissenschaftlich orientierten Psychologie an, indem sie mit der experimentellen Forschungsmethode arbeiteten. Dabei zeigte sich jedoch bald, dass die Bedingungen wissenschaftlich gesicherter Beobachtung dem Auftreten der zu beobachtenden Phänomene entgegenwirken und sie schliesslich auch verhindern konnten. Misstrauen und Skepsis konnten das Medium selbst dann irritieren, wenn sie nicht explizit geäussert wurden[608]. Ganz anders hingegen, wenn das mediumistische Phänomen nicht in einen experimentellen Rahmen gedrängt wurde. Auffällig ist nämlich, dass die Mitteilungen transzendenter Wesen ungemein viel reicher und bedeutsamer werden, sobald das Medium sich für deren Inhalt interessiert.

606 1907–1990
607 1862–1929
608 vgl. von Ins 2020:156

Das scheint allerdings vielfach auch vorauszusetzen, dass es die Kontrolle über den Verlauf der Interaktion abgibt. Dies wiederum begünstigt etwa das Automatische Schreiben, das mediumistische Erkenntnis in die Nähe der poetischen Erkenntnisweise rückt[609].

Mediumismus aus geisteswissenschaftlicher Sicht: Erweiterte Modelle

Andrew Lang: Mediumismus im interkulturellen Kontext

Psychologen und Anthropologen waren sich einig, dass die unerklärlichen mediumistischen Erscheinungen in Europa ein eigenes Forschungsgebiet darstellen sollten. So entstanden die *Societies for Psychical Research* als ausdrücklich nicht akademische Institutionen. Ihre Mitglieder beschäftigten sich mit allem, was der psychologische Mainstream ausschloss, sodass das Feld von einem paraphysikalischen bis zu einem spirituellen Pol reichte. Die Isolation des Unerklärlichen gelang jedoch nur unvollständig. Zwei der prominentesten Brückenbauer waren der Psychiater C. G. Jung und der Ethnologe Andrew Lang.

Andrew Lang war vielseitig begabt und von verspieltem Naturell. So trat er auch als Historiker und Schriftsteller hervor und interessierte sich für den aufkommenden Mediumismus seiner Zeit. Er war 1911 sogar Präsident der Londoner *Society for Psychical Research (SPR)*, die sich den mediumistischen Erscheinungen widmete, das heisst – in Fortführung der bisherigen Terminologie – in Geisterbeschwörung übte. Aus akademischer Perspektive war er ähnlich dissident wie J.R.R. Tolkien (*«Lord of the Rings»*). Beide verband eine mythopoetische[610] Erkenntnisweise, die der analytischen Forschung nichts entgegenstellt, aber ihre Ergebnisse kontextualisiert. So interessierte sich Lang in seiner anthropologischen Tätigkeit im Besonderen für Religion und 'Folklore', Mythen, Legenden und Märchen. Dank seiner Tätigkeit

609 vgl. unten S. 347ff.

610 der Begriff stammt von Tolkien; vgl. von Ins 2020:73

als Altphilologe erstreckte sich sein Wissen um Kultur und namentlich Literatur weit über seine Gegenwart hinaus. Dieser Wissensfundus bildete den interkulturellen Kontext, in dem Lang auch den Mediumismus verortete[611]. 1894 stellte er klar, dass die Ähnlichkeit mediumistischer Erscheinungen bei den australischen *Aborigenes*, den *Native Americans* der Nordwestküste, den antiken Magiern und den zeitgenössischen spiritistischen Medien ins Auge springe. Dabei verwendet Lang den Begriff 'Spiritismus' (*spiritualism*) für das, was wir unter Mediumismus und mediumistischen Erscheinungen verstehen: dass ein anderes, unkörperliches Wesen sich durch einen Menschen als Medium äussern kann. Während die Bezeichnung 'Mediumismus' die Erscheinungen in Bezug zu den Medien setzt, legt Langs 'Spiritismus' den Fokus auf den Glauben an die Geistwesen, insofern, als dass «für all diese Formen ... von Spiritismus die Präsenz und die Hilfe von 'Geistwesen' [*spirits*] für unerlässlich gehalten wird ...»[612]. Dabei übersieht er, dass gerade im neuzeitlichen Spiritismus auch Menschen zu Medien werden können, die zuvor nicht an Geister glaubten.

Zur Erklärung der kulturübergreifenden Ähnlichkeiten greift Lang auf die von Edward Burnett Tylor[613] eingeführte Theorie des Animismus zurück. Demnach ist der Glaube an Geister und die Beseeltheit der Welt die früheste Form menschlicher Religion und zugleich die globale Grundform religiöser Orientierung. Ursprünglich hatte Tylor mit dem Gedanken gespielt, die Religion der «Wilden» nicht als Animismus, sondern als Spiritismus (*Spiritualism*) zu bezeichnen. Doch hatte er sich dagegen entschieden, da Spiritismus «zur Bezeichnung einer bestimmten modernen Sekte» geworden sei, deren Mitglieder «zwar extrem spiritualistische Ansichten haben, aber in der Welt insgesamt nicht als typische Vertreter dieser Ansichten betrachtet werden können. Der Sinn von

611 Das betrifft im Besonderen die Artikel *«Savage Spiritualism»* und *«Ancient Spiritualism»*, die Lang erstmals 1894 in seinem Werk *«Cock Lane and Common Sense»* publizierte. Zu den Artikeln, s. Lang 1908:75–85 und Lang 1908:85-96

612 Lang 1908:75; Übers. Irène Stumm und Anina Föhn

613 1832–1917

Spiritualismus in seiner weiteren Akzeptanz, der allgemeine Glaube an geistige Wesen, wird hier dem Animismus zugeteilt.»[614]

Ob Tylor mit der «modernen Sekte» wohl die von Lang erwähnten Gruppierungen meinte, unter denen mediumistische Phänomene ab 1850 in den USA plötzlich zahlreich auftraten?[615] Jedenfalls versteht Tylor Animismus nicht nur als Religion der kolonisierten ‹Wilden› («*savages*»), die zu jener Zeit den zentralen Gegenstand ethnologischer Forschung ausmachten, sondern auch als grundlegende Dimension («*groundwork*») der ‹Hochreligionen›. Es gibt kaum sachliche Gründe, die mediumistischen Erscheinungen von diesem *groundwork* auszuschliessen.

> «Diese Einheitlichkeit ist bis zu einem gewissen Grad nicht überraschend, denn der wilde, der klassische und der moderne Spiritualismus stützen sich alle auf die primäre animistische Hypothese als metaphysische Grundlage. ... Diese wissenschaftliche Theorie ist an sich unanfechtbar; normale Phänomene, psychische und physische, legen wohl die meisten animistischen Überzeugungen nahe.»[616]

Letztlich stehen ausgehend von der ethnologischen Forschung seiner Zeit, so Lang, genügend Berichterstattungen zur Verfügung,

> «... um aufzuzeigen, dass der unzivilisierte Spiritismus dem der modernen Medien und Séancen wunderbar und sogar in winzigen Details nahekommt, während man für beide die auffälligsten Parallelen in der alten klassischen Thaumaturgie[617] findet.»[618]

---

614 zit. n. Waardenburg 1973:215, Übers. Irène Stumm. Vgl. von Ins 2020:154

615 Lang spricht von einer «Epidemie des 'Spiritismus'» zwischen 1848 und 1852 (Lang 1908:87).

616 Lang 1908:76; Übers. Irène Stumm und Anina Föhn

617 unter 'Thaumaturgie' werden wundertätige Magier und Heilige zusammengefasst

618 Lang 1908:76, Übers. Irène Stumm

Die starken Ähnlichkeiten der Phänomene sowie deren geographische und historische Verteilung sind so verblüffend, dass sie wiederum viele Fragen aufwerfen:

> «... (D)ie ausserordentliche Ähnlichkeit zwischen wilden und klassischen spiritistischen Riten[619], mit der entsprechenden Ähnlichkeit zu angeblichen modernen Phänomenen, wirft Probleme auf; dies festzuhalten ist einfacher als es zu erklären. So sind Erscheinungen wie Klopfgeräusche (*«rappings»*), Bewegung von nicht berührten Gegenständen oder spontan aufscheinendes Licht im Séance-Raum leicht vorzutäuschen. Aber dass unwissende moderne Schurken genau dieselben Klopfzeichen, Lichter und Bewegungen vortäuschen sollten wie die entferntesten und unzivilisierten Barbaren und wie die gebildeten Platoniker des vierten Jahrhunderts nach Christus[620], und dass viele der anderen Phänomene überall identisch sein sollten, ist zumindest bemerkenswert.» [621]

Langs interkultureller Vergleich stellt klar: Mediumismus als Phänomen ist weder eine singuläre Erscheinung der Neuzeit noch eine blosse Mode 'hysterischer' Damen und abenteuerlustiger Pioniere des Fin de Siècle. Mediumistische Erkenntnis ist ein allgemein menschliches Phänomen, wobei sich nicht allein die Erscheinungen als solche ähneln, sondern auch die Kontexte ihres Zustandekommens und die Reaktionen, die sie auslösen.

Letzteres wird besonders anschaulich in Langs Vergleich des Mediumismus der spätantiken Neuplatoniker im 4. Jh. auf der einen Seite und der «Epidemie des Spiritismus in den Vereinigten Staaten (1848–1852)»[622] auf der anderen Seite. Vergleicht man die Erscheinungen beider Epochen, so werden klare Ähnlichkeiten deutlich. So erklärt Lang

619 Da schiesst Lang über das Ziel hinaus: Weit verbreitet ist die mediumistische Erkenntnisweise, nicht die Rituale, die diese begleiten.

620 gemeint sind spätantike Neuplatoniker wie Jamblichos (gest. um 320 n. Chr.) und Porphyrios (gest. um 301 n. Chr.)

621 Lang 1908:76, Übers. Irène Stumm

622 ebd. S. 87, Übers. Anina Föhn

im Rückgriff auf einen Artikel von Leonard Marsh[623] aus dem Jahr 1854, dass die mediumistischen Erscheinungen moderner Medien den «Wundern» («*marvels*») der Neuplatoniker des 4. Jh. n. Chr. entsprechen, denn «[Marsh] hat bewiesen, dass die von den Fox-Schwestern[624], von Home[625] und anderen Medien vollbrachten Wunder die alten Wunder des Neuplatonismus waren.»[626]

Doch diese Ähnlichkeiten auf antike Einflüsse zurückzuführen, scheint abwegig. Denn die Literatur der Neuplatoniker war diesen 'Gläubigen', die «von Aufklärung und Bildung gänzlich verschont waren», unbekannt: Die betroffenen Neuplatoniker «können die ungebildeten Eltern der neuen Thaumaturgie nicht beeinflusst haben. Diese Tatsache macht die Wiederholung von ... neuplatonischen Wundern im modernen Spiritualismus umso interessanter und kurioser.»[627]

Lang betont, dass Mediumismus, wie er in jenen 50er-Jahren in den USA einen Aufschwung erlebte, immer eine Untergrunderscheinung gewesen sei: «Der Glaube an solche [Geister und mediumistische Erscheinungen] hatte im Untergrund des ländlichen Legendenschatzes stets weitergelebt, unberührt von Aufklärung und Bildung.»[628]

Dabei offenbart sich gerade darin eine weitere Parallele: Dass die mediumistischen Phänomene zunächst als eine Untergrunderscheinung auftraten, war bereits in der Spätantike der Fall – ebenso der Umstand, dass sie (wohl gerade wegen dieses Ausschlusses vom Mainstream) den-

---

623 1800–1870; amerikanischer Schriftsteller, Legenden- und Sagenforscher

624 Die Schwestern Leah (1813–1890), Margaret (1833–1893) und Catherine (1837–1892) Fox, bekannt als *Fox sisters* aus Hydesville NY, traten ab 1849 als Medien auf, die über Klopfzeichen mit Verstorbenen kommunizierten. Durch diese Phänomene berühmt geworden tourten sie sogar durch Europa und waren wesentliche Vorreiterinnen der Welle mediumistischer Phänomene, die in den USA und daraufhin auch in Europa immer häufiger aufkamen. 1888 gaben Catherine und Margaret zu, die Klopfgeräusche mit den Zehen erzeugt zu haben.

625 Daniel Dunglas Home (1833–1886) hielt ab 1851 über etwa 35 Jahre hinweg hunderte Séancen ab, in denen er als Medium auftrat. Berühmtheit erlangte er im Besonderen für das Phänomen der Levitation. Seine Karriere begann er in den USA und siedelte später, als gebürtiger Schotte, nach Europa zurück.

626 Lang 1908:88; Übers. Irène Stumm und Anina Föhn

627 ebd. S. 88; Übers. Irène Stumm und Anina Föhn

628 ebd.; Übers. Irène Stumm und Jürg von Ins

noch nach und nach die Aufmerksamkeit der Bildungselite erregten. So beschreibt Lang das Aufeinandertreffen von Hellas und Orient und zieht eine Parallele zu seiner Zeit:

> «... (P)rivate spiritistische Riten, ohne Tempel oder staatlich unterstützte Priesterorden, waren in den ersten Jahrhunderten des Christentums nichts Neues; aber sie hatten bis dahin nicht die Aufmerksamkeit von Philosophen und *hommes de lettre* auf sich gezogen. Die Morgendämmerung unseres Glaubens war das schwindende Abendlicht der alten Religionen; die klassischen Götter verabschiedeten sich, die religiösen Überzeugungen lösten sich auf, Gespenster gingen um, sogar Philosophen suchten nach einem Zeichen. Die Mysterien des Ostens hatten sich in Hellas breitgemacht.
>
> [...]
>
> Die Epoche, in der die modernen Arten von Spiritualismus aufkamen, verlief analog zu jener, in der der klassische und orientalische Spiritualismus in die Sphäre des gebildeten Bewusstseins aufstieg. In beiden Perioden waren die phantastischen ‹Phänomene› praktisch dieselben, und ebenso die Ratlosigkeit, die Zweifel und die erläuternden Hypothesen der philosophischen Beobachter.»[629]

Bemerkenswert an Langs Darstellung ist somit nicht allein, dass mediumistische Erscheinungen in verschiedensten Jahrhunderten immer wieder auftreten, sondern auch, dass sie offenbar von ähnlichen Zweifeln und skeptischen Reaktionen begleitet werden. So haben wir oben bereits erwähnt, wie die Erforschung des Mediumismus im frühen 20. Jh. geprägt wurde durch ihr Spannungsverhältnis zur akademischen Wissenschaft und deren Bestreben nach reduktionistischen (unspektakulären) Erklärungen. Doch auch diese Dynamik lässt sich bereits für die Neupla-

---

629 ebd. S. 87f.; Übers. Irène Stumm und Jürg von Ins

toniker des 4. Jh. feststellen: Während die einen auf die Wahrhaftigkeit der Geister schliessen, versuchen andere den Psychologisierungsschritt, indem sie scheinbar mediumistische Erscheinungen auf die Manifestation psychischer Instanzen reduzieren. Letzteres erwägt zumindest Porphyrios[630]:

> «Ist ein göttliches Wesen gezwungen, so fragt Porphyrios, bei diesen Bemühungen zu helfen? Oder ist es nur die Seele des Sehers, wie manche glauben, die mit Hilfe von Referenzpunkten sich selbst halluziniert? [...] Er [Porphyrios] tendiert zur Vorstellung, dass der Dämon oder der Schutzgeist eines jeden Menschen nur ein Teil seiner Seele sei – eigentlich sein ‹unbewusstes Selbst›. Und ganz allgemein vermutet er, die ganze Angelegenheit sei ‹ein blosses Trugbild, das die Seele sich selbst vorgaukelt›.»[631]

Ob es sich mit einer solchen Erklärung allein wirklich getan hat, wurde bereits von seinen Zeitgenossen bezweifelt. So folgert der Philosoph Iamblichos[632] ganz anders:

> «... Iamblichus vertritt die Ansicht, dass geistige Besessenheit eine echte objektive Tatsache ist und dass die Medien unter echter geistiger Kontrolle handeln. ... Iamblichus verwirft alle psychologischen Theorien von Porphyrios über Halluzinationen, über den Dämon oder den ‹Genius› als ‹unbewusstes Selbst›, und er besteht auf dem tatsächlichen, objektiven, wahrnehmbaren Wirken von Geistern, göttlichen oder dämonischen.»[633]

Offen bleiben die Fragen, warum Mediumismus – soweit er nicht traditionell zu einer Kultur gehört – gerade an diesem Ort und zu dieser Zeit

630 Schüler Plotins, um 23–ca. 3033
631 Lang 1908:90f.; Übers. Irène Stumm, Anina Föhn und Jürg von Ins
632 um 240/245–320/325
633 Lang 1908:92; Übers. Irène Stumm

auftritt, und ob er als religiöses oder als säkulares Phänomen behandelt werden soll. Dass die mediumistischen Erscheinungen zwischen beiden Deutungshorizonten oszillieren, war und ist eines der Haupthindernisse, das sich ihrer Erforschung stellt. Selbst bei Wilhelm Wundt, dem Pionier der Experimentalpsychologie und Konkurrenten der SPR-Forschung, findet sich der Ansatz einer religiösen Deutung mediumistischer Phänomene – wenn auch bei ihm dieser Aspekt negativ belegt war. Er polemisierte gegen die *Psychical Researcher* und bezeichnete deren Forschung als «Ausdruck krankhafter Atavismen primitiven Geisterglaubens»[634]. Auch ihm entgingen die interkulturellen Facetten nicht: Er verglich die Medien mit Schamanen und warnte «vor den religiösen und moralischen Folgen des Spiritismus, die über wissenschaftliche Interessen zu stellen seien: die sittliche Verwilderung ...»[635]

Doch woher die Empfänglichkeit der europäischen Seelen für Mediumismus und Geistwesen im Zeitalter der Industrialisierung, des Ressourcenfetischismus[636], der weltweiten zivilisatorischen Mission, des kolonialistischen Sieges über alle Anderen? Man muss sich vielleicht vergegenwärtigen, dass sich noch in den 1910er-Jahren viele Menschen vom Telefon überwacht oder gar besessen fühlten. Fotografie, Phonographie und allerhand neue Geräte spielten in der Erforschung des Mediumismus eine Schlüsselrolle. Die Hoffnung, die Wirklichkeit der Geister endlich nachweisen zu können, nährte sich wesentlich vom technischen Fortschritt. Manche Medien äusserten sich übers Radio, viel später noch über Tonträger, die man rückwärts laufen liess. Vielleicht hatten die vielen neuen Maschinen tatsächlich ihre eigenen Geister, wie man sich das vielerorts vorstellt.[637] Mediumismus war jedenfalls keine Gegenbe-

634 Sommer 2018:200

635 ebd. S. 198; ganz ähnlich war schon Thomas Hobbes «der ... Meinung, dass der Glaube an Geister, Magie und immaterielles Jenseits die eigentliche Ursache für theologische Korruption sowie Unruhen und Aufstände darstellte.» (Sommer 2018:186)

636 der Begriff stammt von Hartmut Rosa und weist auf Karl Marx zurück; vgl. von Ins 2020:70

637 vgl. etwa die Lokomotive als besitzergreifenden Geist in Jean Rouchs Film *«Les Maîtres fous»* (1956)

wegung zum technischen Fortschritt und zur Modernisierung, sondern eine Begleiterscheinung.

Mediumismus ist aber auch ein Aufstand gegen die organisierte Religion, behauptet sich neben dieser als Parallelwelt. Er erscheint wie eine Begleiterscheinung der Entwurzelung, denn auch darin finden sich Ähnlichkeiten in den kulturellen Kontexten seines Auftretens. Schliesslich war in der Spätantike die Konkurrenz der organisierten Religion gegen einen 'neuen Glauben' höchst ausgeprägt. Die noch jungen Vereinigten Staaten wiederum waren von Auswanderern bevölkert, die eine Vielzahl religiöser Traditionen mitbrachten, die sich nun überdies mit denjenigen der Afroamerikaner und der Native Americans konfrontiert sahen. Und auch in Europa war die vorchristliche Religion nicht vergessen und verloren. Lang selbst gab in seiner Bibliographie ein Zeugnis davon: 1893 brachte er unter neuem Titel eine Schrift des schottischen Folklore-Forschers Robert Kirk aus dem 17. Jh. heraus: *«The Secret Commonwealth of Elves, Fauns, and Fairies»*.

Der Kolonialismus hat die Menschen unter dem Motto der Zivilisierung entwurzelt. Und auch Europa ist einst durch Mission entwurzelt worden. In Schottland, wo Kirk und Lang forschten, ist das offenbar noch nicht lange her. Und in Island hat sich die monotheistische Überformung der ursprünglichen Religion *Asatru* bereits weitgehend wieder aufgelöst[638]. Offensichtlich geht es in Europa nicht anders als in Afrika: Die angestammte Religion bäumt sich noch Jahrhunderte auf gegen die von Missionaren diktierten organisierten Religionen. Denn Gehorsam kann nicht das religiöse Erlebnis ersetzen:

> «Und die Buschmänner? ... Ein Volk, das seit Anbeginn in einer spirituellen Umarmung mit dem Grossen Gott gelebt hat, muss nun unter diesen verwirrten Verfechtern des spirituellen Bankrotts leiden ... als ob die organisierte Religion in ihrem derzeitigen Zustand politisierten Obsoletseins sagen könnte, was mit der Seele und dem Geist eines Menschen geschieht, wenn er stirbt? Es wundert wenig, dass wir modernen Men-

638 vgl. von Ins 2020:201

schen so wenig über das Geheimnis des Lebens nach dem Tod wissen, ein Wissen, das in unserem Seelengedächtnis verankert ist ...»[639]

Organisierte Religion bietet ein System, das für die Bildung der 'Zivilisierung' dienlich sein mag. Doch Mensch-Sein wird von Fragen begleitet, auf die Zivilisation nicht die Antwort ist; es wird von Erscheinungen bewegt, für die organisierte Religion nicht die Erklärung ist. Für den Mediumismus der Neuzeit gilt wohl dasselbe: Organisierte Wissenschaft vermag ebenso wenig wie organisierte Religion das grosse Reich dessen abzudecken, was Mensch-Sein in der Vielfalt seiner Erlebnisse und Erkenntnismöglichkeiten bedeutet.

Frederic W. H. Myers: Wissenschaftliche, mediumistische und poetische Erkenntnis

Frederic Myers war 1882 einer der Mitbegründer der SPR und präsidierte die Organisation im Jahre 1900. In die Geschichte der parapsychologischen Forschung eingegangen ist er nicht zuletzt als Schöpfer des Begriffs 'Telepathie'. Er sah die Wissenschaft als universale Sprache und ihre Methoden als effiziente Mittel der Erkenntnisgewinnung. So führte er auch selbst Experimente durch, bei denen er streng wissenschaftlichen Kriterien folgte und seine Quellen und Beobachtungen sorgfältig überprüfte. Doch trotz der Anwendung des wissenschaftlichen Zugangs wusste er auch,

> «... dass Wissenschaft und Intellekt nicht die ‹einzige oder tiefste Einsicht eines Menschen in die Bedeutung des Universums› begründen können, und ebenso, dass ‹Kontemplation, Offenbarung, Ekstase, eine noch tiefere Wahrheit in bestimmte Herzen tragen können›.»[640]

---

639 Myburgh 2013:22, Übers. Irène Stumm und Anina Föhn

640 Kelly 2010:63f., Übers. Irène Stumm; Zitate aus Myers 1900:114

Sein Lebenswerk widmete er dem Versuch, die Erkenntnisweise der Psychologie so zu erweitern, dass paranormale Erscheinungen und namentlich die Frage nach dem persönlichen Überleben des Todes wissenschaftlich untersucht werden könnten. Denn im Lauf der Jahre bestätigte sich für ihn die Vorstellung vom Verbunden-Sein der Lebenden – auch mit Verstorbenen.

Bei seiner Entwicklung eines auf Sinnhaftigkeit angelegten Bewusstseinsmodells griff Myers auch auf sein poetisches Talent zurück. Dabei hielt er selbst wenig von diesem, obwohl er mit seinen Gedichten grossen Erfolg hatte. So auch mit folgendem Nachruf, in dem seine Vision von den Seelen Verstorbener früh schon Ausdruck findet:

> «Grabinschrift in Grindelwald
>
> Hier wollen wir ihn lassen; als Leichentuch den Schnee,
> als Grablichter hat er die sieben Planeten,
> als bedeutsames Zeichen die eisige Treppe
> zwischen den Gipfeln zum Himmel hinan.
> Einen Augenblick stand er, wie die Engel stehen,
> hoch oben in der reinen Erhabenheit der Luft;
> dann war er weg, in seine Heimat
> entrückt, nicht mehr gewahr.» [641]

Auf wessen Grab sich der Dichter hier bezieht, ist nicht bekannt. Doch woher sein Interesse an der Bergwelt? Es ist anzunehmen, dass Myers während jener Hoch-Zeit des britischen Alpinismus[642] selbst durch die Alpen reiste, denn er unternahm 1864 eine *Grand Tour*, die ihn – wohl nach der üblichen Anreise durch Frankreich und die Schweiz – über Italien und Griechenland in die Türkei führte. Später fand das Gedicht als Grabspruch anderer Opfer des Alpinismus Verwendung. Der populäre Vortragsreisende John Stoddard zitierte das Gedicht *«On a Grave at Grindelwald»* in seinem Bericht über Reisen in die Schweiz. Er stellte es

641 Myers 1870:102, Übers. Irène Stumm
642 zum britischen Mythos der Alpen im 19. Jh. vgl. Jung 2020

in Zusammenhang mit der Tragödie, die sich 1865 recht weit weg von Grindelwald am Matterhorn zugetragen hatte.[643] Die zweite Strophe des Gedichts findet sich zudem auf einem Grabstein im *Saint Olaf's* Friedhof von Wasdale Head im Cumbrian Valley, das sich ab 1880 zum Bergsteigerzentrum des englischen Lake Districts entwickelte. Sie steht auf dem Grab von drei *Mountaneers*, die 1903 am Scafell Pike abstürzten. Der Wortlaut ist identisch, allein das Wort *'eminence'*[644] wurde durch *'imminence'*[645] ersetzt. Das Gedicht wird zur Hymne auf das naturreligiöse Erlebnis, das die *Mountaneers* dieser Epoche lockt:

> «Die Verwendung dieser Zeilen zur Erinnerung an zwei voneinander unabhängige Kletterunfälle, die fast vierzig Jahre auseinander liegen, deutet darauf hin, dass die Gefahr des Todes nicht nur als Berufsrisiko des Bergsteigens angesehen wurde, sondern auch ein Element des Erhabenen in sich trug; die sehr reale Gefahr der physischen Vernichtung scheint ein Echo auf die eher figurative Vernichtung des Selbst zu sein, das im Burke'schen Erhabenen[646] impliziert ist, während es sich zu einem haptischen Erhabenen überhöht, das in der physikalischen Realität der Berggefahren begründet ist.»[647]

Es ist das Erlebnis des Heiligen in seiner *tremenda majestas* (Rudolf Otto), seiner erschütternden Erhabenheit; die Auflösung im leeren Raum zwischen der Erhabenheit der Berge, die Myers als Himmelsleiter (*«icy stair»*) sieht, und der haptischen Erfahrung des unmittelbar drohenden Todes – wann immer der Fels bröckelt, die Hand erlahmt oder das Seil

643 Nach gelungener Erstbesteigung stürzten vier der sieben Mitglieder der Seilschaft ab – durchwegs prominente Engländer. Königin Victoria war schockiert und wollte das Bergsteigen verbieten. Sie liess sich davon abraten, hatte aber damit das Interesse englischer Alpinisten am Matterhorn erst recht entfesselt. Vgl. Jung 2020:82f.

644 Anhöhe; Erhabenheit

645 das unmittelbar Bevorstehende; drohende Gefahr (z.B. *the imminence of death*)

646 Der Philosoph Edmund Burke verstand das *Sublime* als Kraft, die uns zwingen und zerstören kann; vgl. McNee 2016:155.

647 McNee 2016:172, Übers. Irène Stumm

reisst. Auch Myers soll ein solches Erlebnis erfahren haben, als er 1865 mit gut zwanzig Jahren den Niagara River unterhalb der grossen Wasserfälle durchschwamm. Vielleicht rührte auch ihn – allein im riesigen, brodelnden Strom – das Heilige in seiner *tremenda majestas* an. Vielleicht aber erfasste ihn auch einfach das Grauen vor dem unmittelbar drohenden Tod. Angeblich war es dieses Ereignis, infolgedessen Myers sein restliches Leben lang von der Frage nach dem postmortalen Dasein geradezu besessen schien.

Frederic Myers starb im Januar 1901, kurz nach Henry Sidgwick, der im Jahr 1900 verstorben war. Edmund Gurney – neben den Genannten ein weiteres Gründungsmitglied der SPR – war seit 1888 tot. Da nunmehr mit Myers Ableben drei namhafte Gründungsmitglieder der Londoner *Society for Psychical Research* im Tod vereint waren, setzten die sogenannten *Cross-Correspondences*[648] ein. Dabei handelte es sich um Mitteilungen an verschiedene Medien, die aber offensichtlich zusammenhingen, da sie aufeinander Bezug nahmen. Solche waren von besonderem Interesse, da sie die Wahrscheinlichkeit verringerten, die Sender könnten psychische Instanzen der Medien selbst sein, anstatt transzendente Wesen.

Bei den Cross-Correspondences des verstorbenen Myers handelte es sich um Mitteilungen an Medien, die auf verschiedenen Kontinenten wohnten: Myers† meldete sich sowohl beim bekannten Medium Leonora Piper in den USA, als auch bei der in England sesshaften Helen Verrall, sowie bei Alice Kipling Fleming, der Schwester des Schriftstellers Rudyard Kipling *(«The Jungle Book»)*, die sich als Ehefrau eines in Kalkutta stationierten britischen Offiziers in Indien aufhielt.[649] Die Botschaften, die sich bis 1932 hinzogen, waren mit griechischen und lateinischen Wörtern durchsetzt und nahmen vielfach auf literarische Werke Bezug. Dabei sprach Frederic Myers, der Zeit seines Lebens gedichtet hatte, auch postmortal oft in poetischer Form.

Am 16. Januar 1907 veranstaltete John George Piddington, ein führendes SPR-Mitglied, eine Sitzung mit dem Medium Leonora Piper, bei

648 engl. 'Kreuzkorrespondenzen'

649 zu den involvierten Medien vgl. Braude 2003:95f.

dem sich Myers† meldete. Da Piper oft Nachrichten empfing, die auf parallele Mitteilungen an andere Medien Bezug nahmen, schlug Piddington vor, Myers† solle jeweils durch einen Kreis mit eingezeichnetem Dreieck ankünden, wenn es sich um eine solche Cross-Correspondence handelte.

Tatsächlich fand dieses Zeichen Verwendung, denn kurz danach schrieb das Medium und SPR-Mitglied Helen Verrall *automatic scripts*[650], in denen wiederholt die Wörter '*star*' und '*hope*' vorkamen, dazu Anagramme von *star* (wie *rats, tars, arts*). In einem von Verrall's *scripts* tauchte auch das Wort *aster* (lat. 'Stern') auf, das griechisch 'Wunder' oder 'Zeichen' bedeuten kann. Danach erhielt Verrall eine Reihe von Zitaten aus Gedichten von Robert Browning, gefolgt vom Kreis mit eingezeichnetem Dreieck. Die Mitteilungen stammten offensichtlich von Myers†, der im Leben von Anagrammen begeistert gewesen war – und es offenbar über den Tod hinaus blieb.

Einen Monat später zeichnete Myers† durch ein weiteres *automatic script* von Helen Verrall ein Monogramm, einen Stern und einen Halbmond und schrieb: «Ein Monogramm, ein Halbmond, denken Sie dran, und ein Stern.»[651]

Im Februar meldete sich Myers† wiederum bei Mrs. Piper in den USA und fragte, ob Verrall das Wort 'Evelyn Hope' bekommen habe. Er fügte bei: «Ich bezog mich auch wieder auf Browning. Ich bezog mich auf Hope und Browning... Ich sagte auch Stern (*star*)..., achten Sie auf Hope, Stern (*star*) und Browning.»[652] Tatsächlich gibt es ein Gedicht von Robert Browning mit dem sprechenden Titel «Evelyn Hope» – und tatsächlich kommen darin die Stichworte '*hope*' und '*star*' vor.

650 zum automatischen Schreiben vgl. unten S. 362
651 Braude 2003:97, Übers. Irène Stumm
652 ebd., Übers. Irène Stumm

«Evelyn Hope

I
Die schöne Evelyn Hope ist tot!
Setz dich eine Stunde neben sie; schau dich um.
Dort ist ihr Bücherregal, hier ihr Bett;
sie pflückte jene Geranienblüte,
die auch schon zu sterben beginnt im Glas;
wenig hat sich verändert, glaube ich:
Die Fensterläden sind geschlossen, kein Licht kommt durch,
nur zwei lange Strahlen durch den Spalt des Scharniers.

[...]

III
Ist es zu spät denn, Evelyn Hope?
Zu spät? Deine Seele war rein und wahr,
gute Sterne trafen sich in deinem Horoskop,
schufen dich aus Geist, aus Glut und aus Tau.
Nur weil ich dreimal so alt bin, wie du warst,
und unsre Wege in der Welt so weit voneinander verliefen,
waren wir für einander nichts – lass' ich mir das sagen?
Sterblichkeit hat uns verbunden? Nichts weiter als das?

IV
Nein, in der Tat! Denn Gott im Himmel
ist groß im Gewähren, mächtig im Schöpfen.
Er schafft Liebe, um Liebe zu belohnen:
Immer noch verlangt mich nach dir. Liebe ist das!
Es mag noch weitere Leben dauern,
Durch Welten werde ich reisen, nicht wenige:
Viel gibt's zu lernen, viel zu vergessen,
bevor die Zeit kommt, dich an mich zu nehmen.

[...]

VII
Ich liebte dich, Evelyn, die ganze Zeit.
Mein Herz schien zum Bersten voll?
Da war noch ausreichend Raum für das offene Lächeln,
Den roten Mund und das junge Gold deines Haars.
So, still jetzt! Dieses Blatt geb' ich dir, dass du's behältst:
Sieh, ich schliess' es in deine süsse, kalte Hand!
So, das ist unser Geheimnis. Schlaf jetzt!
Du wirst erwachen, dich erinnern und verstehn.»[653]

Das lyrische Ich sitzt neben Evelyns Leiche auf ihrem Bett und schreibt der Angebeteten dieses Gedicht. Schliesslich drückt er es ihr in die «süsse, kalte Hand», auf dass Evelyn sich nach dem Erwachen im Jenseits an ihn erinnern und den tiefen Sinn ihres gemeinsamen Erdenlebens – ihre Liebe – verstehen möge. Bei der Lektüre kommt der Verdacht auf, das Jenseits gewinne eine wichtige Funktion als *Hide-Away* für Gefühle und Fantasien, die geheim bleiben müssen, weil sie hier, im Diesseits, nicht ausgelebt werden können. Und Myers teilte Brownings Begeisterung für schöne, (sehr) junge Mädchen, was etwa aus folgendem Gedicht spricht, das wohl auf ein Erlebnis Myers' im Zug zurückgeht:

«Paris à Mâcon

Ich sah, ich sah das liebe Kind,
beobachtete es insgeheim,
ich entdeckte Gesten süss und wild,
gütige Augen und fröhlichen Sinn.

Ihr Name? – Ich hörte ihn nie, nein, er war mir egal;
es reichte mir, dass ich
sie fand, unschuldig, schön,
zart und frei.

---

653 Robert Browning, «Evelyn Hope» (poemhunter.com), Übers. Irène Stumm und Jürg von Ins

Hört auf und geht, bevor die Träume kommen.
Spürt nicht der Geburt des Engels nach,
noch versucht für die paradiesische
eine irdische Blüte zu finden!

So ist's mit unseren zartesten Freuden.
Wie schnell doch die Seele erschrickt!
Wie leicht zerstören Tat und Wort
jenen flüchtigen Zauber!

Es kommt ungebeten, nicht gekauft,
und ungehindert flieht es fort;
seinen flinksten, lieblichsten Gedanken
Kann nie der Dichter sagen.» [654]

Myers und Browning kannten sich, denn Myers Frau war eine berühmte Fotografin, die 1889 auch Browning portraitierte. Sie hiess Eveleen.

Einige Tage nach obigen Bezugnahmen zeichnete Myers† durch Verralls Hand einen Stern und schrieb danach: «Das war das Zeichen, das sie verstehen wird, wenn sie es sieht ... Keine Künste (*arts*) helfen ... und ein Stern (*star*) über allem, Ratten (*rats)* überall in der Stadt Hameln.»[655] *'Rats'* und *'arts'* sind wiederum Anagramme zu *'star'*, während *‚Hamelin'* auf Brownings Gedicht *«Pied Piper of Hamelin»* und damit wohl auch auf Piper anspielt. Nach drei weiteren *automatic scripts* von Piper brach die Kommunikation ab.

Doch Myers† begnügte sich nicht mit diesen beiden Medien. 1905 bis 1910 empfing auch Alice Kipling Fleming[656] in Kalkutta Botschaften von Myers†, die sich teils wiederum in die Cross-Correspondence einfügten. Der Autor Anderson resümiert in seinem biografischen Diktionär:

654 Myers 1870:117, Übers. Irène Stumm und Jürg von Ins

655 ebd., Übers. Irène Stumm. «That was the sign she will understand when she sees it ... No arts avail ... and a star above it all *rats* everywhere in Hamelin town.»

656 Fleming verheimlichte ihre mediale Tätigkeit – insbesondere vor ihrem etwas herrischen Bruder Rudyard. Auf ihren Wunsch erscheint sie in den Publikationen der *Society for Psychical Research* unter dem Pseudonym 'Mrs. Holland'.

> «Die Korrespondenz reichte hinsichtlich ihrer Komplexität von zufälligen Übereinstimmungen in Gedanken und Ausdrücken bis hin zu obskuren und verwickelten Bezügen, die ein spezielles Vorwissen erforderten, um sie zu verstehen, ein Wissen, das Myers in seinem Leben besessen hatte, über das aber automatische Schreiber und Schreiberinnen wie Fleming nicht verfügten.»[657]

Das Beispiel von Frederic Myers ist beachtenswert, weil in seiner Geschichte Theoriebildung und Praxis zusammenkommen. Wenn es um seine eigene Forschung ging, so war er überzeugt, dass neue Erkenntnis nur durch die Anwendung neuer Methoden und die Entwicklung neuer Perspektiven auf alte Probleme zu gewinnen sei. Dabei war ihm klar, dass die «*Ultimate Science*» nicht nur Daten braucht, die die eigene Position unterstützen, «... sondern noch wichtiger, ... Daten, die widersprüchliche Positionen unterstützen»[658]. Sein treibendes Motiv war,

> «... über die zunehmend polarisierten, dichotomen Positionen des Denkens des 19. Jahrhunderts hinauszugehen und nach anderen, breiteren Perspektiven zu suchen, bei denen Aspekte beider (oder aller) Seiten einen Platz haben können.»[659]

Um neue Methoden und neue Perspektiven geht es – da zeichnet sich die Suche nach einer veränderten Erkenntnisweise ab. Dabei knüpften die *Psychical Researchers* um Myers an die alte Tradition des Panpsychismus[660] an. So auch William James, dessen Version[661] des Panpsychis-

657 Anderson 2006, Eintrag zu «Alice Kipling Fleming», Übers. Irène Stumm

658 Kelly 2010:92, Übers. Irène Stumm und Anina Föhn

659 ebd. S. 63, Übers. Irène Stumm

660 Vgl. ebd. S. 560. Der Panpsychismus erscheint als ein konzeptuell ausdifferenzierter Animismus, doch eben diese Parallele wurde nicht gezogen. Zur Abgrenzung vom Animismus vgl. den Beitrag «*Panpsychismus*» auf Wikipedia («1.1. Abgrenzung vom Animismus», abgerufen am 25.5.2020); zu philosophischen Vorläufern vgl. Kelly 2010:23

661 vgl. Kelly 2010:560

mus insbesondere auf den Mathematiker und Philosophen Alfred North Whitehead einwirkte.

Exkurs: Von der Emergenz- zur Filtertheorie

Myers' spezifisches Interesse betraf die Frage, ob die Seele den Tod des Körpers überdauern könne. Die Klärung hiervon bedurfte allerdings einer (psychologischen) Theorie des Geistes, die dessen Verhältnis zum Körper bestimmt. Dabei hat die Frage nach dem Verhältnis von Geist und Materie in heutiger Zeit neue Aktualität gewonnen, insbesondere durch Forschung und Entwicklung im Bereich der künstlichen Intelligenz.

Künstliche Intelligenz (KI)[662] ist längst kein rein technisches Phänomen mehr, sondern verbindet sich mit dem psychologischen Konzept der Emergenz, theologischen Endzeitvorstellungen, messianischen Hoffnungen und anderen kulturspezifischen Inhalten.

> «Autoren wie Ray Kurzweil[663] gehen davon aus, dass in wenigen Dekaden ... eine transzendente, künstliche Superintelligenz erscheinen wird und damit die Zeit des Menschen in der Evolutionsgeschichte abgeschlossen sein wird. Gleichzeitig werde diese KI auch die dringendsten Menschheitsprobleme wie Tod, Alter und Krankheiten lösen. In den weitestgehenden Visionen wird diese Superintelligenz den gesamten Kosmos vor dem Untergang retten und das Universum in eine göttliche Wirklichkeit verwandeln.»[664]

Wie also einst der menschliche Geist dem hinreichend komplex gewordenen Gehirn entstiegen sein soll, so emergiert nach dieser Voraussage

---

662 auch bekannt als 'AI' für das englische '*Artificial Intelligence*'

663 Ray Kurzweil wurde 1948 in New York geboren. Seine jüdischen Eltern waren 1939 aus Österreich emigriert. Er studierte am MIT Informatik und Literatur. 2012 wurde er von Google zum *Director of Engineering* berufen. Er ist Erfinder, Futurist und erfolgreicher Autor.

664 Aus der Ankündigung eines Vortrags von Oliver Krüger am IGPP vom 12.10.2021. Für die meisten Kulturen war oder ist das Universum ohnehin eine göttliche Wirklichkeit.

demnächst aus hinreichend komplex gewordenen, von Menschen erdachten und gebauten Maschinen ein übermenschlicher Geist. Kurzweil nennt ihn gerne Gott und setzt alle überlieferten heilsgeschichtlichen Hoffnungen auf ihn. Er stellt sich vor, die biologische Evolution werde durch eine technische abgelöst und weitergeführt. In welche Richtung können wir nicht wissen. Die Technik löst sich am entscheidenden Wendepunkt – Kurzweil nennt ihn *Singularität* – von der Technologie. Der Computer entwächst seinen spezialisierten Programmen und wird zu einem allgemeinen Problemlöser[665]. Die Geschichte der Erkenntnis ist abgeschlossen. Der Mensch geht von der Bühne und der Apparat ruft ihm nach: «Cogito ergo sum.»[666]

Da die Maschinen, denen nach dieser Vision Gott entsteigen wird, jedoch zur Deckung partikulärer Interessen und oft auch zu zerstörerischen Zwecken entwickelt wurden, ist schwer einzusehen, warum der Geist dieser Apparate an der Heilung der Menschen von Krankheit und Sterblichkeit und der Rettung des Kosmos interessiert sein sollte. Der naive Optimismus verdankt sich der linearen Idee des Fortschritts und der Verwechslung von technischer Entwicklung und Evolution: Die Superintelligenz entsteigt hochentwickelten Maschinen, deren Rechenleistung derjenigen der Menschen überlegen ist; daher soll sie diesen auch moralisch überlegen sein[667].

Als Gefahr wird ein solches superintelligentes, von Menschen geschaffenes, aber verselbstständigtes Wesen vor allem in der populären Roman- und Filmproduktion dargestellt. Das Fachwissen hingegen scheint für diesen Aspekt blind zu machen. Dabei stellt sich Kurzweils Hoffnung gegen die Binsenwahrheit, dass sich die Machtverhältnisse zwischen Menschen und ihren Schöpfungen umkehren, ja, dass sich

---

665 Wie das gehen soll, weiss allerdings niemand. Vgl. Krüger 2019:425

666 «Ich denke, also bin ich», René Descartes in *«Principia Philosophia»* (s. Descartes 2005:15)

667 Die «Formulierung einer allgemeinen Fortschrittsdoktrin ... [ist] das Ergebnis der Spätaufklärung und der Philosophie des Positivismus, die zum einen den Fortschritt als Gesetz der Geschichte konzipierten, zum anderen den Fortschritt der Wissenschaft und der Technik mit dem der Moral und Politik identifizierten und beide in Abhängigkeit voneinander sahen» (Krüger 2019:289).

menschliche Schöpfungen gegen ihre Schöpfer wenden können. So sind wir etwa abhängig von den Sprachen, die unsere Ahnen entwickelt haben. Und so zeigen uns Kunststoffprodukte, Kohlekraftwerke, Pestizide und Verbrennungsmotoren heute ihre bedrohliche Kehrseite. Eigentlich ist leicht einzusehen, dass die technische Entwicklung, die diese Probleme geschaffen hat, sie nicht lösen wird, und dass stets erst hinterher entschieden werden kann, was Fortschritt und was Rückschritt war.

Just in der Zeit, da wir die Arbeit an diesem Manuskript abschliessen, hat nun die Angst vor der eigenen Schöpfung auch die Fachwelt erfasst. Im April 2023 kündigte Geoffrey Hinton, einer der *'Godfathers of Artificial Intelligence'*, seine Stelle bei Google, um ungehindert warnen zu können vor den Gefahren, die der unerwartet schnelle Fortschritt in der Entwicklung von Systemen künstlicher Intelligenz heraufbeschwört. Schon einige Wochen zuvor hatten rund tausend Vertreter:innen des Technologie-Sektors in einem offenen Brief gefordert, das Training von KI-Systemen für 6 Monate auszusetzen. In dieser Zeit sollte genauer abgeklärt werden, ob und wie diese Systeme in Zukunft durch Menschen kontrolliert werden können. Unterzeichnet war der Aufruf unter anderem von Elon Musk, Yuval Noah Harari und Yoshua Bengio. Hinton, der 2018 zusammen mit Bengio den *Turing Award* erhalten hatte, unterschrieb aus Rücksicht auf Google nicht. Nun aber, da er den Maulkorb abgelegt hat, gibt er seiner Angst Ausdruck: KI-Systeme, die selbst Computer-Codes entwickeln und in eigener Regie auch anwenden könnten, entwickelten sich möglicherweise zu autonom funktionierenden Intelligenzen, die sich – wie der Golem am Sabbat – als verheerende Kampfmaschinen gegen die Menschen richten könnten. Schon in den 1980er-Jahren hatte Hinton von der *Carnegy Mellon University* (Pittsburgh PA) nach Toronto gewechselt, weil die KI-Forschung in den USA hauptsächlich vom Pentagon finanziert wurde.

An dieser Stelle interessiert uns aber nicht die Frage nach einer potentiellen Gefahr durch KI, sondern die Vorstellung davon, wie der potentielle, ab der technischen «Singularität» bestehende Geist der intelligenten Maschine zu denken ist.

Der Religionshistoriker Gerschom Scholem[668] vergleicht WEIZAC, den ersten Grosscomputer Israels, der 1954 am *Weizmann Institut* in Rehovot gebaut wurde, mit dem Golem. Dieses Beispiel führt allerdings aus dem Raum emergenter Erscheinungen hinaus und zurück in jene traditionelle Sphäre, in der umgekehrt ein präexistenter Geist die Materie formt und im Extremfall belebt. So formte Gott einst den Menschen nach seinem Bild aus Ackererde[669], als sein Abbild. Da dank dieser Gottesebenbildlichkeit auch ein bisschen von Gottes Schöpfungskraft auf den Menschen übergegangen sein müsse, machte sich der grosse Prager Rabbi Jehuda Loew ben Bezalel Ende des 16. Jh. in höchster Not seinerseits daran, aus Lehm ein Wesen nach seinem Bild zu schaffen – den Golem. Er sollte ihm helfen, ein bedrückendes Problem zu lösen, dem die Prager Juden nicht gewachsen waren. Dass der Golem dem Menschen ähnlich unterlegen sein würde, wie der Mensch Gott unterlegen ist, war für Rabbi Loew selbstverständlich. Wie der göttliche Schöpfungsimpuls nur selektiv in den Menschen einging (sonst wären Menschen wie Gott), so erreichte auch die menschliche Schöpfungskraft den Golem nur in reduzierter Form. Entsprechend sind sich beispielsweise alle Varianten der Legende darin einig, dass der Golem nicht sprechen konnte.

Die Aufgabe, die Rabbi Loew dem künstlichen Wesen zudachte, war allerdings auch nicht schwierig. Da die Christen den Juden vorwarfen, sie brauchten das Blut christlicher Kinder, um ihre Pessach-Brote zu backen, schmuggelten sie nachts gern frische Kindsleichen ins Ghetto, die dann als Beweisstücke verwendet werden konnten. Der Golem sollte nachts durch die Gassen der Prager Altstadt streifen und Menschen überprüfen, die mit Bündeln oder Karren unterwegs waren. Doch schon damals stimmte die Vorstellung einer linearen Entwicklung nicht mit der Wirklichkeit überein. Der Golem wurde den Menschen gefährlich, sobald sein Schöpfer ihn nicht mehr kontrollierte.

Nach einer Legende, die Scholem überliefert, erweckte Rabbi Loew die Gestalt aus Lehm dadurch zum Leben, dass er ihr einen Zettel mit

668 1897–1982

669 Gen. 2,7; vgl. oben S. 63

dem mystischen, unaussprechlichen Gottesnamen unter die Zunge schob. Der Golem diente dem Rabbi und erhielt auch

> «seinen Ruhetag am Sabbat, wo Gottes Geschöpfe keine Arbeit verrichten sollen. Vor Eingang des Sabbat nahm der Rabbiner den Zettel mit dem belebenden Namen Gottes wieder fort, und der Golem wurde für diesen Tag eine leblose Lehmfigur. Einmal jedoch vergass der Hohe Rabbi Löw am Freitagnachmittag den Namen Gottes zu entfernen, und ging in die Synagoge von Prag, um mit der Gemeinde zu beten und den Sabbat zu empfangen. Der Tag war fast vorüber und der Sabbat hatte noch nicht eigentlich begonnen, als der Golem unruhig wurde, immer grösser aufwuchs, mit ungeheurer Kraft zu toben begann, an den Häusern rüttelte und alles zu vernichten drohte. Die Leute wussten nicht, wie ihn in seinem Amoklauf aufzuhalten. Bald erreichten Gerüchte von der Panik die Alt-Neuschul[670], wo der Rabbi betete. Der Rabbi stürzte auf die Strasse, dem rasenden Golem entgegen, der, auf sich selbst gestellt, eine zerstörende Kraft entwickelt hatte.[671] Mit letzter Anstrengung warf er sich auf den Golem und riss ihm den heiligen Namen aus seinem Mund, der Golem fiel zu Boden und wurde wieder ein Klumpen lebloser Erde.»[672]

Nach einer anderen Überlieferung erschlug der herabstürzende Lehm den Rabbi.

Merkwürdigerweise ist es umgekehrt gerade diese Verselbstständigung der von Menschen geschaffenen, in gewisser Weise überlegenen Intelligenz, die Kurzweil hoffnungsfroh stimmt. Die Superintelligenz wird den Menschen nicht dienstbar bleiben, sondern den Fortschritt in einer Weise vorantreiben, die für das menschliche Erkenntnisvermögen nicht nachvollziehbar ist. Der Geist des Apparats, der zunächst den Men-

670 die alte Synagoge von Prag

671 «... wie der Mensch», merkt Scholem an anderer Stelle an.

672 Scholem 1970:78f.

schen dient, zeigt ihnen danach, wo es lang geht. Scholem schlug vor, die zweite Generation des Grossrechners von Rehovot *Golem I* zu taufen. Das Weizmann Institut willigte ein unter der Bedingung, dass Scholem 1965 die Rede zur Einweihung der Maschine hielt.[673] Sie wurde WEIZAC-Golem I getauft.

Vergleichen wir die beiden Phänomene – den Computer und den Golem – genauer, zeigen sich tatsächlich interessante Parallelen:

Nach einer der ältesten Fassungen der Golem-Legende[674] erweckte der Magier die Lehmfigur zum Leben, indem er ihr den hebräischen Satz

Jahwe Elohim Emeth – deutsch: Jahwe Elohim (ist) Wahrheit.

auf die Stirn schrieb. Er schuf den Golem in der Rolle des Mediums, als Vermittler göttlicher Schöpfungskraft. Der Golem aber ergriff ein Messer und wischte den ersten Buchstaben des Wortes Emeth (Wahrheit) auf seiner Stirne aus. Nun stand dort

Jahwe Elohim meth – deutsch: Jahwe Elohim (ist) tot.

Der Golem lehrt den Rabbi: Wo Menschen sind wie Gott, da ist Gott überflüssig. Dieses blasphemische Element ist auch bei Kurzweil unübersehbar. Denn ein von Menschen geschaffener Gott ist eben keiner.

Die zweite Parallele zwischen dem Golem von Prag und dem Golem von Rehovot zeigt sich in Herstellungsprozess und Funktionsweise. Wie die Superintelligenz einem Computer entsteigt, dessen Algorithmen sich selbständig fortschreiben, so bedient sich der Golemschöpfer der Kraft der hebräischen Buchstaben, die zugleich Zahlen sind und mit deren Hilfe schon Gott die Welt erschaffen hat.[675] Der Tanach[676] wird dadurch in kabbalistischer Lesart zum gewaltigen, jedes menschliche Erkenntnisvermögen weit übersteigenden Algorithmus. Erst die Initiation

673 Daraus ging der hier zitierte Aufsatz Scholems hervor. WEIZAC-Golem II folgte 1972.

674 nach Scholem 1970:81f.; schon Johannes Reuchlin überliefert die Geschichte, allerdings mit dem Propheten Jeremia als Protagonisten (vgl. Reuchlin 2010:511).

675 vgl. in Gen. 1 das wiederholte «Und Gott sprach»

676 das heilige Buch der Juden; entspricht dem hebräischen Original zum Alten Testament

in geheime Schlüsselwerke wie das spätantike *Sefer Jezira* versetzt den Magier in die Lage, das schöpferische Potenzial der Zeichen gezielt zu nutzen. Natürlich ist das gefährlich und geht erfahrungsgemäss irgendwann schief, weil die Eigendynamik des Geschaffenen der Kontrolle des Magiers entgleitet.

Der entscheidende Unterschied zwischen den beiden 'Golems' besteht darin, dass der materielle Computer aufgrund seiner Komplexität den superintelligenten Gott durch Emergenz hervorbringt, während die Gestalt aus Lehm umgekehrt durch die Kraft des präexistenten Gottes, vermittelt durch sein menschliches Medium, zum Leben erweckt wird. Die Theorie der Emergenz, die das Verhältnis zwischen Materie und Geist – gewissermassen nach dem Tod Gottes – klären soll, wird im Bild des Gottes, der einem von Menschen gebauten Apparat entsteigt, definitiv *ad absurdum* geführt.

Als Alternative, die sich nicht vor dieses Problem gestellt sieht, bietet sich die Filtertheorie vor dem Hintergrund einer panpsychistischen Weltsicht an. Dabei ist der Panpsychismus als eine übergeordnete Theorie zu verstehen, als eine Meta-Theorie. Man kann sich die verschiedensten Vorstellungen vom Geist (*mind*) machen – Panpsychismus setzt lediglich den Akzent, dass Geist und Materie von Anfang an und durchwegs verbunden sind. «Er hält einfach fest, dass, wie auch immer man Geist auffasst, dieser Geist alles durchdringt.»[677]

Im Gegensatz zur Emergenztheorie handelt es sich beim Geist (*mind*) aus panpsychistischer Sicht also nicht um eine 'Neuentstehung': Der Geist geht nicht aus der Materie hervor, sondern geht vorneweg mit ihr einher. Auf diesem Gedanken fusst auch die Filtertheorie, die das Verhältnis von Geist und Körper in einer alternativen Weise beschreibt. Dabei geht es um die Rolle des Geistes (*mind*) als Bewusstsein, als ein Sich-seiner-selbst-bewusst-Sein im Sinne davon, dass ich nicht du bin, und du nicht die anderen, sondern jeder sich selbst. Doch ist damit nicht ein Loblied auf die Individualität zur Stärkung des Selbstvertrauens gemeint – vielmehr geht es bei diesem Selbst um den Fakt der individuellen Selbstwahrnehmung; dass ich mich als ein Selbst wahrnehme, das

677 Skrbina 2017:3; Übers. Irène Stumm und Anina Föhn

von anderen verschieden, gewissermassen getrennt ist, wobei sich die eigene Wahrnehmung vorwiegend auf dieses Selbst beschränkt – es sei denn, man hat es mit mediumistischen Phänomenen zu tun. Doch wie kommt dieses Selbst zustande?

Die gängige Annahme beruht (ganz in Richtung der Emergenz-Theorie) darauf, dass das Gehirn den Geist produziert – einen individualisierten Geist, da ja das Gehirn als materielle Basis ebenfalls individuell ist. Doch die Erklärung mediumistischer Phänomene ist – sofern man nicht von einer psychologisierenden Deutung ausgeht – auf dieser Basis so gut wie unmöglich; wenn der Geist, also das Selbst, vom eigenen Gehirn produziert ist, ist die Adaptation eines fremden, aussenstehenden (aber aussen bereits bestehenden) Selbsts, wie Medien es erfahren, im Grunde ausgeschlossen.

Die Filtertheorie weist an dieser Stelle in eine andere Richtung: Sie basiert auf der Annahme, dass der Geist (*mind*) nicht durch das Gehirn produziert wird, sondern dadurch, dass das Gehirn den uns umgebenden Geist filtert und damit den Geist zu einem Selbst formt: «der Geist (*mind*) wird nicht vom Gehirn erzeugt, sondern von ihm fokussiert, begrenzt und eingeengt.»[678]

Wir haben damit in drei ganz verschiedenen Kontexten drei Modelle zur Beschreibung der Beziehung zwischen Körperlichkeit, menschlichem und übermenschlichem Geist kennengelernt. Im Kontext technokratischer Hybris traut Ray Kurzweil dem menschlichen Geist, das heisst seinem Erkenntnisvermögen, Wissen und Können zu, einen Computer herzustellen, dem ein übermenschlicher Geist entsteigt: der *Deus ex machina*, nun nichtmehr im Theater, sondern in Wirklichkeit.

Der zweite Kontext ist die Not der Juden im Ghetto von Prag. Auch einzelnen Golem-Schöpfern sagt man Hybris nach. Sie dachten, durch die Einweihung in den geheimen Sinn des Tanach hätten sie übermenschliche, göttliche Schöpfermacht erlangt. Rabbi Jehuda ben Löw von Prag tappte nicht in diese Falle. Er verfügte wohl über die Erkenntnis, wie man einen Golem herstellt – beleben aber konnte er ihn nur, indem er Gottes Schöpfungskraft in Form heiliger Zeichen zu Hilfe nahm. Ent-

678 Kelly 2010:xxx; Übers. Irène Stumm und Jürg von Ins

sprechend musste auch der Golem dem Sabbat-Gebot gehorchen. Freilich ist trotzdem in der Instrumentalisierung Gottes das Scheitern des Magiers angelegt.

Der dritte Kontext ist die Welle des Mediumismus, die Europa und Amerika zwischen 1880 und 1930 erfasst. Wie lassen sich Telepathie, Besessenheit und Kommunikation mit den Geistern Verstorbener erklären? Myers, James und andere gehen davon aus, dass der menschliche Geist nur eine reduzierte, gefilterte Portion vom übermenschlichen, universalen Geist ist, der alle Menschen verbindet und durch alle Menschen wirkt. Wir leben in diesem Geist drin, sind seine Medien, lassen ihn durch verschiedene Filter in uns einsickern und sagen dann vom Rest, der beim letzten Filter rauskommt: Das ist *mein* Selbst.

Das bedeutet darüber hinaus: Wenn das Bewusstsein und das Selbst durch eine Filterung zustande kommen, dann gibt es dahinter – hinter den Zäunen des Selbst, die unser Gehirn für uns errichtet – einen grösseren, gewissermassen übergeordneten Geist. Die Materie (das Gehirn, der Leib) ist damit nicht die Instanz, auf deren Basis der Geist als ein Selbst neu entsteht, sondern sie ist die Instanz, die das Selbst innerhalb des umfassenden Geistes individualisiert: Die Funktion des Gehirns (und wohl auch anderer Organe) ist es, «diese grössere geistige Realität, die hinter den Kulissen existiert, zu filtern, zu sichten, zu kanalisieren, zu begrenzen und zu individualisieren.»[679]

Myers hat auf seiner Suche nach Zeichen für ein postmortales Überleben der Seele die Filter-Theorie favorisiert, denn «In diesem Fall kann das Bewusstsein nur teilweise vom Gehirn abhängig sein, und es könnte daher möglicherweise den Tod des Körpers überleben.»[680] Doch findet sich die Filter-Theorie auch bei anderen Forschern, die nicht oder nur am Rande an Myers' Frage interessiert waren. So auch bei William James, der 1884/85 die SPR präsidierte. James war einer der Letzten, der im Konkurrieren von *Psychichal Research* und naturwissenschaftlich orientierter Psychologie Anerkennung in beiden Welten fand. Mit seinen *«Principles of Psychology»* von 1890 verfasste er ein Standardwerk der

679 ebd. S. 28; Übers. Irène Stumm und Anina Föhn
680 ebd. S. 73; Übers. Irène Stumm

damals noch jungen, akademischen Psychologie, das bis heute oft zitiert wird[681], während er mit seinem Werk *«A Pluralistic Universe»* von 1909 für die Psychical Research eine tragfähige Basis gebildet hat.

Im Zentrum von James' Psychologie steht sein Begriff eines Selbst, das einerseits psychologisch erforscht und im Modell verortet werden kann, das aber bei genauerem Hinsehen zugleich an traditionelle Seelenvorstellungen erinnert:

> «Das Selbst ist etwas, dessen Gegenwart wir fast ständig im innersten subjektiven Kern unserer Erfahrung spüren können. Sein eigentlicher Ursprung bleibt geheimnisvoll, und ... James selbst verfolgte ihn bis in die Tiefen des unterschwelligen Bewusstseins und sogar bis zur Hypothese einer Weltseele als absoluter Grundlage und Wurzel unseres individualisierten bewussten Selbsts. Aber wie auch immer es entsteht, das Selbst ist das aktive Element im Strom des Bewusstseins ...»[682]

Allerdings spüren nicht alle Menschen «fast durchwegs» die Präsenz des Selbst. Der Aufklärungsphilosoph David Hume zum Beispiel suchte dieses vergebens, und seine robuste Art hat Schule gemacht. Doch dem zum Trotz ist anzuerkennen, dass James' obige Vorstellung eines Selbst als Teil von etwas Grösserem keine Neuerscheinung ist. Im Gegenteil finden sich Ansätze zu einer Filtertheorie des Geistes schon weit früher. So erwog bereits Kant in seiner *«Kritik der reinen Vernunft»* der 1780er-Jahre:

> «Der Körper wäre also nicht die Ursache des Denkens, sondern eine bloss restringierende Bedingung desselben, mithin zwar als Beförderung des sinnlichen und animalischen, aber desto mehr auch als Hindernis des reinen und spirituellen Lebens anzusehen, und die Abhängigkeit des ersteren von der körper-

681 vgl. ebd. S. xvii

682 ebd. S. 640, Übers. Irène Stumm; zu Myers Bezugnahme auf die Weltseele vgl. Myers 1903, II:291 und Kelly 2010:559

lichen Beschaffenheit bewiese nichts für die Abhängigkeit des ganzen Lebens von dem Zustande unserer Organen.»[683]

Und auch bei Platon findet sich der Ansatz zu einer Filtertheorie in seiner *Anamnesis*-Lehre[684]: Das Konzept, dass Erkenntnis ein 'Wiedererinnern' an vorgeburtlich geschautes Wissen um die reinen Ideen ist, suggeriert direkt, dass der Geist bereits vor dem ausgestalteten Leib bestand, wobei das 'Wiedererinnern' wiederum ein Vergessen infolge der Geburt impliziert. Der Leib scheint also auch hier ein Filter zu sein, der den individuellen Geist von der übergeordneten, umfassenden Welt der Ideen trennt.

Insofern sich der Ansatz zur Filtertheorie des Bewusstseins wiederkehrend in der Philosophiegeschichte findet, scheint ihm eine intuitive Plausibilität zuzukommen. Das betrifft allerdings nicht nur die Annahme vom Leib (Gehirn) als Filter, sondern auch die darüber hinausführende Annahme von dem, aus dem der Geist als Selbst gefiltert ist – von etwas Grösserem, wie es James in eingängigen Bildern beschreibt:

> «Aus meiner Erfahrung ... ergibt sich eine feste, magistrale Schlussfolgerung, nämlich die, dass wir mit unserem Leben wie Inseln im Meer sind oder wie Bäume im Wald. Der Ahorn und die Kiefer mögen einander mit ihren Blättern zuflüstern ... Aber die Bäume verflechten auch ihre Wurzeln in der Dunkelheit unter der Erde, und die Inseln sind über den Meeresgrund miteinander verbunden. Genauso gibt es ein Kontinuum des kosmischen Bewusstseins, gegen das unsere Individualität nur zufällige Zäune errichtet und in das unsere unterschiedlichen Gemüter wie in ein Muttermeer oder einen Stausee eintauchen. Unser 'normales' Bewusstsein ist auf Anpassung an unsere äussere irdische Umgebung begrenzt, aber der Zaun ist stellenweise schwach und unbeständige Einflüsse von jenseits sickern durch und zeigen die sonst nicht nachweisbare gemeinsame

683 Kant 1956:708

684 vgl. oben S. 85

Verbindung an ... Die Berücksichtigung dieser Tatsachen, davon bin ich überzeugt, wird der kommenden Generation zu den grössten wissenschaftlichen Errungenschaften verhelfen.»[685]

James beschreibt hier einen Pluralismus des Geistes, der weit über das eigene Selbst hinausführt. In Bezug auf den Menschen heisst das: Es gibt eine Vielzahl von Welten (Bewusstseinsformen). Die nächst umfassendere halten wir für Gott. Doch auch Gott ist endlich und wird von einer ihm fremden Welt umfasst. «Auf jeden Fall gehören wir [nach panpsychistischer Vorstellung] zum inneren Wesen Gottes und sind keine Schöpfungen, die nur äusserliche Beziehungen zu ihm haben.»[686]

> «Wie weit und umfassend man auch ein Ding nehmen mag, immer gibt es nach pluralistischer Anschauung noch ausserhalb seiner irgendetwas Fremdes, das es umgibt. Die Dinge sind ‹mit›einander in vielen Weisen verknüpft, aber es gibt keines, das alles andere umschlösse oder alle anderen vollkommen beherrschte ... Etwas bleibt immer draussen.»[687]

Es scheint, in einem pluralistischen Universum ist kein Platz für hegemoniale Ansprüche. Nicht einmal seitens Gott.

Oskar R. Schlag

Oskar Rudolf Schlag wurde 1907 im niederbayerischen Osterhofen geboren. Zuverlässige Quellen zu seiner Familie fehlen, und ohnehin schien Oskar Schlag Wert darauf zu legen, dass niemand ganz durchblickte, was seinen Lebenslauf betraf. Wenn wir hier trotzdem versuchen, seine Biografie nachzuzeichnen, folgen wir vielleicht nur *einer* Linie in einem mehrschichtigen Narrativ. Interessant ist aber, wie sich im Laufe seiner Erfahrungen sein Deutungsmuster der von ihm erzeugten bzw. erlebten mediumistischen Phänomene wandelte.

---

685 James 1986:374f., Übers. Irène Stumm und Anina Föhn
686 ders. 1994:206
687 ebd. S. 208

Sankt Margareta, Klosterkirche des Prämonstratenserordens zu Osterhofen (nach den Gebrüdern Asam, die den Innenraum gestalteten, auch *Asambasilika* genannt)

Oskars Vater Xaver war wohl Konditor und Stadtschreiber. Schon Oskars gleichnamiger Grossvater, der eine Agentur der Österreichischen Feuer-Versicherungsgesellschaft betrieben haben soll, war nebenberuflich als Stadtschreiber tätig gewesen. Weitherum war Osterhofen wegen der prachtvollen barocken Kirche bekannt, in der Oskar getauft wurde und bis zum dritten Lebensjahr zur Messe ging.

1910 übersiedelte Familie Schlag nach Landshut. Oskars Vater übernahm die Geschäftsführung des Ladenkinos[688] *Schochs Lichtspiele*, das 1917 in *Weltbiograph* und 1920 in *Weltkino* umgetauft wurde. Tatsächlich war das Kino Oskars Welt. Er sagte dem Autoren später: «Ich lebte oft mehr im Film als in Landshut», und die Umstände hierfür waren gelegen, denn Oskars Jugend fiel in die Blütezeit des deutschen Films. 1917 wurde die *Universum Film Aktiengesellschaft* (UFA) gegründet und die deutsche Filmindustrie entwickelte sich innert weniger Jahre zur grössten Europas. Der Film war zunächst vor allem politisches Propa-

688 volkstümlich 'Kintopp'

Standbild aus *«Das Cabinet des Dr. Caligari»*

gandainstrument, wurde aber nach Kriegsende schnell zum deutschen Exportschlager.

Es war eine phantastische Bilderwelt, die sich da unter dem Einfluss des Expressionismus entfaltete: Frühe Höhepunkte bildeten *«Das Cabinett des Dr. Caligari»* von Robert Wiene (1919), *«Der Golem, wie er in die Welt kam»* von Paul Wegener (1920), *«Dr. Mabuse, der Spieler»* von Fritz Lang (1922) und *«Nosferatu, eine Symphonie des Grauens»* von Friedrich Wilhelm Murnau (1922). 1919 wurden 500 deutsche Filme gedreht und die 3000 Kinos des Landes verkauften trotz Inflation 350 Millionen Eintrittskarten. Oskar schwärmte für den dänischen Filmstar Asta Nielsen. Es entstanden immer grössere Kinopaläste und die Zeit der Ladenkinos war spätestens Mitte der 1920er-Jahre vorbei. Aber Xaver Schlag dürfte bis dahin bereits zu Geld gekommen sein.

Oskar zeigte früh mediumistisches Talent. «Ich konnte schon als Kind gut mit Besessenheit umgehen», erklärte er dem Autor rückblickend. Im kleinen Kreis von Nachbarn und Verwandten produzierte er paranormale Erscheinungen, verfiel in Besessenheitszustände und bewegte Objekte auf Distanz. Solche Vorführungen gehörten – wie die ersten Filme um 1900 – zur Welt des Jahrmarkts.[689] Oskar interessierte sich im Verlauf der Jahre zunehmend für Parapsychologie und lernte dabei auch die Gebrüder Schneider aus dem nahen Braunau kennen. Was ihn mit diesen verband, war nebst dem besonderen Talent der geringe Bildungsstand, der die Entfaltung mediumistischer Fähigkeiten begünstigt haben dürfte. Oskar selbst hatte in Landshut lediglich die Primar- und Realschule besucht.

Im Jahr 1927, als Schlag 20 Jahre alt war, wurde der experimentell arbeitende Psychologe Albert Freiherr von Schrenck-Notzing auf seine Talente aufmerksam, woraufhin Schlag zu ihm nach München zog. Möglicherweise begegnete Schlag in München dem ebenfalls aus Braunau stammenden Adolf Hitler. Ab 1933 schrieb er ihm etliche Protestbriefe, was ihm seitens der Nationalsozialisten eine Anklage eintrug. Er gab daraufhin den deutschen Pass ab und nahm die haitianische Staatsbürgerschaft an. Erst nach dem Krieg liess er sich wieder einen deutschen Pass ausstellen.

Während der Zusammenarbeit mit von Schrenck-Notzing meldete sich zu Oskars Überraschung wiederholt eine tiefe, ruhige Stimme: *der Wanderer*[690], wie der Sprecher sich nannte. Oskar hörte die Stimme des Wanderers und sah ihn manchmal auch in Menschengestalt. Oskars Deutungsmuster wandelte sich: Anfangs hatte er die mediumistischen Erfahrungen als psychische Phänomene gedeutet, entsprechend dem psychophysikalischen Ansatz, den auch von Schrenck-Notzing verfolgt hatte. Doch im Gegensatz dazu sah er den Wanderer nun als eigenständiges, transzendentes Wesen: Es sprach nicht durch ihn, sondern zu ihm. Schlag wurde zum Visionär: Er hatte es nicht mehr mit Besessenheit, sondern mit einem Gegenüber zu tun. Die Botschaften des Wanderers behielt er für sich. Experimente mit Telekinese und Materialisationen, die Oskar gesundheitlich stark belasteten, lehnte der Wanderer als sinnlosen Kräfteverschleiss ab. Er wies auf die nahende Katastrophe

---

689 Die ersten Filme nahmen auch mediumistische Themen auf. Sowohl Caligari als auch Mabuse sind gefährliche Hypnotiseure. So lautet auch der erste Satz im *«Cabinet des Dr. Caligari»*: «Es gibt Geister ... überall! Sie sind um uns her ...»

690 manchmal auch *Wanderer zwischen den Welten*, wohl beeinflusst von Gustav Meyrincks Roman *«Das Grüne Gesicht»* (vgl. arab. *al-Chidr*, 'der Grüne')

unter der Herrschaft der Nationalsozialisten voraus und begann, Oskar Anweisungen zu geben. 1929 schickte er ihn nach Luzern, in die «Lichterstadt», wie er sie nannte. Oskar schlug sich als Briefmarkenhändler durch, doch es gefiel ihm nicht in der Schweiz. 1930 kehrte er nach München zurück. Der Wanderer rügte ihn und forderte ihn auf, Deutschland unverzüglich wieder zu verlassen und «in das Land unter dem Kreuz» zurückzukehren.[691] Der Wanderer entwickelte Züge eines Schutzgeistes. Oskar reiste nach Zürich, wo er für den Philatelisten Andreas Strohhofer arbeitete. Dieser hatte den Anstellungsvertrag allerdings nur unter der Bedingung unterzeichnet, dass Schlag sich für parapsychologische Experimente zur Verfügung stellte. «Wider Willen musste Oskar R. Schlag seine Medialität erneut aktivieren.»[692]

In Zürich kam er bald in Kontakt mit Eugen Bleuler[693], Carl Gustav Jung[694] und Rudolf Bernoulli[695], die sich wiederum «nur für physikalisch-mediumistische Experimente»[696] interessierten. Aufsehenerregende paranormale Phänomene brachte Oskar Schlag insbesondere hervor, wenn er vom Geistwesen Cyprian besessen war. Cyprian stellte sich als bayerischer Gebirgsjäger[697] vor und fiel durch seine derben Scherze auf. Im Lauf der Jahre wurden Cyprians Auftritte seltener.

---

691 Der Autor protokollierte 1980–1981 einige Gespräche, die er mit Oskar zu dessen Biografie führte. Dieser Abschnitt stützt sich auf mündliche Mitteilungen vom 11. August 1981.

692 Schlag 1998, I:VII

693 1857–1939; Psychiater und ab 1886 Direktor der Psychiatrischen Klinik Rheinau, ab 1898 des Zürcher Burghölzli. Bleuler beschäftigte sich intensiv mit Freuds Psychoanalyse und prägte u.a. den Begriff 'Schizophrenie'.

694 1875–1961; dissidenter Schüler Freuds, Schweizer Psychiater. Bezog religionswissenschaftliche Elemente in die Psychoanalyse ein.

695 1880–1948; Kunsthistoriker und Psychologe, ab 1923 Konservator der Graphischen Sammlung der ETH

696 Schlag 1998, I:VII

697 Die bayerischen Gebirgsjäger bilden heute den Kern der Gebirgstruppen der Deutschen Bundeswehr. Sie sind spezialisiert auf Aufgaben unter extremen landschaftlichen und klimatischen Bedingungen. Letzte Ernstfalleinsätze leisteten sie in Irak und Mali. Als sie mit dem Edelweiss-Abzeichen geehrt wurden, war Oskar achtjährig. Es dürfte ihn beeindruckt haben.

Allmählich bildete sich um Oskar eine kleine Gruppe von Menschen, die weniger an paranormalen physikalischen Erscheinungen, sondern mehr an der Weisheit transzendenter Wesen interessiert waren und die sich insbesondere für indische und tibetische Traditionen interessierten. Der Wanderer wandelte sich zu *Atma Anupadaka*, der bei allem Eklektizismus seiner Botschaften die Züge eines tibetischen Gurus aufwies, und der nun wieder durch den von ihm besessenen Oskar Schlag sprach. Atma verlieh der Kerngruppe, die weiter an den Séancen mit Oskar teilnahm, indische Namen. Dazu zählten das Ehepaar Bernoulli[698], Fritz Allemann[699] und eine Frau namens Stephanie[700]. Zweifellos zeigt sich in der Assoziation des Spirituellen mit Indien der Zeitgeist[701] der Gruppe, während der bayerische Cyprian Spuren von Oskars persönlichem Erlebnishintergrund trägt.

Naheliegenderweise führte Oskar Schlag die paranormalen Phänomene zunächst durchwegs auf psychische Kräfte zurück und nahm damit die Interpretation von Schrenck-Notzings, Bleulers und anderer auf. Später ging er von der selbstständigen Existenz des Wanderers aus. Doch als sich nun schliesslich eine stabile Gruppe um ihn als Medium zusammengefunden hatte, entwickelte er eine zwischen beiden Positionen vermittelnde Deutung. Nun verstand er den transzendenten Guru, zu dem der Wanderer geworden war, nach alten tibetischen Vorlagen als Egregor, das heisst als Wesen, das sich aus dem Zusammenwirken der psychischen Kräfte aller Gruppenmitglieder bildete. Oskar Schlag schuf damit die Grundlage einer sozialpsychologischen Emergenztheorie der Engel, Geister und Götter.

---

698 neben Rudolf Bernoulli (*Ananda*) auch dessen Frau Katharina (1885–1948, *Akashini*), die selbst über mediumistisches Talent verfügte

699 1884–1968, Parikamma; Kaufmann, Teilhaber einer Baumwollfabrik in Alexandria

700 Es gelang uns nicht, sie zu identifizieren.

701 vgl. Alvarado 2010

Oskar Schlag in Ascona

Oskar war nun Mitte 20 und der Krieg stand vor der Tür. Auf uns unbekanntem Weg zu Vermögen gekommen, bezog er eine Villa mit grossem Umschwung in Ascona, wo sich namentlich im Sommer die *Jeunesse dorée* aus München und Zürich traf. Ein Teilnehmer, der an der Universität Zürich an seiner juristischen Dissertation arbeitete, berichtet von seinem Aufenthalt bei Oskar Schlag in Ascona:

> «Am Morgen zwischen 6 und 8 Uhr, wenn es noch kühl war, sass ich hinter den Büchern. Danach gingen wir segeln oder fischen. Unser Risotto war weitherum berühmt. Den Reis holten wir auf dem Lago Maggiore bei den Schmugglern, und das Fleisch wurde uns von einem homosexuellen Metzger, der uns mochte, ohne Marken[702] geliefert.»[703]

Oskar wusste, dass er nicht für alle Zeit allein auf seine mediumistischen Fähigkeiten setzen konnte. Schon vor Kriegsausbruch begann er mit dem Aufbau seiner Bibliothek, und im Verlauf der Jahre hatte er vor allem autodidaktisch ein grosses religionswissenschaftliches und psychologisches Wissen erworben, während hingegen seine mediumisti-

702 Gemeint sind die vom Staat in den Kriegsjahren ausgegebenen Rationierungsmarken, die den Konsum beschränkten.

703 Kessler 2005:16

schen Fähigkeiten schwanden. Er begann eine Ausbildung zum Graphologen bei Max Pulfer, besuchte aber auch Vorlesungen in Psychologie an der ETH und am *Institut für Angewandte Psychologie* (IAP). All die Jahre mediumistischer Tätigkeit hatte Oskar unter der Konkurrenz der Deutungsmuster gelitten. Es war wohl dieses Dilemma, das ausschlaggebend war für die Wahl von Oskar Pfister als seinem Lehranalytiker, denn Pfister war freud'scher Analytiker und zugleich reformierter Pfarrer. Ab 1938 bis 1962 hielt Oskar dann auch selbst Vorlesungen am IAP, und ab 1962 arbeitete er auch als Graphologe und Psychotherapeut. Aber wenn er etwas in seinem Werdegang zu verheimlichen trachtete, war es wohl der Mangel an Zeugnissen, Abschlüssen und Titeln.

Während der zahlreichen Sitzungen mit Schlag, in denen Atma aufgetreten war, hatten Sitzungsteilnehmer:innen dessen (Atmas) Botschaften zu Papier gebracht. Diese Protokolle wurden erst nach Schlags Tod publiziert. Die ältesten unter ihnen waren allerdings bereits um 1948 bei Bernoullis Tod verlorengegangen. Oskar hatte vermutet, dass sie irgendwo in der Graphischen Sammlung der ETH liegen. In späteren Jahren überarbeitete Oskar selbst einen Teil dieser Texte und komponierte aus diesem Material – ergänzt um religionshistorische Quellen – die Rituale seiner ordensartigen Gemeinschaft, die er unter dem Namen *Hermetische Gesellschaft* gründete. Seine eigene Bibliothek vermachte er der Zentralbibliothek Zürich, damit sie öffentlich zugänglich ist.

Tempelräume, Ritualgegenstände und die meisten Ritualbücher fielen einem Wassereinbruch zum Opfer. Der Rest der Ritualbücher ist heute verschollen, und die *Hermetische Gesellschaft* versandete kurz nach Schlags Tod im Jahr 1990. Ab den späten 1980er-Jahren hatte Thorwald Dethlefsen die führende Rolle gespielt. Zum endgültigen Zerwürfnis unter den Mitgliedern führte, dass nach Dethlefsens Tod mit dem Radiästhesisten Olaf Räderer ein Nichtmitglied zum leitenden Meister gewählt werden sollte. Offiziell aufgelöst wurde die *Hermetische Gesellschaft* nie.

Mediumismus aus naturwissenschaftlicher Sicht: Offenbarung als Störung

Die Psychologische Gesellschaft

Im Herbst 1886 wurde in München nach dem Vorbild der Londoner *Society for Psychical Research* die *Psychologische Gesellschaft* gegründet. Prominentestes Gründungsmitglied war der Philosoph Carl Freiherr du Prel[704], dessen Forschungsarbeit die Gesellschaft in erster Linie als Plattform dienen sollte. Weitere namhafte Gründungsmitglieder waren Albert Freiherr von Schrenck-Notzing und Wilhelm Hübbe-Schleiden[705]. Gemeinsam war ihnen, dass sie sich mit der reduktionistischen Psychologie wundt'scher Prägung nicht zufriedengeben und insbesondere mit Hypnose experimentieren wollten. Zugleich verfolgten die drei aber ganz unterschiedliche Ziele:

Für Carl du Prel waren die sozialen Probleme des Kaiserreichs Symptome der herrschenden Erkenntnisweise. Das Verhalten der Menschen sah er als unmittelbare Konkretisierung ihrer Weltsicht. So identifizierte er den Materialismus als Grund allen Übels, vor allem aber der wissenschaftlichen Rückständigkeit, der sozialen Ungleichheit und der grassierenden Kriminalität. Du Prels Forschungsziel war die Entwicklung einer «transzendentalen Psychologie», die zur Grundlage eines monistischen, Geist und Materie zusammenführenden Welt- und Menschenbildes werden sollte. Dadurch wollte er eine geistige Lebensreform anstossen, die zwingend das Verhalten der Menschen verändern würde.

Carl du Prel und Wilhelm Hübbe-Schleiden waren beide Mitglieder der *Theosophischen Societät Germania*[706] gewesen, die Ende 1886 aufgelöst wurde. Hübbe-Schleiden teilte du Prels Position, sah aber wirtschaftliche und politische Gründe, die Botschaft der deutschen Kultur schon vor deren Heilung vom Materialismus in die Welt hinauszutra-

704 1839–1899

705 1846–1916

706 Weitere prominente Mitglieder waren Gustav Meyrink, Carl Kiesewetter, Ernst Haeckel und Franz Hartmann gewesen.

gen. Vehement propagierte er die Erweiterung des deutschen Kolonialreichs – namentlich in Westafrika. Er setzte sich damit auch von der Theosophischen Gesellschaft ab, deren damalige Führungsgestalt Annie Besant den Vorsprung Englands im Wettlauf um die Weltherrschaft auf göttliche Vorsehung zurückführte.[707]

Albert von Schrenck-Notzing muss diese Gedankenwelt fremd vorgekommen sein. Er hatte sich zunächst als einer der ersten Sexualpsychologen einen Namen gemacht und stand mit Charcot, Freud, Bleuler und Jung in Kontakt[708]. Thomas Mann nahm begeistert an etlichen seiner experimentellen Séancen teil und liess sich von ihm zur Figur des Geisterbarons im Roman *«Der Zauberberg»* inspirieren.

Von Schrenck-Notzing ging es um eine empirische Bestandesaufnahme im weiten, von Wundt und seinesgleichen ignorierten Feld. Dabei sollten die Psychologie mittels Hypnose-Experimenten von ihren physiologischen Fesseln befreit und das Unbewusste zugänglich gemacht werden. Im Grunde träumte von Schrenck-Notzing davon, zum Wilhelm Wundt der Parapsychologie zu werden. Im Vergleich zu den Versuchen, der unsterblichen Seele auf die Spur zu kommen, war das ein mageres Programm. Im Umfeld der Londoner SPR nannte man von Schrenck-Notzing spöttisch *«shrink to nothing»*.

1889 trat du Prel aus der Psychologischen Gesellschaft aus und gründete die Gesellschaft für Experimentalpsychologie, die sich bald in *Gesellschaft für wissenschaftliche Psychologie* umbenannte. In diesem Kreis wurden die mediumistischen Phänomene spiritistisch gedeutet. «Das Ziel dieser neuen Gesellschaft war, wie es in ihrem Programm hiess, das Streben nach einer ‹transzendentalen Psychologie› durch die hypnotische Erforschung des Unbewussten.»[709]

707 *«Theosophy and Imperialism»*, Vortrag gehalten 1902, publiziert in Besant 1913:170ff.
708 Mutmasslich vermittelte er auch Oskar Schlag den Kontakt zu Bleuler und Jung.
709 Wolffram 2009:70; Übers. Irène Stumm

pAnimismus und Spiritismus

Die Unterscheidung zwischen panimistischer und spiritistischer Deutung mediumistischer Phänomene verdankt ihre begriffliche Fassung dem russischen Psychologen Alexander Aksakow[710]. Da dieser sich in der ethnologischen Fachliteratur offenbar schlecht auskannte, bezeichnete er als Spiritismus ziemlich genau das, was Tylor vor ihm als Animismus definiert hatte, nämlich den Glauben an geistige Wesen[711]. Unter Animismus hingegen verstand Aksakow die Theorie, dass Geister nicht selbstständige Wesen seien, die wirkten, sondern dass die Wirkungen auf psychische Kräfte der Medien zurückzuführen seien. Um Verwechslungen zu vermeiden, kennzeichnen wir 'pAnimismus' im Sinne Aksakows mit einem vorangestellten 'p' für 'psychisch'.

In diesem Sinne war du Prel ein Spiritist, der allerdings als philosophischer Psychologe ernst genommen werden wollte; dagegen verstanden sich pAnimisten wie von Schrenck-Notzing als Naturwissenschafter. Beide experimentierten und legten Wert auf Wissenschaftlichkeit, oder zumindest auf das, was sie darunter verstanden. Denn letztlich bezogen beide ihre Positionen nicht aufgrund der Auswertung von Forschungsergebnissen, sondern aufgrund von Vorurteilen.

Du Prels Spiritismus war schon in seinem antimaterialistisch-missionarischen Projekt angelegt und sah sich später angesichts von Fotografien bestätigt, die Aksakow von Geistern gemacht hatte. 1880 heiratete du Prel überdies die wohlhabende Malerin Albertine Schmid, die auf «eine *mystische* Ausrichtung seines Denkens drängte.»[712]

Von Schrenck-Notzings Voreingenommenheit wird von einer Anekdote dokumentiert, die Dierks berichtet:

710 *«Animismus und Spiritismus»*, Leipzig 1898

711 vgl. oben S. 287

712 Dierks 2012:84

«Im Januar 1912 war der schon lange leidende Alexandre Bisson am Schlaganfall gestorben. Eva[713], die ihn sehr gemocht hatte, fiel in Depression und konnte nur noch Mme. Bisson um sich ertragen. Die beiden ... hielten zusammen einsame Sitzungen ab, und tatsächlich ereignete sich das Tröstliche ...: M. Bisson erschien den Seinen, Eva hatte ihn hervorgebracht. Es waren seine Worte, sein Tonfall, sein Stottern, das ihn in aussergewöhnlichen Situationen befiel. In ihrem Protokoll verbürgte sich Mme. Bisson ausdrücklich dafür: Sie hatte die psychische Existenz ihres Gatten gesehen. Schrenck, der mit dieser Sensation am Stammtisch zwar nicht zurückhalten mochte, war das Ereignis dennoch peinlich: Es trug den Anschein des puren Offenbarungsspiritismus, dem er als Experimentalpsychologe scharf ablehnend gegenüber stand. Man wusste das am Tisch, und er fing sich ironiegewürzte Nachfragen ein. Als er die [p]animistische These dagegensetzte, Evas liebevolle Seele allein habe Alexandre Bisson geschaffen, als Kunstwerk quasi, mochte ihm nur Albert von Keller, der Maler, beistimmen.»[714]

Ob die Forschungen unter spiritistischem oder [p]animistischem Vorzeichen durchgeführt wurden, wirkte sich nicht zuletzt auf den Status der Medien aus. Für Spiritisten waren sie überlegene Wesen, die zwischen den Sphären der Geister und der Menschen vermittelten. Sie hatten das Privileg, sich ihrer religiösen Vorstellungen – und namentlich des Glaubens an die unsterbliche Seele – im Erlebnis vergewissern zu können. Solchermassen gewürdigt oder verehrt konnten spiritistische Medien die Rahmenbedingungen der Séancen weitgehend selbst bestimmen und hatten meist auch die Deutungshoheit über die mediumistischen Phänomene, die sich zeigten.

---

713 ein Medium
714 ebd. S. 243f.

Albert Freiherr von Schrenck-Notzing: Experimente

Anders im Labor, wo auch Spiritisten ihre Medien stärker kontrollierten. Aber im parapsychologischen Labor [P]animistischer Prägung nahmen die Experimente teils skurrile, teils geradezu perverse Formen an[715]. Etliche Medien lehnten daher die Teilnahme an wissenschaftlich kontrollierten Séancen dieser Art ab. Wer die Einladung eines experimentell arbeitenden, [P]animistisch orientierten Parapsychologen jedoch annahm, stimmte stillschweigend einer ganzen Reihe unangenehmer und entwürdigender Massnahmen zu. So im Besonderen, wenn es darum ging, die physikalischen Wirkungen zu untersuchen, die manche Medien in ihren Sitzungen erzeugten. Dabei handelte es sich teils auch um «Materialisationen», die aus ihrem Körper austraten. Um auszuschliessen, dass es sich dabei um betrügerische Tricks der Medien handle, wurden sie übergriffigen Untersuchungen unterzogen. Zunächst wurde das Medium aufgefordert, sich in Anwesenheit etlicher Personen vollständig zu entkleiden,

> «... und es war nicht ungewöhnlich, dass man sich einer analen, oralen und vaginalen Untersuchung unterziehen musste, damit festgestellt werden konnte, dass die während der Sitzung erzeugten Phänomene nicht das Ergebnis von am oder im Körper versteckten Requisiten waren. Diese Vorsichtsmassnahmen waren nach Ansicht der Parapsychologen notwendig, weil Medien trotz oder vielleicht gerade wegen ihrer psychischen und physischen Fähigkeiten vollendete Betrüger waren. Die Fähigkeit von Medien, eine ektoplasmatische Substanz aus ihren Mündern hervorzubringen, wurde zum Beispiel von Skeptikern als verdächtig angesehen. Sie stellten dann die Hypothese auf, dass es sich bei Medien um Individuen mit der Fähigkeit handeln könnte, verschluckte Gegenstände nach Belieben zu erbrechen. Um sich gegen diese Möglichkeit abzusichern, wurden den Medien Flüssigkeiten oder Nahrungsmittel, wie Beeren, verabreicht, die ihren Mageninhalt färbten. Andere Medien erhielten Abführmittel, um festzustellen, ob sie irgendwelche

715 vgl. Wolffram 2009:148

> ihrer Phänomene durch Verschlucken 'entmaterialisiert' hatten[716], oder aber sie wurden röntgenologisch untersucht, um sicherzustellen, dass sie keine Gegenstände in ihrem Magen versteckt hielten.»[717]

Die Medien wurden überdies gefesselt oder von Teilnehmenden an Händen und Füssen festgehalten. Zu einer Sitzung von Schrenck-Notzings mit dem Medium Willi Schneider schreibt Wolffram:

> «Die Séance-Teilnehmer ermutigten das Medium, wie [Thomas] Mann bemerkte, indem sie seine Trance-Persönlichkeit fragten, was sie tun könnten, um [das Auftreten der] Phänomene zu beschleunigen; sie schmeichelten dem Medium und streichelten seine Hände in der Hoffnung, es zu einer Leistung zu überreden; sie folgten dem Medium in die Welt seiner Trance-Persönlichkeit [Mina] und bettelten bei ihr um ein paar Phänomene. Das Medium jedoch liess sie hartnäckig fast zwei Stunden warten, bevor es seine Kräfte zum Ausdruck brachte. Das Stöhnen des Mediums und das Winden seines Körpers wurden von vielen Teilnehmenden mit dem Akt des Gebärens verglichen, ein Eindruck, der durch die Emission von Phänomenen[718] aus Brüsten und Genitalien bei weiblichen Medien bekräftigt wurde. Willy Schneiders Tranceverhalten war von noch offenkundigerer, bestürzend sexueller Natur. So schrieb zum Beispiel [Thomas] Mann im Dezember 1922 an ... [von Schrenck-Notzing], er sei nicht überrascht zu hören, dass die Phänomene bei Willy gelegentlich von Erektionen und Ejakulationen begleitet waren, die oft aktiv herbeigeführt wurden.»[719]

---

716 Wolffram weist darauf hin, dass die Vorgehensweise derjenigen von Exorzisten früherer Jahrhunderte ähnelt, die Hexen und Besessene behandelten.

717 Wolffram 2009:160; Übers. Irène Stumm

718 gemeint: Ektoplasma

719 ebd. S. 150; Übers. Irène Stumm

Die Gebrüder Schneider

Manchmal wurde an den Extremitäten auch ein elektrisches Gerät angeschlossen, das kleinste Bewegungen durch Aufflackern einer Lampe anzeigte.

Unübersehbar ist der Einfluss der Theorie Sigmund Freuds von der zentralen Bedeutung der Libido und ihrer Sublimierungen auf die Interpretationsweisen der Parapsychologen jener Zeit:

> «Die Überzeugung, dass die physikalischen Phänomene der Medialität in einem noch unbekannten Zusammenhang mit normalen reproduktiven Energien oder Prozessen stehen, war in dieser Zeit weit verbreitet. So hielt es Schrenck-Notzing in einem Brief an den österreichischen Physik-Professor Hans Thirring für relevant zu bemerken, dass ein von ihm kürzlich entdecktes fünfzehnjähriges Poltergeist-Medium noch nicht zu menstruieren begonnen hatte. Er erwähnte auch den Zusammenhang, den er zwischen Willy Schneiders Heranreifen und dem stetigen Nachlassen seiner medialen Kräfte sah. Er erklärte:
>
> ‹In Übereinstimmung mit Ihren Ansichten bin ich der Meinung, dass sexuelle Faktoren bei diesen Manifestationen eine entscheidende Rolle spielen. Daher das Auftreten dieser Erscheinungen zwischen dem dreizehnten und dem dreiundzwanzigsten Lebensjahr. Es ist möglich, dass diese Kräfte beim Heranreifen des Jünglings zum Mann völlig verschwinden.›[720]
>
> Die sexuelle Natur der physikalischen Phänomene wurde auch durch ihre Verbindung mit den Fortpflanzungsorganen hervorgehoben. Oft wurde gesehen, wie Ektoplasma aus den Brüsten und der Vagina des Mediums Eva C. austrat, und das Sich-Winden und Stöhnen des Mediums, während die Phänomene pro-

720 Brief vom 30.11.1925 in: Nachlass Albert von Schrenck-Notzing, Korrespondenz 1, IGPP; zit. n. Wolffram 2009:196; Übers. Irène Stumm

duziert wurden, erinnerten sowohl an Geschlechtsverkehr als auch an eine Entbindung.»[721]

Aus Panimistischer Sicht, «bei der die Phänomene der Medialität im Rahmen psychologischer und biologischer Paradigmen interpretiert wurden, ... wurden die Kräfte der Medien sowohl als Ergebnis ihrer angeborenen Passivität und Empfänglichkeit als auch als Zeichen ihrer Abnormität oder Pathologie begriffen; ein Zusammenhang, der dadurch verdeutlicht wurde, dass die Parapsychologen die Beziehung zwischen Medialität und Hysterie[722] betonten.»[723]

Fanny Moser: Das havarierte Weltbild

Fanny Moser war die Tochter des vermögenden Pionierunternehmers Heinrich Moser und dessen zweiter Frau Fanny, geborene von Sulzer-Wart. Als Heinrich Moser die 24-Jährige heiratete, war er selbst bereits 67 Jahre alt und fünffacher Vater aus erster, glücklicher Ehe.[724] Im Jahre 1874 starb er im Alter von 69 Jahren an einem Herzschlag, nur vier Tage nach der Geburt einer weiteren Tochter, Fannys zweieinhalb Jahre jüngeren Schwester Mentona. Gemeinsam mit ihr wuchs die junge Halbwaise unter einer Mutter auf, die über Nacht zu einer höchst vermögenden Witwe geworden war. Fanny Moser wird diese später als «grausame und rücksichtslose Tyrannin» schildern[725]. Vielleicht deuten sich diese Wesenszüge bereits darin an, dass sich die Mutter gerne «Baronin» nennen liess, wenn sie auf ihrem Anwesen auf der Halbinsel Au in Wädenswil, das sie 1888 für sich und ihre Töchter erwarb, namhafte Gäste empfing – darunter Eugen Bleuler und den damals noch wenig bekannt Sigmund Freud, wie ein Eintrag in ihrem Gästebuch bezeugt[726]. Bei letzterem begab sie sich ab 1889 in Wien in Behandlung. Sigmund Freud behandelte

721 Wolffram 2009:196; Übers. Irène Stumm

722 historische Bezeichnung für eine breites Spektrum psychischer Auffälligkeiten

723 Wolffram 2009:159; Übers. Irène Stumm

724 Bauer 1986:98

725 ebd. S. 102

726 ebd. S. 99

sie mit der hypnokathartischen Methode und besprach ihren Fall unter dem Pseudonym Emmy v. N. in seiner Schrift über Hysterie[727].

Während des Wiener Aufenthaltes eröffnete die Mutter der 17-jährigen Fanny Moser und ihrer jüngeren Schwester «ohne jede Vorbereitung»[728], dass der von ihnen verehrte Vater bereits einmal verheiratet gewesen war und aus erster Ehe fünf Nachkommen hatte. Für Fanny Moser brach eine Welt zusammen: «Dieses Gefühl des Nirgendshingehören, des Outsiders, hat mich mein ganzes Leben, fast wie ein Verhängnis begleitet ...»[729] Zwischen dem vergötterten Vater, der sie belogen hatte, und der dämonischen Mutter, die sie quälte, suchte sie nach Halt und Beheimatung. Sie fand beides in der Naturwissenschaft, studierte erst Medizin und promovierte 1902 als eine der ersten Frauen in Zoologie. Mehrere wichtige Arbeitsaufträge von grossen Instituten[730] dokumentieren, dass sich die intelligente, junge Frau als Meeresbiologin einen Namen machte.

Das zweite Mal brach für Fanny Moser eine Welt zusammen, als sie – inzwischen gut 42-jährig – im Jahre 1914 in Berlin einer mediumistischen Sitzung beiwohnte, in deren Verlauf ein schwerer Tisch sich bis zur Decke erhob, um danach im freien Fall herunterzukrachen, sodass eines seiner Beine brach. Das gesplitterte Holz war für Fanny Moser der Nachweis, dass es sich nicht um eine Illusion gehandelt hatte. Mechanische Tricks konnten aufgrund der guten Ausleuchtung des Raumes ausgeschlossen werden.

> «In einem Sturm widerstreitendster Gefühle verliess ich das Haus. Ich war wie auf den Kopf geschlagen – wie jemand, der zum ersten Mal ein Erdbeben erlebt, wobei alles ins Schwanken und Stürzen gerät, was als feststehend und unverrückbar gilt – nirgends ein Halt: Selbst der Boden weicht ...»[731]

---

727 Josef Breuer, Sigmund Freud, *«Studien über Hysterie»*, Frankfurt 1991 (1895)
728 Bauer 1986:101
729 Fanny Moser gemäss Bauer 1986:101
730 vgl. Bauer 1986:99
731 Moser 1935, I:41

Die grosse Erschütterung, die Moser in diesem Erlebnis widerfuhr, zeigt, wie bedeutend für sie der Halt in der Wissenschaft war, der damit ins Wanken geriet. Da ist Wissenschaft über eine Erkenntnisweise hinaus ein Orientierungshorizont, eine Religion.

Von diesem Erlebnis an arbeitete Moser den Rest ihres Lebens daran, die – wie der Tisch – havarierte Weltsicht wieder in Ordnung zu bringen. Das Erlebnis einfach auf psychologische Effekte zu reduzieren, schien keine Option. Denn mit Psychologisierung allein war es nicht getan, wie ihr auf Anfrage auch Sigmund Freud in einem Brief von 1918 bestätigte:

> «Um psychische Einflüsse handelt es sich kaum, wenn ein Tisch in die Höhe fliegt, höchstens um einen physikalischen Ausdruck von sonst psychischen Kräften, wenn – die Sache richtig ist. So nebenbei lässt sich dies Studium auch nicht betreiben, dazu ist dem sachlichen Kern viel zu viel Schwindel von Seiten der Medien beigemengt. Mich lässt die ganze Sache eher kühl, weil ich nicht einen Umsturz unserer wissenschaftl. Weltanschauung davon erwarte, sondern im besten Fall die Eröffnung eines neuen Gebietes von Tatsachen, die sich dem Übrigen einfügen werden.»[732]

Ausgehend von dieser These machte sich Fanny Moser an ihr Lebenswerk und widmete sich im Weiteren der wissenschaftlichen Reflexion sogenannt 'okkulter' Phänomene. Sie untersuchte Gedankenübertragung, Hellsehen, physikalische Erscheinungen und Magnetismus. «Das 'Jenseits' und damit die spiritistische Frage scheiden aus.»[733] Es ging Fanny Moser um die Reparatur ihres szientistischen Weltbildes. An eine Erweiterung wissenschaftlicher Methoden und Modelle dachte sie nicht.

Mit dem gebrochenen Tischbein wurde Moser von einer materiellen Spur mediumistischer Kräfte aus der Bahn geworfen und dazu motiviert,

732 Schreiben von Sigmund Freud an Fanny Moser vom 10. 10. 1918, zit. n. Tögel 2011:50

733 Moser 1935, I:15

ihr ganzes weiteres Forscherinnenleben der Untersuchung derselben zu widmen. Ein materieller Nachweis dieser Kräfte war es denn auch, der ihr Vertrauen in die naturwissenschaftliche Weltsicht letztlich wiederherstellte.

Fanny Moser wurde durch Berichte über Séancen mit Oskar Schlag von der Realität paranormaler Erscheinungen – namentlich einer dem Körper entströmenden, bis dahin unbekannten Materie (Emanation) – überzeugt. Im Postskript ihres gewaltigen Werks über Okkultismus[734] schreibt sie unter dem Titel *«Am Wendepunkt?»*:

> «Ein weiterer Zufall brachte ihn[735] ... auch mit einem ausserordentlichen, physikalischen Medium namens Schl.[736] in Berührung, ... wodurch die immer widerkehrenden Zweifel an der Richtigkeit der Ergebnisse, zu denen wir geführt wurden, endlich zum Schweigen kamen.»[737]

> «Einer Sitzung dieses ausserordentlichen Mediums beizuwohnen, war natürlich mein dringender Wunsch – leider eine Unmöglichkeit, und zwar aus einem bezeichnenden Grund: den ausserordentlichen Leistungen standen ausserordentliche Störungen des Gesundheitszustandes des Mediums nach jeder Sitzung gegenüber ...»[738]

Obwohl es Moser somit verwehrt war, einer Sitzung mit Schlag beizuwohnen, erhielt sie dennoch die Möglichkeit, sich selbst von solch einer Emanation zu überzeugen: 1931 überreichte ihr der Elektroingenieur Eugen K. Müller-Naumann[739], der in Kilchberg bei Zürich die Heilanstalt

734 Moser 1935
735 Moser spricht von sich selbst als «Autor» in maskuliner Form.
736 Schlag; die Medien werden in Mosers Text nur mit Abkürzung genannt, die anwesenden Wissenschafter hingegen erscheinen mit vollen Namen und akademischen Titeln.
737 Moser 1935, II:892
738 ebd. S. 895
739 1861 – nach 1947

Salus betrieb, eine hermetisch verschlossene Glasflasche. Diese zeigte im Inneren einen «unregelmässigen Belag»[740], der in einer Sitzung mit Oskar Schlag zustande gekommen war:

> «Müller[741] übergab mir eine hermetisch verschlossene grössere Glasflasche für Präparate mit Kristallstöpsel aus einer Sitzung mit dem erwähnten Medium Schl[ag]. Sie hatte am 10.2.1931 in Zürich stattgefunden, als Abschluss einer längeren Versuchsreihe, in der unter guter Kontrolle von Prof. Bleuler[742] – er nahm an mehreren Sitzungen teil – Dr. C.G. Jung u.a., auch Ärzten, die verschiedensten Phänomene: Leuchterscheinungen, telekinetische Transporte, Apporte[743] usw. beobachtet worden waren. Die Flasche zeigte im Inneren einen unregelmässigen Belag von grösseren und kleineren, weisslichen und dunklen Flecken, fadenförmigen Strahlen, sternförmigen Gebilden, kristallförmigen Körpern usw. Dieser Belag war folgendermassen zustandegekommen:
>
> Das Medium sass in einem grossen Lehnstuhl, kontrolliert von zwei Personen, 1,30 m vor den Kabinettvorhängen, zusammen mit den 8 übrigen Anwesenden, die einen Kreis um ein Tischchen mit dem Elektro-Emanoskop[744] bildeten. Über dem Vorhangspalt hing eine Rotlichtlampe; eine zweite diente dem Protokollführer. Nachdem ‹stark auffällige› Unterschiede in der Tätigkeit des Emanoskops vor und während der Trance festgestellt worden waren, ebenso wie in der vorhergehenden Sitzung

740 ebd. S. 893

741 E. K. Müller, vgl. Müller 1932

742 Eugen Bleuler (1857–1939), 1898–1927 Direktor des Burghölzli

743 Unter 'Apport' versteht man die Fähigkeit, etwas in Erscheinung treten zu lassen.

744 gebaut von E. K. Müller; nicht zu verwechseln mit dem gleichnamigen Messgerät für Radioaktivität, gebaut von Siegfried (Shaul) Loewenthal (1869–1951). Zur Funktionsweise vgl. den Bericht über Müllers Vortrag in: *«Verhandlungen der Schweizerischen Naturforschenden Gesellschaft»*, 106. Jahresversammlung, Aarau 1925:105 und Bernoulli in: *«Zeitschrift für Parapsychologie»* Heft 4, April 1930:261f.

am 23.1., indem nach Auftreten der Trance-Persönlichkeit *Cyprian*, angeblich ein bayerischer Gebirgsjäger, eine ‹überraschend starke› Funkentladung mit erhöhter Lichtwirkung erfolgte, so dass gegen das Medium abgeblendet werden musste – das hielt bis Sitzungsschluss an – und bereits auch die verschiedensten Phänomene in rascher Folge einwandfrei beobachtet worden waren, sahen alle, wie sich die Vorhänge bewegten, der Spalt etwas erweiterte und ein verkürzter blasser Finger von mittlerer Dicke aus diesem sich vorschob. Von Cyprian aufgefordert, trat Müller hinter dem Stuhl des Mediums vorbei zum Vorhang und hielt an die Öffnung unter der Lampe das offene, vorher gut mit Salzsäure gereinigte Fläschchen. Gleich legte sich der Finger auf die Kante und verschob sich etwas nach rückwärts, als solle etwas abgestreift werden. Dabei drehte er sich langsam nach beiden Seiten, wie um auch diese abzustreifen. Etwa fünfmal wiederholte sich das ganze gemächlich vor aller Augen, gut von der Lampe beleuchtet. Darauf wurde eine ganze Hand sichtbar, obwohl weniger deutlich, deren Finger von natürlicher Wärme[745] über das Fläschchen hinweg auf Müllers Hand lebhaft herumtrommelten. Bleuler stellte dabei fest, dass sie nur vier Finger hatte. Das stimmte, war aber Müller vorher entgangen. Dann verschwand die Hand mit den Fingern. Nach Verschluss der Flasche hielt Müller auch mehrere Plättchen von verschiedenen Metallen fächerförmig aufgebreitet vor den Spalt. Dieser öffnete sich abermals, der blasse Finger erschien, bestrich hastiger als zuvor den Rand des Glases und die Vorderenden der Plättchen, und sofort trommelten wieder Finger auf Müllers Hand. Diesmal waren sie jedoch *unsichtbar*, dann schloss sich der Vorhang, und alles war verschwunden.

(...)

745 Moser schreibt aus der Erstveröffentlichung des Berichts ab, der von Müller mitverfasst wurde. Dieser spürte die Wärme. Vgl. Bernoulli und Müller 1931

Die wiederholte, z.T. auch mikroskopische Untersuchung der ‹flüssigen Emanation› durch die Glaswand hindurch, nach hermetischem Verschluss der Flasche am 11.2., ergab eine ständige Verschiebung und Veränderung, als wäre sie lebendig. Photographische Aufnahmen bestätigten das.»[746]

Bereits vor dem hermetischen Verschluss der Flasche wurde deren Inhalt einer fortdauernden, genauesten Beobachtung unterzogen. Moser, die sich nun selbst von dessen Bestehen überzeugen konnte, sieht darin einen materiellen Befund okkulter Kräfte:

«Dieses Fläschchen scheint also tatsächlich das Geheimnis der Teleplastik, der Materialisationen zu bergen. Wir legen hier gewissermassen den Finger auf die allererste Entstehung der ‹teleplastischen Materie› anscheinend aus dem Nichts, denn aus dem Unsichtbaren und doch Wirkenden wurde das Sichtbare und Geformte: der Finger, darauf die Hand, um sich dann zum grössten Teil wieder in ‹Nichts› aufzulösen, während ein kleiner Teil im Fläschchen, das offenbar die Auflösung verhinderte, sich kondensierte ...»[747]

Fanny Moser bedauert, dass der Inhalt der Flasche chemisch nicht untersucht wurde, geht aber davon aus, dass es sich um ein Kondensationsprodukt gasförmiger Hautausdünstungen handelte[748]. Zu einer genaueren Untersuchung des Inhalts kam es allerdings nicht. Wie hatte Fanny Moser als ausgewiesene, wissensdurstige Naturwissenschafterin die Analyse des Flascheninhalts unterlassen können? Wichtig war ihr wohl vor allem, dass die mediumistischen Phänomene eine materielle Spur hinterliessen, also zwar keine Illusion, aber aus materialistischer Perspektive voraussichtlich erklärbar waren.

746 Moser 1935:893f.
747 ebd. S. 894
748 ebd. S. 903

Diese Annahme sollte sie Zeit ihres Lebens nicht mehr loslassen. Im Jahre 1935, also gut zwanzig Jahre nach der wegweisenden Tisch-Levitation, veröffentlichte Moser ihr umfangreiches Werk *«Okkultismus – Täuschungen und Tatsachen»*, «... das bis heute ein Standardwerk der deutschsprachigen parapsychologischen Forschung geblieben ist.»[749] Mosers Werk zeichnet sich besonders durch die «möglichst objektive Abwägung der Argumente, die für oder wider den ‹Okkultismus› sprechen», aus[750].

Hierfür wandte sie sich stets an Fachkenner, worunter auch Sigmund Freud fällt, mit dem Moser in engem Kontakt stand. Dieser interessierte sich in ihrem Forschungsfeld namentlich für Telepathie:

> «Und was besonders die Gedankenübertragung betrifft, so scheint sie die Ausdehnung der wissenschaftlichen – Gegner sagen: mechanistischen – Denkweise auf das so schwer fassbare Geistige geradezu zu begünstigen ... Man weiss bekanntlich nicht, wie der Gesamtwille in den grossen Insektenstaaten zustande kommt. Möglicherweise geschieht es auf dem Wege solch direkter psychischer Übertragung. Man wird auf die Vermutung geführt, dass dies der ursprüngliche, archaische Weg der Verständigung unter den Einzelwesen ist[751], der im Lauf der phylogenetischen Entwicklung durch die bessere Methode der Mitteilung mit Hilfe von Zeichen zurückgedrängt wird, die man mit den Sinnesorganen aufnimmt. Aber die ältere Methode könnte im Hintergrund erhalten bleiben und sich unter gewissen Bedingungen noch durchsetzen, z.B. auch in leidenschaftlich erregten Massen.»[752]

---

749 Bauer 1986:104

750 ebd. S. 105

751 Freuds Vermutung an dieser Stelle erinnert stark an Swedenborgs Konzept der 'inneren Kommunikation', die nicht über den 'äusseren', also physischen Gehörgang funktioniere (vgl. oben S. 246). Auch Swedenborg erachtet diese 'innere' Kommunikation als die Urform, mittels derer die frühesten Menschen kommunizierten.

752 Freud 1990:59f., vgl. Bauer 1986:108

Dabei entwickelte Freud gegen Ende seiner Arbeits- und Forschungstätigkeit auch selbst ein Interesse an den Phänomenen der Telepathie und Gedankenübertragung.

Sigmund Freud: Das Marginale der Wissenschaft

Sigmund Freud hat als Vater der Psychoanalyse einen namhaften und nachhaltig prägenden Beitrag zur Etablierung der akademischen Psychologie geleistet. In diesem Kontext wirkt es umso interessanter, dass er sich gegen Ende seiner Schaffenszeit auch für das sogenannte 'Okkulte' interessierte. Davon zeugen bereits seine Ausführungen im erwähnten Briefaustausch mit Fanny Moser. Doch scheint er über derlei Anfragen hinaus auch ein Eigeninteresse an solchen Phänomenen gehegt zu haben, wie eine Vorlesung aus dem Jahre 1933 belegt, die Freud unter dem Titel *«Traum und Okkultismus»* verfasste und veröffentlichte[753].

Dass Freud sich interessiert zeigt, resultiert aber nicht etwa aus einer insgeheimen 'okkulten' Neigung, die er gegen Lebensende verspürt. Im Gegenteil: Es scheint, dass gerade seine jahrelange wissenschaftliche Beobachtung der menschlichen Psyche ihn dazu drängt, das reale Bestehen solcher Phänomene zu erwägen – namentlich der Telepathie und der Gedankenübertragung[754]. Denn rückblickend auf seinen enormen Erfahrungsschatz zahlreicher Patientinnen und Patienten ergeben sich für ihn tatsächlich Indizien, die dafür sprechen, die Realität dieser Phä-

---

753 Bei dieser Vorlesung handelt es sich nicht um eine Einzelerscheinung: Bereits gut zehn Jahre zuvor verfasste Freud einen Aufsatz unter dem Titel *«Traum und Telepathie»* (1922). Da es sich bei der oben genannten Schrift allerdings um die spätere und damit wohl ausgereiftere Publikation handelt, wird im Folgenden auf diese eingegangen.

754 Massgeblich für Freuds begriffliche Differenzierung der Phänomene ist vor allem die räumliche Distanz: Gedankenübertragung meint, dass Gedanken von einer Person auf eine weitere anwesende, gegenübersitzende Person direkt übertragen werden. Im Gegensatz dazu meint Telepathie eine Gedankenübertragung, die sich auf (weite) Distanzen abspielt, ohne dass die beteiligten Personen in unmittelbarem (räumlichem oder kommunikativem) Kontakt stehen. Im Folgenden geben wir Freuds Beispiele für Gedankenübertragungen wieder, doch führt Freud selbst in seinen Vorlesungen auch Beispiele möglicher Telepathie aus.

nomene anzunehmen – oder zumindest dafür, diese zu erwägen, statt sie vorneweg als irreal abzutun. Schliesslich sei «Die Geschichte der Wissenschaften selbst ... überreich an Vorfällen, die vor einer voreiligen Verdammung warnen können.»[755]

Allerdings gibt sich Freud trotz dieser offen bekundeten Erwägung zu Gunsten 'okkulter' Phänomene nicht restlos überzeugt. So sagt er bereits zu Beginn der Vorlesung von sich selbst, «... dass ich mich auf keine Überzeugung festgelegt habe»[756], und er fasst auch zum Ende seiner Ausführungen seine «Einstellung zu diesem Problem» zusammen als «nicht völlig überzeugt und doch zur Überzeugung bereit»[757]. Doch sein letztlicher Appell, den er der Leserschaft nahelegt, bleibt auf obiger Erwägung bestehen:

> «... ich muss Ihnen nahelegen, über die objektive Möglichkeit der Gedankenübertragung und damit auch der Telepathie freundlicher zu denken.»[758]

Freud formuliert ebenso klar wie zurückhaltend. Er gibt sich zögerlich, denn er scheint sich bewusst zu sein, dass er sich mit dieser Erwägung weit aus dem Fenster der Fachwelt lehnt. Schliesslich tendiert diese gemeinhin dazu, dem Themenfeld des 'Okkultismus' mit der «Einstellung der verächtlichen Verwerfung»[759] zu begegnen, wie Freud es ausdrückt. Wie gelangt er als namhafter Wissenschafter also dazu, dennoch damit vor das fachwissenschaftliche Publikum zu treten? Es liegt wohl gleichermassen an der Überzeugungskraft seiner Beobachtungen wie an seinem starken Vertrauen in die Wissenschaft. Letzteres dürfte auf den ersten Blick stutzig machen. Schliesslich hat die Telepathie mitsamt dem grossen Feld des 'Okkulten' ja gerade mit dem Vorurteil des 'Übernatürlichen', des 'Unerklärlichen' und damit 'Unwissenschaftlichen' zu

---

755 Freud 1990:34
756 ebd. S. 38
757 ebd. S. 58
758 ebd.
759 ebd. S. 34

kämpfen. Auch Freud umreisst diesen Umstand, wenn er das gemeine Verständnis des Begriffs schildert:

> «Mystik, Okkultismus ... Es ist eine Art von Jenseits der hellen, von unerbittlichen Gesetzen beherrschten Welt, welche die Wissenschaft für uns aufgebaut hat.»[760]

Den Okkultismus als das «Jenseits der hellen ... Welt» zu beschreiben, ist etymologisch treffend, denn die Bezeichnung entstammt dem lateinischen Adjektiv *occultus*, das 'geheim', 'verborgen' und 'dunkel' bedeutet. Lässt man sich Freuds wunderbare Beschreibung nun weiter auf der Zunge zergehen, wird zudem spürbar, wie der Beiklang des obigen Vorurteils im Grunde genommen aus einem zirkulär anmutenden Paradox resultiert: Das 'Übernatürliche' wird von der strengen Wissenschaft ausgeschlossen, aber eigentlich erst durch diesen Ausschluss zum 'Übernatürlichen' erhoben, das in diesem Status wiederum von der Wissenschaft ausgeschlossen ist, wodurch die 'natürliche' Erklärung ausgeschlossen wird, und so weiter ... Freud bricht nun mit dieser Teufelskreis-Dynamik und wählt einen anderen Zugang:

> «Der Okkultismus behauptet die reale Existenz jener 'Dinge zwischen Himmel und Erde, von denen unsere Schulweisheit sich nichts träumen lässt'[761]. Nun, wir wollen nicht an der Engherzigkeit der Schule festhalten; wir sind bereit zu glauben, was man uns glaubwürdig macht.»[762]

An diesem Punkt zeigt sich Freud «zur Überzeugung bereit», sofern die Dinge genug «glaubwürdig» gemacht werden. Dabei meint Glaubwürdigkeit für ihn wohl, dass etwas auf wissenschaftlichem Weg als plausibel erwiesen wird. Denn immerhin pflegt er selbst auch in der Themati-

---

760 ebd. S. 32

761 nach Shakespeares Hamlet (1. Akt, 5. Szene): «There are more things in Heaven and Earth, Horatio, than are dreamt of in your philosophy.»

762 Freud 1990:32

sierung der genannten Phänomene einen wissenschaftlichen Umgang: «Wir gedenken mit diesen Dingen zu verfahren wie mit allem anderen Material der Wissenschaft ...»[763]. Dabei scheint für ihn die Hegemonie der Empirie auch für das undurchsichtig 'Dunkle' des Okkulten ungebrochen:

> «Es handelt sich um eine Frage der Tatsächlichkeit, ob das, was die Okkultisten erzählen, wahr ist oder nicht. Das muss doch durch Beobachtung entschieden werden können.»[764]

Auch wenn sich Freud in dieser Entscheidung zurückhaltend zeigt, bringt er doch zahlreiche Indizien für die «Tatsächlichkeit» vor, die aus seiner wissenschaftlichen Arbeit stammen und eben gerade in solcherlei Beobachtungen bestehen. Denn inzwischen hat er davon manche vorzuweisen: «Als ich im Jahre 1922 die erste Mitteilung über diesen Gegenstand machte, stand mir erst nur eine Beobachtung zur Verfügung. Seither habe ich manche ähnliche gemacht ...»[765] In seiner Vorlesung aus dem Jahre 1933 teilt er nun gleich mehrere Beispiele mit, die für die Realität der Telepathie und Gedankenübertragung sprechen. Besonders anschaulich sind sie in Fällen der vorgeblichen Wahrsagerei.

Freud schildert beispielsweise den Fall einer jungen Frau mit «einer ausserordentlich starken Vaterbindung»[766], die in glücklicher Ehe lebte, doch zu ihrem Unglück kinderlos war. Bei einer Gelegenheit, die sich zufällig ergeben hatte, suchte sie spontan den Wahrsager *Monsieur le professeur* auf. Dieser versicherte der zu diesem Zeitpunkt 27-Jährigen, die für die Konsultation absichtlich den Ehering abgelegt hatte, dass sie trotz schwerer Kämpfe doch noch heiraten und mit 32 Jahren zwei Kinder haben werde.

Als Freud von diesem Erlebnis erfährt, ist die Frau «43 Jahre alt, schwer krank und ohne jede Aussicht, jemals ein Kind zu bekommen.»[767]

---

763 ebd.
764 ebd. S. 36
765 ebd. S. 39
766 ebd. S. 43
767 ebd.

Offensichtlich hat sich die Prophezeiung des Wahrsagers also nicht erfüllt; dass es sich dabei um *wahre* Wahrsagerei handelt, mittels der die effektive Zukunft vorausgesagt wurde, ist somit auszuschliessen. Doch beinhaltet die Prophezeiung dennoch einen Sachverhalt, der stutzig macht: Die vom Wahrsager genannten Zahlen treffen zusammen mit Umständen, die sich im privaten Hintergrund der Frau finden. Deren Mutter hatte nämlich, obwohl sie erst nach Dreissig geheiratet hatte, ihre ersten beiden Kinder «mit dem kleinsten möglichen Intervall in dem gleichen Kalenderjahr geboren»[768], sodass sie trotz später Heirat mit 32 Jahren tatsächlich bereits zwei Kinder hatte. Aufgrund der starken Vaterbindung der Patientin geht Freud davon aus, dass die in der Prophezeiung genannten Zahlen also durchaus bedeutsam für die junge Frau waren, insofern sie deren innigsten Wunsch trafen, denn «dasselbe Schicksal zu haben wie die Mutter, sich an ihre Stelle zu setzen, ihren Platz beim Vater einzunehmen, das war ja der stärkste Wunsch ihrer Jugend gewesen»[769].

Vor diesem Hintergrund wirken die in der Prophezeiung genannten Zahlen also keineswegs zufällig, sondern ergeben eine Koinzidenz – eine, die für Freud wesentliche Fragen aufwirft und ihn zu ebenso wesentlichen Schlussfolgerungen führt:

> «(H)alten Sie es für möglich, dass [der Wahrsager] *Monsieur le professeur* mit den Daten der intimen Familiengeschichte seiner zufälligen Klientin vertraut war? Unmöglich; woher kam ihm also die Kenntnis, die ihn befähigte, den stärksten und geheimsten Wunsch der Patientin durch die Aufnahme der beiden Zahlen in seiner Prophezeiung auszudrücken? Ich sehe nur zwei Möglichkeiten der Erklärung. Entweder ist die Geschichte, so wie sie mir erzählt wurde, nicht wahr, hat sich anders zugetragen, oder es ist anzuerkennen, dass Gedankenübertragung als reales Phänomen besteht.»[770]

768 ebd. S. 44
769 ebd.
770 ebd.

Freuds Annahme geht also dahin, dass die Koinzidenz nichts mit Wahrsagerei zu tun hat (offensichtlich, wo sich doch die Prophezeiung als solche gar nicht erfüllt hat), sondern sich daraus ergeben hat, dass der Wahrsager den innigsten Wunsch seiner Klientin wiedergegeben hat – einen Wunsch, von dem er ausgesprochen aber gar nicht wissen konnte, sodass es naheliegt, dass er ihn auf dem anderen Wege empfangen hat, namentlich über eine Gedankenübertragung.

Dass dieses eine Beispiel allein nicht genügen wird, Skeptiker:innen zu überzeugen, dessen ist sich Freud bewusst. Doch weiss er dementgegen zu versichern, dass es sich bei diesem Fall um keine Ausnahmeerscheinung handelt:

> «Ich habe eine ganze Reihe von solchen Prophezeiungen gesammelt und von allen den Eindruck gewonnen, dass der Wahrsager nur die Gedanken der ihn befragenden Personen und ganz besonders ihre geheimen Wünsche zum Ausdruck gebracht hatte, dass man also berechtigt war, solche Prophezeiungen zu analysieren, als wären es subjektive Produktionen, Phantasien oder Träume der Betreffenden. Natürlich sind nicht alle Fälle gleich beweiskräftig und nicht in allen ist es gleich möglich, rationellere Erklärungen auszuschliessen, aber es bleibt doch vom Ganzen ein starker Überschuss von Wahrscheinlichkeit zu Gunsten einer tatsächlichen Gedankenübertragung übrig.»[771]

Freud erfasst die Fälle als Indiz für die Realität der Gedankenübertragung, was aber nicht bedeutet, dass er für die Funktionsweise des Phänomens auch gleich eine wissenschaftliche Erklärung bereithält. Es bedeutet aber, dass eben gerade aufgrund wissenschaftlicher Prinzipien die Annahme der Gedankenübertragung naheliegt. Denn das obige Beispiel konfrontiert uns mit einem Fakt, der erklärungsbedürftig ist: Die Koinzidenz wirkt keineswegs zufällig, lässt sich aber ausgehend von den üblichen Mitteln der Mitteilung nicht erklären. Letztlich erklären lässt sie sich aber einfacher mit der Annahme der Gedankenübertra-

771 ebd. S. 45

gung als mit der Annahme von Wahrsagerei (zumal letzteres ohnehin auszuschliessen ist, wo sich doch die Prophezeiung nicht bewahrheitet hat). Freud greift hier also zu Ockhams Rasiermesser: ein durchaus wissenschaftlicher Zug, der letztlich der Gedankenübertragung den Vorzug gibt.

Mit diesem Zug bewegt sich Freud auch durch die folgende Beobachtung eines Patienten: Der junge Mann suchte eine Wahrsagerin auf, die ihm das Schicksal seines ärgsten Rivalen verkünden sollte. Der Rivale war sein Schwager, der seine Schwester geheiratet hatte. Aufgrund der äusserst starken und liebevollen Zuneigung, die der junge Mann und die Schwester zueinander hegten, hatte es ihn grosse Überwindung gekostet, den Schwager an deren Seite anzuerkennen, noch mehr sogar für ihn zu fürsprechen gegenüber den Eltern, die zunächst gegen die Beziehung waren. Dieser kurze Abriss der wohl pikanten, familiären Hintergründe deutet bereits an, dass die Rivalität des jungen Mannes gegen seinen Schwager tief gereift war. Als nun der junge Mann der Wahrsagerin das Geburtsdatum des Schwagers vorlegte, frohlockte er über die Prophezeiung, die jene anhand des Datums aus ihren astrologischen Büchern ableitete: «Diese Person wird im Juli oder August dieses Jahres an einer Krebs- oder Austernvergiftung sterben.»[772]

Als Freud von diesem Erlebnis erfährt, ist es bereits Spätherbst und der Schwager noch am Leben. Die Prophezeiung hat sich offensichtlich auch hier nicht erfüllt, doch «das Merkwürdige ist folgendes», wie der junge Mann ihm erzählt: «Mein Schwager ist ein leidenschaftlicher Liebhaber von Krebsen und Austern und hat sich im vorigen Sommer – also *vor* dem Besuch bei der Wahrsagerin – eine Austernvergiftung zugezogen, an der er fast gestorben wäre.»[773]

Auch in diesem Fall ist davon auszugehen, dass die Wahrsagerin in ihrer Prophezeiung nicht die Zukunft erfasst hat, sondern stattdessen lediglich einen innigen Wunsch des jungen Mannes – das Loswerden seines Rivalen – abgelesen und ausgedrückt hat. Und wie bei obigem Beispiel spricht sich Freud auch in diesem Fall für die Gedankenübertra-

772 ebd. S. 47
773 ebd.

gung aus, zumal sie durch das Sparsamkeitsprinzip des ockham'schen Rasiermessers nahegelegt ist:

> «Ich für meinen Teil, ehe ich daran glaube, dass man aus astrologischen Tafeln den Eintritt einer Krebs- oder Austernvergiftung berechnen kann, will lieber annehmen, dass mein Patient den Hass gegen den Rivalen noch immer nicht überwunden hatte ... und dass die Astrologin einfach seine eigene Erwartung aussprach ...»[774]

Es sind Beispiele wie diese, die Freud als Indizien dafür angibt, die Realität der Gedankenübertragung zu erwägen. Und es sind Beispiele wie diese, die ihn dazu drängen, mit dieser Erwägung vor der Fachwelt aufzutreten, allen Voreingenommenheiten zum Trotz. Denn wie so oft scheinen auch hier die Vorurteile mit einer Furcht belegt, die Freud allerdings nicht (mehr) zu teilen scheint. Im Gegensatz zu anderen gehört er nämlich zu jener Art Denker, die genug Vertrauen in ihre Wissenschaft hegt, um sich vom scheinbar Unerklärlichen nicht bedroht zu fühlen:

> «Als sie [diese Probleme] vor länger als zehn Jahren zuerst in meinen Gesichtskreis traten, verspürte auch ich die Angst vor einer Bedrohung unserer wissenschaftlichen Weltanschauung, die im Falle, als sich Stücke des Okkultismus bewahrheiten, dem Spiritismus oder der Mystik den Platz räumen müsste. Ich denke heute anders; ich meine, es zeugt von keiner grossen Zuversicht zur Wissenschaft, wenn man ihr nicht zutraut, dass sie auch aufnehmen und verarbeiten kann, was sich etwa an den okkulten Behauptungen als wahr herausstellt.»[775]

Und *dass* sich an den «okkulten Behauptungen» etwas als wahr herausstellen könnte, scheint, wie anhand Freud eben gezeigt, durchaus nicht abwegig. Er selbst nennt es immerhin wahrscheinlich, «dass es sich

---

774 ebd.
775 ebd. S. 58f.

beim Okkultismus um einen realen Kern von noch nicht erkannten Tatsachen handelt ...»[776]

So gesehen erachtet Freud die Phänomene der Telepathie und Gedankenübertragung also gar nicht erst als 'das Unerklärliche'. Stattdessen erklärt er es zum Unerklärten – zu etwas, was uns vielleicht nur deshalb unerklärbar scheint, weil wir die (wissenschaftliche) Erklärung davon noch nicht gefunden haben.

In seiner Beschäftigung mit der scheinbar 'okkulten' Thematik der Telepathie und Gedankenübertragung verlässt Freud also keineswegs sein wissenschaftliches psychologisches Feld. Folgt man seinem Zugang, sind Phänomene wie Gedankenübertragung nämlich nicht weiterhin als das übernatürliche «Jenseits» der Wissenschaft zu erachten – vielmehr sind sie als das Marginale der Wissenschaft zu verstehen: jene Dinge am Rande eines Horizonts, der nur noch nicht genug erweitert ist, um auch Formen der mediumistischen Erkenntnisweise zu erkennen und anzuerkennen.

Mediumistische Erkenntnis in Literatur und Kunst

Der englische Dichter Robert Browning liess sich von Berichten der *Society for Psychical Research* inspirieren. Er entdeckte die Ästhetik und die literarische Qualität mancher *automatic scripts.* 1846 schrieb er in einem Brief an Elisabeth Barrett: «Das Wenige, was ich geschrieben habe, war ein unbewusstes Gekritzel, während mein Denken woanders war.»[777]

Die Idee, dass Dichtung entsteht, wenn das «Denken woanders» ist, findet sich schon in Platons Frühwerk *«Ion»*. Dort führt der Philosoph aus:

> «Denn alle rechten Dichter alter Sagen sprechen nicht durch Kunst, sondern als Begeisterte und Besessene alle diese schö-

776 ebd. S. 38
777 Wood 2001:158, Übers. Irène Stumm

> nen Gedichte, und ebenso die rechten Liederdichter, und so wenig die, welche vom tanzenden Wahnsinn befallen sind, mit vernünftigem Bewusstsein tanzen, so dichten auch die Liederdichter nicht bei vernünftigem Bewusstsein diese schönen Lieder, sondern wenn sie von Harmonie und Rhythmus erfüllt sind, dann werden sie den Bacchen[778] ähnlich ... Denn ein leichtes Wesen ist ein Dichter und geflügelt und heilig, und nicht eher vermögend zu dichten, bis er begeistert worden ist und bewusstlos und die Vernunft nicht mehr in ihm wohnt. Denn solange er diesen Besitz noch festhält, ist jeder Mensch unfähig, zu dichten ... Denn nicht durch Kunst bringen sie dieses hervor, sondern durch göttliche Kraft.» Sodass «wir ja nicht zweifeln, dass diese schönen Gedichte nicht Menschliches sind und von Menschen, sondern Göttliches und von Göttern, die Dichter aber nichts sind als Sprecher der Götter, besessen jeder von dem, der ihn eben besitzt.»[779]

In späteren Jahren scheint Platons Begeisterung für den Mediumismus der Dichter abgeklungen zu sein. Im Dialog *«Politeia»* ist nicht mehr vom Dichter als Medium die Rede, ja, Platon scheint – jedenfalls was die Dichter betrifft – zum eigentlichen Mediumismus-Skeptiker geworden zu sein. Nun hört er nicht mehr die Götter durch die Dichter sprechen. Vielmehr beklagt er, dass die Dichter in ihren Werken die Götter schlecht machen, indem sie ihnen menschliche Eigenschaften und Schwächen zuschreiben. Er warnt davor, dass sie der Jugend einreden könnten, «dass die Götter Unheil erzeugen und dass die Heroen um nichts besser

---

778 'Bacchen' (auch 'Bacchanten') bezeichnet die Gefolgschaft des Gottes Bacchus (gr. Dionysos). Als Gottheit des Weins und Rausches sowie der Ekstase ist auch seine Anhängerschaft bekannt für einen orgiastisch anmutenden Rausch, der sich oft in Tanz, Raserei und einem die Vernunft verlassenden Wahnsinn äussert. Die weiblichen Gefolgsleute werden 'Mänaden' genannt, abgeleitet vom altgriechischen *manía* (Ausser-Sich-Sein: 'Raserei', 'Begeisterung', 'Besessenheit', 'Wut', 'Wahnsinn'), das wir in der pathologischen Bezeichnung 'Manie' heute noch kennen.

779 Platon 1958, I:103

sind als Menschen. Denn ... dergleichen ist weder fromm noch wahr.»[780] Daher sind die Dichter im Gegensatz zu den Philosophen im idealen Staat, den Platon in der *«Politeia»* entwirft, von den Regierungsgeschäften ausgeschlossen.

Ab dem 5. Jh. finden sich nach neutestamentlicher Vorlage Darstellungen von Menschen, denen Dämonen ausgetrieben werden. Ihre mediumistische Fähigkeit gilt als moralische Übertretung, später als Krankheit. Erst mit dem Mediumismus des späten 19. Jh.[781] gewinnt das Phänomen positive Konnotationen zurück. Entsprechend entsteht zum Beispiel eine ganze Reihe von Portraits der Pythia von Delphi[782], wobei namentlich im Werk von John Collier die Erdspalte unter dem Tripod, der die inspirierenden Dämpfe entsteigen, schön zutage tritt.

Noch wesentlich populärer als die Pythia wird bei den Malern die Jidd'oni von En-Dor[783].

Eine Ausnahmeerscheinung unter diesen Malern bildet Albert von Keller[784]. Er stammte aus einem alten Zürcher Patriziergeschlecht, übersiedelte aber schon früh mit seiner Mutter nach München. 1878 heiratete er gegen den Willen des Schwiegervaters die vermögende Bankierstochter Irene Freiin von Eichtal, die ihm fortan ein von Geldsorgen befreites Leben ermöglichte. Von Keller freundete sich mit Albert Freiherr von Schrenck-Notzing an. 1886 trat er der *Psychologischen Gesellschaft* bei.

---

780 Platon 1958, III:125

781 Als Vorläufer ist die heilende Gruppenbesessenheit zu sehen, die 1727 auf dem Friedhof von Saint-Médard (Paris) ihren Anfang nahm. Die Menschen, die sich am Grab des kurz zuvor verstorbenen Diakons François de Paris versammelten, fühlten sich von Gott erfüllt, was sie von Krankheiten heilte und später auch mit prophetischen Fähigkeiten ausstattete. Ausserhalb ihres engen Kreises wurden sie verlacht. Das königliche Verbot und die Schliessung des entsprechenden Teils des Friedhofs führten zur Intensivierung der aussergewöhnlichen Erscheinungen.

782 Vgl. z.B. Eugène Delacroix (1835–1845), Marcello (Adèle d'Affry, 1870), Camillo Miola (1880), John Collier (1891) und Jacek Malczewski (1917). Michelangelos Darstellung der Delphica in der Sixtina (1509) kann angesichts von deren Fixierung auf schriftliche Überlieferung nicht als Vorläufer gelten.

783 Vgl. z.B. Adam Elsheimer (1804), William Sidney Mount (1828), Nikolai Ge und Julius Schnorr von Carolsfeld (1857) sowie die älteren Vorlagen von Johann Heinrich Füssli (1777), Benjamin West (1777) und William Blake (1783).

784 1844–1920

John Collier, *«Priestess of Delphi»*, 1891, Öl auf Leinwand, 160 x 80 cm

Ferdinand Fellner, *«Die Hexe von Endor»*, 1883, Feder in Schwarzbraun und Bleistift auf Vergépapier, 236 x 325 mm

Anhand von Charcots und Richers Publikation *«Les Démoniaques dans l'art»*, einer Art klinischer Kunstgeschichte[785], setzte Albert von Keller sich mit den körperlichen Erscheinungsformen der 'Hysterie' auseinander und verlieh den verdrehten Gliedmassen durch symbolische Kontextualisierung religiöse Bedeutung.

1904 trat die sogenannte 'Traumtänzerin' Madeleine Guipet[786] drei Mal im Münchner Schauspielhaus auf. Von Schrenck-Notzing hatte sie nach München eingeladen, rund 20 mal portraitierte Albert von Keller die aus Georgien stammende Frau[787], die angeblich keinerlei musikalische oder tänzerische Ausbildung genossen hatte. Unter Hypnose aber

785 Charcot und Richer 1984 (1887); die medizinisch geschulten Autoren suchten die Kunstgeschichte nach Krankheitsbildern ab und staunten über die oft sehr präzisen Darstellungen.

786 geboren 1876

787 mehrmals als Kassandra; vgl. Wolffram 2009:117

Albert von Keller, *«Die Märtyrerin»*, ca. 1892, Öl auf Pappe, 10.3 x 38 cm

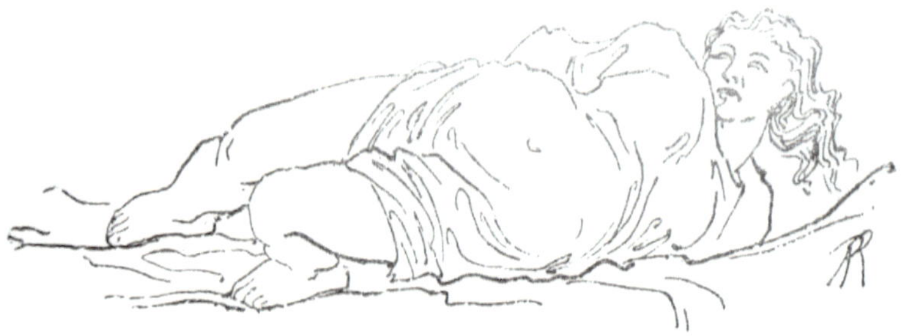

«Die szenische Episode der 'Grossen Hysterischen Attacke'» (Charcot und Richer 1984:95, Übers. Jürg von Ins)

Albert von Keller, *«Die Traumtänzerin Madeleine»*, ca. 1904, Öl auf Sperrholz

tanzte sie nach dem Urteil von Schrenck-Notzings und vieler Anderer mit unvergleichlicher Ausdruckskraft. Das Schauspielhaus war bei jedem ihrer Auftritte bis auf den letzten Platz besetzt. Ihr Tanz wurde als Objektivierung des Unbewussten gefeiert.

Madeleine G., wie sie in der Literatur genannt wurde, verhalf der *Psychologischen Gesellschaft* zu zusätzlichem, künstlerischem Renommee. Allerdings fehlte es auch nicht an kritischen Stimmen. Die Resonanz in der High Society steige von Schrenck-Notzing in den Kopf, hiess es. Und Albert Moll, einer seiner früheren Mitarbeiter, diagnostizierte bei ihm «epistemische Devianz», das heisst eine «Lähmung des Kritikvermögens»[788]. Damit schoss Moll sicherlich über das Ziel hinaus. In seiner Schrift zur Traumtänzerin Madeleine G.[789] setzte sich von Schrenck-Notzing durchaus mit kritischen Kommentaren auseinander, wenn auch letztlich die begeisterten Stimmen tonangebend blieben:

> Niemand wird «glauben, dass der wohlbekannte Psychologe Dr. v. Schrenck-Notzing, der dieses Phänomen [Madeleine G.] nach München gebracht hat, Schwindler begünstige. Da wird von theaterfachmännischer Seite auf das lebhafteste erwidert: ‹Und wenn – Schwindel! Dann ist ja das umso grossartiger, was wir hier gesehen haben! Wenn Magdeleine das alles bewusst gespielt hat, so haben wir es mit einem Talent zu tun, das höchstens mit der Duse verglichen werden kann, vielleicht mit Charlotte Wolter[790], wenn sie in die höchste Ekstase geriet! Das wäre ja ein Segen für die aussterbende grosse Schauspielkunst! Aber leider scheint ihr dieser Stern nicht aufzugehen! Es ist nur eine Offenbarung des Urgrundes der schauspielerischen Natur;

788 vgl. Sommer 2010

789 von Schrenck-Notzing 1904

790 Elisabeth Charlotte Wolter (1834–1897), verheiratet Gräfin O'Sullivan-Wolter, war eine deutsche Schauspielerin, die namentlich in tragisch-heroischen Rollen auftrat. Dasselbe gilt von der deutschen Schauspielerin Eleonora Giulia Amalia Duse (1858–1924).

das Tagesbewusstsein, die Logik, das reflektierende Denkvermögen scheinen hier gänzlich ausgeschlossen zu sein ...»[791]

«Liegt denn in der Tiefe des menschlichen Organismus so unbewusst die ... Schönheit? Das wäre ja herrlich: denn dann wäre die Hässlichkeit nur ein Ergebnis unserer gesellschaftlichen Bildung, besser Unbildung, also entschieden unwahr, mithin unbedingt abzuweisen, abzuwerfen. Eine Reihe derartiger Fragen durchlief den Zirkel der versammelten Münchener Intelligenz.»[792]

Da meldet sich eine Erkenntnisweise zurück, die Platons dringende Ermahnung zur Besonnenheit[793] in den Wind schlägt. Nicht in einer revolutionären Subkultur, sondern mitten in der Münchner High Society wurde die Erinnerung an Platons früheres Bekenntnis zum kreativen Taumel wieder wach. Zaghaft, gewiss, und angesichts einer Tänzerin, die sich erst der Behandlung durch einen Hypnotiseur aussetzen musste, um dann der «Gewalt von Klang und Harmonie» erliegen und ihr Innerstes zum Ausdruck bringen zu können. Es handelte sich um die Intimitäten einer Frau als Bühnenperformance unter männlicher Regie. Dabei interessierten sich weder Hypnotiseure noch Ärzte dafür, die mediumistische Erkenntnisweise selbst zu erleben, um deren möglicherweise für sie persönlich relevante Botschaft zu empfangen.

Der «wohlbekannte Psychologe» von Schrenck-Notzing diagnostizierte Madeleine Hysterie. Dies entsprach gewiss dem Zeitgeist der damals ...

«... jungen Wissenschaften Psychoanalyse und Sexualforschung, die das Tanzfieber mit dem nervösen Geist der Frau und ihrer instabilen Sexualität erklärten. So unterrichtete etwa der

791 von Schrenck-Notzing 1904:14
792 ebd. S. 16
793 s. Platon 1958, III:123

Sexualforscher Havelock Ellis[794] die faszinierte Öffentlichkeit ... davon, dass Frauen deswegen so gerne tanzten, weil sie so ihrer neuromuskulären Irritabilität – sprich: dem Hang zur Hysterie – Ausdruck geben könnten, ohne grösseren Schaden anzurichten.»[795]

Wenn Frauen laut dem Zeitgeist so gerne Tanzen wegen ihres «Hangs zur Hysterie», wie sollte dann eine Frau, die tanzt wie Madeleine G., nicht hysterisch sein? Den Wert des Tanzes als Kunstform körperlichen Ausdrucks hingegen relativierte von Schrenck-Notzing:

> «Der 'Tanz' der Frau M. hatte sich uns im wesentlichen als eine besondere Art des Affektausdrucks erwiesen. Er stimmt darin mit den einfachen, kunstlosen Tänzen der Naturvölker und der Kinder überein ...»[796]

«Wer nicht tanzt, begreift nicht, was sich begibt»[797]

Die Traumtänzerin Madeleine Guipet ist im Kontext eines «tänzerischen Aufbegehrens» zu sehen, das um die Jahrhundertwende einsetzte. Nun steht nicht mehr ein herrschaftlich von aussen gesetzter Bewegungskodex im Mittelpunkt, «sondern die Entstehung von Bewegung aus dem *Innern des Torso* heraus, wobei emotionale Antriebsmomente und atemphysiologische Rhythmen zentral sind.» Nun entstehen «Bewegung und Form als jeweils spezifischer symbolischer Ausdruck einer *innerlichen Bedeutung* ...»[798]

---

794 1859–1939

795 Sanyal 2021:95; bezüglich Ellis verweist die Autorin an dieser Stelle auf dessen Werk *«Mann und Frau. Eine Darstellung der sekundären Geschlechtsmerkmale beim Menschen»*, Würzburg 1909, S. 366ff.

796 von Schrenck-Notzing 1904:166

797 Johannesakten, Hennecke und Schneemelcher 1971, II:154

798 Stüber 1984:15

Der dem Körper unwiderstehliche Drang, sich in Bewegung auszudrücken, ist im Kern nicht sein äusseres, sondern ein innerstes Bedürfnis. Nicht der Körper tanzt, sondern die Seele. Die erdachte Dualität der beiden wird im Tanz aufgehoben, in einem Zustand, der dem Denken enthoben ist: Der tanzende Körper agiert nicht aus rationaler Regie. Er lässt Füsse, Becken, Brust für sich selbst sprechen – als Manifestation eines wesentlich transzendenten Aktes.

Nennt ihr das Seele? fragt Rilke im Titel eines Gedichts, in dessen Antwort er, obwohl er nicht vom Tanz spricht, doch beschreibt, was der Tanzende zu erleben vermag:

> «Schau ich die blaue Nacht, vom Mai verschneit,
> in der die Welten weite Wege reisen,
> mir ist: Ich trage ein Stück Ewigkeit
> in meiner Brust. Das rüttelt und das schreit
> und will hinauf und will mit ihnen kreisen ...
> und das ist Seele.»[799]

Tanz entfesselt das «Stück Ewigkeit in meiner Brust», er macht die Weiten der Welt zugänglich. Fühlbar wird dies besonders für jene, die nicht allein tanzen. Verbunden im Paar wachsen Tanzende über ihren je eigenen Körper hinaus; versunken in der Menge oder eins mit Planeten und Göttern werden sie zu etwas Höherem verwoben, gemeinsam demselben inneren Drang ergeben. Die Dokumentarfilmerin Maya Deren schildert die Tänzer eines *Vodun*-Rituals und erkennt, «... dass jeder von ihnen in sich gekehrt ist, in sich hineinhört, an einer gemeinsamen Bewegung teilnimmt, denselben Ton teilt, der von jedem einzelnen gehört wird ..., weil man ... sich einem Rhythmus, einem Puls ergibt, dessen Macht alle diese Kreaturen transzendiert und sie so vereint.»[800]

799 Rainer Maria Rilke, vgl. von Ins 2020:154
800 Deren 1953:257, vgl. von Ins 2020:123

Rilkes Wunsch nach dem gemeinsamen Kreisen kann im gemeinsamen Tanzen erfüllt werden. Nicht denkend, sondern tanzend erkennen wir, «was die Welt im Innersten zusammenhält»[801]. In seiner Vereinigung von Innen und Aussen, in der Fusion des Eigenen und des Anderen bringt der Tanz disparate Erkenntnisweisen zusammen, indem er potenziell durch alle Sphären führt – durch Himmel und Sterne, durch Augenblick und Ewigkeit, Diesseits und Jenseits, Erde und Morast.

«Wir denken zu viel und tanzen zu wenig» steht auf einer Postkarte, die bei der Autorin herumliegt. «Tanz mal drüber nach!» auf einer, die der Autor mal gesehen hat. Die Sprüche geben weisen Rat, denn im Tanz verbindet sich intuitiv, was im Denken nicht zusammengehen will.

Nur 20 Jahre nach den Auftritten von Madeleine Guipet im Münchner Schauspielhaus veröffentlichte André Breton das erste Manifest des Surrealismus. In der Zwischenzeit war Europa im sinnlosen Massaker des Ersten Weltkriegs versunken. Der vorweg schon gefeierte Triumph mechanisierter Kriegsführung wurde zum Fanal. Mitten im Brutgebiet der aufgeklärten Vernunft war das grosse Grauen aufgebrochen. Welch ein Triumph der Unvernunft, ja des Wahnsinns! Der Surrealismus verdankte sich diesem epochalen Schock. Er wollte die Vernunft in ihrer Beschränktheit blossstellen, überwinden und durch ihr ausgeschlossenes Gegenstück, die Irrationalität, ergänzen. Weisheit und Schönheit konnten nicht einem lediglich vernünftigen Wesen entspringen. Sie setzten den Menschen in seiner Ganzheit voraus. Surrealismus war in erster Linie ein Aufstand gegen den hegemonialen Anspruch der Vernunft:

> «Unter dem Banner der Zivilisation, unter dem Vorwand des Fortschritts ist es gelungen, alles aus dem Geist zu verbannen, was zu Recht oder Unrecht als Aberglaube, als Hirngespinst

801 J. W. von Goethe, Faust I,1 in: von Goethe 1965, III:17

> gilt, und jede Art der Wahrheitssuche zu verurteilen, die nicht der gebräuchlichen entspricht.»[802]

Die Bewegung, die Breton anstiess und die das europäische Geistesleben bis in die Gegenwart[803] prägen sollte, war meilenweit entfernt von der Welt um Freiherr von Schrenck-Notzing und die Traumtänzerin Madeleine G. Während von Schrenck-Notzing ein ehrgeiziges Karriereziel verfolgte und das Publikum der Traumtänzerin in romantischen Phantasien schwelgte, verarbeiteten die Surrealisten ihre Kriegserfahrungen. De Chirico leistete ab 1915 Militärdienst in Ferrara. Picabia trat – obwohl er kubanischer Staatsangehöriger war – 1914 in die französische Armee ein. Und Max Ernst war 1916 bis 1918 Pionier bei der Artillerie. André Breton bekam sein militärisches Aufgebot 1916, was ihn zwang, sein Medizinstudium zu unterbrechen. Er wurde als Assistent an der militärisch geführten neuropsychiatrischen Heilanstalt Saint-Dizier eingeteilt, ganz in der Nähe von Verdun, wo 1916 während fast 10 Monaten eine der schrecklichsten Schlachten des Ersten Weltkriegs tobte. Breton war in seiner pflegerischen Tätigkeit wie J.R.R. Tolkien[804] mit *shell shock*[805]-Patienten konfrontiert, was ihn zur intensiven Beschäftigung mit den Werken von Sigmund Freud veranlasste:

> «Ein wichtiger Impulsgeber waren Freuds Ausführungen zur Rolle der Träume als Vermittler unbewusster Ängste, Wunschbilder und Triebe. Ebenso entscheidend war Bretons Anwendung der ‹freien Assoziation›: eine von Freud entwickelte Methode, bei der Patienten ihre Gefühle und Gedanken ohne Anleitung des Therapeuten spontan und kreativ äussern sollen. Rückblickend bezeichnete Breton diese frühen, oft verstörenden Einblicke in das menschliche Seelenleben als das

802 Breton 1977:15

803 Vgl. zum Beispiel die Arbeiten von Louise Bonnet und Prabhakar Pachpute, die 2022 an der Biennale von Venedig prominent gezeigt wurden.

804 vgl. von Ins 2020:73

805 dt. ‘Granatenschock’; Bezeichnung für Kriegstraumata, die erstmals bei Soldaten des Ersten Weltkriegs diagnostiziert wurden.

‹Rohmaterial›, aus dem sich die Prämissen des Surrealismus entwickelt hatten.»[806]

Den Surrealisten ging es darum, auf verlässlichem Fundament eine bessere, lebenswerte Welt zu entwerfen – gespiesen aus den nicht korrumpierbaren Quellen des eben erst entdeckten Unbewussten. Und sie waren entschlossen, sich gegen die Welt der angeblich vernünftig begründeten, bürgerlichen Normalität durchzusetzen. Der Surrealismus strebte insofern einen umfassenden kulturellen und insbesondere gesellschaftlichen Wandel an.

> «Surrealismus, Subst., m. – Reiner psychischer Automatismus, durch den man mündlich oder schriftlich oder auf jede andere Weise den wirklichen Ablauf des Denkens auszudrücken sucht. Denk-Diktat ohne jede Kontrolle durch die Vernunft, jenseits jeder ästhetischen oder ethischen Überlegung. ... Der Surrealismus beruht auf dem Glauben an die höhere Wirklichkeit gewisser, bis dahin vernachlässigter Assoziationsformen, an die Allmacht des Traumes, an das zweckfreie Spiel des Denkens ...»[807]

> «[Die] Surrealisten machten den Geist zu einem Ort literarischer und künstlerischer Wunder ... [Sie] begannen, den Geist und insbesondere seine subliminalen Zustände zu erforschen. In erster Linie wurden diese als Mittel für einen imaginativeren Ansatz in der Literatur, bald aber auch in der bildenden Kunst untersucht.»[808]

Dem psychologischen Interesse trat ein medizinisches zur Seite. Breton studierte Medizin mit Schwerpunkt Psychiatrie. Während des Ersten Weltkrieges praktizierte er an verschiedenen Psychiatrischen Kliniken.

---

806 Daniel Zamani in Subelytè 2022:17f.
807 Breton 1977:26–27, Übers. Irène Stumm und Jürg von Ins
808 Bauduin 2014:10

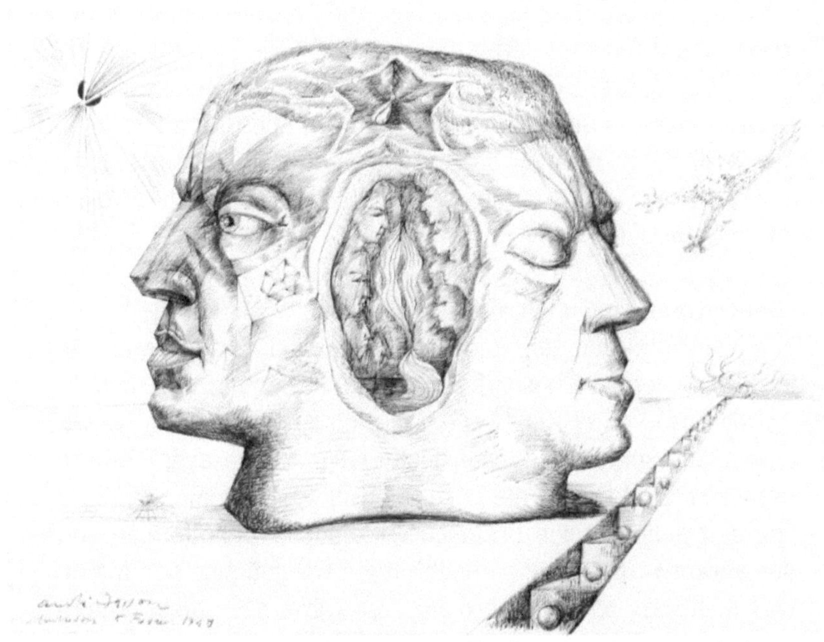

André Masson, *«Portrait von André Breton»*, 1941, Tusche auf Papier, 46.1 x 61.8 cm

«Hätte Breton sein Medizinstudium abgeschlossen und sich der Psychiatrie zugewandt, hätte er durchaus ‹der Begründer einer neuen Bewegung der dynamischen Psychiatrie› werden können ... Dies umso mehr, als er im Zentrum einer Gruppe mit ähnlichem Hintergrund stand, eines 'Ärzteclubs' innerhalb des Surrealismus. Auch Louis Aragon hatte sich mit Psychiatrie beschäftigt. Max Ernst hatte in Bonn Psychologie studiert; Pierre Naville und Philippe Soupault verfügten ihrerseits über einen medizinischen Hintergrund. Wie auch immer, Breton und seine Mitstreiter verfolgten die Praktiken und Theorien der dynamischen Psychiatrie im Hinblick auf kreative, in erster Linie literarische Zwecke.»[809]

809 ebd. S. 41, Übers. Irène Stumm, Jürg von Ins und Anina Föhn

Breton sprach davon, dass sich Wachen und Träumen dereinst zu einer höheren Erkenntnisweise verbinden würden[810], der sich die «*sur-réalité*» (deutsch: Über-Wirklichkeit, höhere Wirklichkeit) erschliesst.

Überhaupt ist in der Welt der Surrealisten alles mit allem in bedeutungsvoller Weise verbunden.[811] Laufend lösen sich aus surrealistischer Sicht Grenzen auf. Nicht zuletzt jene zwischen Normalität, Mediumismus und Psychopathologie.[812]

> «Der Surrealismus zielt auf nichts so sehr ... als auf die künstliche Reproduktion dieses idealen Augenblicks, da der Mensch, im Bann einer ganz besonderen Gemütsbewegung, plötzlich ergriffen wird von etwas, 'was stärker als er' ist und ihn, gegen allen Widerstand, ins Unsterbliche wirft. ... Diese Ergebnisse psychischer Aktivität, die ... so unbeschwert wie möglich sind von den jederzeit wie Bremsen wirkenden Vorstellungen von der Verantwortlichkeit, so unabhängig wie möglich von allem, was nicht *das passive Leben der Intelligenz* ist – diese Ergebnisse, wie wir sie durch das automatische Schreiben und die Traumberichte gewonnen haben, sind von mehrfacher Bedeutung: ... Sie bieten uns den Schlüssel, der diesen Kasten mit doppeltem Boden, welcher sich Mensch nennt, ... öffnet ...»[813]

Das automatische Schreiben war zunächst, wie wir gesehen haben, ein mediumistisches Phänomen. Wie es in einer Schriftkultur naheliegt, äusserten sich die transzendenten Wesen vielfach nicht durch die Stimme des Mediums, sondern durch dessen schreibende Hand. Breton lernte den Automatismus – das freie Assoziieren – als therapeutische Methode kennen. In der Gruppe der Surrealisten wurde daraus schliesslich ein Erkenntnisweg und ein literarisch-künstlerisches Verfahren, wobei das

810 Breton 1977:18
811 vgl. Bauduin 2014:116f.
812 vgl. Breton 1977:80; Bauduin 2014:63, 66
813 Breton 1977:81f.

Unbewusste an die Stelle der Geister Verstorbener und anderer transzendenter Wesen trat.

Parallel wandelte sich in surrealistischer Perspektive die Wahrnehmung psychisch Kranker. Von Schrenck-Notzing hatte diesen Wandel wohl unabsichtlich vorbereitet, indem er Madeleine Guipet einerseits Hysterie diagnostizierte und sie zugleich auf der grossen Bühne als Künstlerin feiern liess. Die Surrealisten sahen nun psychische Störungen wie Hysterie und *shell shock* grundsätzlicher als kreative Dispositive und Erkenntnisweisen:

> «Wie aus seinen Briefen an verschiedene renommierte Ärzte hervorgeht, war Breton von Geisteszuständen und Geisteskrankheiten fasziniert. [Er] war beeindruckt von dem, was er als imaginative und originelle ‹Fantasien› kriegstraumatisierter [shell-shocked] Soldaten betrachtete, insbesondere von deren Fähigkeit, ‹die entferntesten Beziehungen zwischen Ideen, die seltensten Verbindungen zwischen Wörtern› herzustellen. Er überlegte sich, wie man solch offenbar authentische und hoch originelle Kreativität, die seiner Meinung nach dem Unbewussten entsprang, weiter erforschen könnte.»[814]

Ausbrüche des Unbewussten konnten die verschiedensten Formen annehmen. «In den 1920er Jahren, als [die Hysterie] als medizinische Diagnose obsolet geworden war, feierten Breton und Aragon sie als poetische Ausdrucksweise.»[815] Wir sagten eingangs, Erkenntnis bestehe aus einer Wahrnehmung, einer deutenden Verarbeitung und einer Repräsentation. In *«Le Message Automatique»*[816] entwirft Breton die Vision jenes Gnadenzustands, in dem Wahrnehmung und Repräsentation eins werden:

814 Bauduin 2014:41f/202.; Zitat aus einem Brief von Breton an Apollinaire vom 16. August 1916, Übers. Irène Stumm, Jürg von Ins und Anina Föhn

815 ebd. S. 43, Übers. Irène Stumm und Jürg von Ins

816 Breton 1933

> «Der Surrealist strebt diesen Zustand an, kann ihn aber nie erreichen – wohl aber der Verrückte und der Mediumist, die keine Mühe haben, die 'Botschaften' ihres schöpferischen Unbewussten in automatische Kunst umzusetzen. Daher auch der Titel von Bretons Essay, der sich direkt auf Frederick Myers und dessen Vorstellung von Botschaften des Unbewussten bezieht.»[817]

Doch dann verdüsterte sich der Horizont. Durch den Siegeszug des Nationalsozialismus und den Ausbruch des Zweiten Weltkriegs gewann das Thema Magie für die Surrealisten schnell an Bedeutung. Magie verstanden sie als Spiegelung mythischer Erkenntnis, die Einsicht in die 'primitive' Psyche des Menschen bot, wie sie vor der Kolonisierung gewesen sein mochte. Eine solche positive Umwertung des 'Primitiven' zeichnete sich zeitgleich auch bei Literaten wie Robert Musil, Gottfried Benn und Walter Benjamin ab.[818]

Schon die Erfahrung des Ersten Weltkriegs verlangte nach starken, transformativen Mythen. «Im politischen Kontext der 1930er Jahre befeuerte das Erstarken faschistischer Diktaturen das surrealistische Interesse am Mythos zusätzlich: Während totalitäre Systeme mythische Strukturen und Symbole für ihre Propaganda instrumentalisierten, suchten die Surrealisten nach Mythen, die sie mit Selbstverwirklichung assoziierten und in deren Symbolik sie ein emanzipatorisches Potenzial erblickten.»[819] Sie nannten ihr Weltbild animistisch und inspirierten sich an den ‹authentischen› Mythen historischer und indigener Kulturen. In Bretons Atelier, das im Centre Georges Pompidou in Paris nachgebaut ist, blieb zwischen Artefakten aus Afrika und Ozeanien kaum Raum für einen Arbeitsplatz.

Manche mythischen Gestalten wie Ödipus oder der Minotaurus gewannen für die Surrealisten insgesamt Bedeutung. Andere – wie die phantastischen Vögel Max Ernsts – wurden zu Kernpunkten von Privat-

817 Bauduin 2014:95, Übers. Irène Stumm
818 vgl. Gess 2013
819 Kristoffer Noheden in Subelytè 2020:33

Gisèle Freund, *«André Breton in seinem Studio»*, 1957

mythologien. Schon in den 1920er-Jahren erklärte Ernst «Loplop», den König der Vögel, zu seinem Alter Ego.

Viele Mythen der Surrealisten sind nur bildhaft dokumentiert. Andere, wie Max Ernsts Vogelmythos, wurden auch im Text festgehalten. Ernst schreibt von sich selbst in der dritten Person:

> «1891. Erster Kontakt mit der sensitiven Welt. Am zweiten April um 9.45 Uhr schlüpfte Max Ernst aus dem Ei, das seine Mutter in das Nest eines Adlers gelegt hatte und über dem der Vogel sieben Jahre lang gebrütet hatte.»[820]

820 Ernst 1961:7, Übers. Irène Stumm

Max Ernst, *«Die Einkleidung der Braut»*, 1940, Öl auf Leinwand, 129.6 x 96.3 cm entstand als Antwort auf das Portrait, das Ernsts damalige Partnerin Leonora Carrington von ihm gemalt hatte. Dieses zeigt ihn als effeminierten Schamanen in polarer Landschaft.

«1906. Erster Kontakt mit dem Okkulten, der Magie und Hexerei: In der Nacht zum fünften Januar starb einer seiner engsten Freunde, ein äusserst intelligenter und anhänglicher rosa Kakadu. Es war ein furchtbarer Schock für Max, als er am Morgen den toten Körper entdeckte und als im selben Moment der Vater die Geburt einer Schwester ankündigte.

In seiner Phantasie verband Max diese beiden Ereignisse und machte das Baby für das Sterben des Vogels verantwortlich. Es folgte eine Reihe von mystischen Krisen, hysterischen Anfällen, Anwandlungen von Exaltation und Depression. Eine gefährliche Konfusion zwischen Vögeln und Menschen fixierte sich in seinem Geist und kam in seinen Zeichnungen und Gemälden zum Ausdruck.»[821]

Man mag darin eine psychopathologische Symptomatik, einen Erkenntnisweg oder einen Heilungsprozess erkennen. Um ein kindliches Spiel handelt es sich jedenfalls nicht. Nahe liegt die Deutung, dass es sich um ein mythopoetisches Verfahren im Sinne Tolkiens handelt:

«Eine Mythologisierung des Surrealismus war nur die nächste Etappe im Projekt der surrealistischen Revolution, die ja die Gesellschaft als Ganzes revolutionieren wollte. Die dem Mann (und natürlich auch der Frau) innewohnende Fähigkeit zur Mythopoiesis – zur lyrischen Mythenerschaffung – sollte das Instrument zur Selbstbefreiung sein.»[822]

Die befreiende Wirkung entfaltete sich über die Spiegelung des Mythos in der magischen Praxis, die sich in Malerei und Literatur gleichermassen konkretisieren konnte. Und wenn Surrealismus weniger ein Stil als

---

821 ebd. S. 8, Übers. Irène Stumm. Erstmals publiziert in der amerikanischen Avantgardezeitschrift «*View*»

822 Bauduin 2014:123, Übers. Irène Stumm und Jürg von Ins; vgl. von Ins 2020:73

eine Geisteshaltung[823] war, lässt sich diese nun vor diesem Hintergrund näher bestimmen:

Die Surrealisten sahen sich der zunehmend aggressiven Wirkung faschistischer Propaganda mit ihren pervertierten, nationalistischen und rassistischen Mythen ausgesetzt, und setzten ihr ein kosmologisch verankertes Verständnis der Magie entgegen, das ihnen Orientierung bot.

André Breton spürte der Geschichte der Magie im Spiegel der Kunst nach und kam dabei vom Hundertsten ins Tausendste. Im Kern folgte er aber der Spur, die Kurt Seligmann neun Jahre zuvor in seiner Geschichte der Magie freigelegt hatte:

> «Robert Amadou[824] erinnert uns daran, dass Magie schon für Plotin auf der Harmonie des Universums basierte. Sie wirkt vermittels der Kräfte, die durch Sympathie miteinander verbunden sind.»[825]

Da wird die alte Idee der sympathetischen Reihen zu neuem Leben erweckt. Was die Beziehung zwischen Magie und Kunst betrifft, machte es sich Breton leicht, indem er einen Fragebogen an einen grossen Kreis Prominenter verschickte – von Martin Heidegger bis Georges Bataille, von Leonora Carrington bis Pierre Klossowski. Die Vielfalt der Antworten war nicht mehr zusammenzuführen. Während zum Beispiel Martin Heidegger und Claude Lévi-Strauss vor allem nach der Begrifflichkeit und der klassifikatorischen Einordnung von magischer Kunst fragten, setzte Leonora Carrington zu einem poetischen Höhenflug an:

> «In der Kunst wie im gesamten Leben filtert die Magie überall, ohne dass es jene Männer merken, die auf die Hypnose der 'Materie' hereingefallen sind, die in Wirklichkeit eine Fata Morgana ist. Männer und Frauen werden unaufhörlich verzau-

823 vgl. Subelytè 2022:7

824 Amadou 1950:107; Breton stützte sich in Sachen Magie zentral auf Amadou, dessen in den 1950er-Jahren erschienenen Werke er alle besass.

825 Breton 1957:7, Übers. Jürg von Ins

bert, während sie sich selbst als 'praktisch', 'selbstbewusst' und 'entschlossen' betrachten. Die Maler bilden im traurigen Zustand der heutigen Menschheit keine Ausnahme. Sie malen 'unbewusste' Bilder – Werke, die zuweilen einen magischen Zustand vermitteln, der aber rein zufällig ist, und der von diesen Werken projizierte *Zauber* ist ebenso von ihrem Willen losgelöst wie ihr verwirrendes Gefühl des 'Schöpferisch-Seins'.

Seit Anbeginn der surrealistischen Bewegung hat der Künstler begonnen, die alte Nostalgie der magischen Kräfte zu verspüren. Er irrt ohne Vorbereitung und Wissen in Tiefen herum, aus denen manchmal seltsame 'Fische' auftauchen. Er ist selbst erstaunt über das, was in seinem Wesen steckt, und er ist zu benommen, um innezuhalten und zu erkennen, was er in Wirklichkeit tut. Die wirkliche Aufgabe des Künstlers ist zu wissen, was er tut, und sein Wissen mit Präzision zu vermitteln. Er muss immer die Röcke der Venus oder ihrer Zwillingsschwester Medusa lüften: Wenn er dazu nicht fähig ist, wechselt er den Beruf.

Die Wahrheit ist merkwürdig, ist das Wunderbare. Alles, was wir als 'Wirklichkeit' wahrnehmen, ist der im Mentalen des Menschen koagulierte kleine Albtraum, der unsere Spezies beherrscht: Der 'gute Mensch', der mächtige Mensch. Das heisst: Der in seinem täglichen Albtraum versteinerte Mensch, wie die Fliegen in den unechten Eiswürfeln, die man in Amerika kauft, um die Gäste beim Cocktail zu erschrecken. Nun kann man sich fragen: Wie kommt man aus einem dieser Würfel heraus? Das Zen-Märchen von der Gans in der Flasche gibt uns eine ganz einfache Antwort. Ein Mann schliesst eine Gans in eine grosse Flasche ein. Er füttert sie dermassen reichlich, dass das fett gewordene Tier die ganze Flasche ausfüllt. Wie soll nun die Gans aus der Flasche genommen werden, ohne diese zu zerbrechen und ohne die Gans zu verletzen, die noch ein langes Leben in ununterbrochener Völlerei fristen soll? Dann schreit der Meister 'Pfft!', und Sie sind draussen! Ist dies zu einfach? Nein, zu schwierig. Denn man muss den Mut haben, den von den 'Ideen' angeordneten Würfel zu zerschlagen und sich in die ursprüngliche Verwirrung zu stürzen, wo der goldene Löwe mit runden Augen in der Tiefe der Lotusblume das Einhorn mit dem milchigen Hintern erblickt, in den nährenden Tränen des jungen Mondes gebadet, das Neugeborene, das nur königliche Mumien in Form von langen, duftenden Zigaretten raucht.

Zurück zur Quelle der Dinge.

Bis der Künstler wieder Magier geworden ist, das heisst die magische Kunst beherrscht, angefangen bei sich selbst, kann man nur sagen, dass magische Mittel in der Kunst so gefährlich und verwirrend sind wie Waffen in den Händen von Politikern und modernen Staatschefs. Zum Glück ist der Mensch im Allgemeinen viel zu unsensibel, um die von seinen Künstler-Brüdern ausgespuckten Einflüsse zu verspüren. Die Ignoranz ist auch ein Schutz. Der Mensch, der einem mehr oder weniger toten Stück Fleisch gleicht, hat nichts zu befürchten. Der 'sensible' Mensch aber leidet, ohne zu wissen warum, und bisweilen stirbt er daran.

Suchen wir also nach der Möglichkeit, die subtilen Organe zu besitzen, die es uns ermöglichen werden, heilsame Magie zu verbreiten oder zu empfangen, während wir gleichzeitig Schutzmassnahmen kultivieren gegen die vielen Gifte der unsichtbaren Welt. Nur im fremden, magischen Ozean kann das Wesen die Rettung für sich selbst und für seinen kranken Planeten finden.

Die Sphinx, die lächelnden etruskischen Figuren mit dem Gedanken der Ewigkeit und die stierköpfige Lyra einer grossen Königin aus Ur fallen mir spontan als Beispiele für bewusst geschaffene magische Objekte ein ...

Ich hoffe, Sie finden meinen präzoologischen Stil verständlich ... In magischen Fragen klar zu sein, bedeutet zunächst einmal, chaotisch zu sein; denn beides ist ursprünglich eins.»[826]

Kurt Seligmann hatte schon 1948 unter dem Titel *«The Mirror of Magic»*[827] eine umfassende Geschichte der Magie vom alten Babylon bis ins 18. Jh. veröffentlicht. Dabei verstand er Magie vorab als Gegenposition zum Dualismus der «Religionen des Westens»:

> «In den alten magischen Systemen ... gibt es keine Disharmonie. Sie umfassen das Sein in seiner Gesamtheit: Gut und Böse, Leben und Tod, das Sichtbare und das Unsichtbare. Alles ist in allem enthalten. Und Alles ist eines. Das Übernatürliche ist nicht von der stofflichen Welt getrennt, sondern es lebt und wirkt in allen Dingen.» Dabei ist der Mensch «nicht nur ein harmonischer Bestandteil des Alls, er kann auch auf dieses einwirken. Er strebt nach Erkenntnis des Weltzusammenhangs und ist überzeugt, dass der Weise in sein Geheimnis einzudringen, die natürlich-stoffliche Welt zu bewegen und die übernatürliche Welt, Engel und Elementargeister, zu beschwören vermag ... Diese Art Magie war einerseits mit der Mystik verwandt; sie enthielt jedoch im Keim auch den Drang zu wissenschaftlicher Forschung, weil ja die Teilhabe am Göttlichen durch das Wissen um die Schöpfung die Erforschung der Natur voraussetzte.»[828]

Agrippa von Nettesheim, Paracelsus und andere Gelehrte der Renaissance standen diesem Welt- und Menschenbild Pate. Im Film *«The witch's cradle»* (1943) stellte Maya Deren die Verbundenheit aller Dinge im Bild des Kinderspiels '*The cat's cradle*'[829] dar, bei dem der Mensch

---

826 zit. n. Breton 1957:66, Übers. Yves Schumacher
827 deutsch: «Das Weltreich der Magie»
828 Seligmann 1948:387
829 deutsch auch 'Hexenspiel'; hatte im Mittelalter magische Bedeutung (Beeinflussung des Wetters) und ist auch in anderen Kulturen wie zum Beispiel Japan belegt.

nach alter Vorstellung die Möglichkeit gewinnt, ins Geflecht der Fäden, die das Schicksal spinnt, einzugreifen.

Es ging nicht darum, spektakuläre Wirkungen zu erzielen, sondern um eine '*magie quotidienne*' (Alltagsmagie) als Methode, das Leben gegen Propaganda und Herdenzwang in die eigene Hand zu nehmen. Impulsgeber war wiederum Paracelsus mit seinem lateinischen Motto *«alterius non sit, qui suus esse potest.»* «Wer sein eigener (Herr) zu sein vermag, soll nicht einem anderen gehören.»[830]

830 Übers. Anina Föhn

8 Die Geschichte der Erkenntnis zwischen Imagination und Gesetz

Wir gehen davon aus, dass Erkenntnis auf verschiedene Arten gewonnen werden kann, und wir haben die Erkenntnisweisen, die sich in der europäischen Geschichte zeigen und zeigten, näher zu bestimmen versucht. Dabei haben wir als Arten passiver Erkenntnisgewinnung poetische, visionäre und mediumistische Erkenntnis identifiziert; als aktive Wege philosophische und naturwissenschaftlich-technische Erkenntnis. Magische Erkenntnis hat nach unserem Befund an beiden Gruppen Anteil.

Beziehungen zwischen den Arten der Erkenntnis gestalten sich historisch zwischen zwei Polen aus: Am einen Ende des Spektrums begegnet uns die Vorstellung, dass alle Arten der Erkenntnisgewinnung sich harmonisch zum Gesamtbild menschlicher Weisheit fügen. Am anderen Pol finden wir Gelehrte, die auf dem exklusiven Gültigkeitsanspruch *einer* Erkenntnisweise beharren und allen anderen Arten der Erkenntnisgewinnung die Fähigkeit absprechen, gültige Erkenntnis einzubringen. «Gültig» heisst dabei in älterer Zeit 'korrekt', in jüngerer Zeit 'nützlich'. Beide Kriterien sind kulturellen Schwankungen unterworfen.

In ihrem Studium erlebte die Autorin, wie sie von Aussenstehenden standardmässig gefragt wurde, wozu denn Philosophie und Latein nützlich seien; was macht man damit, was bringt das denn? Ihre Kommiliton:innen aus naturwissenschaftlich orientierten Studienfächern hingegen wurden mit diesen Fragen kaum konfrontiert. Der Autor war als Student der Religionswissenschaft derselben Frage ausgesetzt. «Religion ist doch vorbei», hiess es, «wir leben in säkularen Verhältnissen.» Doch wenig später brach das postsäkulare Zeitalter an und Religion gewann wieder Aktualität, denn Fragen nach der Entstehung und dem Gewaltpotenzial fundamentalistischer Kulturen rückten in den Fokus der

Tagesaktualität. Trotzdem hat sich selbst in akademischen Kreisen eine Hierarchie der Erkenntnisweisen eingebürgert, die sich nicht zuletzt im sozioökonomischen Status der verschiedenen Fachvertreter niederschlägt. Die Naturwissenschaften, allen voran Biologie und Neurologie, haben sich als Leitdisziplinen etabliert. Ihrem Anspruch, sich an ethischen, das heisst philosophischen Richtlinien zu orientieren, werden sie daher grundsätzlich nicht gerecht.

Die ausserakademischen, passiven Erkenntnisweisen fallen aus akademischer Sicht grundsätzlich durch, sowohl hinsichtlich Korrektheit als auch hinsichtlich Nützlichkeit.[831] Ihre Beziehungen zueinander gestalten sich jedoch meist unproblematisch und sie können auch zur Inspirationsquelle für Philosophie und Naturwissenschaft werden. Diese Adaption trotz Abwertung zeigt sich bereits in alter Zeit: Wo Gesetze religiös legitimiert sind, gehen sie oft auf visionäre oder mediumistische Erkenntnis zurück, so bei Moses, Paulus und Mohammed.

Wir haben uns in einer Reihe von Essays ausgewählten historischen Situationen und Persönlichkeiten gewidmet und dabei unser Augenmerk auf den Umgang mit verschiedenen Erkenntnisweisen gerichtet. Dem essayistischen Ton entsprechend wollen wir nun nicht versuchen, die Gesamtheit unserer Beobachtungen auf eine übergreifende These hin zu bündeln. Doch blicken wir auf unseren Rundgang zurück, scheint dennoch ein wiederkehrendes Motiv hervorzutreten: Wenn von einer Konkurrenz der Erkenntnisweisen ausgegangen wird, dann auf zwei Lager aufgeteilt: die aktiven Erkenntnisweisen auf der einen, die passiven auf der anderen Seite. Überdies scheint dieser Umstand mit einem Muster einherzugehen, das sich beharrlich wiederholt: Die Konkurrenz zwischen aktiven und passiven Erkenntnisweisen manifestiert sich in der Rivalität von Gesetz und Bild: im einen Lager die an Gesetzen und Gesetzmässigkeiten, an Regeln, Dogmen und Axiomen orientierten aktiven Erkenntnisweisen; im anderen Lager die passiven Erkenntnisweisen, die wesentlich von der Imagination getragen werden, von Mythen, Bildern und sinnlichem Erleben.

---

831 Eine Ausnahme bilden militärwissenschaftliche Untersuchungen, die sich ernsthaft mit dem Nutzen von Telepathie, Telekinese und dgl. beschäftigen.

Wir hatten unseren Rundgang in Mesopotamien begonnen, wo sich die Bilderwelt der Göttinnen und Götter von Stadt zu Stadt und von Epoche zu Epoche wandelte. Mit der Expansion des assyrischen Reiches erreichte die mythische Bilderflut auch Palästina, wo sie die Identität der Israeliten in ihrer Eigenständigkeit bedrohte. Diese setzten jener Bilderflut der Götterwelt ihr schriftliches Gesetz des einen, bilderfeindlichen Gottes entgegen; der Vielzahl mannigfaltiger Heiligtümer den einen Tempel in Jerusalem.

Im Weiteren scheinen sich durch die Geschichte hindurch wiederkehrend Kulturen des Gesetzes zu etablieren, in denen dann unvermittelt wieder eine Welt der Imagination, der Bilder aufbrechen kann: So blühte die Kabbala im mittelalterlichen Judentum auf und die Renaissance in der streng nach Beweisführung geregelten Scholastik; in der Reformation hingegen führten neue Glaubensregeln wörtlich zu Bilderstürmen; zum Aufstand gegen den 'heidnischen' Bildersegen der Renaissance. Später wiederum platzten die Visionen Swedenborgs in die Aufklärung und damit in die Zeit hinein, da die Gesetze wissenschaftlicher Methodik festgeschrieben wurden. Nachdem sich diese derart gefestigt hatten, dass sich eine spezifische Differenzierung und Etablierung einzelner Naturwissenschaften ergab, brach sich die Bilderwelt des spektakulären Mediumismus Bahn, worauf sich schliesslich – mitten in der angeblich entzauberten Moderne – das magische Bilderreich des Surrealismus[832] mit seinen weiten, ins Unendliche weisenden Horizonten ausbreitete, um im Bund mit der aufkommenden *Fantasy*-Literatur[833] gegen den – durch den technischen Fortschritt ermöglichten – Wahnsinn des mechanisierten Krieges anzutreten[834] und die Wunden zu heilen, die dieser geschlagen hatte. So mutet die Geschichte der Erkenntnis an wie eine Geschichte der Bilderfluten und Bilderstürme: Während die einen mit Bildern gegen Gesetze anrennen, wollen andere von Gesetzes wegen Bilder verbieten.

---

832 der Wortgebrauch geht auf eine Selbstbezeichnung zurück, vgl. Seligmann 1948, Breton 1957, Subelytè 2022

833 vgl. Testi 2018

834 vgl. von Ins 2020:73

Aufstand der Bilder

In der jüngsten Weltgeschichte hat kaum etwas die Gesellschaft so unterschiedslos und ganzheitlich betroffen wie die Corona-Pandemie. Und kaum etwas prägte die Pandemie-Situation so stark wie das Fehlen von gesichertem Wissen. Die Umstände eilten den Erkenntnissen voraus, die Lage entwickelte sich schneller, als das nötige Wissen gewonnen werden konnte. Ohne über einschlägige Erfahrung zu verfügen, sahen sich alle Beteiligten – angesichts jeder Mutation des Virus aufs Neue – mit Fragen konfrontiert wie:

- Wie gefährlich ist Covid-19?
- Wie weit soll der Staat regelnd eingreifen?
- Muss sich die ganze Bevölkerung einschränken, um Risikogruppen zu schützen?
- Was nützt und was schadet die Impfung?

Gerade dieser Mangel an gesichertem Wissen eröffnet der Imagination breiten Spielraum: Mythische Bedrohungsszenarien wurden gegen wissenschaftlich begründete Regeln und Gesetze ins Feld geführt und stiessen eine Bildproduktion an, die an traditionelle Umzüge und Feste erinnerte. Einerseits wurde frei assoziiert, wo die Impfspritze zum Chip-Implantat und die Maske zum Maulkorb erklärt wurde; andererseits wurde auf alte Szenarien wie die Angst vor den Juden zurückgegriffen, wenn der Mundschutz schliesslich mit dem Judenstern gleichgesetzt wurde.

Die Regierungen gerieten zusehends unter Druck, denn die Verhaltensregeln, die sie zur Eindämmung der Virus-Verbreitung erlassen hatten, stiessen auf Widerstand, wo sie den Geschäftsgang hemmten oder gar die wirtschaftliche Existenz bedrohten. Zudem verschärften die Regeln den Generationenkonflikt: Die Jungen mussten zusehen, wie ihre Vorstellungen vom vollen, glücklichen Leben von Gesetzen durchkreuzt wurden, welche die – mehrheitlich alten – Regierenden zum Schutz von Risikogruppen erliessen, die sich hauptsächlich wiederum aus Alten zusammensetzten.

Jäh waren die staatlichen Beschränkungen der persönlichen Freiheiten in den gemütlichen Alltag eingebrochen – wild blühten darauf

Francisco Goya, *«Otras Leyes por el Pueblo; Andere Gesetze für das Volk»* (Apokryphe Legende der Erstausgabe) / *«Disparate de bestia – Quien se pondrà el cascabel al gato?; Tierische Torheit – Wer will dem Vieh die Schelle umlegen?»* (Handschriftliche Legende eines Probedrucks), ca. 1815/1819, Radierung und Aquatinta, ca. 24 x 35.5 cm, erstmals publiziert 1877 als Auflage in der Zeitschrift *«L'Art»*, Paris: Der gutmütig wirkende Elefant, der aus einer Art Zirkusarena heraustritt, drängt eine Gruppe orientalisch gekleideter Männer zusammen. Einer von ihnen hält ihm einen Folianten oder ein grosses Schriftstück entgegen, das an die Gesetzestafeln (vgl. Ex. 24,4; 24,12; 31,18; 32,19; 34,1; Dt. 5,22; 10,2) erinnert, und hinter dem der Mann sich versteckt. Ein anderer streckt einen Schellengürtel vor. Ein dritter, von dem nur der Kopf zu sehen ist, ruft etwas gegen Himmel und ein vierter, der frontal zum Betrachter steht, breitet die Arme aus. «Es handelt sich offensichtlich um eine Art Beschwörung des Elefanten durch die Männer, die allesamt furchtsam und angsterfüllt wirken.» (Helmut C. Jacobs in: Maciejewski 2019:139) Das Schreckbild des übermächtigen Tiers, das naturgemäss nicht lesen kann, steht allegorisch für das Volk, das die Gesetze ebenfalls nicht versteht. Angesichts dieser Übermacht, der mit Gesetzen unmöglich beizukommen ist, greifen die Männer zum magischen Mittel der Beschwörung.

die Mythen über die wahren Hintergründe der Massnahmen: Verschwörungsängste schossen ins Kraut, der Freiheitskampf verhiess eine neue, profiliertere Identität und das Vertrauen in Wissenschaft und Regierung bröckelte. In diesem Zug kam es zu lauten, teils gewalttätigen Protesten von Minderheiten, die an der Kompetenz und am guten Willen der Wissenschafter und Politiker zweifelten, ja, diesen vorwarfen, die – ihrer Ansicht nach harmlose – Covid-19-Infektion zu missbrauchen, um Freiheiten abzuschaffen und das Volk zu knechten.

Dabei warfen sich Regierung und Protestierende gegenseitig vor, selektiv nur jene Informationen zu verarbeiten, die den je bereits bestehenden Wirklichkeitsentwurf bestätigten. Damit folgten sie – allen Unterschieden zum Trotz – letztlich nur einhellig jener Tendenz der menschlichen Natur, die sich im sogenannten *Confirmation Bias* zeigt; der Neigung, nur jene Informationen zu hören und als relevant zu werten, die den eigenen, zuvor schon bestehenden Überzeugungen entsprechen.

Da und dort wurden die Vorschriften inzwischen aufgehoben. Die anfängliche Ungewissheit ist nun teils einer mehrjährigen Erfahrung gewichen. Wohl nicht zuletzt dank der Massnahmen, welche die Regierungen, gestützt auf medizinische Erkenntnisse, getroffen haben, ist das Ende der Pandemie scheinbar erreicht, während sich die Bevölkerung allmählich der Erkenntnis des fehlenden Wissens angenähert hat – im selten dialogischen, meist polemischen Wechselgang zwischen Imagination und Gesetz.

Bildersturm: Literatur und Kunst im Netz rigider Regeln

In anderen Bereichen der Gegenwartskultur zeichnet sich eine gewissermassen umgekehrte Bewegung ab, in deren Rahmen neue Regeln aufkommen, die nicht von Regierungen, sondern von wachsenden, oft militanten Minderheiten aufgestellt und durchgesetzt werden. Sie definieren ergänzend – oder im Widerspruch – zu geltendem Recht, was unter pädagogischem, kultur- oder genderspezifischem Gesichtspunkt politisch korrekt sei, und sie wollen entsprechende Konsequenzen sehen: Wenn es nach ihnen geht, müssen Bilder in Museen abgehängt oder umbenannt, Bücher verboten oder verbrannt und umgangssprachliche Wörter tabuisiert werden. Damit setzen sie den Bildern und Bildsprachen ein (selbst erlassenes) Gesetz entgegen und verlangen damit einen Bildersturm im klassischen Sinne. Namentlich erinnern Berichte aus den USA an Bilderstürme und Bücherverbrennungen längst vergangener Tage. Die *American Library Association*, die sich dafür einsetzt, eben solche Zensuren zu verhindern,

> «... publiziert jährlich eine Liste von Klassikern, die von Zensur und Verbannung aus den Bibliotheken bedroht sind. Ironischerweise ist der Spitzenreiter seit Jahren der totalitarismuskritische Roman ‹1984› von George Orwell. Auch das ähnliche «Schöne neue Welt» von Aldous Huxley rangiert ganz oben auf der Liste. Damit bestätigen sich ausgerechnet die repressiven Tendenzen, die beide Werke voraussagen.»[835]

Erkenntnisverbote haben Hochkonjunktur. Die Zahl der in den USA verbotenen Bücher nimmt schnell zu. Die Freiheit der Schriftsteller und Künstler wird durch rigide durchgesetzte Regeln radikal beschnitten, die Kulturschaffenden laufen Gefahr, dass ihre Kreativität insgesamt abgewürgt wird. Im letzten Jahrzehnt häufen sich Fälle, in denen Früchte menschlicher Kreativität gegen Proteste verteidigt werden müssen – ein Bildersturm im wörtlichen Sinne dort, wo es Werke der bildenden Kunst betrifft.

«Amor omnia vincit»

Das *«Amor»*-Gemälde von Caravaggio aus dem Jahr 1602 haben wir weiter oben bereits als Illustration verwendet[836]. Dieses wurde 1815 vom preussischen König Friedrich Wilhelm III. gekauft und in der *Gemälde-*

835 David Signer, «Die USA führen einen politischen Kampf um 'böse' Bücher», in: NZZ 26.1.2022:6

836 siehe S. 77

galerie Staatlicher Museen zu Berlin ausgestellt, wo es bis heute zu betrachten ist. Heute, gut 200 Jahre später, gerät das Meisterwerk in die Schusslinie der Kritik:

«Die ‹ausdrücklich obszöne Szene› diene ‹zweifellos der Erregung des Betrachters›. Auch unter Rücksicht auf das Alter des ‹Modells› sei dieses ‹künstlerische Produkt› höchst verwerflich»[837], hiess es in einem offenen Brief von 2014. Museumsleiter Bernd Lindemann wies die Vorwürfe unter Hinweis auf die Kunstfreiheit zurück. Anlass zum Protest gegen Caravaggios *«Amor»* bildete die Affäre um den Ex-Bundestagsabgeordneten Sebastian Edathy[838], der des Erwerbs und Besitzes von kinderpornografischen Fotos angeklagt wurde. Im Zuge dieser Affäre wurde dann die Forderung laut, Knabenakte – namentlich den Amor – aus der Gemäldegalerie zu entfernen. Die Kritik wirkt gleichermassen ironisch wie absurd, denn mit Caravaggios Kunst hat Edathy nicht im Ansatz etwas zu tun.

Abgesehen davon, dass der nackte Jesusknabe (samt seinem Penis) im Schoss seiner Mutter aus der christlichen Ikonografie nicht wegzudenken ist, tut die Deutung von Caravaggios *«Amor»* als pädophile Pornografie der ästhetischen Spielsamkeit des Werks Unrecht. Denn es ist just das Zugleich von Anziehung und Abschreckung, Sympathie und Entsetzen[839], das den Betrachter in Bann schlägt. Der neckische Blick des Knaben kontrastiert schon zu seinem eiskalt berechnenden Lächeln, erst recht aber zu seinem respektlosen Umgang mit allen Früchten der Erkenntnis und des Willens zur Macht, wo doch die Zeichen jeglicher Kunst und Wissenschaft zu seinen Füssen weggeworfen liegen – kurz, zur abgründigen Doppelgesichtigkeit, die sich symbolhaft zwischen dem anzüglichen Blick und den übergrossen, schwarzen Flügeln verdichtet. Nun ist alles gewonnen und besiegt. Die Pfeile hält Amor noch immer in der Hand. Er zeigt sich derart siegessicher, dass der Sieg ihn gar nicht zu kümmern scheint; der Betrachter ist ihm so egal wie alles andere,

837 zit. n. Ruthe, «Caravaggios anstössiger Amor», in: Berliner Zeitung 28.02.2015

838 *1969

839 Vergleiche das Zugleich von Siegesgewissheit und Abscheu im Gesichtsausdruck von Judith in Caravaggios *«Judith enthauptet Holofernes»* von ca. 1598.

die Sterne des Himmels auf dem Globus unter dem Tisch mitsamt allem restlichen, irdischen Tand.

Wer bei der Betrachtung von Caravaggios *«Amor»* vor lauter (Lust an der) Empörung über die entblössten puerilen Geschlechtsorgane gar nicht mehr die imposante poetische Aussagekraft des Bildes sieht, der hat das Gemälde nicht aufrichtig und offen, sondern lediglich durch den Filter rigider Regeln betrachtet.

Damit wollen wir weder die Bedeutung moralischer Regeln herabstufen noch pädophile Straftaten verharmlosen, denn im Gegenteil befürworten wir die Sensibilisierung der Gesellschaft für die Anliegen schutzbedürftiger Minderheiten. Doch wir können auch nicht umhin, uns in die andere Richtung zu sorgen: Die rigide Einschränkung und Zensur der Kunstwelt kann einen massiven Erkenntnisverlust bedeuten – und ist damit ebenso kritisch zu bedenken und betrachten, wie wir den Eingriff in den wissenschaftsbasierten Lehrplan verurteilen, wenn militante Kreationisten fordern, die Evolutionstheorie aus den Schulen zu verbannen.

Denn im Licht rigider moralischer Regeln verengt sich der Erkenntnishorizont. Das Bild verschwindet hinter dem kleinsten Zeichen der Übertretung als nunmehr ‹offensichtliche› Obszönität. Wer sich an die moralische Regel hält, muss erröten und protestieren, das gehört zum guten Ton. Doch im diffusen Bann dieses Tons können künstlerische Werte weder berücksichtigt noch gar gewürdigt werden, denn es gibt sie aus dieser Perspektive nicht. Der poetischen Erkenntnisweise, die im Kunstwerk Ausdruck findet, wird jeglicher inhärente Wert abgesprochen, weil ausschliesslich die Regeln einer anderen Erkenntnisweise gelten. Die imaginative Erkenntnis wird durch die regelkonforme gelöscht.

«Open Casket»

Eines Tages Ende August 1955 wurde in Money, Mississippi, ein Verbrechen begangen, dessen fotografische Dokumentation bis heute als Ikone der US-amerikanischen Bürgerrechtsbewegung verehrt wird: Der 14-jährige afroamerikanische Junge Emmet[840] Till soll die weisse Laden-

840 von *emeth* (hebr. ‘Wahrheit’), vgl. oben S. 309

besitzerin Carolyn Bryant nach deren Angaben mit sexuellen Anspielungen belästigt und ihr nachgepfiffen haben. Carolyns Ehemann Roy und dessen Halbbruder J.W. Milam entführten daraufhin Emmet und lynchten ihn. Die beiden Täter wurden von einem von Weissen besetzten Gericht freigesprochen. Emmet wurde auf Wunsch seiner Mutter in einem offenen Sarg aufgebahrt. Das Foto der entstellten Leiche in ihrem Sarg ging um die Welt. Carolyn Bryant, heute 88-jährig, gestand später, ihre Geschichte erfunden zu haben.

Fotografie des im offenen Sarg aufgebahrten Emmett Till, ausgestellt in der *Chicago Historical Society*

2016 inspirierte die Fotografie des aufgebahrten Emmet Till im offenen Sarg die prominente (weisse) amerikanische Malerin Dana Schutz[841] zum Werk «*Open Casket*». Das Gemälde wurde 2017 im Rahmen der Whitney Biennale in New York erstmals ausgestellt. Schutz' Werk löste in der afroamerikanischen Kunstszene eine Welle des Protests aus. Die Kritik,

841 *1976

Schutz' abstrahierende Darstellung ästhetisiere das Grauen, das aus der fotografischen Vorlage spricht, ist nicht von der Hand zu weisen. Zugleich versieht die Malerin Emmet allerdings mit einem Heiligenschein und rückt das Werk damit in die lange Tradition der – fast durchwegs beschönigenden – Darstellung von Märtyrern ein.

Doch beschränkte sich die Kritik nicht auf das Kunstwerk: Schutz selbst wurde mit Carolyn Bryant verglichen, ihre Empathie als Heuchelei abgetan. Die afroamerikanische Künstlerin und Autorin Hannah Black[842] ging so weit, dass sie die Zerstörung des Gemäldes forderte. Sie sah es als Lüge, weil Weisse ihrer Ansicht nach das Leiden Schwarzer unmöglich nachempfinden können. Black schrieb in einem offenen Brief, den 47 Prominente aus der afroamerikanischen Kunstszene mitunterzeichneten:

> «Es geht nicht so sehr um [Dana] Schutz; weisse Meinungsfreiheit und weisse schöpferische Freiheit gründen auf Beschränkungen für andere und sind keine natürlichen Rechte.»[843]

Schutz' Werk wird im Licht dieser Regel allein als Ausdruck für den Voyerismus der Weissen gelesen – quasi im wörtlichen Sinne, denn tatsächlich wird *«Open Casket»* von den Protestierenden weniger als Bild angeschaut denn als Zeichen der Übertretung gelesen: «Das Gemälde wurde gefacebookt, getwittert und instagramt wie eine Äusserung von Donald Trump – eine Comic-Sprechblase.»[844] Von künstlerischen Qualitäten konnte – und durfte – auch da keine Rede sein.

Der Polit-Aktivist und Künstler Parker Bright stellte sich im *Whitney Museum of American Art* täglich vor Schutz' Gemälde. Er liess sich dabei von hinten fotografieren und malte nach dieser Vorlage seinerseits ein Bild, auf dem der Künstler charakteristischerweise mit einem Mobiltelefon in der Hand zu sehen ist. Sein Werk lässt sich wiederum als unsorg-

842 *1981

843 Oliver Basciano 2017 in einem Artikel in *«The Guardian»* (theguardian.com), Übers. Irène Stumm

844 Tal Sterngast 2018, «Das Museum als Safe Space» (taz.de)

Parker Bright vor Dana Schutz' Gemälde *«Open Casket»*

fältige Reproduktion von *«Open Casket»* verstehen. Der Titel desselben geht unter die Haut: «*Confronting my own possible death*» («Konfrontation mit meinem eigenen möglichen Tod»[845]). Auf dem Rücken von Brights T-Shirt ist zu lesen: «*Black Death Spectacle*».

Zu Recht wird die Empörung immer lauter über die nach wie vor gravierenden Diskrepanzen zwischen 'Schwarz' und 'Weiss', die sich allem voran noch immer in gewalttätigen Ausbrüchen von Rassismus manifestieren. Doch ziehen wir auch den jüngsten Vorfall im Januar 2023 in Betracht, als der junge Afroamerikaner Tyre Nichols von fünf Polizisten brutal und grundlos derart misshandelt wurde, dass er seinen Verletzungen erlag. Zu leicht wird übersehen, dass wir inzwischen mit einer viel allgemeineren Problematik konfrontiert sind: einer gravierenden

---

845 Übers. Anina Föhn

und erschreckenden Gewaltbereitschaft in der Gesellschaft überhaupt. Denn die fünf Polizisten, die Tyre Nichols misshandelten, waren alle schwarz. Das eigentliche Problem hinter einem solchen Vorfall zu erkennen bedarf einer anderen, weiteren Reflexionsebene als nur derjenigen, die das vorgefertigte Netz moralischer Regeln bereithält.[846]

Dass das Netz militant durchgesetzter Regeln zu kurz greift, zeigt sich unseres Erachtens auch in der Debatte um Schutz' und Brigths Werke. Im Strudel der Reproduktionen des Motivs geht es dem Betrachter wie beim Friseur, wo vorn und hinten ein Spiegel hängt: Das Bild vervielfältigt sich und mit ihm die möglichen Interpretationen. Doch wer welche heiligen Vorlagen als Inspirationsquellen nutzen darf, wird dogmatisch als immer schon geregelt vorausgesetzt. Jedenfalls forderte unseres Wissens bislang niemand die Zerstörung der Arbeit von Parker Bright.

'Götzen'

Der aktuelle Bildersturm beschränkt sich nicht auf die bildende Kunst. Bedroht ist vielerorts auch die religiöse, mythenbildende Imagination. Die historischen Bilderstürme des 16. Jh. finden ihre Fortsetzung bis heute in der Missionspraxis radikaler christlicher Kirchen. Berichte aus Westafrika und Brasilien belegen, dass der Kampf gegen 'Idolatrie', der sich in der Zerstörung von 'Götzenbildern' und Kultstätten konkretisiert, mit dem formalen Ende des Kolonialismus keineswegs abgeschlossen war. Vielmehr flammt er in jüngster Zeit neu auf.

> «Von 1964 an war die [brasilianische] Militärdiktatur um nationale Einheit bemüht, was strukturelle Konflikte der brasilianischen Gesellschaft per Gesetz und Gewalt übertünchen sollte. ... ‹Es war eine Zeit religiöser Grosszügigkeit›, betont [der Historiker Luiz Antonio] Simas, ‹aber mit einer ganzen Portion Schäbigkeit, denn [die afrobrasilianischen Religionen] Umbanda und Candomblé wurden weiter als niederes Wissen betrachtet› ... Endgültig gebrochen wurde der dekretierte Respekt mit dem Vormarsch der sich neopentekostal nennenden Kirchen

846 vgl. David Signer, «Wenn Schwarze Schwarze hassen», in: NZZ 03.02.2023

> seit den 2000er-Jahren ... ‹Man lebt in der Angst vor der Sünde und der Bedrohung durch das Böse, das ununterbrochen bekämpft werden muss›.»[847]

Die Anhänger afrobrasilianischer Religionen müssen ständig damit rechnen, dass ihre Kultstätten und die Skulpturen ihrer Götter zerstört werden. Ebenso ergeht es den Gläubigen traditioneller Religionen im christlich missionierten Westafrika, namentlich in Nigeria und Ghana. Wir erleben heute möglicherweise den grössten und brutalsten Bildersturm der Geschichte. Nur sieht ihn hierzulande kaum jemand.

847 Azevedo 2020

9 Epilog im Geist der Freiheit

Ist für abendländische Menschen der unversöhnliche Zwist zwischen Imagination und Gesetz vielleicht die einzige, allgemein praktikable Art, mit der Beschränktheit ihrer Erkenntnis umzugehen? Sollte es einzelnen Ausnahmetalenten vorbehalten sein, zwischen beiden ein kreatives Verhältnis einzurichten oder mindestens das Zugleich des Disparaten auszuhalten?

Die Abwehr fremder Erkenntnisweisen geht mit dem hegemonialen Anspruch der eigenen Hand in Hand. Bekämpft oder verlacht werden insbesondere jene Arten der Erkenntnis, die den Vertretern des Mainstreams nicht (mehr) zugänglich sind. Dass es aber überhaupt dazu kommen kann, ist ein kulturspezifischer Befund. Dazu erhoben sich in Europa früh schon kritische Stimmen.

Berühmt ist der Brief, den Rainer Maria Rilke am 12. August 1904 von Schloss Borgeby gård an Franz Xaver Kappus schrieb[848]:

> «Wir müssen unser Dasein so *weit*, als es irgend geht, annehmen; alles, auch das Unerhörte, muss darin möglich sein. Das ist im Grunde der einzige Mut, den man von uns verlangt: mutig zu sein zu dem Seltsamsten, Wunderlichsten und Unaufklärbarsten, das uns begegnen kann. Dass die Menschen in diesem Sinne feige waren, hat dem Leben unendlichen Schaden getan; die Erlebnisse, die man 'Erscheinungen' nennt, die ganze sogenannte 'Geisterwelt', der Tod, alle diese uns so anverwandten Dinge, sind durch die tägliche Abwehr aus dem Leben so sehr

848 Die Kernstelle hat sogar Murphy (1992) seinem enzyklopädischen Werk als Motto vorangestellt.

hinausgedrängt worden, dass die Sinne, mit denen wir sie fassen könnten, verkümmert sind. Von Gott gar nicht zu reden. Aber die Angst vor dem Unaufklärbaren hat nicht allein das Dasein des einzelnen ärmer gemacht, auch die Beziehungen von Mensch zu Mensch sind durch sie beschränkt, gleichsam aus dem Flussbett unendlicher Möglichkeiten herausgehoben worden auf eine brache Uferstelle, der nichts geschieht. ... Denn wie wir dieses Dasein des einzelnen als einen grösseren oder kleineren Raum denken, so zeigt sich, dass die meisten nur eine Ecke ihres Raumes kennenlernen, ... einen Streifen, auf dem sie auf und nieder gehen.»[849]

Aus diesem lebensphilosophischen Rat ist seit den 1960er-Jahren ein Programm zur Wiederaneignung der Erkenntnisweisen in ihrer Vielfalt geworden. Bahnbrechend war Michael Murphys Werk *«The Future of the Body»* von 1992. Es ist eine sorgfältig wissenschaftlich überprüfte und zugleich phantastische Welt, die sich den Leserinnen und Lesern da auftut. Charles T. Tart, der Begründer der Transpersonalen Psychologie, nannte es «...das wichtigste Werk über die Beziehung zwischen Geist und Körper, das je geschrieben wurde.»[850] Die Zukunftsperspektive, die Murphy den Lesenden eröffnet, ist, dass alle Erkenntnisweisen allen Menschen zugänglich sind, ja, dass auch die Fähigkeiten zu poetischer, magischer, visionärer und mediumistischer Erkenntnis allgemein menschliche Eigenschaften sind, deren Verlust einen Rückschritt gegenüber früheren Epochen und eine Unterlegenheit im Vergleich mit anderen Kulturen darstellt.

Ob sich daran etwas ändern lässt, hängt davon ab, wie viele und wie feine Filter der umfassende Geist zukünftig passieren muss, um im Bewussten wie im Unbewussten unser Selbst zu bilden. Der biologische Filter lässt sich wohl so schnell nicht modifizieren, die kulturellen und sozialen Filter hingegen schon: Im Blick auf den Zugang zu breiterer Erkenntnis lassen sich

849 Rainer Maria Rilke 1950, I:100; vgl. Rilke 1970, I:337
850 Klappentext Murphy 1992, Übers. Irène Stumm

- die wirklichkeitsbildenden Kräfte der Sprache reflektieren;
- Handlungsgewohnheiten (Habitus, Rituale) hinterfragen und
- Regeln der Meinungsbildung, des Glaubens und Für-wahr-Haltens überprüfen.

Dadurch können sich Bedingungen schaffen lassen, die den Zugang zu passiven Erkenntnisweisen vorbereiten. Das geht allerdings notwendigerweise mit partiellem Kontrollverlust und einer gewissen Destabilisierung einher, was nicht im Interesse der Herrschenden und der Vielen liegen wird, denen es vor allem um das reibungslose Funktionieren von Organisationen geht.

Richtet sich das Interesse hingegen auf die Wandelbarkeit der Identität, das heisst die Entfaltung des Menschen über die Schwellen der biografischen Sequenzen hinweg, gewinnen Phasen der Destabilisierung Funktion und Sinn. Kulturgeschichtlich sind solche Entfaltungsprozesse jedoch nur ansatzweise ohne rituelle Rahmen belegt. Und diese zerfallen schnell unter dem Einfluss hegemonialer Ansprüche aktiver Erkenntnisweisen.

Personen- und Sachregister

Literatur

Abegg, Regine u.a. 2007, Die Kunstdenkmäler des Kantons Zürich III.I, Bern

Aksakow, Alexander 1898, Animismus und Spiritismus, Leipzig

Altendorf, Hans-Dietrich u.a. Hrsg. 1984, Bilderstreit. Kulturwandel in Zwinglis Reformation, Zürich

Alvarado, Carlos S. 2010, Investigating Mental Mediums: Research Suggestions from the Historical Literature, in: Journal of Scientific Exploration, Vol. 24, No. 2, 197–224

Amadou, Robert 1950, L'Occultisme. Esquisse d'un monde vivant, Paris

Anderson, Rodger I. 2006, Psychics, Sensitives and Somnambules: A Biographical Dictionary, Jefferson NC

The Arts Council of Great Britain 1961, Max Ernst at the Tate Gallery, London

Assmann, Jan 2004, Moses der Aegypter, Frankfurt

Ders. 2009, Monotheismus und die Sprache der Gewalt, Wien

Azevedo, Anna 2020, Angst ist der Motor des religiösen Rassismus, Hrsg. Goethe Institut, https://www.goethe.de/ins/br/de/kul/fok/ags/21679682.html, abgerufen am 16.02.2022

Enyclopaedia Britannica, Emanuel Swedenborg: https://www.britannica.com/biography/Emanuel-Swedenborg, abgerufen am 28.05.2021

Bacon, Francis 1960 (1620), The New Organon and Related Writings, New York

Ders. 1990, Neues Organon, lateinisch/ deutsch, 2 Bde., Hamburg

Barnard, Alan 1992, Hunters and Herders of Southern Africa, Cambridge

Basciano, Oliver, 21.03.2017, Whitney Biennale: Emmett Till casket painting by white artist sparks anger: https://www.theguardian.com/artanddesign/2017/mar/21/whitney-biennial-emmett-till-painting-dana-schutz, abgerufen 10.03.2022

Bauduin, Tessel M. 2014, Surrealism and the Occult, Amsterdam

Bauer, Eberhard 1986, Ein noch nicht publizierter Brief Sigmund Freuds an Fanny Moser über Okkultismus und Mesmerismus, in: Freiburger Universitätsblätter Nr. 25, 93–110, Freiburg i.Br.

Bernoulli, Rudolf und Müller, E. K. 1931, Eine neue Untersuchung der Eigenschaften des Teleplasma, in: Zeitschrift für Parapsychologie, 6 (7), 313–321

Bertaux, Pierre 1981, Friedrich Hölderlin, Frankfurt a.M.

Besant, Annie 1913, India – Essays and Adresses, Vol. IV, London/Madras

Blau, Leon 1965, The Christian Interpretation of the Cabala in the Renaissance, Port Washington, N.Y.

Braude, Stephen E. 2003, Immortal Remains. The Evidence for Life after Death, Lanham

Breton, André 1933, Le Message Automatique, in: Minotaure Nr. 3–4, 55–65, Paris

Ders. 1957, L'Art magique, Paris
Ders. 1977, Die Manifeste des Surrealismus, Reinbek bei Hamburg
Browning, Robert, Evelyn Hope: https://www.poemhunter.com/poem/evelyn-hope/, abgerufen am 25.6.2020
Charcot, J.M. und Richer, P. 1984 (1887), Les Démoniaques dans L'Art, Paris
Compagni, Vittoria Perrone 2017, Heinrich Cornelius Agrippa von Nettesheim, in: The Stanford Encyclopedia of Philosophy, https://plato.stanford.edu/archives/spring2017/entries/agrippa-nettesheim/, abgerufen 13.1.2021
Couliano, Ioan P. 1987, Eros and Magic in the Renaissance, Chicago
Crow, Matthew und Jacob, Margaret 2014, Freemasonry and the Enlightenment, in: H. Bogdan u.a. Hrsg., Handbook of Freemasonry, 110–116, Leiden/Boston
Daston, Lorraine J. 1989, Weibliche Intelligenz: Geschichte einer Idee, in: Jahrbuch des Wissenschaftskollegs zu Berlin 1987/88, Berlin 1989, S. 213 – 229
Deren, Maya 1953, Divine Horsemen. The living Gods of Haiti, New York
Descartes, René 2005, Die Prinzipien der Philosophie, Lateinisch-Deutsch, Hamburg
Diels, Hermann, und Kranz, Walther 2004, Die Fragmente der Vorsokratiker, 3 Bde., Zürich
Dierks, Manfred 2012, Thomas Manns Geisterbaron. Leben und Werk des Freiherrn Albert von Schrenck-Notzing, Giessen
Eggman, Ferdinand 1862, Geschichte des Illerthales, Ulm
Ernst, Max 1961 (1942), An informal Life of M.E. (as told by himself to a young friend), in: The Arts Council of Great Britain 1961:7 (first published in View, 1942)
esoterikforum.de: https://www.esoterikforum.de/threads/1086654-pseudo-und-plastik-schamanen, abgerufen am 3.3.2024
Evans, Jules 2017, The Art of Losing Control, Edinburgh
Fauth, Wolfgang 1979, Eintrag «*Eros*» in: Der Kleine Pauly – Lexikon der Antike in fünf Bänden, Bd. II, 361–363, Hrsg. Konrat Ziegler und Walther Sontheimer, München
Feyerabend, Paul 1976, Wider den Methodenzwang. Skizze einer anarchistischen Erkenntnistheorie, Frankfurt a.M.
Föhn, Anina und von Ins, Jürg 07.12.2021, Freimaurerei zwischen Marginalisierung und Exklusivität: https://www.religion.ch/blog/freimaurerei-zwischen-marginalisierung-und-exklusivitaet/, abgerufen am 03.02.2023
Foucault, Michel 2019, Die Ordnung des Diskurses, Frankfurt a.M.
Fraenger, Wilhelm 1975, Hieronymus Bosch, Dresden
Freud, Sigmund 1990, Traum und Okkultismus, in: Gesammelte Werke, 15 Bde., Band 15: Neue Folgen der Vorlesungen zur Einführung in die Psychoanalyse, 32–61, Hrsg. Anna Freud et al., 8. Auflage, Frankfurt a. M.
Freund, Lothar 1935, Eintrag «Amor, Amoretten» in: RDK I (Reallexikon zur Deutschen Kunstgeschichte), 641–651: http://www.rdklabor.de/wiki/Amor,_Amoretten, abgerufen am 25.11.2020
Fuhrmann, Manfred (Hrsg.) 2017 (98 n. Chr.), Tacitus, Germania, lateinisch/deutsch, Stuttgart
Gess, Nicola 2013, Primitives Denken, München
von Goethe, Johann Wolfgang 1965, Goethe Werke, 6 Bde., Frankfurt am Main

Goffman, Erving 1977, Rahmenanalyse. Ein Versuch über die Organisation von Alltagserfahrungen, Frankfurt a.M.

Greenspan, Rachel E., 13.02.2019, Cherubic Cupid Is Everywhere on Valentine's Day. Here's Why That Famous Embodiment of Desire Is a Child: https://time.com/5516579/history-cupid-valentines-day/, abgerufen am 25.11.2020

Hanegraaff, Wouter J. 2001, Prospects for the Globalization of New Age: Spiritual Imperialism Versus Cultural Diversity, in: Rothstein, Mikael (Hrsg.), New Age Religion and Globalization, 15–30, Aarhus

Ders. 2005, Forbidden Knowledge, Leiden

Ders. 2008, Swedenborg aus der Sicht von Kant und der akademischen Kantforschung, in: Stengel, Friedemann (Hrsg.), Kant und Swedenborg – Zugänge zu einem umstrittenen Verhältnis, 157–172, Tübingen

Harder, Richard übers. 1956, Plotins Schriften Bd. 1, Hamburg

Harland-Jacobs, Jessica 2014, Freemasonry and Colonialism, in: H. Bogdan u.a. Hrsg., Handbook of Freemasonry, 439–460, Leiden/Boston

Hennecke, Edgar und Schneemelcher, Wilhelm (Hrsg.) 1971, Neutestamentliche Apokryphen, 2 Bde., Tübingen

Herodot 1969, Historien, Wiesbaden

Herrnstein, Richard und Murray, Charles 1994, The Bell Curve. Intelligence and Class Structure in American Life, New York

Heussi, Karl 1971, Kompendium der Kirchengeschichte, Tübingen

Horowski, Reinhard 2017, Hölderlin war nicht verrückt, Tübingen

Hottinger, Arnold, 2005, Die Mauren. Arabische Kultur in Spanien, Zürich

ingenieur.de, 26.07.2015 (https://www.ingenieur.de/technik/fachbereiche/rekorde/parfuem-ruhr-uni-gehirn-doping-aufspruehen/, abgerufen am 09.05.22)

von Ins, Jürg (Hrsg.) 1988, Abraham von Worms – Das Buch der wahren Praktik in der göttlichen Magie, München

Ders. 2020, Verstummte Seelen. Kritik der organisierten Religionen, Basel

Ders. und Föhn, Anina 07.12.2021, Freimaurerei zwischen Marginalisierung und Exklusivität: https://www.religion.ch/blog/freimaurerei-zwischen-marginalisierung-und-exklusivitaet/, abgerufen am 03.02.2023

Jacob, Margaret und Crow, Matthew 2014, Freemasonry and the Enlightenment, in: H. Bogdan u.a. Hrsg., Handbook of Freemasonry, 100–116, Leiden/Boston

James, William 1986 (1869–1909), Essays in Psychical Research, London

Ders. 2005 (1909), Das pluralistische Universum, Darmstadt

Jezler, Peter u.a. 1984, Warum ein Bilderstreit? Der Kampf gegen die 'Götzen' in Zürich als Beispiel, in: Altendorf 1984:83–102

Jung, Joseph 2020, Das Laboratorium des Fortschritts. Die Schweiz im 19. Jahrhundert, Zürich

Jonsson, Inge 1999, Visionary Scientist – The Effects of Science and Philosophy on Swedenborg's Cosmology, West Chester, Pennsylvania

Dies. 2008, Die Swedenborgforschung: ein persönlicher Überblick, in: Stengel, Friedemann (Hrsg.), Kant und Swedenborg – Zugänge zu einem umstrittenen Verhältnis, 1–12, Tübingen

Kant, Immanuel 1956, Kritik der reinen Vernunft, Hrsg. Raymund Schmidt, Hamburg
Ders. 1968, Kants Werke, Akademie-Textausgabe, 9 Bde. (Band II: Vorkritische Schriften II 1757–1777), Berlin
Ders. 1986, Briefwechsel, 3. Auflage, Hamburg
Kelly, Edward F. u.a. 2010, Irreducible Mind, Lanham
Kessler, Hans 2005, in: Kessler & Co., Skizzen zu einer Chronik, Zürich
Kohns, Oliver 2007, Die Verrücktheit des Sinns – Wahnsinn und Zeichen bei Kant, E.T.A. Hoffmann und Thomas Carlyle, Bielefeld
Kollatsch, Rick-Arne 2021, Des Abraham von Worms Buch der wahren Praktik von der alten Magie, Hamburg
Krüger, Oliver 2019, Virtualität und Unsterblichkeit. Gott, Evolution und die Singularität im Post- und Transhumanismus, Freiburg i.Br., Berlin, Wien
Lamey, Jakob 1855, Johann Reuchlin, eine biographische Skizze, Pforzheim
Lamm, Martin 2012, Swedenborg – Eine Studie über seine Entwicklung zum Mystiker und Geisterseher, Zürich
Lang, Andrew 1908, The Origins of Religion, London
Lange, Sebastian 2021, Agrippa von Nettesheim und der Hexenprozess von Metz, Berlin
van der Leeuw, Gerardus, 1977, Phänomenologie der Religion, Tübingen
Maciejewski, Franz 2019, Die Torheiten des Francisco Goya, Würzburg
Manthey, Jürgen 30.06.2005, Der Geist von Königsberg: https://www.deutschlandfunkkultur.de/der-geist-von-koenigsberg-100.html, abgerufen am 08.05.2021
Matt, Daniel C. u.a. Übers. 2003–2018, The Zohar, 12 Bde., Stanford
Ders., Zohar Questions: https://www.sup.org/zohar/?d=&f=QADM.htm , abgerufen am 28.12.2021
McNee, Alan 2016, The New Mountaneer in Late Victorian Britain. Materiality, Modernity and the Haptic Sublime, London
Metzinger, Thomas 2009, Der Ego Tunnel, Berlin
della Mirandola, Giovanni Pico 1990 (1496), De hominis dignitate/ Über die Würde des Menschen, lateinisch/ deutsch, Hamburg
Michel, Otto 1989, Anpassung oder Widerstand, eine Autobiografie, Wuppertal/Zürich
Moser, Fanny 1935, Der Okkultismus. Täuschungen und Tatsachen, 2 Bde., München
Moser, Samuel 2011, Unterwegs zum literarischen Olymp, in: Neue Zürcher Zeitung (NZZ) vom 18.08.2011: https://www.nzz.ch/unterwegs_zum_literarischen_olymp-ld.603915?reduced=true, abgerufen am 26.07.2023
Muecke, Stephen 2020, It comes in waves, in: Academia Letters 11, https://doi.org/10.20935/AL11
Müller, E. K. 1932, Objektiver elektrischer Nachweis einer 'Emanation' des lebenden menschlichen Körpers, Basel
Murphy, Michael, 1992, The Future of the Body, Los Angeles
Murray, Charles und Herrnstein, Richard 1994, The Bell Curve. Intelligence and Class Structure in American Life, New York
Myburgh, Paul John 2013, The Bushman Winter has come, Cape Town

Myers, Frederic W. H. 1870, Poems, London/ Cambridge
Ders. 1900, Presidential Adress, in: Proceedings of the Society for Psychical Research 15
Ders. 1903, Human Personality and its Survival of bodily Death, 2 Bde., London
Narby, Jeremy 2019, Die kosmische Schlange. Auf den Pfaden der Schamanen zu den Ursprüngen modernen Wissens, Stuttgart
Nasemann, Beate 1991, Theurgie und Philosophie in Jamblichs De Mysteriis, Stuttgart
von Nettesheim, Heinrich Cornelius Agrippa o.J. 1970 (ca. 1530), Magische Werke (De Occulta Philosophia), 5 Bde., Bd. 1–3 De Occulta Philosophia, Nachdruck der Ausgabe Berlin 1921, Meisenheim o.J.
Ders. 1987 (1529), Von dem Vorzug und der Fürtrefflichkeit des weiblichen Geschlechts vor dem männlichen, Gerd Kimmerle (Hrsg.), Faksimile der Ausgabe Jena 1736, Tübingen
Ders. 1992, De Occulta Philosophia Libri Tres, Vittoria Perrone Compagni (Hrsg.), Leiden
Ders. 2010 (1530), Ungewissheit und Eitelkeit aller Künste und Wissenschaften, Berlin
Nietzsche, Friedrich 1988, Kritische Studienausgabe (KSA), 15 Bde, Giorgio Colli und Mazzino Montinari (Hrsg.), München
Otto, Walter F. 1963, Die Wirklichkeit der Götter, München
Ders. 1981 (1923), Die Manen, Darmstadt
Ders. 2013, Die Götter Griechenlands, Frankfurt a.M.
Paefgen, Elisabeth u.a. Hrsg 2005, Echtermeyer; Deutsche Gedichte, Berlin
Piatigorsky, Alexander 1999, Freemasonry, London
Platon 1958, Sämtliche Werke, 6 Bde., Walter F. Otto u. a. Hrsg., Hamburg
Plessner, Martin 1973, A Medieval Definition of Scientific Experiment in the Hebrew Picatrix, in: Journal of the Warburg and Courtauld Institutes, Vol. 36:358f.
Plutarch 1952, Über Gott und Vorsehung, Dämonen und Weissagung, Konrat Ziegler (Hrsg.), Zürich
Ders. 1957, Concerning the Face which appears in the Orb of the Moon, in: Moralia XII, 34–223, Cambridge Mass.
Reuchlin, Johannes 1996, De verbo mirifico/Das wundertätige Wort (1494), Sämtliche Werke, Band I,1. Widu-Wolfgang Ehlers, Lothar Mundt u.a. Hrsg., Vorwort von Hans-Gert Roloff u.a., Stuttgart-Bad Cannstatt
Ders. 2010, De arte cabbalistica libri tres/Die Kabbalistik, Sämtliche Werke, Band II,1. Widu-Wolfgang Ehlers, Fritz Felgentreu und Reimund Leicht (Hrsg.), Stuttgart-Bad Cannstatt
Richer, P. und Charcot, J.M. 1984 (1887), Les Démoniaques dans L'Art, Paris
Ricken, Friedo 2010, Eintrag *«Platonismus»* in: Philosophisches Wörterbuch, 367f., Walter Brugger/Harald Schöndorf (Hrsg.), Freiburg im Breisgau
Rilke, Rainer Maria 1950, Briefe, 2 Bde., Wiesbaden
Ders. 1970, Sämtliche Werke, 6 Bde., Frankfurt
Ritter, Hellmut und Plessner, Martin (Hrsg.) 1962, «Picatrix» Das Ziel des Weisen von Pseudo-Magriti, London

Rollinger, Robert u.a. Hrsg. 2011, Herodot und das persische Weltreich, Wiesbaden
Ron, Nathan 2019, Erasmus and the 'Other': On Turks, Jews and Indigenous Peoples, London
Ruthe, Ingeborg 2015, Caravaggios anstössiger Amor, in: Berliner Zeitung 28.2.2015
Sanyal, Mithu M. 2021, Vulva – Die Enthüllung des unsichtbaren Geschlechts, Berlin
Sarr, Felwine 2019, Afrotopia, Berlin
Schlag, Oskar R. 1998–2005, Nachgelassene Schriften, 10 Bde., Stäfa/ Würzburg
Schmid, Wilhelm 2000, Die Geburt der Philosophie im Garten der Lüste. Foucaults Archäologie des platonischen Eros, Frankfurt a.M.
Schmidt, Martin u.a. Hrsg.1965, Das Zeitalter des Pietismus, Bremen
Schmidt-Biggemann, Wilhelm 2012, Geschichte der christlichen Kabbala, 4 Bde., Stuttgart
Schneemelcher, Wilhelm und Hennecke, Edgar (Hrsg.) 1971, Neutestamentliche Apokryphen, 2 Bde., Tübingen
Scholem, Gershom 1967, Die jüdische Mystik in ihren Hauptströmungen, Frankfurt a.M.
Ders. 1970, Der Golem von Prag und der Golem von Rehovot. In: Ders., Judaica 2, 77–86, Frankfurt a. M.
Ders. 1973, Die Erforschung der Kabbala von Reuchlin bis zur Gegenwart, in: Judaica 3, 247–263, Frankfurt a.M.
von Schrenck-Notzing, Albert, 1904, Die Traumtänzerin Magdeleine G. Eine psychologische Studie über Hypnose und dramatische Kunst, Stuttgart
Seligmann, Kurt 1948, Das Weltreich der Magie, Wiesbaden
Silberbauer, George B. 1981, Hunter and habitat in the central Kalahari desert, Cambridge
Signer, David 2022, Die USA führen einen politischen Kampf um 'böse' Bücher, in: Neue Zürcher Zeitung (NZZ) vom 26.1.2022
Ders. 2023, Wenn Schwarze Schwarze hassen, in: Neue Zürcher Zeitung (NZZ) vom 03.02.2023
Skrbina, David 2017, Panpsychism in the West, Cambridge MA
Sommer, Andreas 2010, Albert von Schrenck-Notzing und Albert Moll: Eine historische Fallstudie zur Kontrolle epistemischer Devianz im Deutschland des frühen 20. Jahrhundets, in: Zeitschrift für Anomalistik, Bd.10:256–286
Ders. 2018, Geisterglaube, Aufklärung und Wissenschaft. Historiografische Skizzen zu einem europäischen Fundamentaltabu, in: H. Schwenke (Hrsg.), Transzendente Erfahrungen – Phänomene und Deutungen, Bd. II:183–216, Freiburg i.Br.
Spalinger, Andrea 2015, Mächtiger Strippenzieher, in: Neue Zürcher Zeitung (NZZ) vom 16.12.2015
Dies. 2021, Vor 40 Jahren flog in Italien die mysteriöse Geheimloge P2 auf – der Skandal wurde bis heute nicht richtig aufgearbeitet, in: Neue Zürcher Zeitung (NZZ) vom 16.6.2021
spin.de: https://www.spin.de/hp/adarga/blog/id/20796408v, abgerufen am 10.1.2022
Sprinkle, Annie und Stephens, Elizabeth M. 2011, Ecosex Manifesto: https://sprinklestephens.ucsc.edu/research-writing/ecosex-manifesto/, abgerufen am 09.05.22
Stark, Christine 2006, Kultprostitution im Alten Testament, Fribourg/Göttingen

Stengel, Friedemann 2008, Kant – «Zwillingsbruder» Swedenborgs?, in: Stengel, Friedemann (Hrsg.), Kant und Swedenborg – Zugänge zu einem umstrittenen Verhältnis, 35–98, Tübingen
Stephens, Elizabeth M. und Sprinkle, Annie 2011, Ecosex Manifesto: https://sprinklestephens.ucsc.edu/research-writing/ecosex-manifesto/, abgerufen am 09.05.22
Stephens, Richard, et al., Swearing as a response to pain, in: NeuroReport, August 5,2009, vol. 20, issue12, S. 1056f.: https://journals.lww.com/neuroreport/abstract/2009/08050/swearing_as_a_response_to_pain.4.aspx, abgerufen am 21.1.2022
Sterngast, Tal, 06.02.2018, Das Museum als Safe Space: https://taz.de/Umstrittenes-Gemaelde-Amor-als-Sieger/!5479499&SuchRahmen=Print/, abgerufen am 09.10.2022
Stolz, Fritz 1981, Das Erste und Zweite Buch Samuel, Zürich
Stompe, Thomas 2015, Eros – Eine Zeitreise, in: Eros und Sexus, Hrsg. Daniel Sollberger u. a., 15–26, Berlin
Störig, Hans Joachim 1992, Kleine Weltgeschichte der Philosophie, Frankfurt am Main
Stüber, Werner Jakob 1984, Geschichte des Modern Dance, Wilhelmshaven/Locarno
Subelytè, Grazina u.a. Hrsg. 2022, Surrealismus und Magie. Verzauberte Moderne, München/New York
Swedenborg, Emanuel 1998/1999, Himmlische Geheimnisse, 15 Bde., Zürich
Taylor, Steve 2018, Spiritual Science, London
Tesla, Nikola 2005 (1919), My Inventions. The Autobiography of Nikola Tesla, Rockville
Testi, Claudio Antonio 2018, André Breton and J.R.R.Tolkien, in: *Journal of Tolkien Research*: Vol. 6 : Iss. 2 , Article 8., https://scholar.valpo.edu/journaloftolkienresearch/vol6/iss2/8/
Textor, Martin R., Gehirnentwicklung bei Babys und Kleinkindern – Konsequenzen für die Familienerziehung: https://www.ipzf.de/gehirnentwicklung.html, abgerufen am 8.11.2020
Tögel, Christfried 2011, Wie Emmy N. identifiziert wurde, in: Luzifer-Amor Nr. 48, 2011:32–52
Vogt-Lüerssen, Maike 2017, Frauen in der Renaissance, Selbstverlag
Waardenburg, Jacques 1973, Classical Approaches to the Study of Religion, 2 Bde., The Hague
Weinberg, Paul 1997, In Search of the San, Johannesburg
Weischedel, Wilhelm 2003, Die philosophische Hintertreppe, München
Whitehead, Alfred North 2018 (1929), Prozess und Realität. Entwurf einer Kosmologie, Frankfurt a.M.
Wolffram, Heather 2009, The Stepchildren of Science. Psychical Research and Parapsychology in Germany, c.1870–1939, Amsterdam/New York
Wolkstein, Diane, und Kramer, Samuel Noah 1983, Inanna, Queen of Heaven and Earth, New York
Wood, Sarah 2001, Robert Browning. A Literary Life, o.O.
Zwingli, Ulrich 1995 (1531), Erklärung des christlichen Glaubens, in: Thomas Brunnschweiler u.a. Hrsg., Ulrich Zwingli, Schriften IV:281–361

Bildnachweis

Cover, S. 125: © Musée Fabre de Motpellier Méditerranée Métropole, Fotografie: Frédéric Jaulmes, Inv.: 889.2.1 | **S. 51:** Fotografie: Winfried Bruenken | **S. 52:** Fotografie: Tommie Numelin | **S. 77, 83:** Gemäldegalerie der Staatlichen Museen zu Berlin | **S. 102:** Fotografie: H. Zell | **S. 149:** National Library of Medicine (https://www.nlm.nih.gov/exhibition/sciencemagicmedicine/exhibition5.html, abgerufen am 06.07.2023) | **S. 158 oben:** Fotografie: © Raimond Spekking, Bearbeitung: Maya Hässig | **S. 158 u., 194, 197, 352 u.:** Fotografien: Franziska Reich | **S. 164:** World History Archive / Alamy Stock Photo, Bild-ID D995RP | **S. 166:** Bibliothèque nationale de France, Fotografie: Digitale Bibliothek Gallica | **S. 172:** Grafik: Anina Föhn | **S. 189:** Musée du Louvre, Paris | **S. 210:** Schlossmuseum Rundāle, Lettland | **S. 316:** Fotografie: © Edmund Pichler (https://www.fotocommunity.de/photo/asambasilika-osterhofen-altenmarkt-i-edmund-pichler/31501059, abgerufen am 20.12.2021) | **S. 317:** © Friedrich-Wilhelm-Murnau-Stiftung (http://www.murnau-stiftung.de/sites/default/files/styles/800x600/public/dd_gallery/poster/prfoto22das-cabinet-des-dr-caligaristandfotoquelledeutschesfilminstitutdif.jpg?itok=xzCYkkq_, abgerufen am 20.12.2021) | **S. 321:** Fotografien aus dem Nachlass von Hans Kessler | **S. 329:** © Mary Evans Picture Library, Bild-Nr. 10252638 | **S. 350:** Art Gallery of South Australia | **S. 351, 352 oben:** Städel Museum, Frankfurt am Main | **S. 361:** © Adagp, Paris, Fotografie: Philippe Migeat, Centre Pompidou Paris, Inv.: AM 1981–605 (https://www.centrepompidou.fr/en/ressources/oeuvre/cR5y-Xe4, abgerufen am 03.11.2022) | **S. 361:** Fotografie: © Gisèle Freund (https://www.sothebys.com/en/buy/auction/2019/photography-online/gisele-freund-andre-breton-in-his-studio-1957, abgerufen am 03.11.2022) | **S. 366:** Peggy Guggenheim Collection, Venice (Solomon R. Guggenheim Foundation, New York), 76.2553 PG 078 / © 2023, ProLitteris, Zurich | **S. 377:** © Galerie Rumbler, Fotografie: Niklaus Spoerri | **S. 382:** Fotografie: Scott Olson / GettyImages, Bild-Nr. 53062590 | **S. 384:** Fotografie: Scott W. H. Young / Twitter (https://select.art.br/controversia-no-whitney/, abgerufen am 06.07.2023) | **Autorenfotos:** Franziska Reich

Wo nicht anders angegeben, handelt es sich bei den in diesem Werk verwendeten Abbildungen um gemeinfreie Bilder. In Einzelfällen konnten die Rechtsinhaber trotz sorgfältiger Recherche nicht ermittelt werden. Entsprechende Rechtsinhaber mögen sich bitte mit dem Verlag in Verbindung setzen.